Der inhärente moralische Wert nichtmenschlicher Lebewesen

Europäische Hochschulschriften
Publications Universitaires Européennes
European University Studies

Reihe XX
Philosophie

Série XX Series XX
Philosophie
Philosophy

Bd./Vol. 677

PETER LANG
Frankfurt am Main · Berlin · Bern · Bruxelles · New York · Oxford · Wien

Wolfgang Senz

Der inhärente moralische Wert nichtmenschlicher Lebewesen

Grundlagen einer Tierethik und Ökologischen Ethik

PETER LANG
Europäischer Verlag der Wissenschaften

Bibliografische Information Der Deutschen Bibliothek
Die Deutsche Bibliothek verzeichnet diese Publikation in der Deutschen Nationalbibliografie; detaillierte bibliografische Daten sind im Internet über <http://dnb.ddb.de> abrufbar.

Gedruckt mit Unterstützung des Bundesministeriums für Bildung, Wissenschaft und Kultur in Wien.

ISSN 0721-3417
ISBN 3-631-52594-X

www.peterlang.de

Für Rexi

Inhaltsverzeichnis

Einleitung und Danksagung

„Es steht nicht an, sich um Tiere zu kümmern, solange es Menschen schlecht geht." Sätze derartigen Inhalts bestimmen durchaus die gegenwärtige Geisteshaltung in unserer Gesellschaft, auch wenn damit nicht gesagt sein kann, daß in dieser nur derartige Sätze Platz haben. Es soll gezeigt werden, daß derartige Sätze ebenso undurchdacht sind, wie sie moralisch verwerflich sind. Sich um Tiere zu kümmern kann nicht als Luxus verstanden werden, den man sich vielleicht leistet, wenn es „den Menschen" gut geht. Der Grund hierfür, so wird sich zeigen, ist der, daß Tiere Person seiende Lebewesen sind und sich ein moralisch adäquates Verhalten auf alle Personen zu erstrecken hat.

Im Haupttext des vorliegenden Buches wird zu zeigen sein, daß sich die Aussage des vorigen Absatzes aus einer konsequenten transzendentalphilosophischen Betrachtung zwingend ergibt, wie auch, daß eben diese Betrachtung notwendig in die Tierethik einzubringen ist.

An den Haupttext sind vier Aufsätze angeschlossen; sie stehen grundsätzlich für sich selbst. Die drei ersten Aufsätze des Anhanges beschäftigen sich mit dem Verhältnis von Philosophie und Theologie. Diese Aufsätze - nur einer von ihnen blickt unmittelbar auf die Tierethik – sind hier aufgenommen, um explizit auf die Bedeutung davon hinzuweisen, daß lediglich ein tatsächlich fundiertes Denken – wie es Transzendentalphilosophie und Theologie notwendig umfaßt - in der Lage ist, dem Person-Sein gerecht werden zu können. Der vierte angeschlossene Aufsatz beschäftigt sich mit dem Verhältnis von Wirtschaft und Ethik. Mit diesem Aufsatz soll beleuchtet werden – obschon ohne einer umfassenden Darlegung -, daß man Tierethik nur in einem gesamtgesellschaftlichen Betrachtungshorizont verstehen kann.

Der Haupttext ist das Ergebnis eines Forschungsprojektes des Magistrats 22 der Stadt Wien. Für die damit verbundene finanzielle Unterstützung des Autors sei an dieser Stelle herzlich Dank gesagt. Namentlich gilt mein Dank Herrn Dr. Jürgen Rienesl (MA 22), der während der Arbeit an dem Text auf konstruktive Weise zur Seite gestanden ist.

0 Zur Transzendentalphilosophie, aus der Perspektive des vorliegenden Textes

Es soll hier die Transzendentalphilosophie insbesondere in ihrer grundsätzlichen Bedeutung als Maßgabe für jegliches Denken, das sich mit dem Seienden auseinandersetzt, skizziert werden. Hierbei soll kein Lexikonartikel geboten werden sondern eine Darlegung, die auf die hier speziell zu führende Argumentation zugeschnitten ist. Sogleich sei angemerkt, daß sämtliche Ausführungen des gegenständlichen Kapitels auch in den nachfolgenden Kapiteln (an jeweils entsprechender Stelle) gebracht werden; das vorliegende Kapitel ist explizit als grundsätzliche Hinführung zur Transzendentalphilosophie konzipiert.

Worauf blickt die Transzendentalphilosophie und woraus leitet sich die Bedeutung hier philosophischen Denkweise prinzipiell ab? Der empirische Blick in die Welt zeigt diese als veränderlich bzw. als aus Zusammengesetztem bestehend. Diese Veränderlichkeit und Zusammengesetztheit bedeutet auch ein Aufeinander-Wirken der einzelnen, empirisch festlegbaren Teile der Welt. Dieses Aufeinander-Wirken wird als nicht nur chaotisch seiend wahrgenommen, zugleich aber als etwas, das erst eruiert, hinterfragt bzw. erforscht werden muß, soll es verstanden werden, zum Beispiel im Rahmen von Prognosen für die eigene Orientierung in der Welt.

Hierin liegt die Notwendigkeit einer Rechtfertigung der Aussagen zur wie angemerkt wahrgenommenen Welt. Rechtfertigen bedeutet hierbei, eine Aussage zu dieser Welt auf andere Aussagen begründet zurückzuführen, so lange, bis auf Aussagen getroffen wird, die der weiteren begründenden Hinterfragung entheben, ohne daß besagter Prozess unbegründet beendet wird, also auf herbeiargumentierte Weise.

Die Möglichkeit der Rechtfertigbarkeit ist grundsätzlich daraus ableitbar, daß sich eine Person in seinen Aussagen zur Welt zwar irren kann, jedoch nicht ausschließlich irren muß, wie sich daraus ersehen läßt, daß eine Orientierung in dieser Welt nicht unmöglich ist. Es muß in dieser Welt des Veränderlichen und Zusammengesetzten also Regelhaftigen geben, zu denen das Ich in seinem hinterfragenden Bedenken und empirischen Orientieren auf irgendeine Weise Zugang hat.

Inwiefern erwächst der Transzendentalphilosophie in diesem Szenario Gewicht? Von entscheidender Bedeutung ist hier der Hinweis darauf, daß besagter empirisch-naturalistischer Blick in die Welt ein solcher ist, der Begrenztes erweist: es wird immer etwas gesehen oder sonst wie wahrgenommen, das im Hier und Jetzt so und so zusammengesetzt ist und insofern einen speziellen Zustand bedeutet, der – gemäß Veränderlichkeit – nicht an sich notwendig gegeben sein muß. Insofern ist ein Wahrgenommenes also Begrenztes in Raum und Zeit sowie bezüglich dem Zustand, in dem es aktuell ist, und der sich also gegenüber anderen möglichen Zuständen abgrenzen läßt.

Zuvor ist angemerkt worden, daß die wahrgenommenen Teile der Welt aufeinander in zumindest teilweise regelhafter Weise einwirken; hierzu ist nun anzumerken, daß dieses Aufeinander-Einwirken als das Übergehen eines begrenzten Zustandes in einen anderen solchen Zustand zu verstehen ist, wobei es – und dies ist entscheidend – immer Begrenzte sind, die dieserart aufeinander einwirken. Es läßt sich daher formulieren: Begrenztes verweist bzw. bezieht sich auf Begrenztes. Ebenso entscheidend ist, daß dies gleichsam ad infinitum gelten muß. Ein Begrenztes hat Grenzen immer gegenüber anderem Begrenzten und die zumindest teilweise regelhafte Veränderung in der Welt ist als Vorgang gemäß dieser Grenzen zu verstehen. Begrenztes verweist auf Begrenztes gilt daher ad infinitum, da ein Begrenztes somit nicht als begrenzt gegenüber etwas verstanden werden kann, das selbst keine Grenzen hat oder derart Grenze ist, daß es selbst nicht Begrenztes im gegenständlichen Sinne ist.

Die Analyse der Welt, wie sie empirisch-naturalistisch wahrgenommen wird, muß somit ihrerseits ad infinitum sein, denn etwas dieser Welt, das aktuell wahrgenommen und hinterfragt wird, auf etwas anderes dieser Welt zu beziehen, kann zwar begründungstheoretisch gerechtfertigt sein – insofern die Veränderlichkeit und so weiter also zumindest teilweise regelhaft von statten geht -, doch zeigt sich: diese Beweiskette geht notwendig ins Unendliche; nirgendwo kann auf ein Etwas dieser Welt getroffen werden, das der eigenen Hinterfragung enthebt.

Angesichts hiervon hebt nun die Transzendentalphilosophie hervor, daß das Letztrechtfertigende somit notwendig in Differenz zu dem Gesamt der möglichen Aussagen zur Welt, wie sie naturalistisch-empirisch wahrgenommen wird, stehen muß; es muß etwas ausgesagt werden können, das in transzendentaler Differenz zu den naturalistisch-empirischen Feststellungen zur Welt steht, insofern es nicht ein weiteres zu diesen Feststellungen ist, ohne in Getrenntheit zu diesen stehen zu dürfen. Wäre letzteres der Fall, die thematisierten Feststellungen könnten zwar für sich Sinn ergeben, doch könnten sie niemals dazu aufgeboten werden, die naturalistisch-empirischen Aussagen zu rechtfertigen.

Ebenso versteht sich von selbst, daß mit dem gesuchten, in transzendentaler Differenz stehenden Aussagensystem kein formales Aussagensystem – Mathematik und dergleichen – gemeint sein kann, sondern notwendig ein solches, das unmittelbar das Sein thematisiert; das also nicht etwas anführt, dessen Beziehung zum Sein erst eruiert werden müßte, und wozu ein solches Aussagensystem – also zum Beispiel die Mathematik – nicht wieder angeführt werden könnte, soll kein Zirkelschluß begangen werden.

Die transzendentalphilosophische Aussageebene muß daher in dem Sinne Selbstand besitzen, wie sie die letztrechtfertigende Ebene ist, so daß zugleich gilt: Die Ebene der naturalistisch-empirischen Aussagen besitzt in dem Sinn nicht Selbstand, als sie aus sich heraus nicht zur Letztrechtfertigung finden läßt; sie kann aber in dem Sinn nicht in Getrenntheit zu der Selbstand bezeichnenden Ebene stehen, als von letzterer als jenem zu sprechen ist, das die Möglichkeit der Letztrechtfertigung der empirisch-naturalistischen Ebene bedeutet. Die Ebene der naturalistisch-empirischen Analyse hat also Teilhabe an der transzendentalphilosophisch Selbstand besitzenden Ebene.

Diesen Sachverhalt gilt es genauer zu betrachten und festzustellen, daß mit der gewählten Formulierung »Blick in die Welt« nicht bloß die Welt bezeichnet ist – als veränderliche und so weiter Welt –, sondern auch das den Blick tätigende Ich. Die gegenständliche Formulierung bezeichnet das Ich als in eben jener Ebene seiend, die nicht als an sich Selbstand habend verstanden werden kann, denn nur insofern auch von dem Ich gilt, daß es Begrenztes ist, kann es mit anderem Begrenzten – einem solchen der Welt, wie in sie geblickt wird – interagieren, wozu auch das wahrnehmende Blicken in die Welt gehört!

Somit könnte das Ich aber nicht bedacht werden, wenn es lediglich als »blicken (sehen) könnend« verstanden wird. Das bedeutet: Das Bedenken von Begrenztes verweist notwendig auf Transzendentales, nicht aufgrund eines bestimmten Niveaus in Zusammenhang mit dem begründungstheoretischen Vermögens, das erreicht worden ist, sondern da Begrenztes anders gar nicht vernünftig bedacht werden könnte; also gemäß der alleine transzendental möglichen

Letztrechtfertigung von am Selbstand nur Teilhabendem (kontingent Gültigem). Hier ist explizit zu beachten: Begrenztes, wie es ad infinitum auf Begrenztes verweist, ist in keinem seiner Aspekte nicht Begrenztes, bedingt also uneingeschränkt die Notwendigkeit der Hinterfragung; es ist also nicht möglich, abseits der Transzendentalphilosophie das Begrenzte zumindest teilweise, näherungsweise oder sonst dergleichen adäquat ansprechen zu können. Die Ebene der Analyse des Begrenzten ist uneingeschränkt nur in Teilhabe zum Selbstand zu verstehen!

Dies muß somit aber auch für das Verstehen von Ich gelten, wie es Teil dieser Ebene ist. Das gegenständliche Verstehen von Ich verweist somit wieder auf das in transzendentaler Differenz zur nicht an sich Selbstand habenden Ebene. Hierin liegt zugleich, daß diese Verweisfunktion offensichtlich nicht dem angemerkten Blick in die Welt entspringt, sondern ist, insofern jener bedenkend hinterfragt wird. Wiewohl hierbei gilt, daß auch von dem nicht an sich Selbstand bezeichnenden Ich von Bedenken gesprochen werden kann – es bedenkt die Sinnesinformationen -, kann »Bedenken« hiermit nicht schon allumfassend thematisiert sein. Es tritt offensichtlich auch in jener Ebene auf, die in transzendentaler Differenz zu dem sehenden – und insofern bedenkenden – Ich zugleich von Ich in der Ebene des an sich Selbstand Bezeichnenden sprechen läßt. Das hiermit bezeichnete »Bedenken« meint nun eben jenes Hinterfragen, das in der Freilegung der Selbstand bezeichnenden Ebene praktiziert wird.

Einer hierzu gleichwertigen Behandlung von »blicken« bzw. »sehen« oder sonst einer Sinnesleistung bedarf es hingegen nicht, denn diese Leistungen sind immer an die Begrenztheit gebunden, die es ganzheitlich zu transzendieren gilt. Denken und Sehen sind einander also nicht gleichwertig!

Insofern nun gilt, daß das Ich notwendig Sinnesdaten aufnimmt und bedenkt – denn es steht nicht in der Freiheit, sich hierfür oder hiergegen zu entscheiden -, muß es also ebenso notwendig etwas geben, das die Möglichkeit der Bedingung der Letztrechtfertigung hiervon bedeutet, das also ermöglicht, die Regelhaftigkeiten der sensualistisch-empirischen Analysen letztrechtfertigbar zu erkennen. Dies gilt in dem Sinne, wie diese zwar nicht an sich letztrechtfertigbar sind, zugleich aber derart sein müssen, daß sie auf Letztrechtfertigbares bezogen werden können, auch wenn dies bedeutet, sie auf etwas beziehen zu müssen, das in transzendentaler Differenz zu diesen Analysen selbst steht.

Damit muß aber auch gelten, daß das nichtsinnliche Bedenken, wie es also aufgefunden worden ist, ein a priori gegebenes Bedenken ist, denn es gehört der Selbstand bedeutenden Ebene an. Es ist insofern in transzendentaler Differenz zu jeglicher Prozessualität, wie sie Basis dafür sein könnte, daß zu der Bedingung des letztrechtfertigenden Denkens erst gefunden wird; Prozessualität ist notwendig an Begrenztheit und die entsprechende Veränderlichkeit gebunden.

Somit gilt: Das nun gefundene und wie gegeben skizzierte nichtsinnliche Bedenken bezeichnet das Ich, wie es in transzendentaler Differenz zu jener Vergegenwärtigung von Ich zu sehen ist, das sinnliche Daten bedenkt. Das Ich, wie es im Horizont des nichtsinnlichen Bedenkens entgegentritt, sei als Person des Ich bzw. das Person-Sein des Ich dargelegt und festgehalten, daß dieses der Selbstand bezeichnenden Ebene angehört.

Somit gilt es zu klären, wie die somit angeführten beiden Vergegenwärtigungen von Ich zusammenzufügen sind. Der Beantwortung dieser Frage seien zunächst, angesichts der terminologischen Festlegung bezüglich Person-Sein einige weitere terminologische Festlegungen vorangestellt. Die Ebene des Begrenzten sei als Werdewelt und dementsprechend deren Analyse als Werdewelt-Analyse bezeichnet. Die Werdewelt-Analyse wird mittels Warum-

Aussagen durchgeführt, wie sie also zur Feststellung Regelhaftigkeiten der Werdewelt führen können, niemals aber zur Letztrechtfertigung derartiger Annahmen. Die Letztrechtfertigung dafür, in der Werdewelt-Analyse eine Regelhaftigkeit anzunehmen ergibt sich erst daraus, die entsprechenden Aussagen an Daß-Aussagen anzulegen, wie sie also das Aussagensystem des nicht-sinnlichen Denkens bilden. Die Daß-Aussagen weisen also Selbstand auf, und ermöglichen die Letztrechtfertigung von Aussagen zur Werdewelt, wiewohl sie immer in transzendentaler Differenz zu dieser bleiben.

Hieran ist vor allem zu beobachten, daß die Ebene der Daß- und die Ebene der Warum-Aussagen offensichtlich aufeinander angewiesen sind, denn obschon die Daß-Aussagen Selbstand repräsentieren, bedürfen sie der Warum-Aussagen, bzw. bedarf das Ich beider Aussage-Ebenen für sein sich Orientieren in der Welt. Das Ich steht ja, wie angemerkt, nicht in der Freiheit, sich für oder wider sein Orientieren in der Werdewelt zu entscheiden, und ist somit in der Situation, sich beider Ebenen bedienen zu müssen.

Beide Ebenen sind dieserart gewissermaßen als eine Einheit zu verstehen; genauerhin: es liegt, betrachtet man die hierher gehörende Selbstand-Thematik, überhaupt nur eine Analyse-Ebene vor, bzw. eine Ebene in zweieinheitlicher Ausprägung. Das ist: Die Warum-Aussage-Ebene ist ganzheitlich nur in Teilhabe am Selbstand zu bergreifen, womit sie nur sein kann, inwiefern eine Selbstand bezeichnende Ebene ist und die Ebene, die eben dies bezeichnet, also die Daß-Aussage-Ebene, ist aber notwendig abhängig von der Warum-Aussage-Ebene, insofern sich ein Ich also nicht für oder wider diese entscheiden kann.

Die Differenz zwischen beiden Ebenen bezeichnet somit besagte Zweieinheitlichkeit und dies zu leugnen würde bedeuten, den Satz, wonach Begrenztes ad infinitum auf Begrenztes verweist und die daraus folgenden Konsequenzen zu ignorieren. Dieses Ignorieren könnte seine Wurzeln darin haben, nicht zur Einsicht davon vordringen zu können, daß die Nicht-Chaotizität der Werdewelt nicht mit deren Letztrechtfertigbarkeit verwechselt werden darf.

Nicht dies interessiert hier weiters, sondern daß mit den Warum-Aussagen somit nicht schon das Sein an sich bezeichnet sein kann, sondern alleine auf eine Weise, die sich aus dem Wesen des Ich und seinem Bedenken ergibt. Das Ich, so ist festzuhalten, zeigt das zweieinheitlich konzipierte Bedenken aufgrund seines So-Seins, also seines Wesens. Dies hat weitreichende Konsequenzen, denn somit gilt, daß das Bedenken gemäß den Daß-Aussagen, wie es also einerseits nicht hintergehbar ist (Selbstand) und andererseits Zweieinheitlichkeit in sich trägt, jenes bedeuten muß, das es dem Ich erlaubt, das Sein im Bedenken zu vergegenwärtigen. Es gilt ja: Das Ich gemäß Person-Sein muß a priori über die Fähigkeit verfügen, das Sein bedenken zu können, wiewohl nicht uneingeschränkt seinem So-Sein nach, womit also ein Verzicht-Üben-Müssen eingeräumt ist (auf dieses wird sogleich zurückzukommen sein).

Wenn daher davon zu sprechen ist, daß das Ich gemäß Zweieinheitlichkeit das Sein bedenkt, so deshalb, da diese Zweieinheitlichkeit dem Sein selbst zugeordnet werden kann, woraus also die Bedingung der Möglichkeit der Übereinstimmung von Denken und Sein folgt, abseits davon, das Bedenken-Können des Seins als prozessual entstanden verstehen zu müssen, was auszuschließen ist (vgl. oben).

Hiermit ist aber nicht auch ausgesagt, daß das Sein an sich zweieinheitlich ist, sondern daß es, wie es von einem Ich bedacht werden kann, dann seinem An-Sich-Sein nach verstanden wird, wenn es als zweieinheitlich verstanden wird.

Zur Verdeutlichung hiervon sei angemerkt, daß das Ich, wie es Irren-Könnendes ist und wie es etwas ist, das zu seiner Orientierung etwas bedarf, das am Selbstand nur Teil hat, nicht selbst an sich Selbstand repräsentiert. Zugleich kann es aber auch nicht in Getrenntheit zu diesem verstanden werden, da es in diesem Fall nicht zugleich als etwas verstanden werden könnte, das im Bedenken Zugang zum Selbstand hat (wiewohl gemäß Verzicht-Üben-Müssen!).

Die hiermit thematisierte Situation läßt sich alleine mittels Zweieinheitlichkeit auflösen; das Ich, wie es Person ist, hat an demjenigen, das an sich Selbstand repräsentiert, Teil, gemäß der oben ausgesagten transzendentalen Differenz. Konkret gilt daher auch hier jenes, das zuvor schon in Zusammenhang mit der Zweieinheitlichkeit ausgesagt worden ist, daß nämlich das an sich Selbstand Repräsentierende, inwiefern es ist, zugleich in transzendentaler Differenz zu sich ist.

Das an sich Selbstand repräsentierende ist als *das* Eines zu bezeichnen, insofern hiermit das In-Sich-Ruhen thematisiert werden kann, als Ausdruck von Selbstand. Demgegenüber sind alle Seienden, wie sie in transzendentaler Differenz zu *das* Eines zu begreifen sind, also auch das Ich, insofern es Person ist, als ontologisch begrenzte Eines zu verstehen.

Damit ist grundsätzlich eine Skizze des Fundaments der transzendentalphilosophischen Position gegeben, mittels derer der Einstieg in die nachfolgenden Ausführungen gefunden werden kann.

1 Vorbemerkung

Der nachfolgende Text steckt sich zum Ziel, Tierethik und Ökologische Ethik aus transzendentalphilosophischer Sicht zu begründen, wobei der Text innerhalb der Transzendentalphilosophie bis zu einem gewissen Grad Originalität in der Argumentation für sich in Anspruch nimmt. Zunächst soll aber nicht diese inner-transzendentalphilosophische Thematik interessieren, sondern die Bezugnahme auf die Transzendentalphilosophie selbst.

Transzendentalphilosophie erfreut sich in unserer Gesellschaft keiner großen Zustimmung; tatsächlich ist sie - genau genommen – kaum bekannt. Zugleich widerfährt der Transzendentalphilosophie das Schicksal, bei ausreichend ungenügender Kenntnis ihrer Inhalte als etwas mißverstanden werden zu können, das sich ohnedies durch moderne fachwissenschaftliche Errungenschaften erübrigt; insbesondere sei sie – zusammen mit der Metaphysik – durch die Evolutionstheorie, formale Konstrukte wie zum Beispiel die Kybernetik, die Systemtheorie und so weiter als nicht mehr zeitgemäß erwiesen worden.

Der nachfolgende Text wird auch darlegen müssen, daß dieses Bild von der Transzendentalphilosophie unzutreffend ist, wiewohl es nötig ist, innerhalb ihr das bereits angesprochene Maß an Originalität in der Begründung einzubringen, um eine tatsächlich bündige Argumentation liefern zu können.

Um willen davon, dieses Ziel erreichen zu können – also die grundlegende Bedeutung der Transzendentalphilosophie vermitteln zu können -, soll hier folgende Bitte an den Leser gerichtet sein: Insofern die transzendentalphilosophische Perspektive also fernab soziokulturell vermittelter Grundeinstellungen der meisten Menschen unserer Gesellschaft ist, insofern scheinbar geradezu wider den intuitiven Selbstverständlichkeiten, von denen die meisten Menschen in ihrem Bedenken ausgehen, ist es einem leichteren Zugang zu dem Vorzutragenden sicherlich dienlich, den Text möglichst wörtlich aufzunehmen, und Assoziationen zurückzuhalten, wie sie sich aufgrund besagter intuitiver Einstellungen ergeben mögen.

Es sei hier ausdrücklich betont, daß der vorliegende Text keine philosophischen Vorkenntnisse des Lesers einfordert, ohne irgendwo die Strenge einer transzendentalphilosophischen Argumentation preis zu geben. Allgemeinverständlichkeit soll erreicht werden, nicht indem der Boden philosophischer Argumentation verlassen wird, sondern die vorzutragende Argumentation so behutsam wie nötig aufgebaut wird. Hierzu gehört, gleichsam bei der Wurzel (nicht im philosophiegeschichtlichen Sinne gemeint) transzendentalphilosophischer Argumentation zu beginnen; von dieser aus soll zur Basis der tierethischen und ökologisch-ethischen Thematik analytisch vorgedrungen werden.

Auf dem Wege zu dieser Thematik werden nicht sämtliche angesprochenen Inhalte in allem möglichen Umfang diskutiert, doch wird nirgendwo der analytische Argumentationsbogen durch Festlegungen durchbrochen.

Zuvor ist von einer Bitte an den Leser gesprochen worden. Wer eine Bitte äußert, der muß auch angeben können, um willen wovon sie ausgesprochen wird. Im vorliegenden Fall ist der »Lohn« dafür, besagter Bitte nachzukommen, Einsicht in eine Argumentation, die abseits von Wollensentscheidungen eine Ableitung des inhärenten moralischen Wertes und der direkten

Rechte der nichtmenschlichen Lebewesen und den daraus folgenden Konsequenzen bezüglich der Ökologischen Ethik bietet.

Das besagt nicht, der nachfolgende Text würde gleichsam die Möglichkeit, von direkten Rechte nichtmenschlicher Lebewesen zu sprechen, neu entdecken, wiewohl aber dasjenige, das die Defizite ähnlich gelagerter Argumentationen überkommen läßt. Damit ist auf sehr spezielle Weise nicht einmal gesagt, daß besagte Argumentationen als an sich falsch zurückzuweisen sind, sondern als defizitär seiend zu problematisieren sind (vgl. hierzu insbesondere 4.2.3 und 6.4). Es wird sich nämlich zeigen, daß unter Zugrundelegung des hier vorzustellenden, grundsätzlichen transzendentalphilosophischen Arguments zum Person-Sein des Ich (vgl. hierzu insbesondere 4.2.2) zumindest zahlreiche der in der Literatur vorkommenden Positionen in einer Weise relativiert werden können, daß sie im Lichte des Nachfolgenden gewinnbringend gelesen werden können. Daß das Nachfolgende kein Konglomerat aus Aussagen aus bereits gegebenen Positionen darstellt, versteht sich hierbei von selbst, insofern das grundsätzliche Argument neu geliefert wird.

1.1 Hinweis für den Leser

Im Sinne des soeben Dargelegten wird auf den folgenden Seiten zu zeigen sein, daß nichtmenschliche Lebewesen einen inhärenten moralischen Wert besitzen. Es mag hierbei eigentümlich erscheinen, daß der expliziten Betrachtung der Tierethik und der Ökologischen Ethik weniger Raum gewidmet ist als den vorangehenden Abschnitten. Tatsächlich handelt es sich bei der zu erbringenden Darlegung aber um eine von Anfang an (ausgenommen die Kapitel 2 und 3) analytische Ableitung, so daß nicht erst mit den Kapiteln 6 und 7 tatsächlich auf die Tierethik und Ökologische Ethik geblickt wird; der Text in diesen Kapiteln erschließt sich dem Leser daher auch nicht, wenn nur sie konsultiert werden.

Es wird sich noch zeigen, daß die anfängliche Bezugnahme auf das Ich einzig und allein in einem erkenntnistheoretischen Anthropozentrismus begründet ist. Das bedeutet: Wie noch darzutun sein wird, muß das Bedenken des Seins mit jenem des Ich beginnen, nicht aufgrund irgendeiner Bedeutungszuweisung an das Ich, sondern aufgrund der Art und Weise wie das Ich bedenkt.

2 Eine Skizze der philosophischen Theorienlandschaft zur Tierethik

2.1 Einleitung

Die folgende Skizzierung der Theorienlandschaft zur Tierethik soll einen Überblick über die entsprechende Literatur vermitteln, primär um willen der Verdeutlichung des Grundes für eine konsequent transzendentalphilosophische Neuorientierung in der Tierethik. Kapitel 2 ist daher weder als Geschichte der Tierethik konzipiert, noch stellt es den Versuch dar, sämtliche Autoren, die beachtenswerte Beiträge zur Tierethik geliefert haben, zu Wort kommen zu lassen. Immerhin wird aber der Anspruch erhoben, es dem Leser zu ermöglichen, eine ihm bekannte und hier nicht genannte philosophische Position zur Tierethik grundsätzlich derart in das hier auszuführende Theorienspektrum eingliedern zu können, daß die entsprechend zu führende transzendentalphilosophische Interpretation dieser Position evident wird.

Insbesondere mag die Nichtbeachtung von René Descartes[1] in diesem Kapitel (und den folgenden Teilen des Textes) auffallen, handelt es sich bei diesem Philosophen doch gleichsam um den Antihelden jeglicher tierethischer Ambitionen. Aus der Sicht des Autors ist die Wirkungsgeschichte Descartes' in der Tierethik problematisch, so daß es eigens einer eingehenderen Auseinandersetzung mit Descartes' Philosophie bedürfte, die den Rahmen dieser Arbeit zweifellos übersteigen würde.

2.2 Philosophische Ansätze

2.2.1 Thomas von Aquin

Zunächst seien einige allgemein einleitende Anmerkungen zu der Anthropologie des Aquinaten gegeben. Thomas wendet sich vehement gegen jeden Dualismus, der Leib und Seele als zwei selbständige Substanzen versteht. Stattdessen wird der einzelne, konkrete Mensch als geist-leibliche Einheit verstanden, die als solche von Gott beabsichtigt und geschaffen ist. Dieserart ist ihm die Seele Geist und *forma corporis* zugleich, bzw. bedarf sie zu ihrer Verwirklichung des Leibes, kann also ausschließlich von diesem her verstanden werden. Zugleich

---

[1] Der französische Philosoph René Descartes (1596-1650) steht am Beginn der neuzeitlichen Philosophie. Er vertritt einen Rationalismus, der wesentlich unter dem Eindruck der zu Beginn der Neuzeit aufkommenden Mechanik – und anderer Naturwissenschaften – steht. Für Descartes sind die Natur und alle Dinge in ihr Maschinen, zu verstehen gemäß der körperlichen Substanz (als der einheitlichen, differenzenlosen, identischen Masse) und der Bewegung, als dem Differenzprinzip. Das Sein Gottes und des menschlichen Geistes ordnet Descartes anderen Seinsebenen zu als die Natur. Aus tierethischer Perspektive entsteht hieraus das Problem, wie die Tiere somit anderes als Maschinen sein sollen.

berichtet Thomas von der Unzerstörbarkeit der Seele, was sich alleine theologisch begreifen läßt. In dem hiermit angedeuteten Sinn ist Thomas also die Seele, genauerhin die *anima intellectiva*, die Wesensform dafür, daß der Mensch auch Körperwesen, Lebewesen, Sinnenwesen und Geistwesen ist.

Gemäß der *anima intellectiva* ist der Mensch auf das *bonum universale* final determiniert bzw. wesenhaft bezogen, was Thomas in *Summa Theologiæ* II/II 82,1[2] darstellt. Damit ist gemeint, daß das natürliche Ziel des Menschen – jedes konkreten Menschen – das Glück (*beatitudo*; *Summa Theologiæ* I 16,2) ist, wie es, in transzendentaler Differenz zu den kontingenten (gleichsam „irdischen") Gütern, in Gott gegeben ist. Zur Erreichung des *bonum universale* ist der Mensch auf seinen Umgang mit innerweltlichen Gütern angewiesen: die Freiheit der Wahl (*liberum arbitrium*) bezüglich der innerweltlichen Güter ergibt jene sittliche Verantwortung, die sich in dem Erfolg bezüglich dem Erreichen des *bonum universale* manifestiert. Die Ausrichtung auf das *bonum universale* an sich liegt hierbei nicht in der Freiheit des Menschen, sondern ist gemäß der von Thomas ausgesagten teleologischen Verfaßtheit aller von Gott geschaffenen – also aller – Dinge gegeben. Diese Verfaßtheit gilt somit auch für die nichtmenschlichen Lebewesen, doch sind sie nicht auf das *bonum universale*, als dem in transzendentaler Differenz zur Kontingenz Gegebenen, ausgerichtet, sondern bleiben im Bereich der innerweltlichen Güter, auf die sie entsprechend innerer Triebe ausgerichtet sind.

In dem hiermit bezeichneten Sinn begreift Thomas den Menschen als Wesen, das in ausgezeichneter Weise (*excellentiori modo*) der Vorsehung Gottes unterliegt: als vernunftbegabtes Wesen nimmt der Mensch gemäß der *lex naturalis* an der *lex aeterna* (der Plan der göttlichen Weisheit, der alle Handlungen und Bewegungen lenkt) teil. Es ist somit diese Teilhabe, dergemäß der Mensch a priori über die Ausrichtung auf das *bonum* verfügt, bzw. verfügt er hierüber inwiefern die *vis appetitiva* (praktische Vernunft) uranfänglich ebenso über das *bonum* weiß, wie die theoretische Vernunft uranfänglich das Sein erfaßt.

Alleine der Mensch ist also gemäß Thomas ein handelndes Wesen. Für die Tiere bzw. die nichtmenschlichen Lebewesen gilt, um dies nochmals hervorzukehren: „In den Tieren findet sich keinerlei Verlangen nach ewigem Sein, nur daß sie als Art ewig sind, insofern sich in ihnen ein verlangen nach Fortpflanzung findet, durch welches die Art fortdauert" (*Summa contra gentiles*[3] II 82).

Gemäß besagtem *excellentiori modo* führt Thomas in *Summa Theologiæ* II^{a}-II^{æ} q.25, art. 3 zu dem Verhältnis von Mensch und Tier konkret aus: „Keiner sündigt, indem er eine Sache zu dem verwendet, wozu sie bestimmt ist. In der Ordnung der Wesen aber sind die Unvollkommenen wegen der Vollkommenen da; wie auch die Natur beim Vorgang der Zeugung vom Unvollkommenen zum Vollkommenen fortschreitet. Wie daher bei der Zeugung des Menschen zuerst das Lebewesen, dann das Sinnenwesen, zuletzt der Mensch da ist, so sind auch die Wesen, die nur Leben haben, wie die Pflanzen, im allgemeinen für alle Tiere da, und die Tiere für den Menschen. Wenn deshalb der Mensch die Pflanzen gebraucht für die Tiere und die Tiere zum Nutzen des Menschen, so ist das nicht unerlaubt; wie das auch aus dem Philosophen erhellt. Unter den verschiedenartigen Verwendungsmöglichkeiten nun scheint jener Gebrauch am meisten notwendig zu sein, bei dem die Tiere sich der Pflanzen, die Menschen sich der Tiere zur Nahrung bedienen, was nicht ohne Tötung jener geschehen kann. So ist es denn erlaubt, sowohl die Pflanzen zu töten zur Nahrung für die Tiere als auch die Tiere zur Nahrung des Menschen, und zwar auf Grund der göttlichen Ordnung. Denn so heißt es Gn

---

[2] Zitiert nach: *Summa theologiæ* - Caramello P et al. (Hrsg.) 1962-1963; 3 Bände.
[3] Zitiert nach: *Summa contra gentiles* - Marc P et al. (Hrsg.) 1961-1967; 2 Bände.

[Buch Genesis] 1,29f: »Sehet, Ich habe euch alles Kraut und alle Bäume gegeben, daß sie euch und allen Tieren zur Nahrung seien«. Und Gn 9,3 heißt es: »Alles, was sich regt und lebt, soll euch zur Speise dienen« | Die heilige Liebe ist nach dem gesagten (23,1) eine Art Freundschaft. Kraft der Freundschaft aber liebt man einmal den Freund, mit dem man Freundschaft hat; und dann die Güter, die wir dem Freunde wünschen. In der ersten Weise kann kein vernunftloses Geschöpf aus heiliger Liebe geliebt werden. Und das aus einem dreifachen Grunde. Zwei dieser Gründe beziehen sich allgemein auf die Freundschaft, die man mit den vernunftlosen Geschöpfen nicht eingehen kann. Und der erste ist, weil wir Freundschaft nur mit dem haben, dem wir Gutes wollen. Im eigentlichen Sinne aber kann ich dem vernunftlosen Geschöpfe nicht Gutes wollen, denn es ist nicht seine Sache, ein Gut zu besitzen, sondern nur Sache des vernunftbegabten Geschöpfes, das Herr ist über den Gebrauch des Gutes, das es Kraft des freien Wahlvermögens besitzt. ... – Zweitens, weil jede Freundschaft in irgendeiner Lebensmitteilung gründet. ... Die vernunftlosen Geschöpfe aber können keine Gemeinschaft haben mit dem menschlichen Leben, das sich nach der Vernunft vollzieht. Daher kann, an zu den vernunftlosen Geschöpfen keinerlei Freundschaft haben als höchstens in übertragenem Sinne. - Der dritte Grund ist der heiligen Liebe ganz eigentümlich: weil die heilige Liebe in der Mitteilung der ewigen Seligkeit gründet, deren das vernunftlose Geschöpf gar nicht fähig ist. Deshalb kann man die Freundschaft der heiligen Liebe mit den vernunftlosen Geschöpfen nicht haben. | Jedoch können wir die vernunftlosen Geschöpfe mit der heiligen Liebe geliebt werden wie die Güte, die wir anderen wollen; sofern wir aus der heiligen Liebe heraus wollen, daß sie zur Ehre Gottes und zum Nutzen der Menschen erhalten werden. Und so liebt auch Gott sie mit heiliger Liebe".

Insbesondere ist ein Gedankengang des Aquinaten hervorzuheben, der Barmherzigkeit gegen die Tiere einfordert, um willen der Barmherzigkeit gegenüber Menschen: „Es ist doch klar, daß der Mensch, der gegen Tiere Mitleid hat, es auch um so mehr gegen Menschen hat; und darum wollte Gott, daß das jüdische Volk sich gewöhne an die Barmherzigkeit gegen den Menschen durch die Barmherzigkeit gegen die Tiere".

2.2.2 Immanuel Kant

Ebenso wie Thomas von Aquin, so hält auch Immanuel Kant die Ebene der Innerweltlichkeit – also des Veränderlichen, Zusammengesetzten und so weiter - und des hierzu in transzendentaler Differenz Gegebenem auseinander. Dies zeigt sich selbstverständlich auch bezüglich seinem Verständnis der Imperative bezüglich Handlungsanweisungen. Für sich ist ein Imperativ ein Urteil, dessen Prädikator »sollen« ist; dieser wird erklärt durch den Prädikator »praktisch notwendig« bzw. »praktisch gut«. „[Praktisch notwendig bzw. gut ist,] was vermittels der Vorstellung der Vernunft mithin nicht aus subjektiven Ursachen, sondern objektiv, d.i. aus Gründen, die für jedes vernünftige Wesen, als ein solches, gültig sind, den Willen bestimmt" (GMS[4]: 38). Daher auch könnte ein rein vernünftiger Wille lediglich das Gute wählen, doch ist der menschliche Wille nicht ausschließlich vernünftig. Er kann auch von Neigungen affiziert werden, als einer Quelle von Konflikten.

Wichtig ist nun, daß Kant zwischen hypothetischen und kategorischen Imperativen unterscheidet. Ein hypothetischer Imperativ bezeichnet, daß eine Handlung praktisch notwendig

---

[4] Kant I: *Grundlegung zur Metaphysik der Sitten*; zitiert nach Werkausgabe 1968 - Stuttgart.

ist, wobei diese Handlung Mittel zum Zweck der Erreichung eines von dem Handelnden gesetzten Zieles ist (inkludiert, daß das Ziel einem natürlichen Bedürfnissen aller Menschen entsprechen kann). Im Unterschied hierzu ist der kategorische Imperativ nicht auf ein Ziel ausgerichtet, das ein Gut unter mehreren bezeichnet. Eine Handlung wird also – gegebenenfalls - unter Absehung einer solchen Zielsetzung als notwendig dargelegt. *Der* kategorische Imperativ ist hierbei das oberste Prinzip der praktischen Überlegungen. Er ist selbst keine Handlungsanweisung, da er selbst kein Ziel enthält; tatsächlich – so Kant – ist er Kriterium für Maximen, die subjektive Ziele des Handelnden ausdrücken. Der kategorische Imperativ lautet: „Handle nur nach derjenigen Maxime, durch die du zugleich wollen kannst, daß sie ein allgemeines Gesetz werde“ (GMS: 421).

Es liegt hier nicht der Raum vor, diesen Imperativ kritisch zu beleuchten, ihn in seinem Zusammenhang mit Kants Naturgesetzlehre zu betrachten und so weiter. Es genügt festzuhalten, daß Kant der Meinung ist, seinen Imperativ aus dem Prinzip der Vernunft a priori ableiten zu können: „Ein jedes Ding der Natur wirkt nach Gesetzen. Nur ein vernünftiges Wesen hat das Vermögen, nach der Vorstellung der Gesetze, d.i. nach Prinzipien, zu handeln, ... Da zur Ableitung der Handlungen von Gesetzen Vernunft erfordert wird, so ist der Wille nichts anderes als praktische Vernunft. Wenn die Vernunft den Willen unausbleiblich bestimmt, so sind die Handlungen eines solchen Wesens, die als objektiv notwendig erkannt werden, auch subjektiv notwendig, d.i. der Wille ist ein Vermögen, nur dasjenige zu wählen, was die Vernunft unabhängig von der Neigung als praktisch notwendig, d.i. als gut erkennt“ (GMS: 56). Zudem ist wichtig zu sehen, daß Kant mit seinem Imperativ ausschließt – ausschließen will -, den Menschen, wie er Individuum ist, bloß als Mittel sehen zu dürfen: „[Der Mensch] bleibt Zweck an sich selbst“.

»Zweck an sich selbst« ist auch insofern von Interesse, als gemäß Kant diese Formulierung nur einem Individuum gegenüber angewendet werden kann, das einen freien und autonomen Willen hat; daher auch hat alleine der Mensch, nicht aber das Tier, Vorstellungen von Rechten und Pflichten. Die direkten Pflichten von Menschen erstrecken sich daher auch nur auf andere Menschen, sind also auf jenen Bereich beschränkt, der aufgrund möglicher kommunikativ-sozialer Interaktion einen gegenseitigen Austausch über die verschiedenen Imperative und dementsprechende Pflichten und Rechte zuläßt. Hieran ist insbesondere die Symmetrie zu beachten, die zwischen jenen besteht, die Verpflichtungen übernehmen und Rechte innehaben: diese Symmetrie ist, insofern sich Kants Ethik direkter Rechte ausschließlich auf den Menschen konzentriert, streng ausgebildet.

Kant und auch viele zeitgenössische, an Kant orientierte Moralphilosophen, wie etwa Ernst Tugendhat oder Jürgen Habermas[5], lehnen eine Erweiterung der moralischen Gemeinschaft ab, wie sie besagte Symmetrie auflösen würde: Kant deshalb, weil Tiere keinen Anteil am sinnstiftenden Kriterium Vernunft haben, Tugendhat, weil seine Definition einer moralischen Gemeinschaft eine stark ausgeprägte Wechselseitigkeit voraussetzt, wie sie nur unter Menschen bestehen kann, Habermas aufgrund der stark asymmetrischen Interaktionen zwischen Mensch und Tier. Da bei Ernst Tugendhat die Wechselseitigkeit als notwendige Bedingung für moralisches Verhalten eine zentrale Rolle spielt, eben diese Wechselseitigkeit im Mensch-Tier-Verhältnis aber nicht zu bestehen scheint, soll nun kurz auf die Frage nach den konstitutiven Merkmalen einer moralischen Gemeinschaft eingegangen werden. Wechselseitiges

---

[5] Vgl. Beiträge von Jürgen Habermas (*Die Herausforderung der ökologischen Ethik für eine anthropozentrisch ansetzende Konzeption*) und Ernst Tugendhat (*Wer sind alle*) in Krebs A (Hrsg.) 1997: *Naturethik* – Frankfurt a.M.

Verhalten ist nach Tugendhat deshalb von so großer Bedeutung, weil eine Normenbegründung, die auf außermenschliche Autoritäten verzichten will, die wechselseitige Anerkennung von begründbaren Rechten und Pflichten als einziger plausibler Ausweg bleibt; »begründen« meint hier den Rekurs auf Gründe, die innerhalb eines bestimmten Personen- oder Kulturkreises plausibel und relevant sind.

Dies bedeutet aber nicht, daß Kant die Tiere gänzlich aus seiner Ethik ausgliedert. Die Menschen haben zwar keine Pflichten g e g e n ü b e r den Tieren, sehr wohl aber i m H i n b l i c k a u f die Tiere. Ein diesbezügliches Argument Kants entspricht weitgehend jenem des Aquinaten, in dem er sich gegen eine Grausamkeit an Tieren ausspricht, inwiefern sie eine Verrohung der sie ausübenden Menschen mit sich bringen kann; bei Kant liest sich dies wie folgt: „Wenn (...) also jemand seinen Hund totschießen läßt, weil er ihm nicht mehr das Brot verdienen kann, so handelt er gar nicht wider die Pflicht gegen den Hund, weil der nicht urteilen kann, allein er verletzt dadurch die Leutseligkeit und Menschlichkeit in sich, die er in Ansehung der Pflichten der Menschheit ausüben soll. Damit der Mensch solche nicht ausrotte, so muß er schon an den Tieren solche Gutherzigkeit üben, denn der Mensch, der schon gegen die Tiere solche Grausamkeit ausübt, ist auch gegen Menschen ebenso abgehärtet“[6]. Von Pflichten gegen die Menschheit spricht Kant auch in folgender Aussage: „Weil die Thiere ein Analogon der Menschheit sind, so beobachten wir Pflichten gegen die Menschheit, wenn wir sie als analoga derselben beobachten, und dadurch befördern wir Pflichten gegen die Menschheit“[7].

Woran Kant hier genauerhin denkt, sei anhand eines längeren Zitates aus GMS verdeutlicht: „§ 16. Nach der bloßen Vernunft zu urteilen, hat der Mensch sonst keine Pflicht als bloß gegen den Menschen (sich selbst oder einen anderen); denn seine Pflicht gegen irgend ein Subjekt ist die moralische Nötigung durch dieses seinen Willen. Das nötigende (verpflichtende) Subjekt muß also erstlich eine Person sein, zweitens muß diese Person als Gegenstand der Erfahrung gegeben sein: weil der Mensch auf den Zweck ihres Willens hinwirken soll, welches nur in dem Verhältnisse zweier existierender Wesen zueinander geschehen kann (denn ein bloßes Gedankending kann nicht Ursache von irgend einem Erfolg nach Zwecken werden). Nun kennen wir aber mit aller unserer Erfahrung kein anderes Wesen, was der Verpflichtung (der aktiven oder passiven) fähig wäre, als bloß den Menschen. Also kann der Mensch sonst keine Pflicht gegen irgend ein Wesen haben als bloß gegen den Menschen, und, stellt er sich gleichwohl eine solche zu Haben vor, so geschieht dieses durch eine Amphibolie der Reflexionsbegriffe, und seine vermeinte Pflicht gegen andere Wesen ist bloß Pflicht gegen sich selbst; zu welchem Missverstande er dadurch verleitet wird, daß er seine Pflicht in Ansehung anderer Wesen mit einer Pflicht gegen diese Wesen verwechselt. | Diese vermeintliche Pflicht kann nun auf unpersönliche oder zwar persönliche, aber schlechterdings unsichtbare (den äußeren Sinnen nicht darzustellende) Gegenstände bezogen werden. – Die ersteren (außermenschlichen) können der bloße Naturstoff, oder der zur Fortpflanzung organisierte, aber empfindungslose, oder der mit Empfindung und Willkür begabte Teil der Natur (Mineralien, Pflanzen, Tiere) sein; die zweiten (übermenschlichen) können als geistige Wesen (Engel, Gott) gedacht werden. – Ob zwischen Wesen beider Art und den Menschen ein Pflichtverhältnis, und welches dazwischen stattfinde, wird nun gefragt. | § 17. In Ansehung des Schönen, obgleich Leblosen in der Natur ist ein Hang zum bloßen Zerstören (*spiritus destructionies*) der Pflicht des Menschen gegen sich selbst zuwider: weil es dasjenige Gefühl des Menschen schwächt oder vertilgt, was zwar nicht für sich allein schon moralisch ist, aber

---

[6] Zitiert nach Menzer P (Hrsg.) 1992: *Eine Vorlesung Kants über Ethik* – Berlin; S.302.
[7] Kant I: *Vorlesungen* - Akademieausgabe XXVII 1; Berlin 1974; S.459.

doch diejenige Stimmung der Sinnlichkeit, welche die Moralität sehr befördert, wenigstens dazu vorbereitet, nämlich etwas auch ohne Absicht auf Nutzen zu lieben (z.B. die schönen Kristallisationen, das unbeschreiblich Schöne des Gewächsreiches). | In Ansehung des lebenden, obgleich vernunftlosen Teils der Geschöpfe ist die gewaltsame und zugleich grausame Behandlung der Tiere der Pflicht des Menschen gegen sich selbst weit inniglicher entgegengesetzte, weil dadurch das Mitgefühl an ihrem Leiden im Menschen abgestumpft und dadurch eine der Moralität im Verhältnisse zu anderen Menschen sehr diensame natürliche Anlage geschwächt und nach und nach ausgetilgt wird; obgleich ihre behände (ohne Qual verrichtete) Tötung oder auch ihre, nur nicht bis über Vermögen angestrengte Arbeit (dergleichen auch wohl Menschen sich gefallen lassen müssen) unter die Befugnisse des Menschen gehören; dahingegen die martervollen physischen Versuche zum bloßen Behuf der Spekulationen, wenn auch ohne sie der Zweck erreicht werden könnte, zu verabscheuen sind. – Selbst Dankbarkeit für lang geleistete Dienste eines alten Pferdes oder Hundes (gleich als ob sie Hausgenossen wären) gehört indirekt zur Pflicht des Menschen, nämlich in Ansehung dieser Tiere, direkt aber betrachtet ist sie immer nur Pflicht des Menschen gegen sich selbst".

2.2.3 Arthur Schopenhauer

Ein strikter Gegner der Kantischen Position ist Arthur Schopenhauer; in *Über die Grundlage der Moral*[8] schreibt Schopenhauer: „[§ 8] Jedes Soll hat allen Sinn und Bedeutung schlechterdings *nur in Beziehung auf angedrohte Strafe oder verheißende Belohnung* (...) Jedes Sollen ist also nothwendig durch Strafe oder Belohnung bedingt, mithin wesentlich und unausweichlich hypothetisch und niemals kategorisch". Schopenhauer kritisiert also an der Kantischen Moral, daß sie uneingeschränkt den Handelnden – motiviert durch Bestrafung bzw. Belohnung - in den Mittelpunkt stellt: „[§ 8 weiter unten:] Dieses ist aber im Grunde nichts Andres, als die auf Glücksäligkeit ausgehende, folglich auf Eigennutz gestützte Moral, ..., welche Kant ... feierlich zur Hauptthüre seines Systems hinausgeworfen hatte, und sie nun unter dem Namen höchstes Gut zur Hinterthüre wieder hineinschleicht".

Diese Ausführungen Schopenhauers verdeutlichen zugleich seine Ablehnung absoluter Pflichten, wie auch, daß Schopenhauer die Notwendigkeit davon sieht, Ethik auf eine empirisch erschließbare Basis stellen zu müssen. Darum bemüht, keine letztlich kantisch-egozentrische Ethik zu bieten, kreisen Schopenhauers Gedanken einer empirisch untermauerten Ethik um die Bedeutung des Mitleids – im Sinne von »mit-leiden« mit einem anderen Wesen -: „[§ 16: Eine moralische Handlung kann ausschließlich durch Mitleid motiviert sein] also dadurch, daß ich ganz unmittelbar sein [des Anderen] Wohl will und sein Wehe nicht will, so unmittelbar, wie sonst nur das meinige. Dies setzt aber nothwendig voraus, daß ich bei seinem Wehe als solchem geradezu mit leide, sein Wehe fühle, wie sonst nur meines. Dies erfordert aber, daß ich auf irgend eine Weise mit ihm identificiert sei. (...) Der hier analysirte Vorgang aber ist kein erträumter, oder aus der Luft gegriffener, sondern ein ganz wirklicher, ja, keineswegs seltener: Es ist das alltägliche Phänomen des Mitleids, d.h. der ganz unmittelbaren, von allen anderweitigen Rücksichten unabhängigen Theilnahme zunächst am Leiden eines Anderen und dadurch an der Verhinderung und Aufhebung dieses Leidens".

[8] Zitiert nach: Schopenhauer A: *Über die Grundlage der Moral* – Zürich 1974.

Indem Schopenhauer dies denkt, wendet er sich insofern nicht gegen die Kantische Ethik, als diese besagte zwei Ebenen – »Innerweltlichkeit« und »in transzendentaler Differenz zu Innerweltlichkeit« - unterscheidet. Den Affekt des Mitleids kann Schopenhauer nämlich nicht erklären, sondern bloß konstatieren, als „das letzte Fundament der Moralität in der menschlichen Natur selbst"; er ist daher, „wie alles bestehende als solches" dem Bereich der Metaphysik zuzuordnen, also jenem, das in transzendentaler Differenz zu dem steht, das im Horizont empirischer Untermauerung erreicht wird.

Wiewohl Schopenhauer dieserart die Kontingenz transzendiert, gelangt er zu keinem kategorischen Imperativ, sondern sehend, daß das empirisch konstatierbare Faktum Mitleid als Affekt keine Basis für eine universalistische Moral sein kann, mit der Thematisierung dieses Affekts zu einem „Ratgeber" für die Erstellung moralischer Maximen.

Wichtig ist nun, daß Schopenhauer das Faktum des Mitleids als nicht nur gegenüber Menschen, sondern auch gegenüber Tieren gegeben, sieht und letztere daher explizit in seine Ethik miteinbezieht: „[§ 8] Gränzenloses Mitleid mit allen lebenden Wesen ist die festeste Bürge für das sittliche Wohlverhalten".

Genauerhin schreibt Schopenhauer in *Über die Grundlage der Moral* zu dem hier interessierenden Thema: „[§ 8] Weil nämlich (...) die christliche Moral die Thiere nicht berücksichtigt; so sind diese sofort auch in der philosophischen Moral vogelfrei, sind bloße Sachen, bloße Mittel, zu beliebigen Zwecken, also etwan zu Vivisektion, Parforcejagden, Stiergefechten, Wettrennen, zu Tode peitschen vor dem unbeweglichen Steinkarren u. dgl. – Pfui! Über eine solche ... Moral, - die das ewige Wesen verkennt, welches in Allem, was Leben hat, da ist, und aus allen Augen, die das Sonnenlicht sehen, mit unergründlicher Bedeutsamkeit hervorleuchtet. Aber jene Moral kennt und berücksichtigt allein die eigene werthe Species, deren Merkmal Vernunft ihr die Bedingung ist, unter welcher ein Wesen Gegenstand moralischer Berücksichtigung seyn kann". An angegebenem Ort § 19 ist weiters zu lesen: „Die von mir aufgestellte moralische Triebfeder bewährt sich als die ächte ferner dadurch, daß sie auch die Thiere in ihren Schutz nimmt, für welche in den anderen europäischen Moralsystemen so unverantwortlich schlecht gesorgt ist. Die vermeintliche Rechtlosigkeit der Thiere, der Wahn, daß unser Handeln gegen sie ohne moralische Bedeutung sei, oder, wie es in der Sprache jener Moral heißt, daß es gegen Thiere keine Pflichten gebe, ist geradezu eine empörende Rohheit und Barbarei des Occidents, ... In der Philosophie beruht sie auf der aller Evidenz zum Trotz angenommenen gänzlichen Verschiedenheit von Mensch und Thier, welche bekanntlich am entschiedensten Cartesius ward, als nothwendige Konsequenz seiner Irrtümer".

2.2.4 Ursula Wolf

Ursula Wolf bietet eine an Schopenhauers „Mitleid"-Konzeption anknüpfende Position: „Das Mitleiden mit solchen punktuellen Leidensvorkommnissen ist nur vor dem Hintergrund verständlich, daß es mir, mit Schopenhauer geredet, um das Wohl und Wehe des anderen Wesens geht; daß ich vom Leiden eines anderen Wesens betroffen bin, impliziert, daß mir daran liegt, daß es ihm gut geht" (1990[9]: 88f). Gegenüber Schopenhauer fordert Wolf eine Ethik des generalisierten Mitleids: „Es ergibt sich eine Moralkonzeption, wonach alle so zu behandeln

[9] Wolf U 1990: *Das Tier in der Moral* – Frankfurt a.M.

sind, als ob man ihnen gegenüber empfinden würde" (1988[10]: 231); genauerhin soll hiermit ausgesagt sein: „Dieser Standpunkt ist nicht zu verwechseln mit der konkreten Norm, daß man nicht grundlos Leiden zufügen sollte (...). Vielmehr ist die Konzeption des generalisierten Mitleids zunächst einfach der Kern einer Einstellung. Er besteht darin, auf andere Wesen Rücksicht zu nehmen, insofern sie leidensfähig sind, oder anders gesagt darin, alle leidensfähigen Wesen als leidensfähig zu berücksichtigen" (1990: 76).

Basis der Wolfschen Argumentation ist aber auch die Tradition liberaler Moralauffassung, wobei insbesondere ihre Ausführungen zur Grausamkeit hiervon geprägt sind: „daß Grausamkeit an erster Stelle unter den moralischen Lastern steht. (...) Grausamkeit (...) ist ein Unrecht ausschließlich in dem Sinn, daß es einem anderen Wesen angetan wird. Sie ist einfachhin schlecht, insofern das keiner Erklärung oder Begründung bedarf. Grausamkeit stößt einfachhin und als solche ab, weil sie häßlich ist" (1990: 72f). Hieran verdient der Betonung, daß Wolf dieserart einen Anfang für ihre Argumentation findet, der – um die bisherige Begrifflichkeit beizubehalten - Innerweltlichkeit übersteigt, ohne deshalb Metaphysik einzufordern; sie tritt für eine metaphysikfreie Ethik ein.

Wie Schopenhauer, so versteht auch Wolf Mitleid als nicht ausschließlich auf andere Menschen beziehbar, sondern als auf alle Lebewesen, die potentiell Opfer von Grausamkeit werden können, anlegbar. Somit sind auch die Tiere umgriffen: „[Es ist das] was wir tatsächlich mit allen Menschen teilen, dasselbe, das wir auch mit allen anderen Tieren teilen, nämlich die Leidensfähigkeit. Die Leidensfähigkeit ist natürlich keine wertverleihende Eigenschaft, sondern sie kommt einfach Menschen und Tieren zu. Wenn aber die Gemeinsamkeit, die alle Personen oder Menschen zu Objekten der Moral macht, eine ist, die sie mit den Tieren teilen, muß man dann nicht sagen, daß auch Tiere zu den Objekten der Moral gehören?" (1990: 73).

2.2.5 Henry Salt

Der australische Philosoph Peter Singer (sein Buch *Animal Liberation* hat 1975 die moderne Tierschutz-Diskussion ausgelöst bzw. zumindest wesentlich zur gegenwärtigen Diskussion beigetragen) würdigt Henry Salts Werk *Animals' Rights*[11] als ein ganz außergewöhnliches Buch von bleibender Aktualität. Es würde sich gegenüber den anderen Büchern zu dem anstehenden Thema aus dem 18. und 19. Jahrhundert hervortun, da es gleichsam sämtliche Argumente der gegenwärtigen Diskussion vorwegnimmt, wie auch alle modernen Argumente der Gegner von Tierschutzambitionen bereits vorweg entkräftet.

Salt sieht zwei Traditionen abendländischer Kultur, die ungerechtfertigter Weise eine kategoriale Kluft zwischen den Tieren und Menschen konstatiert haben, die jüdisch-christliche Position und die auf Descartes' Ansicht aufbauende Tradition, Tiere würden weder Bewußtsein noch Empfindungen besitzen. Gemäß der christlichen Lehre käme nur dem Menschen ewiges Leben bzw. eine unsterbliche Seele zu, was die Tiere aus der Sphäre moralischer Berücksichtigung ausschließen würde. Salt spricht sich hingegen für die Annahme eines gleichen Schick-

---

[10] Wolf U: 1988: *Moralische Verpflichtung gegen Tiere* – Zeitschrift für philosophische Forschung 42: 222-246.

[11] Salt H 1892: *Animals' Rights. Considered in Relation to Social Progress*; Nachdruck 1990 – London.

sales von Tieren und Menschen aus, unabhängig davon, ob dies nun übereinstimmend Unsterblichkeit oder vollständige Begrenztheit bedeutet.

Worauf dies basiert, das ist Salts Feststellung, besagte kategoriale Kluft zwischen den Menschen und Tieren als artifiziell verstehen zu müssen: „If we are ever going to do justice to the lower races, we must get rid of the antiquad notion of a great gulf fixed between them and mankind, and must recognize the common bond of humanity that unites all living beings in one universal brotherhood" (1892/1990: 10).

Salts Grundprinzip lautet, daß sich selbst bzw. sein eigenes Selbst zu verwirklichen der eigentliche Lebensinhalt ist und die Ermöglichung hiervon müsse Menschen und Tieren zugestanden werden, da sie beide, wiewohl in graduell verschiedenem Maße, Individualität besitzen: „only argument which can ultimately be held to be a really sufficient one – the assertion that animals, as well as men, though, of course, to a far less extent than men, are possessed of a distinctive individuality, and, therefore, are in justice entitled to life their lives with a due measure of that ‚restricted freedom' to which Herbert Spencer alludes" (1892/1990: 9); „To live one's own life – to realize one's true self – is the highest moral purpose of man and animal alike; and that animals possess their due measure of this sense of individuality is scarcely open to doubt" (1892/1990: 12).

Im Lichte hiervon greift Salt zu einem Argument, das an die Schopenhauersche Argumentation erinnert: Der Mensch muß die Tiere in den Bereich seiner Sympathien aufnehmen, da er beim Anblick menschlichen Leides ebenso empfindet wie im Anblick tierischen Leides. Leid zuzufügen bedeutet Grausamkeit, die weder gegen Menschen noch gegen Tiere ausgeübt moralisch vertretbar ist. Salts Hoffnung ist hierbei die, daß die menschliche Gesellschaft letztlich dazu vordringt, Grausamkeit gegenüber Tieren negativ zu bewerten, gleichsam als fortgesetzten Schritt eines Lernprozesses, der zunächst dazu geführt hat, innerhalb der Menschen nicht mehr zwischen höher- und minderwertigeren Rassen zu unterscheiden.

Salt verflicht diese Argumentation mit einer Denkweise, die zumindest die Türe dafür öffnet, eine rein naturalistische Beachtung auf Innerweltlichkeit zu übersteigen. Salt wendet sich nämlich gegen die sozialdarwinistische Sicht, Wettstreit wäre das einzig das Universum regierende Gesetz, das Überleben der Tüchtigsten in einer Weise legitimierend, die jegliche Moral, die auf „Schwächere" Rücksicht nimmt, als falsch erweist. In diesem Sinne fordert Salt auch eine Hinwendung zur Natur, um willen der Überwindung einer einseitig-reduktionistischen Zivilisation, deren verzerrende Perspektive es überhaupt erst hat notwendig sein lassen, besagten Lernprozeß durchlaufen zu müssen.

Diese Hinwendung zur Natur wird keinesfalls als Abkehr von der Vernunft verstanden, sondern – im Gegenteil – als Schritt zur vollen Entfaltung der Vernunft: nun erst wird es der Vernunft möglich – ihr gemäß – in Harmonie mit den tief verwurzelten emotionalen Instinkten und Sympathien zu interagieren. Die somit zurückzugewinnende „sureness of intuitive faculty" (1892/1990: 114), ist gemäß Salt Menschen sowohl wie Tieren anfänglich gegeben.

Im Sinne dieser auf die Sympathie hörenden Vernunft gelangt man, so Salt, zur Einsicht, daß dem Menschen aufgrund seiner eigenen Bestimmung („exigencies of his own destiny" 1892/1990: 47) zwar ein Vorrang gegenüber den Tieren zukommt, hiermit aber keinesfalls ein Protektorat gemäß einer Tyrannei ausgesagt sein kann. Aus diesem Grund kämen den Menschen und Tieren natürliche Rechte zu, die es zu beachten gilt.

2.2.6 *Jeremy Bentham*

Jeremy Bentham hat sich ebenfalls für die moralische Rücksichtnahme auf die empfindungsfähigen Tiere ausgesprochen, bzw. dafür, diese in die Referenzklasse menschlichen moralischen Handelns aufzunehmen. In einer der bekanntesten Aussagen Benthams, die Tiere betreffend, führt dieser eine Argumentation, die grundsätzlich dem Lernprozeß-Argument Salts entspricht: „The french have already discovered that the blackness of the skin is no reason why a human being should be abandoned without redess to the caprice of the tormentor. It may one day to be recognized, that the number of legs, the villosity of the skin, or the termination of the os sacrum, are reasons equally insufficient for abandoning a sensitive being to the same fate. What else is it that should trace the insuperable line? Is it the faculty of reason, or perhaps, the faculty of discourse. But a full-grown horse or dog, is beyond comparison a more rational, as well as a more conversible animal, than an infant of a day, or a week, or even a month, old. But suppose the case were otherwise, what would it avail? The question is not, Can they reason? Nor, Can they talk? But, Can they suffer?"[12]

An dieser Hervorkehrung von „Can they suffer?" ist insbesondere zu beachten: Bentham versucht hiermit eine willkürliche Grenzziehung bezüglich der Gruppe der Adressaten moralischer Rechte zu vermeiden. Diese Grenzziehung soll sich nicht in akademischen Disputen darüber verfangen, welchen Lebewesen das Interessen-Haben-Können zugesprochen werden kann und welchen nicht; indem auf die Leidensfähigkeit verwiesen wird, wie sie also – bei gegebener Unvorausgenommenheit - unmittelbar feststellbar sein soll, abseits des Bereiches akademischer Dispute, wird dasjenige festgehalten, das notwendige und zugleich hinreichende Vorbedingung für das Haben-Können von Interessen ist. Für sämtliche, dieserart umfaßten Adressaten moralischer Rechte gilt: „Jeder zählt als einer und keiner mehr als einer", sowie: „Wenn Leiden zu vermindern oder zu verhindern ist, zählt erst sekundär, um wessen Leiden es sich handelt"[13]. Im Sinne hiervon weist Bentham also die Beachtung von Vernunft zurück, wie sie beispielsweise bei Kant auftritt.

Abschließend ist zur Benthamschen Position – sie wird auch als hedonistischer Utilitarismus bezeichnet - anzumerken, daß sie das Individuum auffällig beiläufig beachtet. Der hedonistische Utilitarismus Benthams ist um eine Handlungsbewertung bemüht, die auf umfassende Lust-Maximierung bzw. Leidens-Minimierung abzielt. Hierbei ist aber nicht das jeweilige Individuum Bewertungsmaßstab, sondern gleichsam die im Kosmos insgesamt seiende Lust bzw. Leiden, wobei einem konkreten Individuum aktuell lediglich ein bestimmtes Quantum von beidem zukommt. Daher ist das Individuum gleichsam das Gefäß für diese Quanten, wobei auch gilt: wird ein Individuum durch Tötung durch ein anderes Individuum gleichen Quantums an Lust ersetzt, so ist besagte Tötung nicht verwerflich, da der gesamte Umfang an Lust nicht verringert worden ist.

---

[12] Bentham J 1970: *Introduction to the Principles of Moral and Legislation* - London.

[13] Bentham J, zit. nach Gernhardt MM & Fleck C 2000: *Der Tierversuch: seine ethische Abwägung aus theologischer, philosophisch-historischer und medizinischer Sicht; eine Bestandaufnahme und Analyse* – Frankfurt a. M.

2.2.7 Peter Singer

Der australische Philosoph Peter Singer hat mit seinem Buch *Animal Liberation* [*Befreiung der Tiere*[14]] wesentlich zur modernen Tierethik-Diskussion beigetragen. Singers Utilitarismus – der Präferenz-Utilitarismus – unterscheidet sich von Benthams Utilitarismus insbesondere durch die Intention, das konkrete Individuum stärker betonen zu können, den Blick also nicht in Benthamscher Weise primär auf das Gesamt an Lust im Universum zu richten; Singer konzentriert sich hierzu auf die über Selbstbewußtsein verfügenden Lebewesen.

Nachfolgend soll zunächst der grundsätzliche Gedankengang in *Befreiung der Tiere* skizziert und abschließend durch einige Überlegungen Singers in *Praktische Ethik*[15] – einem nicht unumstrittenen Werk – ergänzt werden.

Befreiung der Tiere wendet sich einleitend grundsätzlich gegen den Speziesismus; Singer bezeichnet mit diesem Begriff jenes Denken, das moralische Verantwortung nur gegenüber Menschen verstanden wissen möchte, wobei gleichsam die Zugehörigkeit zu der biologischen Art „Mensch" als Abgrenzungskriterium herangezogen wird. Singers diesbezügliche Darlegung greift zunächst jenes, bereits (u.a.) von Bentham bekannte Argument auf, demgemäß die »Befreiung der Tiere« – also die Überwindung des Speziesismus - in Weiterführung jener Entwicklung zu sehen ist, die zunächst Rassismus und Sexismus als falsch erwiesen hat.

An Singers Ausführung ist der in ihr gegebene Versuch hervorzuheben, die Widerlegung von Sexismus, Rassismus und Speziesismus nicht auf Argumenten gründen zu dürfen, die sich auf kontingente – innerweltliche - Merkmale von Lebewesen bzw. Personen gründen: „Es gibt noch einen zweiten wichtigen Grund, warum wir unsere Ablehnung von Rassismus und Sexismus nicht auf irgendeine Art faktischer Gleichheit gründen sollten, selbst nicht auf sehr eingeschränkte Annahme, daß die Unterschiede in den Fähigkeiten und Eigenschaften gleichmäßig auf alle verschiedenen Rassen und zwischen den Geschlechtern verteilt sind" (1996: 31). Hierauf folgt: „Glücklicherweise ist es aber nicht notwendig, daß wir das Argument für die Gleichheit vom bestimmten Ergebnis einer wissenschaftlichen Untersuchung abhängig machen. Die angemessene Antwort auf jene, die behaupten, genetisch bedingte Unterschiede in den Fähigkeiten der einzelnen Rassen oder Geschlechter beweisen zu können, besteht nicht im Beharren darauf, daß diese genetische Erklärung falsch sein muß, welcher Gegenbeweis auch immer auftauchen mag, vielmehr sollten wir klar und deutlich sagen, daß die Gleichheitsforderung nicht abhängt von Intelligenz, moralischen Fähigkeiten, Körperkraft oder ähnlichen faktischen Gegebenheiten. Gleichheit ist eine moralische Vorstellung und keine Tatsachenbehauptung. Es gibt keinen logisch zwingenden Grund anzunehmen, daß ein tatsächlich bestehender Unterschied in den Fähigkeiten zweier Menschen es rechtfertigt, auch deren Bedürfnisse und Interessen in unterschiedlichem Ausmaß zu berücksichtigen" (1996: 33).

Angesichts hiervon kehrt Singer das Prinzip der Gleichheit hervor, es explizit zur Auflösung speziesistischer Denkweisen nutzend: „Die Forderung, daß unsere Rücksichtnahme auf Andere und unsere Bereitschaft, ihre Interessen zu erwägen, nicht davon abhängen sollte, wie diese Anderen beschaffen sind oder welche Fähigkeiten sie besitzen, ist eine Implikation dieses Prinzips der Gleichheit. ... Aber das grundlegende Element – die Berücksichtigung der Interessen des jeweiligen Lebewesens, was auch immer diese Interessen sein mögen – muß gemäß dem Prinzip der Gleichheit auf alle Lebewesen ausgedehnt werden, ganz gleich ob sie

---

[14] Alle Zitate aus: Singer P 1996: *Befreiung der Tiere* – Reinbek bei Hamburg.
[15] Singer P 1994: Praktische Ethik – Stuttgart.

schwarz oder weiß sind, männlich oder weiblich, menschlich oder nichtmenschlich" (1996: 33). Hieraus ergibt sich bei Singer: „Wenn die höhere Intelligenz eines Menschen ihn nicht berechtigt, andere Menschen für seine oder ihre Zwecke zu benutzen, wie kann sie dann Menschen dazu berechtigen, nichtmenschliche Lebewesen für diese Zwecke auszubeuten?"

Hat Singer somit also die speziesistische Grenze zwischen Wesen, die von der menschlichen Moral zu beachten sind und solchen, die es nicht sind, zurückgewiesen, so führt er in Folge seinerseits folgende Grenze ein: „Wenn ein Wesen leidet, kann es keine moralische Rechtfertigung dafür geben, dieses Leiden nicht zu berücksichtigen. Wie auch immer dieses Wesen beschaffen sein mag, das Prinzip der Gleichheit verlangt, daß – ... – sein Leiden genauso zählt wie ein entsprechendes Leiden irgendeines anderen Wesens. Ist ein Wesen nicht in der Lage zu leiden oder Freude bzw. Glück zu erfahren, dann gibt es auch nichts zu berücksichtigen. Die Grenze des Empfindungsvermögens - ... - ist die einzige vertretbare Grenze, die wir hinsichtlich der Berücksichtigung der Interessen anderer ziehen können. Diese Grenze an irgend etwas anderes zu knüpfen, etwa an Intelligenz oder Vernunft, wäre völlig willkürlich. Warum sollten wir dann nicht gleich irgendein anderes Merkmal wählen, zum Beispiel die Hautfarbe?" (1996: 37f).

Singer meint also, durch die Beachtung der Merkmale »Leidensfähigkeit« und »Möglichkeit Lust zu empfinden« eine nicht willkürlich festgelegte Grenze zwischen moralisch beachtenswerten und nichtbeachtenswerten Lebewesen gefunden zu haben. Hieran mutet sogleich, ohne dies hier bereits bewerten zu wollen, eigentümlich an, daß die Möglichkeit, Leiden bzw. Lust empfinden zu können, zunächst als ein faktisch gültiges, also kontingent-innerweltliches Merkmal von Lebewesen verstanden werden kann, gerade so wie Intelligenz etc. Liegt hier also eine Orientierung an der Empirie vor, die einen Naturalismus bedeutet, also den Versuch, in der empirischen Ebene jenes vergegenwärtigen zu können, das ein Hinterfragen-Müssen dieser Ebene erübrigt? An sich versucht Singer eine naive Orientierung an der Natur zu vermeiden, wie seine vorangegangen zitierten Feststellungen zur Notwendigkeit des Zurückweisen-Müssens von Rassismus, Sexismus und Speziesismus darlegen; Singer hat sich im Rahmen hiervon ja dagegen ausgesprochen, kontingent gültige (innerweltliche) Merkmale – also empirisch festlegbare Merkmale – zur Feststellung von Gleichheit und Verschiedenheit heranziehen zu dürfen. Dies verdeutlicht auch folgende Aussage Singers: „vielleicht geht es aber um einen anderen Standpunkt. Wie wir im vorhergehenden Kapitel gesehen haben, nutzte Lord Chesterfield die Tatsache, daß Tiere andere Tiere essen, als Argument dafür, daß ein solches Verhalten Teil der allgemeinen Ordnung der Natur sei. Er gab keinen Hinweis darauf, warum wir uns unsere Natur eher wie die des fleischessenden Tigers vorstellen sollten und nicht wie die des vegetarisch lebenden Gorillas oder des fast vegetarisch lebenden Schimpansen. Doch ganz abgesehen von diesem Einwand sollten wir mit der Berufung auf die Natur in ethischen Argumenten vorsichtig umgehen. Es kann sein, daß oftmals die Natur Recht hat, doch wir müssen unsere eigene Urteilskraft benutzen, um zu entscheiden, wann wir der Natur folgen sollen. ... Wir haben die Fähigkeit, darüber nachzudenken, was wir am besten tun sollten. Wir sollten von dieser Fähigkeit Gebrauch machen" (1996: 360f).

Soweit es Singers Bezugnahme auf Leidensfähigkeit anbelangt, hält er zunächst fest, daß Schmerz bereits bei anderen Menschen nicht als solcher wahrgenommen werden kann, sondern lediglich Zeichen von Schmerz, wobei diese aber auch von (manchen) Tieren bekannt sind: „Auch wissen wir, daß die Nervensysteme dieser Tiere [Säugetiere und Vögel] unserem eigenen sehr ähnlich sind, und daß das Nervensystem eines Tieres, das sich in einer Situation befindet, in der wir Schmerzen empfinden würden, physiologisch ganz ähnlich reagiert, ... Menschen haben zwar eine weiterentwickelte Hirnrinde als andere Tiere, aber dieser Teil des

Gehirns ist vor allem für Denkfunktionen zuständig und weniger für Grundimpulse, Emotionen und Gefühle. Wir wissen auch, daß das Nervensystem der anderen Tiere nicht künstlich konstruiert wurde - ... -, um das Schmerz-Verhalten der Menschen nachzuahmen. Das Nervensystem der Tiere entwickelte sich genau so wie unser eigenes, und tatsächlich trennten sich in der Geschichte der Evolution die Entwicklungszweige von Menschen und anderen Tieren erst, nachdem das Nervensystem in seinen wesentlichen Merkmalen bereits fertig entwickelt war. Die Fähigkeit Schmerzen zu empfinden, vergrößert offensichtlich die Aussicht einer Spezies auf Überleben, denn sie veranlasst die Mitglieder dieser Spezies, Situationen zu vermeiden, die zu Verletzungen führen könnten" (1996: 41f). Dieserart sieht sich Singer jedes Verdachts enthoben, eine willkürliche Grenzziehung vorzunehmen; also die willkürliche Grenzziehung des Speziesismus durch eine andere, ebenso willkürliche Grenzziehung zu ersetzen.

Singer diskutiert nun einige Argumente, die seine Annahme zu widerlegen scheinen; sie erweisen sich alle, so Singer, als unrichtig. Aus diesen Darlegungen Singers sei jene zur Sprachfähigkeit des Menschen herausgegriffen. Das entsprechende philosophische Gegenargument zu Singers Position – namentlich wird Ludwig Wittgenstein als Vertreter der zu Singer entgegengesetzten philosophischen Tradition angeführt – lautet, daß das Fehlen eines Schmerzempfindens bei nichtmenschlichen Lebewesen bereits aus dem Fehlen eines Sprachvermögens bei diesen Lebewesen abzuleiten ist. Grundsätzlich basiert diese Argumentation darauf – so Singer -, daß sie Bewußtsein an Sprache knüpft und das Haben von Schmerzen aus der entsprechenden sprachlichen Mitteilung erschließt. Singer hält dieser Denkweise entgegen, daß Sprache zwar für abstraktes Denken – ab einem gewissen Niveau - sinnvoll ist, Schmerz aber Bewußtseinszuständen zuzurechnen ist, die viel einfacherer Natur als abstraktes Denken sind und daher keiner Sprache bedürfen.

Zudem verweist Singer auf die Feldforschungen von Jane Goodall an Schimpansen, die (nebst anderem) ergeben haben sollen, daß Schimpansen (und nicht nur diese) ein einfaches Sprachvermögen besitzen. Die Grenze zwischen den menschlichen und nichtmenschlichen Lebewesen ließe sich somit anhand der Sprache gar nicht so exakt ziehen, wie dies lange Zeit angenommen worden ist. Zudem dürfe man die Bedeutung nichtverbaler Kommunikationsformen für die Mitteilung von Emotionen Artgenossen gegenüber nicht vergessen.

Im Rahmen seiner diesbezüglichen Ausführungen hält Singer auch die folgenden bemerkenswerten Sätze fest: „Doch selbst wenn es stärkere Gründe dafür gäbe, denen, die keine Sprache haben, die Schmerzfähigkeit abzusprechen, könnten uns die Konsequenzen einer solchen Verweigerung dazu veranlassen, die Folgerung zu verwerfen. Menschliche Säuglinge und Kleinkinder können nicht sprechen. Sollten wir leugnen, daß ein einjähriges Kind leiden kann? Falls nicht, kann die Sprache nicht entscheidend sein" (1996: 45).

Insgesamt resümiert Singer: „Die Schlußfolgerung lautet somit: Es gibt keine guten Gründen, weder wissenschaftliche noch philosophische, zu leugnen, daß Tiere Schmerz empfinden können. Wenn wir nicht daran zweifeln, daß andere Menschen Schmerz empfinden, sollten wir auch nicht daran zweifeln, daß es bei anderen Tieren ebenso ist. | Tiere können Schmerz empfinden. Wir haben bereits gesehen, daß es keine moralische Rechtfertigung dafür gibt, die Schmerzen (oder die Lust), die Tiere empfinden, für weniger wichtig zu halten als ein ähnliches Maß an Schmerz (oder Lust), das Menschen empfinden" (1996: 45).

Hierauf aufbauend präzisiert Singer wie folgt seine Zurückweisung des Speziesismus: „Das bedeutet nicht, daß wir, um den Speziesismus zu vermeiden, die Ansicht vertreten müssen, daß einen Hund zu töten genauso falsch ist wie das töten eines menschlichen Lebewesen im vollen Besitz seiner geistigen Kräfte. Die einzige hoffnungslos speziesistische Position ist diejenige, die versucht, die Grenzlinie für das Lebensrecht genau parallel zur Grenze unserer eigenen Spezies zu ziehen. Wer die Auffassung von der Heiligkeit des Lebens vertritt, tut dies, denn er unterscheidet einerseits scharf zwischen Menschen und andern Tieren, läßt aber andererseits keine Unterscheidung innerhalb unserer eigenen Spezies zu, sondern wendet sich gegen das Töten geistig schwerstbehinderter und hoffnungslos seniler Menschen genauso streng wie gegen das Töten normaler Erwachsener" (1996: 52). Diese Argumentationsfigur, »normale Erwachsene« einerseits nichtmenschlichen Lebewesen und andererseits Kindern (Neugeborenen) sowie »hoffnungslos senilen Erwachsenen« gegenüberzustellen, diese Figur also tritt in Singers Text wiederholt auf.

Dies hat die eigentümliche Konsequenz, daß zwar die biologische Grenze »Mensch« bei Singer wegfällt, zugleich aber innerhalb von »Mensch« mit »normaler erwachsener Mensch« eine neue Grenzziehung auftritt. Damit ist zumindest implizit eine Vorrangstellung dieser neuen Einheit gegeben, da sämtliche, diese Einheit flankierenden Lebewesen – Tiere, Neugeborene, senile Erwachsene und so weiter – in wesentlichen Merkmalen, auch moralischen, den Vertretern besagter Einheit unterlegen sind. Hierbei ist explizit zu beachten: Bezeichnender Weise führt die Singersche Grenzziehung zu einer naturalistischen – innerweltlichen - Betrachtung und Abgrenzung der Einheit »normaler Erwachsener«.

Der eigentümliche Charakter der Singerschen Position, wie er sich hiermit abzeichnet, ist auch folgenden Sätzen Singers zu entnehmen: „Wir können mit Berechtigung annehmen, daß bestimmte Lebewesen Merkmale aufweisen, die ihr Leben wertvoller machen als das anderer Lebewesen. Aber mit Sicherheit wird es einige nichtmenschliche Lebewesen geben, deren Leben – nach welchem Maßstab auch immer – mehr Wert haben als das Leben einiger Menschen. Ein Schimpanse, ein Hund oder ein Schwein beispielsweise dürfte einen höheren Grad an Selbstbewußtsein aufweisen und eine größere Fähigkeit für sinnvolle Beziehungen zu anderen besitzen als ein geistig schwer behindertes Kleinkind oder ein Mensch im Stadium fortgeschrittener Senilität. Wenn wir also das Recht auf Leben auf diese Eigenschaften gründen, müssen wir diesen Tieren ein genauso großes, wenn nicht sogar ein größeres Lebensrecht zugestehen als solchen geistig behinderten oder senilen Menschen" (1996: 53).

Sogleich nimmt Singer diesen Ausführungen aber ihre Spitze: „Wir brauchen eine Position zwischen diesen beiden, die den Speziesismus vermeidet, die aber nicht zugleich das Leben geistig behinderter und seniler Menschen so wertlos macht, wie das Leben von Schweinen und Hunden jetzt ist, oder das Leben von Schweinen und Hunden nicht so unantastbar macht, daß es sogar falsch wäre, sie aus hoffnungslosem Elend zu befreien. Wir müssen dahin gelangen, daß wir nichtmenschliche Tiere in den Bereich der moralischen Rücksicht einbeziehen und daß wir aufhören, ihr Leben für jeden noch so trivialen Zweck zu opfern" (1996: 53f).

Zielt Singers Argumentation somit darauf ab, die moralische Verankerung der Beachtung von Kleinkindern, senilen Menschen und Tieren gleichermaßen (gegenüber einem defizitären gegenwärtigen Status quo) zu stärken? Angesichts dieser Frage sei aus den, auf das soeben Zitierte folgenden Ausführungen Singers gelesen: „Unter normalen Umständen heißt das, daß wir das Leben des Menschen retten sollten, wenn wir vor die Entscheidung gestellt wären, entweder einen Menschen oder ein anderes Tier zu retten. Aber es sind auch Fälle denkbar, in denen das Gegenteil richtig wäre, weil der betreffende Mensch nicht über die Fähigkeiten eines normalen Menschen verfügt. Deshalb ist diese Sichtweise nicht speziesistisch, auch wenn es auf den ersten Blick so scheinen mag. Daß wir im Fall der Unumgänglichkeit einer Entscheidung im Normalfall die Rettung eines menschlichen Lebens der Rettung eines Tieres vorziehen, beruht auf den Eigenschaften, die normale Menschen besitzen, und nicht auf der bloßen Tatsache, daß sie Mitglieder unserer eigenen Spezies sind. Das ist der Grund, warum wir bei Mitgliedern unserer eigenen Spezies, denen die Eigenschaften normaler Menschen fehlen, nicht mehr behaupten können daß ihr Leben dem Leben von Tieren immer vorzuziehen ist“ (1996: 55).

Im Lichte hiervon sei nun aus *Praktische Ethik* (2. Auflage) gelesen: „Ein selbstbewußtes Wesen ist sich seiner selbst als einer distinkten Entität bewußt, mit einer Vergangenheit und Zukunft (...). Ein Wesen, das sich solchermaßen selbst bewußt ist, ist fähig, Wünsche hinsichtlich seiner eigenen Zukunft zu haben. ... Nimmt man einem dieser Menschen ohne seine Zustimmung das Leben, so durchkreuzt man damit seine Wünsche für die Zukunft. Tötet man eine Schnecke oder ein einen Tag altes Kind, so durchkreuzt man keine Wünsche dieser Art, weil Schnecken und Neugeborene unfähig sind, solche Wünsche zu haben“ (1994: 109); „Nach dem Präferenz-Utilitarismus ist eine Handlung, die der Präferenz irgendeines Wesens entgegensteht, ohne daß diese Präferenz durch entgegengesetzte Präferenzen ausgeglichen wird, falsch. Eine Person zu töten, die es vorzieht weiterzuleben, ist daher falsch, die übrigen Umstände als gleichbleibend vorausgesetzt“ (1994: 112); „Wenn wir es nicht mit Tieren zu tun haben, die sich ihrer selbst als distinkter Entitäten bewußt sein, bezieht sich die Verwerflichkeit des Tötens lediglich auf die damit verbundene Reduktion von Lust. Wo bei sorgfältiger Erwägung das Leben des getöteten Wesens keine Lust enthält, da wird kein direktes Unrecht verübt. Selbst wenn das getötete Tier lustvoll gelebt haben sollte, darf man zumindest argumentieren, daß nichts Unrechtes begangen wird, wenn das getötete Tier, als ein Resultat des Tötens, durch ein anderes Tier ersetzt wird, das ein ebenso lustvolles Leben führen kann“ (1994: 143).

Zur „Ersetzbarkeit“-Thematik schreibt Singer in *Praktische Ethik* zudem, daß ein möglicher Mensch auf jeden Fall ersetzbar ist, so daß die Frage auftritt, wann und aufgrund welchen Merkmales ein Individuum in der Ontogenese – also in der Individualentwicklung (von der Zeugung bis zum Tod des Individuums) - jenes Selbstbewußtsein ausbildet, das es nicht mehr ersetzbar sein läßt. Singers Antwort hierauf lautet: „Für ein nicht-selbstbewußtes Wesen bedeutet der Tod das Aufhören von Erfahrungen, so wie die Geburt das Beginnen von Erfahrungen markiert. Der Tod kann nicht einem Interesse an der Fortsetzung des Lebens entgegenstehen, ebenso wenig wie die Geburt mit einem Interesse am beginnenden Leben einhergeht. So gesehen heben sich bei einem nicht-selbstbewußten Leben Geburt und Tod gegenseitig auf; dagegen bedeutet für ein selbstbewußtes Wesen die Tatsache, daß es – einmal selbst geworden – weiterleben will, daß der Tod einen Verlust zufügt, der durch die Geburt eines anderen nur ungenügend ausgeglichen werden kann“ (1994: 167).

Zudem gibt Singer bezüglich der Ersetzbarkeit von selbstbewußten Lebewesen zu bedenken, daß entsprechend der Glücksmaximierung im Sinne des Präferenz-Utilitarismus die Erfüllung einer Präferenz zwar etwas Gutes ist, damit aber nicht schon gesagt ist, daß dies notwendig auch die Handlungsweisen betrifft, die zuallererst die Schaffung von Präferenzen betreffen. Damit steht dem Ersatz von aktuell selbstbewußtem Leben durch aktuell noch reine Möglichkeit seiendem selbstbewußtem Leben eine Schranke entgegen, die den Ersatz als zumindest problematisch erscheinen läßt.

2.2.8 *William Frankena*

„Die wichtigsten substantiellen Fragen", so schreibt Frankena[16], „... sind beantwortet, so scheint mir, wenn wir wissen, ob wir vollkommene Pflichten gegenüber nichtmenschlichen, bewußt empfindungsfähigen Wesen als solchen haben, und, falls ja, worin diese Pflichten bestehen. Um Singers Worte zu gebrauchen: »Es zählt, wie wir denken, daß Tiere behandelt werden sollten, und nicht, wie (oder sogar ob) wir die Vorstellung eines Rechts benützen«".

Frankena weist nun die Ansicht zurück, zuerst prüfen zu müssen, ob Tiere den Menschen gegenüber Rechte haben, um sich dann über etwaige Pflichten der Menschen den Tieren gegenüber Gedanken machen zu können: „Zu sehen, daß ich eine solche Pflicht habe, etwas zu tun, heißt zu sehen, daß es falsch ist, es nicht zu tun; aber warum sollten wir denken, daß ich, um dies zu sehen, zuerst sehen muß, daß jemand ein Recht mir gegenüber hat? So zu denken heißt meines Erachtens, Rechte allzu ernst zu nehmen" (1994: 126).

Im Lichte hiervon kommt Frankena zu der Aussage: „Mehr noch, ich glaube, daß es falsch ist, prima facie und ceteris paribus (allem Anschein nach und unter sonst gleichen Bedingungen), bewußt empfindungsfähige Wesen grausam zu behandeln, das heißt, ihnen willkürlich unnötigen Schmerz, Leiden oder Furcht zu verursachen" (1994: 126). Um willen hiervon schreibt Frankena diesen – und nur diesen - Wesen natürliche Rechte zu, festhaltend, daß empfindungsfähige Tiere ein natürliches Recht haben, aus eben jenem Grund, aus dem es auch der Mensch hat, und dieser liegt in der Leidensfähigkeit. Frankena erinnert in diesem Zusammenhang an die Aussage Benthams »Can they Suffer?«.

Sogleich präzisiert Frankena, daß es sich hierbei um ein Anspruchsrecht der betreffenden Tiere handelt: „Aber während ihr Recht, durch moralisch verantwortlich handelnde Wesen keinen Schmerz, kein Leiden oder keine Furcht erleiden zu müssen, natürlich und immanent ist, ist es nicht absolut; es ist ein prima facie- oder ceteris paribus-Recht, was [der Philosoph Joel] Feinberg einen Anspruch oder ein Anspruchs-Recht nennt, ein Recht, das solche Tiere haben, wenn alle andern Bedingungen gleich sind" (1994: 126). Das Recht der Tiere kann daher aufgewogen werden, ist also kein vorrangiges Recht.

Angesichts hiervon diskutiert Frankena nun die Frage nach dem Recht auf Leben von Tieren. Ein entsprechendes Recht ließe sich nicht aus dem Satz von dem Recht auf Leben von Menschen ableiten; schon gar nicht läßt es sich aus dem Recht der Tiere, kein Leiden zugefügt zu bekommen, ableiten, da ein Tier auch schmerzlos getötet werden kann: „Es kann aber immer noch sein, daß derselbe Grund, der unser Recht auf Leben begründet, dieses Recht auf für bestimmte Tiere begründet. Tatsächlich werde ich dies behaupten" (1994: 127).

Die entsprechende Argumentation beginnt Frankena mit der Feststellung: „Ein Wesen muß also am Leben sein, um ein Recht darauf zu haben, weiterzuleben, aber es muß mehr als nur am Leben sein; es muß bewußter Wünsche, Abneigungen, Freuden, Schmerzen usw. fähig sein, und nicht alle lebenden Dinge sind dessen fähig, nicht einmal potentiell (so wie es bestimmte Föten sind). Im Fall einstmaliger menschlicher Wesen, die immer noch am Leben, aber unwiderruflich bewusstlos geworden sind, scheint mir nichts daran moralisch grundsätzlich falsch, sie zu töten oder sie zumindest sterben zu lassen" (1994: 128).

---

[16] Frankena W 1994: *Das Recht auf Leben von nicht-menschlichen Wesen* – In: Bondolfi A (Hrsg.): *Mensch und Tier: ethische Dimensionen ihres Verhältnisses*; S.-117-137; Freiburg; aus dem Amerikanischen übersetzt von Stefan Howald.

Konkret wendet sich Frankena nun gegen die Annahme, bloßes Leben sei im Guten oder Schlechten von wesentlichem Wert: Das Recht auf Weiterleben setzt mehr als bloßes Leben voraus, zum Beispiel Freude und Bewußtsein. Hieraus erwächst nämlich die Möglichkeit, davon sprechen zu können, daß hiermit ausgestattete Lebewesen durch die herbeigeführte Beendigung ihres Lebens von künftigen Freuden abzuschneiden, ob sie nun erhofft sind oder nicht: „Das ist ein Grund, es als prima facie falsch anzuschauen, sie zu töten, und ein Grund, ihnen ein Anspruchsrecht zuzuschreiben, nicht getötet zu werden“ (1994: 129).

In Fortführung seiner Argumentation differenziert Frankena »bewußt« lebende und »selbstbewußt« lebende Tiere: „Es ist zumindest einsichtig, daß tierische Erfahrungen und Leben niemals gleichwertig wie oder von der gleichen Art wie diejenigen von normalen menschlichen Wesen sind; nicht nur, weil sie nichtmenschlich sind, sondern weil sie in bedeutsamer Weise anders sind. Dies ist besonders wahrscheinlich im Falle von Tieren, die bewußtseinsfähig, aber nicht selbstbewußt sind, aber es ist selbst in jenen Fällen von Tieren wahrscheinlich, die ein wenig selbstbewußt sind, sich selbst gewiß sind als Individuen mit einer Vergangenheit und einer Zukunft, mit einem Wunsch zu leben und fähig, Zwecke und Pläne zu haben. Falls es Tiere dieser mehr selbstbewussten Art gibt, wie einige Individuen nahe legen, zum Beispiel im Falle von Menschenaffen, Walen, Delphinen und vielleicht weiteren Tieren, dann wird zwar ihr Anspruch auf Leben immer noch als schwächer betrachtet werden mögen als der von normalen menschlichen Wesen; er wird aber viel stärker sein als im allgemeinen gedacht, stark genug, um bedeutsame Änderungen in unserer Behandlung von ihnen zu verlangen“ (1994: 131).

2.2.9 Mark Rowlands

Mark Rowlands vertritt in seinem Buch *Animal Rights – A philosophical Defence*[17] einen kontraktionstheoretischen Standpunkt, aufbauend auf der Theorie von John Rawls, dem gegenwärtig wohl renommiertesten Kontrakt-Theoretiker. Im Unterschied – wiewohl nicht notwendig im Gegensatz (vgl. unten) – zu Rawls, vertritt Rowlands die Meinung, daß die Kontrakt-Theorie auch nichtmenschlichen Lebewesen direkte Rechte zuerkennt.

Seine Darlegungen beginnt Rowlands mit der Anführung der beiden zentralen Argumente – „original position“ und „veil of ignorance“ betreffend - von Rawls: „For Rawls, the way to think about what would be a just organization of society is to imagine what principles would be agreed to by people who were denied knowledge of certain facts about themselves. The people here find themselves in the original position, and the facts of which they have no knowledge are excluded by the veil of ignorance” (1999: 126).

Rawls verbindet – so Rowlands weiter - mit *original position*, daß eine Person, die sich in dieser Position befindet (vgl. unten), folgende beiden Prinzipien wählt: „First principle - Each person is to have an equal right to the most extensive total system of equal basic liberties compatible with a similar system for all”; “Second principle – Social and economic inequalities are to be arranged so that they are both: (a) to the greatest benefit of the least advantaged, consistent with the just savings principle and (b) attached to offices and positions open to all under conditions of fair equality of opportunity” (1999: 127).

---

[17] Rowlands M 1999: *Animal Rights – A philosophical Defence* – New York.

Rowlands seinerseits kleidet die Argumente Rawls' in das *intuitive equality argument* (IEA) und das *social contract argument* (SCA). Das IEA ist wie folgt aufgebaut: "P1. If an individual I is not responsible for their possession of property, then I is not morally entitled to P. / P2. If I is not morally entitled to P, then I is not morally entitled to whatever benefits accrue from their possession of P. / P3. For any individual I, there will be a certain set of properties $S = \{P_1, P_2, \ldots P_n\}$ such that I possesses S without being responsible for possessing S. / C. Therefore, for any individual I, there is a set S of properties such that I is not morally entitled to the benefits which accrue from possession of S." (S.128). Das SCA lautet wie folgt: "The principle of justice are chosen behind a veil of ignorance. This ensures that no one is advantaged or disadvantaged in the choise of principles by the outcome of natural chance of the contingency of social circumstances. Since all are similarly situated and no one is able to design principles to favour his particular condition, the principles of justice are the result of a fair agreement of bargain" (1999: 129f).

Rowlands verwendet nun viel Platz darauf zu zeigen, daß das *original position*-Argument keine metaphyische Konstruktion von Person impliziert: Das Absehen von Fähigkeiten und Wissen führt zu keiner metaphysischen Theorie des An-Sich einer Person, sondern zu einem heuristischen Prinzip: „That is, being in the original position is not a matter of being in a logically, metaphysically or physically possible situation. It is simply a matter of allowing one's reasoning about morality to be guided by the above sorts of restrictions" (1999: 136).

Aufbauend hierauf beginnt Rowlands nun jene Argumentation, die ihn, abweichend von Rawls, zur Aussage von direkten Rechten von Tieren gelangen läßt. Am Beginn hiervon steht eine Modifikation der Vorstellung von *original position* gegenüber Rawls. Sie basiert darauf, daß die Kontrakttheorie nicht notwendig von *distinct individuals* auszugehen hat: „The original position is perfectly compatible with a construal whereby we imagine various agents contracting with each other behind a veil of ignorance" (1999: 138). Worauf Rowlands hiermit zusteuert, das ist eine Auflösung der Symmetrie, die bei Rawls zwischen der Gruppe jener Wesen besteht, die die *original position* betreten können und jener Gruppe, auf die sich jene Überlegungen beziehen, die aus diesem Betreten heraus erwachsen.

Im Lichte hiervon beginnt Rowlands nun sein zentrales Argument vorzutragen, sogleich daran erinnernd, daß eine Peson für das Haben einer Eigenschaft nicht verantwortlich ist, dieses Haben auch keine moralischen Konsequenzen implizieren kann. Gerade dies scheint aber für das Merkmal Rationalität zuzutreffen: „Therefore, it seems that, given the interdependence on the intuitive equality argument and the social contract argument, it seems that knowledge that one is a rational agent should be bracketed off in the original position.. This is what the IEA tells us" (1999: 141). Daher auch sollte die Ablehnung davon, daß nicht-rationale Lebewesen außer den Bereich des Rechts fallen, gemäß Rowlands keinen Widerspruch zur Position Rawls darstellen: „Similarly, there is nothing in the concept of the original position which entails that non-human animals fall outside the sphere of morality" (1999: 141).

In der Ausarbeitung seines zentralen Arguments merkt Rowlands an: „In fact, once the connection between the IEA and the principles derivable from the original position is made clear, it seems that knowledge that one is a human being must also be bracketed in the original position. The property of being human is, again, something over which we have no choice" (1999: 142).

Ist mit derartigen Aussagen aber auch schon festgelegt, die nichtmenschlichen Lebewesen als über Moral verfügende Lebewesen verstehen zu können. Rawls gemäß, so Rowlands, zeichnen sich über Moral verfügende Lebewesen durch eine Vorstellung "of their good (as expressed by a rational plan of life)" (1999: 143) aus, sowie durch einen Gerechtigkeitssinn ("sense of justice)" (1999: 143).

In diesem Sinne sind nichtmenschliche Lebewesen natürlich keinesfalls Personen. Rowlands stellt nun die Frage, ob sich h i e r a u s tatsächlich die Rawlssche Symmetrie ableiten läßt, wie sie nichtmenschliche Lebewesen davon ausschließt, Träger von direkten Rechten sein zu können. Er kommt diesbezüglich zu folgender Antwort: „Only if being a moral person is a necessary condition of being owed justice. But, in fact, Rawls is quite clear that being a moral person is only a sufficient condition of falling under the scope of the principles of justice. Unless Rawls is willing to claim that possession of moral personality is both a sufficient and necessary condition of being entitled to equal justice, there is nothing in his theory as such which rules out non-humans being entitled to equal justice. Since he is not willing to make this claim (and for good reasons I think) we can conclude that there is nothing in Rawls's theory as such which rules our according equal justice to non-humans" (1999: 143f).

2.2.10 Tom Regan

In seinem Buch *The Case of Animal Rights*[18] schreibt Tom Regan: „The Kantian sense of autonomy is not the only one. An alternative view is that individuals are autonomous if they have preferences and have the ability to initiate action with a view to satisfying them. It is not necessary, given this interpretation of autonomy (let us call this preference autonomy), that one must be able to abstract from one's own desires, goals, and so on, as a preliminary to asking what any other similarity placed individual ought to do; it is enough, that one have the ability to initiate action because one has those desires or goals one has and believed, rightly or wrongly, that one's desires or purposes will be satisfied or achieved by acting in a certain ways" (1984: 84f). Regan löst also die Kantische Bezugnahme auf Vernunft auf; löst er aber auch die Kantische Bezugnahme auf die Transzendentalität zur Innerweltlichkeit auf, wie dies beispielsweise bei Jeremy Bentham und Peter Singer der Fall ist?

Diese Fragestellung wird im Gedächtnis zu behalten sein, wenn es nun gilt, die Position von Tom Regan zu skizzieren.

Zunächst soll kurz angeführt werden, was Regan unter einer idealen ethischen Theorie versteht. Seinem Verständnis nach muß sie konzeptuell klar sein, aufgrund aller relevanten Informationen urteilen, soll unparteiisch sein, ebenso wie sie das Ergebnis einer sachlich „kühlen" Abwägung sein soll, um so letztlich den moralisch Handelnden ein gültiges Urteil zu ermöglichen. An die moralischen Urteile legt Regan mehrere Anforderungen an, unter anderem, daß sie in sich logisch stimmig sein müssen und ihr Anwendungsbereich den Problemsituationen adäquat sein muß. Hervorhebenswert ist, daß sie gemäß Regan in Übereinstimmung mit den Intuitionen sein müssen. Treten aber Intuition und Handlungsanweisung in Konflikt miteinander, so ist nicht sogleich klar, daß das moralische Prinzip geändert werden muß; die moralische Intuition ist also nicht per se letztrechtfertigend. Woran Regan hier denkt, das ist John Rawls' reflexive Kohärenztheorie (von der sich ihr Begründer aber wieder distanziert hat); durch diese Theorie wird eine Ausgewogenheit zwischen Intuition und den moralischen Prinzipien durch gegenseitige Erhellung angestrebt.

---

[18] Regan T 1984: *The Case of Animal Rights* – Los Angeles.

Wiewohl Regan also Kants Hervorkehrung der Vernunft zur Abgrenzung der Menschen von den nichtmenschlichen Lebewesen ablehnt, fehlt bei ihm die Abgrenzungsthematik keinesfalls vollständig. Regan unterscheidet nämlich zwischen *moral agents* und *moral patients*. Erstere, paradigmatisch sind sie durch den erwachsenen Menschen vertreten, zeichnen sich durch eine Vielzahl hochentwickelter Fähigkeiten aus, vor allem der Fähigkeit zur unparteiischen Abwägung moralischer Prinzipien und dem Vermögen, sich gemäß moralischen Reflexionen zu verhalten. Die moralische Gemeinschaft besteht alleine aus den *moral agents*, wobei Gegenseitigkeit zwischen den Mitgliedern der Gemeinschaft besteht, wie sie auch Verantwortlichkeit für Handlungen, vereinbarte Pflichten etc. umschließt. *Moral patients* hingegen vermögen nicht moralisch zu handeln: sie sind nicht in der Lage, Handlungen im Lichte moralischer Prinzipien als falsch oder richtig einzustufen. Sie verfügen aber über Überzeugungen, Wünsche, Erinnerung, Gefühlsleben, Interessenslagen, Wahrnehmung eines individuellen Wohlergehens und so weiter. Hierher gehören menschliche Säuglinge (Kleinkinder), geistig schwer behinderte Menschen, aber auch Säugetiere (die älter als ein Jahr sind).

Wie aber sieht nun Regans Theorie aus, die die Kantische Symmetrie bezüglich der Subjekte und Adressaten der Moral überkommen läßt, die also die *moral patients* mit der Gemeinschaft der *moral agents* derart verflicht, daß die *moral agents* Pflichten gegenüber den *moral patients* haben, oder diese (sogar) Rechte gegenüber jenen haben. Die entsprechende Theorie Regans ist explizit eine Absage an das utilitaristische Verständnis von Person-Sein bzw. an das, wie mit Regan festgehalten werden kann, extrem defizitäre utilitaristische Verständnis von Person-Sein. Zugleich, um dies sogleich zu erwähnen, wendet sich Regan gegen perfektionistische Theorien, wie sie in der Neuzeit zum Beispiel von Friedrich Nietzsche vertreten worden ist. Regan wendet sich also dagegen, erworbene Eigenschaften zum Kriterium für den moralischen Status von Person zu erheben.

Im Zentrum der angekündigten Reganschen Theorie steht das Postulat vom inhärenten Wert (*inherent value*), der gleichermaßen *moral patients* und *moral agents* zukommt. Diesen Individuen kommt dieser Wert für sich selber zu – „having value in themselves“ (1984: 235). Die Begründung dafür, dieses Postulat nicht als Wollenskundgebung verstehen zu müssen, liegt in seiner Rückführbarkeit auf Intuitionen, denen gemäß die Schädigung eines jeden solchen Wesens ein Unrecht darstellt.

Der inhärente Wert ist hierbei nicht auflösbar in etwas, das sich aus dem innerweltlich Erlebten eines ihn in sich tragenden Wesens ergibt; dieser Wert ist daher auch nichts innerweltlich verstanden Erwerb- oder Verlierbares und folglich auch nichts, das sich aus den Interessen anderer interpretieren bzw. relativieren ließe; er ist unabhängig von der Einschätzung Dritter.

Zunächst geht es Regan darum, sein Postulat von dem inhärenten Wert gleichsam mit innerweltlichen Inhalten belegen zu können; er sucht also nach jener natürlichen Eigenschaft, die innerweltliche Manifestation dieses Wertes ist. Worauf Regan bei seiner diesbezüglichen Suche stößt, das ist das *subject of a life criterion*. Einheitlich erfüllen also die *moral patients* und *moral agents* dieses Kriterium, wobei es in etwa dem entspricht, das Regan zur Charakterisierung der *moral patients* anführt (vgl. oben). Dieses Kriterium – für sich ist es eine hinreichende, aber keine notwendige Bedingung, um inhärenten Wert zu besitzen – soll nun nicht das Ergebnis eines naturalistischen Fehlschlusses sein, sondern – um dies zu wiederholen - die ontologische Basis entsprechend unseren hierher gehörenden Intuitionen bezeichnen.

Für sich bietet das „*inherent value*“-Postulat natürlich noch keine Handlungsanweisungen, ist daher also kein moralisches Prinzip, sehr wohl aber die Basis für ein solches, nämlich das *respect principle*. Das zentrale Argument dieses Prinzips besagt, daß es Willkür wäre, lediglich die *moral agents* entsprechend ihrem inhärenten Wert zu behandeln, da dieser übereinstimmend auch den *moral patients* zukommt. Zur Untermauerung hiervon argumentiert Regan in Anlehnung an Feinbergs[19] Verständnis moralischer Rechte. Bezüglich Regans Respekt-Prinzip besagt dies: Ist Respekt zwischen *moral agents* zu fordern, so inkludiert dies eine adäquate Beachtung aller Adressaten, inwiefern diese Forderung nach gerechter Behandlung ein universales Recht ist; damit aber umschließt es auch die *moral patients*. Gemäß Feinberg fordert Regan nun ein, den mit diesem Recht korrespondierenden Pflicht-Aspekt zu beachten, also die entsprechende Pflicht der *moral agents* gegenüber den *moral patients*.

Nur dem Namen nach seien nun noch das *miniride principle* und das *worse-off principle* Regans genannt; ersteres besagt die Akkumulierbarkeit gleichartiger Rechte, letzteres die Nicht-Akkumulierbarkeit nicht-gleichartiger Rechte. Letzteres ist aus Sicht der Tierethik insofern von Bedeutung, als es besagt, daß ein schwerer Rechtsverlust eines *moral patients* nicht aufgewogen werden kann durch einen trivialen Gewinn auf Seiten vieler *moral agents*.

2.2.11 Jens Badura

In seiner Arbeit *Moral für Mensch und Tier – Tierschutzethik im Kontext*[20] weist Badura (unter anderem) die Sinnhaftigkeit des Kantischen Versuches zurück, ein Moralprinzip im Sinne einer kategorischen Forderung aus bloßer Vernunft ableiten zu wollen; insbesondere ist es die Kantische »starre« Position bezüglich der notwendigen Geltung von Gesetzen und Pflichten, die sich mit der Praxis nicht vereinbaren lassen soll. Badura frägt daher: „Kann das hinter der Kantischen Vorstellung stehende Menschenbild seine Entsprechung in unserer Lebenswelt finden? Unsere alltägliche Handlungspraxis läßt uns diese Frage wohl verneinen. Wir handeln (...) aus verschiedensten Motiven und rekurrieren faktisch nur sehr selten auf eine Forderung nach notwendig möglicher Verallgemeinerbarkeit unserer Handlungen (...). Diesem Umstand muß ein moralphilosophischer Vorschlag Rechnung tragen, will er nicht in seiner idealtypischen Bedingtheit stecken bleiben" (1999: 33).

In Folge problematisiert Badura die Kantische Symmetrie, wie sie auch von Tugendhat und Habermas vertreten wird – vgl. 2.2.2 -, wiewohl Badura konstatiert, daß alleine die Menschen aktive, moralische Kompetenz besitzen, also moralische Normen festlegen und begründen können. Zugleich hält Badura fest: „Daraus folgt aber nicht, daß es keinen rücksichtskonstituierenden moralischen Status für Tiere geben kann: Tiere können zwar keine moralischen Wesen sein, sie können (...) aber durchaus einen ihrer physischen und psychischen Konstitution angemessenen Platz in unserem Moralverständnis erhalten. Der Hauptgrund für diese Argumentation liegt darin, daß einige zwischenmenschliche Normen nicht auf Vernunftfähigkeit oder die Fähigkeit zu aktiver Moralität zugeschnitten sind (die wohl nur dem Menschen zukommen ...), sondern sich auf Fähigkeiten beziehen, die der Mensch und einige Tiere teilen" (1999: 36).

---

[19] Feinberg J 1980: *Rights, Justice and bounts of Liberty* – London.
[20] Badura J 1999: *Moral für Mensch und Tier – Tierschutzethik im Kontext* – München.

Im Lichte der Baduraschen Kritik an Kant ist auch seine Stellungnahme zu Albert Schweitzer[21] zu sehen; Badura schreibt nämlich: „Er [Albert Schweitzer] nannte seine Konzeption »ethische Mystik« und nahm, wie schon erwähnt, ausgiebige Anleihen bei religiösen Denkern wie Franziskus[22]; eine tiefe Religiosität ist in allen seinen Schriften deutlich zu spüren (nur vor diesem Hintergrund ist auch sein pantheistisches Naturbild sinnvoll zu verstehen). Aus diesem Voraussetzungskontext wird aber die Verallgemeinerbarkeit einer solch religiös motivierten Grundhaltung fragwürdig, da im heutigen moralphilosophischen Diskurs nicht mit einem göttlichen Willen (oder wie bei Schweitzer und anderen entsprechend verschlüsselten Äußerungen eines solchen in Form ominöser natürlicher Ordnung) argumentiert werden kann" (1999: 41).

Hieran interessiert Baduras Kritik an einem Denken, das in der Überschreitung der Innerweltlichkeit nicht bloß formal einsichtige Aussagen anführt, sich von ontologischen Festlegungen fern haltend. Grundsätzlich ist auch Baduras Auseinandersetzung mit Tom Regans Position von dieser Kritik geprägt, wiewohl ihm diese Position wesentlich Richtlinie für seine eigene Darlegung ist: „Tom Regans Vorschlag beinhaltet dagegen einen sinnvollen Kern, der im weiteren Verlauf übernommen wird: Der Verweis auf ein formales Gerechtigkeitsprinzip (das allen Individuen das zusichert, was ihnen zusteht) ist in Verbindung mit einem pathozentrischen Standpunkt der wohl plausibelste Begründungsansatz für moralische Erwägungen gegenüber Tieren. Dabei sollte man es jedoch, im Gegensatz zu Regans »inhärenter Wert«-Hypothese, bei einer rein konditionalen Begründung der Notwendigkeit einer auf Tiere erweiterten Moralauffassung belassen: Wenn es aufgrund der Leidensfähigkeit des Menschen bestimmte moralische Pflichten gegenüber Menschen gibt, widerspricht es dem Gerechtigkeitsprinzip, diese moralischen Verpflichtungen einigen Tieren gegenüber nicht zu fordern" (1999: 65).

Angesichts dieser Kritiken an Versuchen zur Tierethik anderer Philosophen – es ist hier nur ein Teil der Baduraschen Darlegungen ausgeführt worden -, entwickelt Badura seine eigene Argumentation, zunächst grundsätzlich zur Ethik festhaltend: „Die Begründung moralischer Normen hat zum Ziel, auf dem Weg argumentativer Überzeugung zu einer auf Einsicht in ihre Richtigkeit ruhenden Akzeptanz der entsprechenden Normen zu gelangen; obwohl moralische Normen faktisch sicherlich immer auch über soziale Sanktionen zu Geltung kommen, gilt prinzipiell für eine moderne universalistisch ansetzende Konzeption von Ethik: Eine moralische Norm ist dann gültig, wenn prinzipiell jedem ihr Sinn und Zweck einsichtig gemacht werden kann bzw. könnte und er die faktische Geltung dieser Norm als Selbstverpflichtung akzeptieren kann bzw. könnte" (1999: 67).

»Selbstverpflichtung zur Einsicht« soll hierbei nicht das Erkennen-Müssen immer schon existierender moralischer Normen bedeuten; moralische Normen müssen – so Badura – von Men-

[21] Albert Schweitzer (1875-1965) war Mediziner, Theologe, Philosoph und Musiker. Er vertrat die Ansicht, daß in jeglichem Lebewesen die Kraft des Willen zum Leben gegeben ist und insofern nicht zwischen höherem und niederem Leben zu unterscheiden ist; allen Lebewesen ist gleicherweise mit Ehrfurcht zu begegnen. Schweitzers Lehre der Ehrfurcht vor dem Leben basiert theologisch auf der Goldenen Regel (Mtt 7,12) und dem Doppelgebot der Liebe (Mtt. 22,37ff).

[22] Franziskus von Assisi (1181/1182-1226) sah in allen Geschöpfen Geschwister, denen mit liebender Verantwortung zu begegnen ist. Der heilige Franziskus bezog »Geschwister« aber nicht nur auf die Lebewesen und so war ihm das Wasser sein Bruder, die Sonne seine Schwester und so weiter. Berühmt geworden ist seine Predigt an die Vögel.

schen für Menschen »erzeugt« werden. Moralische Normen beruhen also auf durch Begründung erschlossene Einsicht, die sich an einem „nicht relativ-verfassten Begriff des Guten" (S.68) orientieren: „Man anerkennt die Notwendigkeit ihrer Geltung nicht nur nach rein zweckrationalen Maßstäben (...) sondern durch Einsicht in ihre Gültigkeit vor einer speziellen Maßstabsskala. Diese Maßstabsskala spannen wir in unserer faktischen Urteilspraxis zwischen den grammatisch absolut verstandenen Begriffen von Gut und Schlecht auf" (1999: 68f).

Eine moralische Norm, die demgemäß im Bereich des Guten liegt, und als regulative Idee allgemein akzeptiert ist, ist das Gleichbehandelungsgebot (»Gleiches ist gleich zu behandeln, Ungleiches ungleich«). Badura liefert sogleich eine bemerkenswerte Relativierung seines »allgemein«, wenn er hinzufügt: „Auch wenn dieser Grundmaßstab im Spannungsfeld gut-schlecht wesentlich von den Bedingungen unserer jeweiligen Sozialisation geprägt ist, können wird bis zu einem gewissen Grad hinterfragen, inwieweit unsere jeweiligen Voraussetzungen für unser aktuelles Urteilen angemessen erscheinen, bzw. inwieweit wir hinsichtlich unserer Grundorientierungen Korrekturbedarf sehen" (1999: 69).

Diese bemerkenswerte Relativierung ist auch in folgender Aussage enthalten, insofern diese etwas »absolut Verstandenes« unmittelbar mit einem erfahrungsgeprägten (!) Vorverständnis verflicht: „Wenn wir etwas für moralisch relevant halten, dann nur deshalb, weil wir je selbst eine Vorstellung davon haben, was im entsprechenden Fall vorliegt und wir dieses Vorliegende als moralisch relevant einschätzen – vor dem Hintergrund unserer Erfahrungen und Vorverständnisses. Wir beziehen uns aber - ... – auf unsere Vorstellung von dem, was wir als moralisch relevant bezeichnen, nicht auf eine von uns unabhängige Situation selbst" (1999: 69f).

Im Sinne hiervon greift Badura den pathozentrischen Standpunkt innerhalb der Tierethik auf – wie er also primär auf Mitleid reflektiert -, um sogleich zu konkretisieren, daß der somit gegebene Referenzpunkt Leiden zu präzisieren ist: „Es muß gezeigt werden, was moralische Relevanz auszeichnet, wie sie entsteht und inwiefern Leidensfähigkeit in diesem Zusammenhang eine Rolle spielt" (1999: 70). Das zentrale Argument Baduras lautet hierbei wie folgt: „Wenn also etwa über eine biologische Nahebeziehung (...) von Mensch und Tier gesprochen wird, die gleiche oder ähnliche Leidensfähigkeit von Mensch und Tier belegen soll, ist dies für die moralische Dimension nur insofern von Belang, als wir vorgängig den Begriff des Leidens phänomenal gefüllt und als moralisch relevant eingestuft haben müssen: Nur so können wir Hinweise der Biologie für die praktische Ausgestaltung moralischer Normen aufnehmen und unser rein naiv-phänomenal bestimmtes Erfassen durch eine andere Zugangsweise (z.B. empirische Wissenschaften) ergänzen bzw. korrigieren. Ersetzt werden kann der phänomenale Zugang als Konstitutiv einer moralischen Perspektive jedoch nicht" (1999: 71).

Badura konkretisiert nun den Zusammenhang zwischen Leidensfähigkeit und moralischer Relevanz bezüglich der Tierethik. Der Ausgangspunkt hierfür ist, zeigen zu können, daß bestimmte Normen im menschlichen Miteinander eine moralische Relevanz besitzen, insofern sie auf die Vermeidung von Leiden abzielen. Zudem ist es nötig zu zeigen, daß die auf Leidensfähigkeit bezogenen Normen auch für (bestimmte) Tiere von Bedeutung sind, zum Beispiel da eine bestimmte Art unseres Ausdrucksverhaltens auch bei diesen Tieren wiederzufinden ist: „Denn: Wir erkennen beim Anblick leidender Tiere etwas von uns selbst wieder; wir erzeugen Analogien, welche uns nahe legen, daß sie uns etwas für unsere Handlungsorientierung im Umgang mit Tieren sagen können; sie bringen uns dazu, gewisse handlungsnormierende Konsequenzen, welche das zwischenmenschlich geteilte Begriffsverständnis von Leiden als moralische Normen hervorgebracht hat, auch auf den Umgang mit nichtmenschlichem Leiden anwenden zu wollen. Würden wir unsere auf Empfindungsfähigkeit bezogene Analogien nicht ernst nehmen oder gänzlich ignorieren, wäre auch die Basis für zwischenmenschliche Moral unterlaufen, wir handelten uns ein Moment der Beliebigkeit ein, das jede moralische Verbindlichkeit anzugreifen in der Lage wäre" (1999: 72).

Badura konkretisiert dies wie folgt: „Wenn wir Leidensfähigkeit als moralisches Relevanzkriterium bestimmen, dann weil es uns auf Grund je eigener leiblicher und seelischer Erfahrungen einsichtig ist. Diese haben sich im Feld moralischer Erwägungen als relevant und regelungswürdig niedergeschlagen, haben offenbar jeher bezüglich moralischer Normengebung eine wesentliche Rolle gespielt (...) und sind durch moralische Sozialisation in unseren moralischen Einstellungen (vor)gefasst" (1999: 73).

Dieser Verweis, hierauf sei sogleich – abseits einer Wertung – hingewiesen, bezieht sich also auf Erfahrung, wiewohl Badura an sich die ethisch-philosophische Ebene durchaus in Distanz zu innerweltlich-erfahrungsgeleiteten Analysen versteht. Hierauf ist bereits hingewiesen worden und soll nun verdeutlicht werden, anhand Baduras Ausführungen zur Thematik der Abgrenzung des Menschen gegenüber nichtmenschlichen Lebewesen. Sprachfähigkeit, Vernunft, Werkzeuggebrauch und so weiter sind in Philosophie und Wissenschaft, so Badura, irrtümlich zur Abgrenzung des Menschen gegenüber nichtmenschlichen Lebewesen angeführt worden, auch im Lichte innerweltlich-erfahrungsgeleiteter Analysen, die zeigen sollen, daß nichtmenschlichen Lebewesen die angeführten Eigenschaften nicht grundsätzlich fehlen. Gerade diese Analysen zeigen aber nicht, so Badura, daß somit auch gegenüber (bestimmten) Tieren moralische Verpflichtungen bestehen würden: „Es sind eben nicht nur solche Kriterien, die unsere moralische Erwägung bestimmen. Sicherlich: Für moralische Subjekte sind ebendiese Fähigkeiten konstitutiv, notwendig für eine Anerkennung als moralisches Objekt sind sie keineswegs. Oft wird dann aber seitens der Tierschutzvertreter über den Nachweis von rudimentärer Sprachfähigkeit, komplexem Sozialverhalten etc. versucht, die moralische Relevanz von Tierschutz »aufzudecken«. Damit werden diese Kriterien implizit anerkannt. Das aber ist m.E. der falsche Weg" (1999: 75).

Angesichts hiervon wiederholt Badura nochmals, worin seiner Ansicht nach der »richtige Weg« besteht: „Leidensfähigkeit als moralisch relevante Größe ist nur über den phänomenalen Analogieschluß (...) erschließbar; wir können sie nur in dem Sinne als moralisch relevant ansehen, insofern wir sie irgendwie als moralisch affektiv selbst- und nachempfinden können" (1999: 77).

3 Zur Notwendigkeit einer Neuorientierung, angezeigt aufgrund der skizzierten Theorienlandschaft

In der Einleitung ist festgehalten worden, daß der vorliegende Text eine Neuorientierung in der Tierethik und Ökologischen Ethik bieten wird, aufgrund der Einbringung neuer Argumente zur Basis jeglicher tierethischer und ökologisch-ethischer Argumentation. Im Sinne hiervon focusiert die folgende Betrachtung der im vorangegangenen Kapitel dargelegten Theorienlandschaft primär auf das Fundament der jeweils dargestellten Theorien. Es wird sich zeigen, daß diese Betrachtung genügend Anhaltspunkte für die Notwendigkeit einer Neuorientierung bietet, aus der heraus erst spezielle Inhalte der angeführten Theorien gewinnbringend betrachtet werden können.

3.1 Die dargestellte Theorienlandschaft, kritisch betrachtet

Zunächst sei aus den in Kapitel 2 betrachteten Positionen auf jene von Thomas von Aquin und Immanuel Kant geblickt. Es seien also jene beiden Denker herausgegriffen, die von indirekten Pflichten des Menschen gegenüber Tieren sprechen, gleichsam um willen des Menschen: sie sprechen von indirekten Pflichten im Sinne davon, einer möglichen Quelle der moralischen Gleichgültigkeit und Verrohung gegenüber anderen Menschen vorzubeugen. Zumindest wird Kant und Thomas von Aquin von anderen, in Kapitel 2 genannten Philosophen vorgeworfen, alleine dieserart anthropozentrisch von Pflichten gegenüber Tieren zu sprechen. Inwieweit diese Kritik berechtigt ist, wird noch zu untersuchen sein – vgl. insbesondere 6.2 -. Hier interessiert an Kant und Thomas von Aquin nicht ihre anscheinend anthropozentrische Argumentation, sondern der Umstand, daß sie im Sinne der hier zu vertretenden transzendentalphilosophischen Perspektive argumentieren, worin sie sich, wiewohl in unterschiedlichem Ausmaße, von den anderen genannten Autoren unterscheiden; lediglich Schopenhauer läßt sich insofern nicht uneingeschränkt in die dieserart abgegrenzte Gruppe der »Anderen« einordnen (hierauf wird zurückzukommen sein).

Wie erinnerlich berichtet der Aquinate davon, daß alleine der Mensch, insofern ihm Vernunft und freier Wille zukommt, „Teilhabe" an der Weisheit Gottes besitzt, wohingegen die Seele der Tiere am „ewigen" Sein „nicht teilhaftig" sei. In anderen Worten versteht Thomas somit besagte Teilhabe des Menschen in Verflechtung mit Ewigkeit, wozu eine Unsterblichkeit gehört, die dem Menschen einen Platz „zwischen" Tier und reinem Geist zuordnet. Thomas thematisiert hiermit die Bedeutung davon, den Menschen nicht nur im Horizont innerweltlicher Faktizität bedenken zu dürfen, sondern ihn auch im Lichte von etwas – „Ewigkeit" – bedenken zu müssen, für das Faktizität nicht zutrifft. Was aber ist hiermit tatsächlich gemeint?

Worauf Thomas hier blickt, völlig unabhängig davon, zu welchen Ergebnissen er in der Ausformulierung des Betrachteten gelangt (!), das läßt sich wie folgt verdeutlichen: Ein Mensch bzw. irgendein Lebewesen läßt sich durch eine Unzahl an Merkmalen der Art „X besitzt diese oder jene Hautfarbe", „X ist n Zentimeter groß bzw. n kg schwer" oder „X besitzt ein leistungsfähiges Gedächtnis" beschreiben. All die hiermit aufgezählten Merkmale sind faktische bzw. kontingent gültige Merkmale. Sie bezeichnen das sie besitzende Lebewesen in seiner Innerweltlichkeit, also das Lebewesen wie es durch Zeugung und Tod zeitlich begrenzt ist. Insofern sind zum Beispiel die genannten körperlichen Merkmale Ausdruck von Umweltbedingungen oder aber des gesundheitlichen Zustandes des betreffenden Lebewesen, wie er sich, betrachtet man tatsächlich einen Menschen, auch wesentlich aus den aktuellen sozialen Lebensumständen ergibt. Aber auch die kognitiven Fähigkeiten werden sich aus den aktuellen Lebensumständen verstehen lassen, wiewohl nicht nur aus diesen. Zumindest Dispositionen zu bestimmten körperlichen und kognitiven Leistungen wird man auch im Lichte ihrer genetischen Verankertheit bedenken können, sogleich die Frage daran anknüpfend, inwieweit die aktuelle genetische Verankerung das Ergebnis vorangegangener evolutiver Abläufe ist. Damit gelangt man aber wieder dazu, Merkmale eines Menschen bzw. Lebewesens allgemein, wie sie hier und jetzt zu beobachten sind, mit etwas in Beziehung zu setzen, das seinerseits „hier und jetzt" gegeben ist, und als ein solches hier und jetzt Gegebenes, wie auch immer, auf das Lebewesen einwirkt; der Rekurs auf die Evolution bedeutet hierbei eine Einflechtung der Zeitachse, über das jetzt betrachtete Individuum hinaus.

Dieserart gelangt man letztlich zu einem Netzwerk kontingent gültiger und aufeinander einwirkender Umstände, insofern ein bestimmter Umstand – zum Beispiel „X ist n kg schwer" – auf mehrere (viele) andere Umstände ursächlich bezogen werden kann, aber ihrerseits wieder lediglich kontingent gültig sind, da sie selbst insgesamt durch etwas verursacht sind, das seinerseits raum-zeitlich – also innerweltlich - Begrenztes ist.

Worauf Thomas von Aquin nun hinweist – freilich eine andere als die hier verwendete Terminologie benutzend -, ist der Umstand, daß dieses Netzwerk nicht schon alles sein kann. Er weist darauf hin, daß etwas, das nur kontingent gültig ist, nicht an sich Selbstand besitzt, also nur deshalb im Stande ist zu sein, da es aktuell durch etwas anderes in diesen Stand gebracht worden ist. Gilt dies für dieses andere aber ebenso, und dies ist tatsächlich für jegliches Etwas des Netzwerkes der Fall, so hat man, betrachtet man nur das Netzwerk, nichts betrachtet, das grundsätzlich in den Stand zu Sein versetzt, sondern immer nur etwas, das spezielle Ausbildungen dieses Seins in den Stand zu Sein (seiend zu sein) versetzt. Dasjenige, das Thomas somit zu beachten einfordert, ist nicht etwas weiteres des Netzwerkes, also ein weiteres derartiges Merkmal des in Betrachtung stehenden Lebewesens, das diesen in seiner raumzeitlichen Begrenztheit beschreibt, sondern etwas, das in Verschiedenheit hierzu ist, in dem Sinne, daß es dahingehend an sich Selbstand besitzt, daß es das Auftreten jener Merkmale – also jene des »Netzes« - eines Lebewesens begreifen läßt, die an sich nicht Selbstand haben.

Insofern wäre das dieserart gesuchte Merkmal gleichsam »außerweltlich«, als es nicht Teil der bezeichneten – raum-zeitlichen – Innerweltlichkeit ist. »Außerweltlich« bedeutet somit aber nicht außer der Welt, implizierend, daß die Welt mit »innerweltlich« ganzheitlich bezeichnet wäre. In terminologischer Hinsicht soll hier daher zu folgender Begrifflichkeit übergegangen werden: Innerweltlichkeit – also all jenes, das sich auf ein raum-zeitlich Begrenztes, eine raum-zeitliche Aktualität bezieht – sei als Werdeweltlichkeit bezeichnet bzw. dementsprechend von Werdewelt gesprochen. All jenes, das mit »Außerweltlichkeit« bezeichnet werden müßte, sei zunächst als »in transzendentaler Differenz zur Werdewelt« bezeichnet.

Zunächst genügt es festzuhalten, daß Thomas von Aquin also für die Beachtung des in transzendentaler Differenz zur Werdewelt Seienden eintritt. Explizit ist hierbei zu beachten: Er behält in seiner Transzendierung der Werdewelt die Focusierung auf die ontologische Ebene bei, wie sie bereits im Blick auf die Werdewelt gegeben ist! Inwiefern er also darlegt, daß die Werdewelt nicht an sich Selbstand besitzt, versucht er nicht, die mit diesem »nicht besitzen« ausgesagte Vakanz durch etwas zu füllen, das rein formal zu verstehen ist, oder aber bloß modellhaft. In anderen Worten: Thomas von Aquin zielt gerade nicht darauf ab, den Blick auf die Werdewelt als einen ontologischen Akt zu verstehen, der, insofern die Werdewelt nicht an sich Selbstand besitzt, durch formale Überlegungen, also Überlegungen die formal notwendig sind, zu ergänzen, dieserart jenen Selbstand erreichen wollend, den alleine besagter Blick auf die Werdewelt nicht ergibt.

Inwiefern sich hierbei bei Thomas philosophisches und theologisches Denken ineinander verflechten, braucht hier nicht zu interessieren; ebenso wie die Frage, wieso Thomas alleine dem Menschen Teilhabe an der Ewigkeit zugesteht. Betont sei, daß noch nicht festgelegt sein soll, inwieweit dem Aquinaten zu folgen ist, wenn er auf seine spezielle Weise von dem Transzendieren-Müssen der Werdewelt spricht.

Angesichts hiervon sei nun auf die Position Kants geblickt. Wie erinnerlich, berichtet auch Kant von jenen zwei Ebenen des Bedenkens, wie sie Thomas festhält, und wiederum in Übereinstimmung mit Thomas spricht auch Kant davon, daß dem Menschen in seinem Bezug zur in transzendentaler Differenz zur Werdewelt stehenden Ebene eine gegenüber allen anderen Lebewesen ausgezeichnete Stellung zukommt; der Mensch ist in bezug hierauf kategorial anders als alle anderen Lebewesen: Alleine der Mensch kann aufgrund seiner praktischen Vernunft bzw. seines Willen auf den Zweck des Willens hinwirken, kann also abseits von Neigungen erkennen, was zu wollen ist. Dies besagt nicht, daß der Mensch seine Neigungen gleichsam ausschalten kann, sondern daß das Neigung-Haben ebenso konstitutiv ist wie das praktische Vernunft-Haben und beides j e w e i l s f ü r s i c h Beachtung finden muß.

Was mit der Thematisierung von praktische Vernunft grundsätzlich thematisiert ist, das läßt sich in erster Näherung mit Aristoteles (vgl. *Nikomachische Ethik* VI 2) durch das Begriffspaar „Tun – Handeln" verdeutlichen. Das Tun ist auf ein partikuläres Ziel gerichtet, das seinerseits angestrebt wird, »um willen von etwas«, das wiederum partikuläres Ziel ist; das Tun verbleibt also in jenem Netz, von dem zuvor die Rede gewesen ist, und das insgesamt an sich des Selbstandes entbehrt. Das Handeln hingegen gehört jenem Bereich an, der in transzendentaler Differenz zu diesem Netz steht. An dieser Stelle genügt folgende Stellungnahme hierzu: Ist es nötig, beide ausgesagten Ebenen zu bedenken, so muß es notwendigerweise so etwas wie »Tun – Handeln« geben, ohne hier bereits entscheiden zu müssen, wie dies konkret zu verstehen ist. So viel versteht sich aber sogleich von selbst: Die Aussagen zum Handeln können sich nicht aus einer Analyse der Werdewelt – also des Tuns - ergeben, sondern ausschließlich aus einer analytischen Ableitung desjenigen, das als das an sich Selbstand Seiende bedacht wird – in Kapitel 4 wird gerade dies vertieft werden.

In der Analyse hiervon muß sich das Handeln aber als etwas erweisen, das dahingehend sinnvoll an die Sätze zum Tun angelegt werden kann, daß diese tatsächlich dazu eignen, das Fehlen des Selbstandes in der Ebene des Tuns aufzufüllen, in dem Sinne also, wie aus diesem Fehlen überhaupt erst auf das Aussagen-Müssen der Ebene in transzendentaler Differenz zur Werdewelt getroffen worden ist.

Damit wieder konkret auf Kants Position blickend, läßt sich in dieser die transzendentalphilosophische Unterscheidung zweier Ebenen in Form der Differenzierung in kategorischer und hypothetischer Imperativ wiederfinden. Bezüglich kategorischer Imperativ ist zu präzisieren, daß Kant *den* kategorischen Imperativ und die kategorischen Imperative unterscheidet. Was ist hiermit festgehalten? *Der* kategorische Imperativ ist das oberste Prinzip der praktischen Überlegungen, wobei aus ihm analytisch die kategorischen Imperative abzuleiten sind. Sie bezeichnen praktisch notwendige Handlungen, ungeachtet kontingent gültiger Ziele (vgl. GMS B 39f). Ein hypothetischer Imperativ hingegen sagt die Notwendigkeit einer Handlung im

Horizont der Erreichung eines Zieles aus, das selbst Mittel ist, um ein kontingentes Ziel zu erreichen.

Somit läßt sich aussagen, daß der kategorische Imperativ der Handlungsebene zuzuordnen ist, der hypothetische Imperativ der Tunebene. Im Lichte der gebrachten Ausführungen ist zumindest nachvollziehbar, worum es Kant mit seiner Unterscheidung der beiden Arten von Imperativen geht. Für die zu führende Argumentation ist folgende Aussage Friedo Rickens[23] zu Kants Imperativ-Konstruktion von Bedeutung: „Daß kategorische Imperative unbedingt gelten, bedeutet also nicht, daß es moralische Regeln gibt, die unabhängig von allen Umständen gelten, wobei zu den Umständen auch Folgen der Handlung und Ziele des Handelnden gehören können., erst anhand der jeweiligen Umstände kann bestimmt werden, was hier und jetzt praktisch notwendig ist. Ob Kant diese Unterscheidung zwischen einer willensbestimmenden und einer spezifizierenden Bedingung immer genügend Beachtet hat, kann hier offenbleiben" (S.93).

Ricken thematisiert hier ein Problem, das sich aus der Zusammenführung der an sich Selbstand bezeichnenden Ebene – Handeln – mit der nicht an sich Selbstand bezeichnenden Ebene – Tun – ergibt und wie folgt aussieht: Es versteht sich von selbst, daß beide Ebenen so verstanden und bedacht werden müssen, daß sie – wie bereits angemerkt – auch tatsächlich in der Zusammenführung miteinander in Beziehung gesetzt werden. Komplementär hierzu gilt: In der Zusammenführung beider Ebenen müssen sie als solche erkennbar bleiben. Dies impliziert: Es muß zwar – folgt man der Argumentation Kants (bzw. Thomas' von Aquin) – kategorische Imperative (bzw. Äquivalentes) geben, doch können diese nur in dem Sinn moralische Regeln bedeuten, daß sie Überlegungen auf der Ebene des Tun-Sollens gerade unter Anerkennung des an sich fehlenden Selbstandes dieser Ebene letztrechtfertigen (entsprechend ihrem Selbstand aufweisenden Charakters). Das bedeutet: der kategorische Imperativ muß, und dies wird sich als die eigentliche transzendentalphilosophische Herausforderung erweisen, einerseits letztbegründend sein, insofern also in Differenz zu Kontingenz bedacht werden können, andererseits aber an Kontingenz (im letztbegründenden Sinne) anlegbar sein, was also nicht bedeuten kann, im Akt des Anlegens an eine spezielle kontingente Situation diese selbst nicht mehr als solche verstehen zu können.

In anderen Worten: Wahlentscheidungen auf der Ebene des Tuns sind nicht an sich letztrechtfertigbar und bedürfen insofern der Anlegung kategorischer Imperative. Dies bedeutet aber nicht: Es werden Sätze beigezogen, die jene Inhalte, die auf der Ebene der Tun-Sollen-Analyse ventiliert werden, nun – im Kleide kategorischer Imperative – in Distanz zu »lediglich« kontingenter Gültigkeit vorführen. Auf der Ebene des Tuns werden Mittel und Ziele formuliert, denen es zukommt, kontingent gültig zu sein und die nicht nochmals, in nicht-kontingenter Form, formulierbar sind, wiewohl sie an eine an sich notwendige Formulierung also anlegbar sind.

Wie sehr oder wie wenig es Kant auch gelungen sein mag, das dieserart gegebene Problem zu lösen, das Problem als solches hat Kant unzweifelhaft erkannt. Hierauf wird sogleich zurückzukommen sein.

Zunächst gilt es, folgenden Umstand zu thematisieren: Wieso eigentlich läßt sich anmerken, kategorische Imperative beiziehen zu müssen; läßt sich angesichts der Tun-Ebene nicht auch denken, daß die Frage nach moralischen Normen im Sinne von kategorischen Imperativen sinnlos ist bzw. das Ergebnis einer Annahme (Kantischen) des Faktums Vernunft, das illu-

---

[23] Ricken F 1983: *Allgemeine Ethik* – Stuttgart.

sorisch ist? Ist es nicht erlaubt zu fragen: „Warum soll ich richtig handeln?" „Warum soll ich nach dem sittlich Richtigen fragen". Die Antwort hierauf sei mit Friedo Ricken gegeben: „Mit diesen Fragen drücke ich aus, daß ich die Gültigkeit der Begründungsforderung anerkenne. Ich frage nach Gründen dafür, weshalb ich nach Gründen fragen soll. ... Mit diesen Fragen fordere ich eine begründete Antwort. Ich drücke meine Bereitschaft aus, einer begründeten Antwort zuzustimmen. Wird sie ernsthaft und in praktischer Absicht gestellt, so drückt sie meine Willensbestimmung aus, mich in meinem Handeln von Gründen bestimmen zu lassen" (S.128). Damit aber ist man wiederum zurückgekehrt in den Betrachtungshorizont der beiden auseinander zu haltenden Ebenen.

Tatsächlich ist das Problem hiermit aber noch nicht endgültig gelöst, wie Ricken sogleich anmerkt; ist vielmehr das Problem mit der soeben gebrachten »Lösung« nicht bloß verschoben worden? Setzt der Aufweis eines unbestreitbaren Anspruches nicht die Entscheidung (Dezision) zum konsensuellen Handeln und zum Diskurs voraus, ohne auch dies begründet zu haben? Ricken entkräftet dies durch die Auseinanderhaltung der Geltung und der Anerkennung einer Norm: „Dem Einwand ist zuzugeben, daß eine Begründung nur dem gegenüber möglich ist, der etwas behauptet, bestreitet oder fragt, und damit zu erkennen gibt, daß er bereit ist, sich auf einen Diskurs einzulassen. Gegenüber dem, der nicht argumentieren will, läßt sich nicht argumentieren. Aber daß eine Proposition gegenüber einer bestimmten Person nicht begründet werden kann, besagt noch nichts über die Begründbarkeit dieser Proposition als solche" (S.129).

Zu welchem vorläufigen Resultat hat die ausgeführte Betrachtung der Positionen von Thomas von Aquin und Immanuel Kant geführt? Es sollte die Vernünftigkeit davon einsichtig geworden sein, die Möglichkeit zweier Ebenen des Bedenkens in Betracht zu ziehen, dahingehend daß sich beide Ebenen bezüglich der Selbstand-Thematik unterscheiden. Die eine Ebene verweist auf das an sich Selbstand Bezeichnende, die andere Ebene auf nicht an sich Selbstand Bezeichnendes und insofern auch nicht aus sich selbst Letzt-Begründbares. Dies ist fraglos ein recht vages Ergebnis, wobei hinzukommt, daß, tatsächlich von *zwei* Ebenen sprechen zu können, noch nicht konkret dargelegt worden ist, da ja noch keine Spezifizierung davon erfolgt ist, wie die Verflechtbarkeit *beider* Ebenen konkret zu verstehen ist; zwar ist es als notwendig erachtet worden, *beide* Ebenen auseinanderhalten zu müssen, doch was damit für die zugleich eingeforderte Verflechtbarkeit *beider* Ebenen in Bezug darauf ausgesagt ist, zwei Verschiedene vor sich zu haben, ist damit also nicht positiv bedacht worden.

Auch wird aufgefallen sein, daß in der bisher gebrachten Argumentation gar nicht zwischen der ontologischen, erkenntnistheoretischen und ethischen Perspektive unterschieden worden ist; bedeutet die Auseinanderhaltung *zweier* Ebenen für jede dieser Perspektiven selbiges?

In einem Punkt aber ist sehr konkret argumentiert worden: Die Selbstand bezeichnende Ebene bedeutet eine Vervollständigung der werdeweltlichen Ebene dahingehend, daß das werdeweltlich Thematisierbare in der hierzu in transzendentaler Differenz stehenden Ebene erst an sich bezeichnet wird; der Blick auf die an sich Selbstand bezeichnende Ebene kann somit keine abstraktive Absehung von werdeweltlichen Inhalten bedeuten, also einen Blick auf formale Konstrukte.

Die Beachtung hiervon fordern Thomas von Aquin und Kant ein, womit sie ein dementsprechendes Vermögen des Menschen aussagen, geknüpft an Vernunft. Eben dieses Vermögen wird dem Menschen derart zugewiesen, daß sich eine Sonderstellung des Menschen gegenüber den anderen Lebewesen ergibt, die angeführten tierethischen Ansichten Thomas' und Kants implizierend.

Zweierlei Wege bieten sich nun für die weitere Argumentation an. Der eine Weg besteht darin, die bisher vage geführte Argumentation angesichts der Positionen von Thomas und Kant zu konkretisieren, wozu gehört, eine entsprechende Begründung der transzendentalphilosophischen Perspektive zu liefern. Der zweite Weg besteht darin, die mögliche Bedeutung der von Kant und Thomas von Aquin eröffneten Perspektive zunächst aus einer Analyse solcher Positionen zur Tierethik und Ökologischen Ethik zu erschließen, die sich mehr oder weniger kritisch (bis ablehnend) gegenüber der Transzendentalphilosophie und Metaphysik äußern. Dieser zweite Weg hat den Vorteil, in einer etwaig letztlich vorzunehmenden Darlegung gemäß der Transzendentalphilosophie aufgrund der Beachtung kritischer Positionen dafür sensibilisiert zu sein, worauf genauerhin in der Transzendentalphilosophie zu achten ist; der erste Weg ist in diesem Punkt leistungsschwächer.

Es gilt zudem zu beachten, daß auch innerhalb der Transzendentalphilosophie verschiedene Wege diskutiert werden; die Positionen Thomas' und Kants repräsentieren natürlich nur einen Teil der Transzendentalphilosophie bzw. Metaphysik. Weder kann – aus Raumgründen – noch braucht hier die gesamte Vielfalt transzendentalphilosophischer Argumentation, auch inwiefern sie explizit im tierethischen Kontext Beachtung findet, verdeutlicht werden.

Sehr wohl aber soll nun die Position Schopenhauers beleuchtet werden, die sich vehement gegen Kants Position und die christliche Lehre – und insofern auch gegen Thomas von Aquin – wendet (vgl. Kapitel 2). Anhand des Unterschiedes zwischen Kant und Thomas einerseits und Schopenhauer andererseits wird zugleich das in der Transzendentalphilosophie insgesamt mögliche Argumentationsspektrum, soweit es für den vorliegenden Text von Bedeutung ist, ausgeleuchtet.

Wie in Kapitel 2 angedeutet, wendet sich Schopenhauer gegen das Kantische Primat der Vernunft, also gegen die Art und Weise, wie Kant im Rahmen seiner Bezugnahme auf Vernunft eine Sonderstellung des Menschen gegenüber allen anderen Lebewesen begründet. Demgegenüber berichtet Schopenhauer von einem Primat des Lebens („alles was Leben hat"). Woran Schopenhauer hier denkt, das manifestiert sich auch in seiner Zurückweisung der Kanntischen Sollensethik – wie Schopenhauer sie versteht -, die sich alleine auf das Wohl des Subjektes beziehen kann, da sie diesem anzeigt, wo gleichsam Belohnung und wo Bestrafung zu erwarten ist. Stattdessen ist Schopenhauer um eine altruistische Ethik bemüht, in deren Zentrum – wie erinnerlich – das Mitleid steht.

Die Bewandtnis, die es mit diesem Verweis auf Mitleid hat, läßt sich nur in Verflechtung mit Schopenhauers Kritik an Kants Vernunft-Konzeption verstehen. Schopenhauer weist gleichsam Kants Vertrauen in die Leistungsfähigkeit der Vernunft als unberechtigt zurück, er sieht es als überzogen an. Dasjenige, das im ethischen Diskurs letztrechtfertigend ist, steht der diskursiven Vergegenwärtigung nicht in dem Maße zur Verfügung, so Schopenhauer, wie Kant dies meint: Mitleid sei letztlich nicht diskursiv erklärbar, verbleibt insofern in einem metaphysischen, mystischen Horizont, ohne deshalb in Getrenntheit zu diskursiver Bedenkbarkeit zu argumentieren.

Diese Bedenkbarkeit erbringt Schopenhauer im Rahmen seiner Beiziehung der empirischen Ebene, wie sie das Phänomen Mitleid hinreichend ergründen lassen soll. An dem Schopenhauerschen Verweis auf die Bedeutung der Empirie ist insbesondere zu beachten, daß Empirie und Metaphysik von Schopenhauer durchaus im Sinne des für Thomas und Kant dargelegten Bedenkens zweier Ebenen verstanden werden, Empirie aber zur Konstruktion des aus beiden Ebenen bestehenden Gesamt in einer weise aufgewendet wird, daß nicht einsichtig wird, wie

Schopenhauer den fehlenden Selbstand im Bereich der Werdewelt-Ebene in sein System aufnehmen möchte[24].

Im Lichte hiervon sei auch daran erinnert, daß Schopenhauer nicht von Sollens-Normen im Sinne Kants berichtet, sondern – derartiges als Ausdruck purer Fiktion zurückweisend – von »Anhaltspunkten« spricht. Hierbei gilt aber: Schopenhauer wird der Plastizität der Kantischen kategorischen Imperative nicht einsichtig; er stellt daher nicht die Frage, ob Kant die beiden in Diskussion stehenden Ebenen adäquat konzipiert, sondern unterstellt, daß Kant Sollens-Aussagen trifft, die in der Transzendierung der werdeweltlichen Faktizität die Beziehbarkeit auf diese Faktizität verlieren. Schopenhauer unterläßt es, die hiermit ausgesagte Differenzierung zu bedenken und gelangt, um nicht selbst den gleichen Fehler wie Kant – aus Schopenhauers Perspektive – zu begehen, zu einem Verständnis der zur werdeweltlichen Ebene in transzendentaler Differenz seienden Ebene, das sich in mystischer Nichtbedenkbarkeit verliert.

Dieses Motiv des Sich-Bescheidens braucht hierbei nicht grundsätzlich problematisiert werden, sondern kann auch aus der Position Thomas' von Aquin abgeleitet werden. Gemäß Thomas' Positionierung des Menschen – vgl. oben – ergibt sich, daß der Mensch zwar Vernunft hat in dem Sinne, daß er Notwendigkeit – also Selbstand – bedenken kann, insofern ist der Mensch ja oberhalb der Tiere positioniert, zugleich aber nicht uneingeschränkt Notwendigkeit bedenken kann – daher ist der Mensch unterhalb des reinen Geistes (Gott) positioniert. Dieses unterhalb impliziert ein Sich-Bescheiden-Müssen und es kann nicht völlig verschieden von Schopenhauers Verwendung dieses Motivs sein. Auch gemäß Schopenhauer läßt sich ja Notwendigkeit bedenken – Metaphysik wird gemäß Schopenhauer »bedacht« -, wiewohl in einer Weise, die ebenso offensichtlich Notwendigkeit nicht uneingeschränkt an sich bezeichnet – daher eben das mystische Element und die Beiziehung der Empirie.

Es stellt sich daher die Frage, ob Kant und Thomas von Aquin der Vernunft zu viel, oder Schopenhauer der Vernunft zu wenig zumutet. Zumindest an dieser Stelle der Argumentation muß Schopenhauers Position insofern als gegenüber jenen Kants und Thomas' von Aquin defizitär erscheinen, als die in dieser vorgenommene Bezugnahme auf Leben und Mitleid nicht einsehen läßt, wie diese ohne einer Beiziehung der empirischen Ebene verstanden sein sollen, somit aber gerade jener Ebene, die g a n z h e i t l i c h als des Selbstandes entbehrend zu verstehen ist. Schopenhauers Argument, von Mitleid als dem „ganz alltäglichen Phänomen" sprechen zu können, insofern also nicht von etwas „aus der Luft Gegriffenem" bzw. „Erträumtem", hilft hier gerade nicht weiter, da die Frage nicht die ist, ob dies zu recht oder zu unrecht ausgesagt wird, sondern: was auch immer Ergebnis der Lösung dieser Frage ist, es muß erst gemäß dem – an sich auch von Schopenhauer anerkannten – Zwei Ebenen-Modell hinterfragt und erst hiermit das eigentliche Fundament gefunden werden.

Diese Kritik an Schopenhauer mag den Eindruck erwecken, sie impliziere zugleich eine solche an Schopenhauers Versuch, die Kantische Symmetrie zwischen Subjekten und Objekten direkter Rechte dahingehend aufzulösen, daß auch nichtmenschliche Lebewesen Adressaten direkter Rechte sein können. Dem ist nicht der Fall! Schopenhauers dementsprechende Intention steht hier nicht zur Diskussion, wiewohl gilt: Schopenhauers Versuch, die Auflösung besagter Symmetrie durch eine Zurücknahme in der Bedeutungszuweisung an die Vernunft zu erreichen, erweist sich als problematisch, da er offensichtlich in Konflikt gerät mit einer hin-

---

[24] Siehe Senz W 2000: *Zur Theoriendynamik innerhalb der Philosophia perennis* – Frankfurt a.M.

reichend konsequenten Ausformulierung der in transzendentaler Differenz zur Werdewelt stehenden Ebene.

Versucht man den Kern der »Auseinandersetzung« zwischen Kant und Thomas einerseits und Schopenhauer andererseits zu erfassen, so erhält man: Inwieweit ist es möglich, das Sich-Bescheiden-Müssen im Bedenken der Notwendigkeit adäquat begreifen zu können, ohne das Bedenken der Notwendigkeit abseits der Beachtung der Werdewelt (empirische Ebene) erbringen zu können. Kant und Thomas stehen hierbei für den Versuch, auf diese Erbringung verzichten zu können, wohingegen sich Schopenhauer – ohne zugleich für eine Auflösung beider Ebenen als solchen zu plädieren – für die Notwendigkeit dieser Erbringung ausspricht.

Daher ist aber auch evident – um dies nicht unbeobachtet zu lassen -, daß Schopenhauer, ebenso wie Kant und Thomas, die Transzendierung der Werdewelt tatsächlich als solche versteht und keinesfalls als abstraktive Leistung.

Angesichts hiervon sei nun auf die Position von Tom Regan geblickt, da sie gerade im Lichte dieser Beobachtung den bisher diskutierten Positionen am nächsten steht. Regans Theorie des inhärenten Wertes bedeutet zweifellos den Versuch, ein – wiewohl nicht notwendig jedes – lebende Individuum auch in seiner transzendentalen Differenz zur Werdewelt begreifen zu können; Regans Kriterien für inhärenter Wert bedeuten eine Transzendierung werdeweltlicher Faktizität: der inhärente Wert eines Wesens ist verschieden von dem komparativen Wert gemachter Erfahrungen und unabhängig von dem Besitz ausgewählter Eigenschaften (vgl. Kapitel 2).

Die Auseinanderhaltung zweier in Differenz zueinander stehender Ebenen tritt in Regans Position ein weiteres Mal auf, in Zusammenhang mit dem Gesamt aus moralischer Intuition und moralischen Regeln. Dies ist insofern von Interesse, als Regan die Möglichkeit, von inhärenter Wert sprechen zu können, aus einer entsprechenden Intuition zumindest der meisten Menschen, ableitet, nämlich daß es moralisch falsch ist, Tieren (wiewohl nicht notwendig allen Tieren) Leid zuzufügen. Von Bedeutung ist hierbei, inwiefern Regan Intuitionen und Regeln in einem harmonischen Verhältnis reflexiver Kohärenz versteht; Regan versteht nämlich weder die Intuitionen noch die Regeln als letztentscheidend.

Dies verdient der Beachtung, da Regan mit »inhärenter Wert« eine Konstruktion anbietet, die gleich einer solchen in transzendentaler Differenz zur Werdewelt verstanden werden kann, aber trotzdem auf eine „Intuition"-Konstruktion rückgeführt wird, die selbst keinesfalls letztbegründend gegenüber der Analyse der Werdewelt ist. Dies gilt es zu beachten, da die Werdewelt-Analyse – gemäß dem Umstand, daß sie nicht an sich Selbstand repräsentiert – sehr wohl einer entsprechenden, letztbegründenden Ebene in transzendentaler Differenz zu sich bedarf.

Diese Feststellung gilt es nun im Spannungsfeld der Kantischen sowie Thomasischen Position einerseits und der Schopenhauerschen Position andererseits zu betrachten. Wie in Kapitel 2 angemerkt, wendet sich Regan gegen die Kantische Betonung der Vernunft zur Festlegung – wie nun angemerkt sei – des Person-Seins des Menschen in transzendentaler Differenz zu seiner Werdeweltlichkeit. Insofern entspricht Regans Denken jenem Schopenhauers. Anders als bei Schopenhauer findet sich bei Regan aber keine Bezugnahme auf Mystik und (eine demgemäße) Metaphysik, sondern gerade jener Bezug auf Diskursivität – Vernunft – der auch bei Kant auftritt. Regans Bezugnahme auf Intuition läßt diese Interpretation zu, vorausgesetzt man beachtet das in ihr angelegte Sich-Bescheiden-Müssen, wie es auch bei Kant (und Thomas) angeführt wird.

Angesichts hiervon ist zu bemerken, daß Regan seine „Inhärenter Wert"-Theorie explizit als Postulat versteht, das er also nicht analytisch aus einem an sich nicht der Hinterfragung bedürfenden Satz – also einem Satz der an sich Selbstand hat - ableitet, sondern aus dem von ihm ausgesagten Geflecht aus Intuition und Regelwerk. Dies widerspricht aber eindeutig dem Anspruch, der in der Transzendentalphilosophie mit der Auseinanderhaltung der Werdewelt und der zu ihr in transzendentaler Differenz stehenden Ebene verbunden wird. Die Ableitung jener an sich Selbstand repräsentierenden Sätze, die letztlich eine Verknüpfung mit den kontingent gültigen Sätzen zur Werdewelt erbringen soll, wird explizit als analytische Ableitung verstanden, da sich ja erst hieraus ergibt, keine wollensentscheidlich herbeiargumentierten Annahmen (Postulate) verwenden zu müssen; daher auch Kants Unterscheidung von *der* kategorische Imperativ und kategorische Imperative.

Insofern bietet Regans Position eine Abkehr von Kants Bezugnahme auf die Vernunft, die sich mit Schopenhauers Bezugnahme auf Leben trifft – vgl. hierzu auch Regans *„subject-of-a-life-criterion"*-Konstruktion -, ohne zugleich Schopenhauers Mystik zu akzeptieren. D i e s e Positionierung innerhalb der Transzendentalphilosophie, wofür gerade die Bescheidung auf die Anführung eines Postulates steht, bedeutet aber gleichsam eine Aushöhlung dessen, das die Transzendentalphilosophie auszeichnet. Daß ein Postulat angeführt wird, ergibt sich bei Regan primär aus der Anführung von Intuition, die kein adäquater Umgang mit dem Sich-Bescheiden-Müssen sein kann. Trifft es nämlich zu, daß Intuition dafür stehen kann, jenes bedenken zu können, das Person in seiner transzendentalen Differenz zur Werdeweltlichkeit zeigt, so muß dies abseits jeglicher Bezugnahme auf empirische Daten stehen, muß sich also gleichsam auf ein apriorisches Wissen beziehen und damit ist die Diskussion wieder bei Kants Vernunft-Begriff angelangt. Vertritt man die Meinung, daß Kant diesen Begriff nicht uneingeschränkt adäquat darstellt, so kann aber die Änderung gegenüber Kants Position nicht bedeuten, sich auf empirische Daten – bzw. den intuitiven Umgang mit diesen – zurückzuziehen, oder aber darauf, besagte analytische Entfaltung zugunsten der Anführung von Postulaten aufzugeben. Dies bedeutet nämlich, die diskursive Vergegenwärtigung der zur Werdewelt in transzendentaler Differenz stehenden Ebene keinesfalls hinreichend ausgeführt zu haben. Dieserart läßt sich lediglich zu einer Position gelangen, die nicht-metaphysisch im Schopenhauerschen Sinn ist, wiewohl nicht angebbar ist, was hiermit positiv gemeint sein soll. In anderen Worten: Der Verweis auf Intuition wird dieserart zu einer Falle, in die man gerät, da man zwar das Problem erkannt hat, Person im Horizont jener Ebene sehen zu müssen, die in transzendentaler Differenz zur Werdewelt ist, ohne zugleich aber bereits angeben zu können, was hiermit an positiven Aussagen zu dieser Ebene anzugeben ist, weshalb man sich mit einer „Intuition"-Konstruktion bescheidet, die das begründungstheoretische Problem verharmlost.

Angesichts hiervon sei aus der Kritik von Andreas Flury[25] an der Position Regans herausgegriffen: „Regan [versucht] auch nicht ansatzweise, die Gesamtheit unserer moralischen Intuitionen in der Weise zu systematisieren, wie dies ... in seinen eigenen metaethischen Grundsätzen ausdrücklich gefordert wird. Ein moralisches Prinzip zeichnet sich nämlich nicht nur durch die Qualität aus, eine Reihe von Intuitionen zusammenzufassen, sondern auch durch die Eigenschaft, sich in das Gewebe der moralischen Prinzipien widerspruchsfrei einzufügen, die insgesamt die moralisch relevanten Handlungsfelder der menschliche Existenz abdecken. Regan bleibt den Nachweis schuldig, daß sich sämtliche Intuitionen zu einem kohärenten System von Prinzipien vereinigen lassen, zu dem das Prinzip der Schlechterstellung oder das Freiheitsprinzip gehören. Da aber die Qualität eines einzelnen moralischen Prinzips wesent-

---

[25] Flury A 1999: *Der moralische Status der Tiere: Henry Salt, Peter Singer und Tom Regan* – Freiburg & München.

lich davon abhängt, ob es sich harmonisch in das Gesamtgefüge der Prinzipien einordnen läßt, stellt Regans Versäumnis gemäß seinen eigenen Kriterien einen empfindlichen argumentationsstrategischen Mangel dar. Die Problematik dieses Mangels tritt zutage, wenn wir bedenken, daß Regan eine ganze Reihe wichtiger und tief verankerter Intuitionen bezüglich des Wertes des Menschen im Vergleich zu anderen Lebewesen außer acht läßt. Dies betrifft vor allem die axiologische Gleichstellung von (über einjährigen) Säugetieren mit erwachsenen Menschen: Zumindest für westliche Menschen, die sich noch nie näher mit der Tierrechtsfrage beschäftigt haben, ist die Behauptung, ein Erwachsener besitze den gleichen inhärenten Wert – was immer unter einem solchen Ausdruck genauerhin zu verstehen sein mag – wie ein einjähriges Schaf, geradezu absurd. Diese Tatsache macht Regans Argumentation nicht notwendig falsch. Doch fällt dem Begründer einer solch revolutionären Wertordnung doch eine Begründungslast zu, namentlich dann, wenn er – wie im Modell der reflexiven Kohärenztheorie – den Intuitionen der Menschen so großes gewicht einräumt. Dieser Nachweis erscheint umso dringlicher, als es zweifelhaft erscheinen muß, ob es möglich ist, mittels der reflexiven Kohärenztheorie aus Intuitionen eine prinzipielle Fassung unserer moralischen Urteile zu erreichen, die wesentlich andere Inhalte zum Ausdruck bringen, als in diesen schon zugrunde liegt. Auch wenn Regan mit seiner Behauptung sicher recht hat, daß es sich bei der reflexiven Kohärenztheorie nicht einfach um eine Explikation der in einer Gesellschaft vertretene Intuitionen handle, sondern sie diesen gegenüber korrigierend und evolvierend wirken könne, so bleibt es doch fraglich, ob innerhalb des Rahmens dieses Ansatzes eine axiologische Revolution in dem von Regan intendierten Ausmaß erreicht werden kann" (S.207).

Flury weist hier – so ist aus der Sicht des vorliegenden Textes festzuhalten - darauf hin, daß Regan die Begründungsproblematik nicht hinreichend thematisiert. Entscheidend ist hierbei letztlich nicht, wie leistungsfähig im Reganschen Sinn die reflexive Kohärenztheorie ist, sondern daß Regan auf Intuition reflektiert, da er es verabsäumt, im Sinne der von ihm – zumindest intentionell - thematisierten Transzendentalphilosophie, ein Aussagensystem zu entwickeln, das an sich Selbstand besitzt. Regan zielt auf derartiges lediglich ab! Kant mag das Entsprechende partiell inadäquat dargestellt haben, doch läßt sich eine dies aufgreifende Kritik nicht mit einem „Intuition"-Konstrukt führen, das letztlich gerade keine Transzendierung der Werdewelt-Ebene bzw. Empirie erbringt. Dieserart wird man der Transzendentalphilosophie nicht gerecht und noch weniger kann es gelingen jenen Anspruch einzulösen, der mit Kant und Thomas von Aquin erhoben ist, und dessen grundsätzliche Bedeutung fortgesetzt in der zu führenden Argumentation nicht von der Hand zu weisen ist.

Schopenhauers und Regans Positionen beinhalten also übereinstimmend ein defizitäres Thematisieren der zur Werdewelt in transzendentaler Differenz stehenden Ebene. Zwei, der in Kapitel 2 angeführten Positionen, jene von Ursula Wolf und Jens Badura, verstehen sich in unmittelbarem Bezug auf die Positionen Schopenhauers bzw. Regans, versuchen aber die bei diesen beiden Philosophen auftretenden Defizite gerade durch eine Hintanhaltung der diskursiven Analyse der zur Werdewelt in transzendentaler Differenz stehenden Ebene zu erreichen. Sogleich gilt es hervorzuheben, daß dies bei Wolf und Badura keineswegs unter grundsätzlicher Zurückweisung des Beachten-Müssens zweier Ebenen geschieht!

Zunächst zur Position von Ursula Wolf. Wolf knüpft wie angemerkt (unter anderem) an die Mitleidsethik Schopenhauers an, wendet sich zugleich aber gegen eine von der Metaphysik beeinflußte Ethik, insofern also auch gegen jene Schopenhauers. Anders als Schopenhauer tritt sie dafür ein, daß die Betroffenheit vom Leid eines anderen Wesens generelle moralische Haltung werden soll, also in Abstraktion – in Transzendierung! – von aktuell wirkenden Affekten. Wolf versteht dies konkret im Lichte der Anführung einer Haltung, die keine konkrete

Norm – „füge nicht grundlos Leid zu“ – ist. Besagte Haltung zielt also auf das »Wohl und Wehe« – wie Wolf mit Schopenhauer argumentiert – leidensfähiger Lebewesen ab und es liegt daher nahe, die gesamte, hier in Diskussion befindliche Konstruktion, als eine solche zum Person-Sein zu verstehen, wie es in transzendentaler Differenz zu werdeweltlicher Aktualität ist.

Das generalisierte Mitleid, wie es Wolf also fordert, ist unmittelbar mit einer weiteren Konstruktion verbunden, die ebenfalls als Versuch zu verstehen ist, der begründungstheoretischen Problematik durch die Anführung Selbstand repräsentierender Sätze gerecht werden zu können, wie sie also in Differenz zum Bedenken der werdeweltlichen Ebene stehen. Insbesondere ist in diesem Zusammenhang an Wolfs Verständnis von »Grausamkeit« zu denken, die als etwas begriffen wird, das schlecht ist, ohne daß diese Aussage einer eigenen Begründung bedürfen soll, also hinterfragt werden muß. In das Umfeld hiervon gehört auch Wolfs Feststellung, daß es elementare Leiden gibt, die ohne besondere Interpretation erkennbar sind.

Wesentlich ist nun, daß Wolf von einer »gewollten Lebensweise« von Individuen spricht – und hiermit sind nicht nur menschliche Individuen gemeint -, woraus sich in Verflechtung mit der Leidensfähigkeit nichtmenschlicher Lebewesen ergibt, daß diese nichtmenschlichen Lebewesen zumindest Adressaten menschlicher Moralvorstellungen sind.

Inwiefern Wolf also von dem »Wohl und Wehe« nichtmenschlicher Lebewesen spricht, zudem von deren Leidensfähigkeit und »gewollter Lebensweise«, entsteht eine Konstruktion die insofern an Regans „inhärenter Wert“-Konstruktion erinnert, als auch diese - auf ontologischer Ebene - das Person-Sein menschlicher und nichtmenschlicher Lebewesen in Differenz zur Werdeweltlichkeit dieser Lebewesen anspricht. Konkret fehlt bei Wolf aber eine explizite Nennung dieser Ebene des Person-Seins! Wolfs Argumentation ist so gesehen im Vergleich mit jener Regans defensiv: Sie vermeidet die positive bzw. explizite Thematisierung jener Ebene des Person-Seins, die in Regans Position zu Problemen führt, bzw. sieht sie in dem Versuch einer solchen Benennung eine notwendig defizitär-metaphysische Vorgehensweise, die durch den Verweis auf »Grausamkeit«, »gewollte Lebensweise« erübrigbar ist.

Aus einer transzendentalphilosophischen Perspektive die im Sinne Kants und Thomas' von Aquin die Selbstandproblematik aufgreift, ist Wolfs Position insofern defizitär, als sie nicht aus dem Versuch heraus argumentiert, zunächst das Person-Sein des Menschen und nichtmenschlicher Lebewesen zu begreifen, um hieraus analytisch zu Aussagen entsprechend dem gebrachten Bezug auf »Grausamkeit«, »Leidensfähigkeit« und so weiter zu finden; hierfür sieht Wolf keine entsprechende Notwendigkeit.

Woher weiß Wolf somit aber über die Leidensfähigkeit von Tieren und darüber, daß diese eine gewollte Lebensweise führen? Um Mißverständnisse zu vermeiden: es steht hier nicht an, diese Aussagen als falsch zu erweisen, sondern festzuhalten, daß sie – unabhängig davon, ob sie einem subjektiv sympathisch oder nicht sympathisch sind – bei Wolf nicht bzw. bestenfalls defizitär begründet sein können, wenn sie abseits der Beachtung jenes Anspruches an die Philosophie erhoben werden, den Kant und Thomas von Aquin erheben. Indem nämlich auf die entsprechende transzendentalphilosophische Leistung verzichtet wird, so sei zunächst mit Kant und Thomas festgehalten, kann lediglich ein im Vergleich mit diesem begründungstheoretisch weniger leistungsfähiges Substitut zur Vergegenwärtigung von Person-Sein aufgeboten werden.

Trifft also die Argumentation von Kant und Thomas von Aquin grundsätzlich zu – unabhängig davon, wie erfolgreich sie den von ihnen gewählten grundsätzlichen Zugang zu dem Problem konkret ausarbeiten -, so ist die Position von Ursula Wolf notwendig in dem Sinne defizitär, als sie die Möglichkeiten des begründungstheoretischen Vermögens und dementsprechenden Argumentierens des Menschen nicht vollständig auslotet.

In größerem Umfang zeigen sich die entsprechenden Probleme in der Position von Jens Badura. Auch dieser wählt eine gegenüber Tom Regans Argumentationsstrategie defensive Strategie, vergleichbar jener bei Ursula Wolf.

Zur Verdeutlichung hiervon sei zunächst daran erinnert, daß Badura die Kantische Ethik zurückweist, inwiefern sie, eine a priori Begründung aus der Vernunft versuchend, alleine zu starren Regeln führt, die der lebensweltlichen Plastizität nicht gerecht werden sollen. Es ist bereits darauf hingewiesen worden, daß eine solche Kritik nicht haltbar ist; alleine daß Kant in seinem Versuch, die lebensweltliche Plastizität, also den fehlenden Selbstand der werdeweltlichen Ebene, auf nicht uneingeschränkt adäquate Weise mit der an sich Selbstand aufweisenden Ebene verknüpft, alleine dies kann als mögliche Kritik bestehen, immer den Satz vorausgesetzt, daß die Unterscheidung beider Ebenen zurecht erfolgt. Demgegenüber, so signalisiert das bisher von Badura Betrachtete, zielt dessen Kritik aber auf eine Hintanhaltung der positiven Vergegenwärtigung der an sich Selbstand bedeutenden Ebene ab.

Dies verdichtet sich im Lichte der Baduraschen Kritik an einer theologisch fundierten Ethik, die – insofern sie sich auf »göttlicher Wille« beruft – in dem »heutigen moralphilosophischen Diskurs« nichts verloren hat. Badura kommt zu diese Ansicht, da der Verweis auf „göttlicher Wille“ gleichsam wider die Rationalität und Diskursivität sein soll, mittels der die zwischenmenschlichen Normen entwickelt werden. Badura, der seine entsprechende Kritik in Zusammenhang mit der Analyse der Position Albert Schweitzers bringt, könnte sehr wohl aber ausführen, daß dieser Denker in seiner theologischen Begründung defizitär vorgeht; auszuführen, daß jeglicher theologische Versuch notwendig zum Scheitern verurteilt ist, da er einem modernem Verständnis von Moralphilosophie nicht gerecht wird, bedeutet lediglich, Modernität zu einem selbst nicht begründeten Maßstab zu nehmen, hierbei in Kauf nehmend, unter Umständen einer Moderne das Wort zu reden, die sich gerade in ihrem Verlust der Bedachtnahme auf Transzendentalität, »Gottes Wille« und so weiter als defizitäres Unterfangen auszeichnet.

Im Lichte hiervon ist von Bedeutung, daß Badura den Referenzpunkt in dem Zusammenhang aufweicht, als er das Adressat-Sein menschlicher Moral nicht alleine an vernunftgebundene Diskursivität knüpft: „einige zwischenmenschliche Normen [sind] nicht auf Vernunftfähigkeit oder die Fähigkeit zu aktiver Moralität zugeschnitten (die wohl nur dem Menschen zukommen ...), sondern sich auf Fähigkeiten beziehen, die der Mensch und einige Tiere teilen“ (vgl. Kapitel 2). Hierher gehört auch Baduras Bezugnahme auf Angelika Krebs' Ausführungen bezüglich der Möglichkeit, die Empfindungsfähigkeit von (manchen) Tieren an ihrem Ausdrucksverhalten erkennen zu können. Betrachtet man dies also im Lichte der Baduraschen Reserviertheit gegenüber einer transzendentalphilosophischen bzw. theologischen Argumentation, so ist notwendig die Frage zu stellen, was anderes die Badurasche Argumentation bedeuten kann, als eine Orientierung an der Werdewelt um willen der Vergegenwärtigung dessen, das in transzendentaler Differenz zur Werdewelt ist.

Damit ist nicht ausgesagt, daß die Ausführungen Krebs' und Baduras notwendig Falsches vor Augen haben, aber es ist evident, daß sie Informationen zur Werdewelt aufwenden, um das Bedenken von etwas anderem – also der zu der Werdewelt in transzendentaler Differenz stehenden Ebene – zu erbringen. Insofern liegt also notwendig eine Fehlkonstruktion vor, ganz unabhängig davon, was aus einer entsprechenden Analyse des zur Werdewelt transzendental Verschiedenen zu den gebrachten Hinweisen von Krebs und Badura bezüglich dem Ausdrucksverhalten etc. festzustellen ist; diese Feststellungen können niemals die Analyse dieser Selbstand repräsentierenden Ebene ersetzen.

Man würde aber der Position Baduras nicht gerecht, würde man ihr unterstellen, grundsätzlich gegen die „Zwei Ebenen"-Konstruktion zu argumentieren. Die entsprechenden Aussagen zur Auseinanderhaltung von Philosophie und Fachwissenschaft sind in Kapitel 2 angemerkt worden. Zugleich gilt aber, daß Badura die Regansche „inhärenter Wert"-Konstruktion als eine fragwürdige bzw. kontraintuitive Prämisse zurückweist – hierin kommt selbige defensive Strategie zum Ausdruck, die also auch bei Ursula Wolf festzustellen war -, wiewohl er einen sinnvollen Kern in Regans Position ausmacht, den er im weiteren Verlauf seiner Argumentation übernimmt: „Der Verweis auf ein formales Gerechtigkeitsprinzip (...) ist in Verbindung mit einem pathozentrischen Standpunkt der wohl plausibelste Begründungsansatz zu für moralische Erwägungen gegenüber Tieren".

Baduras defensive Strategie betonend ist hervorzukehren: Wo Regan um das ontologische Konstrukt „inhärenter Wert" bemüht ist, beläßt es Badura bei der Miteinbeziehung nichtmenschlicher Lebewesen in den Horizont menschlicher Moralität bei einer konditionalen Konstruktion: „*Wenn* es aufgrund der Leidensfähigkeit des Menschen bestimmte ..." (vgl. Kapitel 2). Hiermit wird die ontologische Ebene verlassen bzw. geht die Bezugnahme auf diese verloren.

Genauerhin ist dies aus der Sicht Baduras natürlich nicht an sich der Fall, sondern es wird lediglich nicht einer Kantischen (oder sonst einer) transzendentalphilosophisch ausgerichteten Philosophie zugestanden, den nötigen Bezug auf die ontologische Ebene herstellen zu können. Gerade hier argumentiert Badura nun gemäß seiner Bezugnahme auf die Werdewelt, diese nicht als solche begreifend, entsprechende logische Fehler begehend; es wird gleichsam auf die Werdewelt reflektiert, um der Philosophie nicht zu viel aufbürden zu müssen.

Zur Verdeutlichung hiervon sei nochmals (vgl. Kapitel 2) aus Baduras Text gelesen: „Der Aufweis moralischer Relevanz kann sich also nicht auf eine metaphysische Ordnungsinstanz o.ä. berufen, sondern bedarf einer Verankerung, Begründung und Überzeugung im moralischen Subjekt (alltagssprachlich: dem vernünftigen Menschen)". Dies steht durchaus nicht im Widerspruch zu Regans Konzeption ethischer Begründungsversuche, so daß sogleich zu fragen ist, wie es bei Badura mit demjenigen aussieht, das bei Regan »Intuition« genannt wird.

Zur Beantwortung hiervon sei zunächst bedacht, daß es Badura um eine »moderne universalistisch ansetzende Konzeption von Ethik« geht, deren Normen gemäß einer Selbstverpflichtung anerkannt werden, aufgrund einer Einsicht in ihre Richtigkeit durch argumentative Überzeugung. Explizit führt Badura auch an, daß Normen von Menschen für Menschen gemacht werden. Damit steht natürlich sofort das begründungstheoretische Anfangsproblem im Vordergrund: »machen« bedeutet einen Prozeß, der im Sinne des zu Kant und Thomas von Aquin gebrachten Arguments zur Selbstandproblematik nicht alleine durch einen Blick auf die Werdewelt gelöst werden kann. Tatsächlich führt Badura auch an, daß die in den „Machen"-Prozeß involvierten Personen natürlich auch aus ihrer individuellen Sozialität heraus vorgehen, insofern also nicht notwendig uneingeschränkt objektiv argumentieren. Zugleich fordert Badura ein, nun explizit im Sinne der „Zwei Ebenen"-Konstruktion auf die zur Werdewelt in transzendentaler Differenz stehenden Ebene reflektierend, sich am nicht relativ verfaßten Begriff des Guten orientieren zu müssen, bzw. nicht alleine zweckrational argumentieren zu dürfen. Die besagte Aussage zur Sozialisation liest sich nun wie folgt: „auch wenn dieser Grundmaßstab im Spannungsfeld gut-schlecht wesentlich von den Bedingungen unserer jeweiligen Sozialisation geprägt ist".

Um angesichts dieser Situation überhaupt noch einen Anfang für das »Machen« von Normen finden zu können, der nicht hoffnungslos subjektiv ist – und zwar wider das Argument zur Selbstand-Problematik! -, verweist Badura auf Erfahrung und Vorverständnis bzw. auf phänomenologische Informationen. Das sind nun aber die zuvor nachgefragten Gegenstücke in der Baduraschen Theorie zu »Intuition« bei Regan. Gemachte Erfahrungen, ob sie nun als eine phänomenologische Ebene bezeichnend dargestellt werden oder nicht, sind Teil der Analyse der Werdewelt, und somit notwendig unerheblich für die begründungstheoretische Diskussion, insofern sie um Letztbegründung bemüht ist: Sie sind es ja, die erst durch etwas begründet werden können, das sie gerade nicht selbst sind!

»Vorverständnis«, von dem Badura also auch spricht, läßt sich natürlich als Thematisierung des apriorischen Wissens des Menschen als Person verstehen, womit zugleich evident ist, daß hiervon alleine gemäß der Analyse der zur Werdewelt in transzendentaler Differenz stehenden Ebene gesprochen werden kann, unter Absehung jeglicher Beifügung von Informationen zur Werdewelt. Gerade hierauf läßt sich Badura nicht ein: Seine defensive Strategie läßt ihn nicht dazu vordringen, »Vorverständnis« positiv zu bedenken, aus der Analyse hieraus das Person-Sein des Menschen ersehend.

Wenn daher Badura schreibt, daß es gilt »Betroffenheit zu aktivieren« – worin er mit Ursula Wolf übereinstimmt –, so kann er hiervon lediglich defizitär berichten: Indem er nicht zur Vergegenwärtigung dessen vordringt, das den Menschen als Person in transzendentaler Differenz zu seiner Werdeweltlichkeit zeigt, kann er auch nicht jenes anführen, das den Menschen in Differenz zum Horizont von Zweckrationalität bedenken läßt und ihn dazu bringt, seine aktuellen Bedingtheiten aufgrund individueller Sozialisation hinreichend zu relativieren - im Sinne von transzendieren! -, um so zu jenem vordringen zu können, das Moralität abseits von Voreingenommenheiten zeigt.

Damit ist nicht ausgesagt, daß Badura, wie auch Tom Regan und Ursula Wolf, das eigentliche Problem nicht sehen, sondern angemerkt, daß sie dieses Problem n i c h t h i n r e i c h e n d sehen. Da im gegenständlichen Kapitel lediglich die Bedeutung einer konsequent-transzendentalphilosophischen Denkweise verdeutlicht werden soll, braucht hier nicht schon spezifiziert zu werden, worin genau die entsprechenden Versäumnisse der diskutierten Positionen liegen. Folgendes Beispiel mag dies illustrieren: Baduras Aussage von der phänomenologischen Betrachtungsebene braucht nicht ausschließlich negativ bewertet zu werden, da sich noch erweisen wird, daß „transzendentale Differenz" auch eine Repräsentation der an sich Selbstand bedeutenden Ebene in der werdeweltlichen Ebene umfaßt, in dieser also jenes enthalten ist; dies läßt sich durchaus in die Sprache Baduras transformieren, jedoch alleine derart, daß in Baduras Position eine explizite Beachtung der zur Werdewelt transzendental differenten Ebene eingearbeitet wird. Hiermit sei verdeutlicht, daß sich der vorliegende Text also nicht im Gegensatz zu den diskutierten Positionen versteht, sondern auf diese gleichsam im Lichte dessen blickt, das in diesen thematisiert, wiewohl wider die Intention defizitär thematisiert wird.

Angesichts hiervon sei wieder die Bereitschaft in den betrachteten Theorien zu einem Denken betont, das in dem die werdeweltliche Ebene transzendierenden Schritt Erreichte nicht unmittelbar als Aussage zur ontologische Ebene zu verstehen: Es wird etwas ausgesagt, das aus sich heraus Vernünftigkeit in Anspruch nehmen können soll – es ist insofern begründungstheoretisch letztrechtfertigend, als es nicht unmittelbar mit dem fehlenden Selbstand der Werdewelt verflochten ist -, wie auch gelten soll, daß in der Annahme dieser Vernünftigkeit eine Unbedenklichkeit der Anwendung dieser Aussagen auf die ontologische Ebene enthalten ist. Hierauf reflektiert in sehr hohem Maße auch die kontrakttheoretische Position von Mark Rowlands.

Aufbauend auf der Theorie von John Rawls spricht Rowlands zunächst von der Bedeutung der „*original position*"-Konstruktion, wie sie in Verbindung damit gesehen wird, von sämtlichen erworbenen – also wohl kontingent gültigen - Eigenschaften der Menschen abzusehen; dies soll das Bedenken-Können der Gleichheit der Menschen eröffnen. Wie in Kapitel 2 ausgeführt, ist Rowlands sehr darauf bedacht, diesen Zugang als heuristisches Prinzip darzulegen, in strikter Distanz zu jeglich metaphysischer Denkweise. Tatsächlich verbleibt Rowlands auch in Distanz zu jeglich metaphysischer Denkweise, die sich, orientiert man sich zum Beispiel an Thomas von Aquin, ja nicht durch eine Abstraktion von erworbenen Eigenschaften auszeichnet, sondern durch die Freilegung dessen, das den Menschen an sich auszeichnet, unter Absehung all jener – da kontingent gültiger – Merkmale, für die dies nicht gelten kann.

Derartiges fehlt zweifellos bei Rowlands, wobei betont sei, daß er, anders als Rawls – wiewohl nicht notwendig im Gegensatz zu diesem -, auch Merkmale wie Vernunft als erworben versteht und von ihnen absieht, letztlich unter (zumindest weitgehender) Auflösung von *original position*.

Dieser Schritt Rowlands, der ihn erst die Darlegung direkter Rechte von Tieren erreichen läßt, zeichnet sich insofern durch große Konsequenz aus, als er jegliche Vermengung von empirischen Daten und Überlegungen zu der in transzendentaler Differenz zur empirisch betrachteten Ebene überkommt. Diese Konsequenz ist mit Kant und Thomas von Aquin auch tatsächlich zu fordern, doch bleibt: Rowlands' Konsequenz ergibt sich aus einer Weiterführung jener defensiven Strategie, von der bisher die Rede gewesen ist; Rowlands argumentiert ja aus einem heuristischen Prinzip heraus, und wenn die transzendentalphilosophische Perspektive von Kant und Thomas von Aquin zutrifft, dann wird dieses heuristische Prinzip gerade für die Darlegung von etwas aufgewendet, das, insofern es eine ontologische Aussage ist, überhaupt erst die Bedingung der Möglichkeit davon beschreibt, was es bedeutet, daß von heuristischen Prinzipien geredet werden kann.

Rowlands würde somit also ein heuristisches Prinzip aufwenden, ohne zunächst jene ontologische Aussage getroffen zu haben, aus der einsichtig wird, inwiefern – und in welchem Zusammenhang – überhaupt heuristische Prinzipien überhaupt ausgesagt werden dürfen.

Im Folgenden sollen die Positionen von Henry Salt, Jeremy Bentham und Peter Singer betrachtet werden. Die wirkungsgeschichtliche Verknüpfung von Henry Salt und Jeremy Bentham ist unmittelbar nicht gegeben, wohingegen Peter Singer unmittelbar auf Jeremy Bentham aufbaut, auch die Arbeit von Henry Salt ausdrücklich würdigend. Mit der Zusammenstellung dieser drei Positionen wird ein anderer als der soeben dargestellte Weg betrachtet, wie, nun aufbauend auf einer die ontologische Diskurs-Ebene beachten wollenden Position, gleichsam jene Probleme zu beseitigen versucht werden, die sich daraus ergeben, abseits der Kantischen Argumentation bzw. jener des Aquinaten vorgehen zu wollen.

Weit entfernt davon, sich auf ein heuristisches Prinzip zu berufen, spricht Henry Salt von der Notwendigkeit, die Vernunft in ihrer Verflechtung mit emotionalen Instinkten und Sympathien beachten zu müssen, wie diese den Menschen aber auch den Tieren zukommen bzw. »eingepflanzt sind«. Diese Argumentation erinnert sofort an ähnlich lautende Aussagen anderer Denker im Sinne eines Intentionismus. Wie erinnerlich wird von diesen hierzu gegriffen, um die begründungstheoretische Problematik nicht in ihrem vollem Umfang sehen zu brauchen, bzw. wird hierzu gegriffen, da dieses Problem nicht in seinem vollen Umfang gesehen wird.

Dies scheint, so läßt sich zumindest zunächst vermuten, auch bei Salt der Fall zu sein, ja es scheint sogar möglich, Salt einen trivialen Naturalismus vorwerfen zu können, meint er doch unter anderem, daß die Vernunft erst wieder richtig gebraucht werden kann, wenn man sich ihrer Leistungen im Kontext eines »hin zur Natur« bedient. Damit wäre Salt auch zugewiesen, daß er sich von dem bei allen bisher diskutierten Autoren anzutreffenden „Zwei Ebenen"-Denken vollständig entfernt. Dies wäre aber teilweise eine Unterstellung.

Dies wird deutlich, wenn man zum Beispiel Salts Aussage beachtet, wonach das Ziel des Lebens eines Menschen in der Verwirklichung seines eigenen Selbsts besteht, unter Zurückweisung jeglicher Möglichkeit, besagtes Ziel im Erhalt eines kontingenten Gutes begreifen zu können, wie auch im Lichte einer rein abstraktiven Verallgemeinerung des möglichen Gesamts kontingenter Güter; Salt tritt also nicht dafür ein, zwar kein spezielles kontingentes Gut bzw. seinen Erwerb als Ziel des Lebens zu verstehen, wohl aber die Lustmaximierung aufgrund des Umganges mit welchen kontingenten Gütern auch immer. Hierher gehört auch, daß Salt die Annahme ablehnt, im Universum wäre gleichsam alleine das Gesetz des Tüchtigeren – im sozialdarwinistischen Sinne – am Werke; gerade hierin sieht Salt einen Naturalismus, der übersieht, daß es etwas gibt, das sich nicht auf Nutzenkalkulierung reduzieren läßt. Wie erfolgreich ist Salt aber in seiner Vergegenwärtigung des hiermit Thematisierten?

Folgt man zunächst der Argumentation von Thomas von Aquin, wie sie also den Menschen in Teilhabe zu dem Gründenden (Gott) sieht, so muß die Saltsche Aussage verwundern, daß es gleich ist, ob man Menschen und Tiere als unsterblich oder sterblich ansieht, gegeben daß man für Tiere und Menschen nicht zu unterschiedlichen Lösungen gelangt. Die hier von Salt geübte Zurückhaltung ist zweifellos in Verflechtung mit Salts Verwendung empirischer Daten zum Beispiel zum Schmerzempfindungsvermögen von Tieren und Menschen zu sehen, wie auch zur Aussage, daß Menschen und Tiere nicht durch eine »große Kluft« voneinander getrennt sind. Salt verwendet all die hierher gehörenden empirisch gewonnen Daten in einer Weise, die es ihm ermöglichen soll, von einer transzendentalphilosophischen Argumentation wie sie Kant und Thomas von Aquin einfordern – ohne daß damit zugleich speziell auf die von diesen beiden Philosophen angebotenen Lösungen verwiesen sei – absehen zu können. In anderen Worten: Salt greift auf die entsprechenden empirischen Informationen zurück um damit jene Argumentation bestreiten zu können, die an sich – so legt das Argument Kants und Thomas' nahe – durch ein Bedenken des Mensch-Seins in seiner transzendentalen Differenz zur Werdewelt zu führen wäre.

Trifft es also zu, daß Kant und Thomas von Aquin zu recht auf besagtes Argument hinweisen, dann versteht Salt die begründungstheoretische Rechtfertigung von mit der Vernunft getroffenen Aussagen notwendig defizitär und sein Verweis auf die »eingepflanzten« Instinkte und so weiter ist der Versuch der Maskierung hiervon.

Der Verweis auf »eingepflanzte Instinkte« ist, um dies ebenfalls zu betonen, somit auch als dementsprechend verzerrte Thematisierung des Sich-Bescheiden-Müssens im Bedenken zu verstehen, wie es an sich in den Positionen von Thomas von Aquin und Kant angeführt wird. »Instinkt« kann nichts sein, das Grundlage für das Sich-Bescheiden-Müssen im Horizont der Vernunft ist, so legen die Positionen von Kant und Thomas nahe, da besagtes Sich-Bescheiden-Müssen im Horizont der Vernunft aus der Position des Ich gegenüber dem An-Sich-Selbstand-Bedeutenden erwächst, was nicht adäquat bedacht sein kann, wenn die entsprechenden Ausführungen gar nicht auf die Thematisierung hiervon abzielen, sondern auf das Verhältnis der Vernunft zu einem weiteren Vermögen des Ich. Die Thematik der Apriorizität des Bedenkens im Horizont der Vernunft ist also aus der Beachtung besagter Positionierung heraus zu begreifen, nicht aber aus etwas, das der Vernunft gleichsam auf dem Niveau von Ich ein nicht-wieder-vernünftiges Vermögen beiseite stellt.

Letztlich läßt eine hierauf aufbauende Position alleine in dem bezeichneten, nicht rechtfertigbaren Sinn davon sprechen, die Tierethik auch darauf begründen zu können, daß man beim Anblick eines leidenden Menschen ebenso empfindet wie beim Anblick eines leidenden Tieres; dieserart wird die Gleichheitsdiskussion – »keine große Kluft« – auf defizitäre Art initiiert.

Zweifellos verbleibt Salts Argumentation hier im Bereich des Vagen. Dies gilt auch für seine Aussage, ein Tier sei weniger Individuum als ein Mensch, was also im Lichte besagter Initiierung zu verstehen ist, die freilich auch thematisieren soll, daß ein Tier kein weiterer Mensch ist.

Dies soll zum Anlaß genommen werden, folgenden Gedankengang, er wird in den weiteren Ausführungen des Textes von großer Bedeutung sein, darzulegen. Trifft das Argument Kants und Thomas' prinzipiell zu, so muß also, als ontologische Betrachtung verstanden, zumindest der Mensch auch in seiner transzendentalen Differenz zu seiner Werdeweltlichkeit betrachtet werden. Im Rahmen hiervon ist zu beachten, daß »mehr-weniger« zweifellos für den werdeweltlichen Bereich vernünftig bedenkbar ist; ein Gefäß kann mehr oder weniger gefüllt sein, ein Ziel mehr oder weniger erreicht sein und so fort. Dies alles hat damit zu tun, daß die Werdewelt aus Begrenztem und Zusammengesetztem besteht; eine Tierart kann zum Beispiel m e h r an das Landleben angepaßt sein als eine andere, da sie bestimmte, dem Landleben dienliche Strukturen hat, also Teile des Körpers, die besagte andere Tierart nicht hat. Nun gilt aber, daß »in Differenz zur Werdewelt« zugleich ein »in Differenz zu Teile-Haben etc.« bedeutet, denn dieses Teile-Haben ist jenes, das kontingente Gültigkeit bezeichnet – nicht an sich gegebenen Selbstand. Somit gilt aber auch, daß »mehr – weniger« Ausdruck des an sich fehlenden Selbstandes ist und daher ebenfalls zu transzendieren ist, so daß es, bedenkt man das Person-Sein des Menschen gemäß der „Zwei Ebenen"-Konstruktion, keinesfalls aufgewendet werden kann, um das Bedenken von Person-Sein in Differenz zur werdeweltlichen Ebene mit Inhalt belegen zu können.

Salts Argumentation kann diesen Gedankengang zumindest nicht hinreichend würdigen. Komplementär hierzu kann an dieser Stelle der Darlegungen nicht auch ausgeführt werden, worin genau der Fehler der Saltschen Argumentation liegt bzw. inwiefern sie auf notwendig Auszusagendes abzielt, wiewohl auf nicht uneingeschränkt rechtfertigbare Weise. Hierzu bedarf es der erst zu erbringenden Ausarbeitung des Kantischen und Thomasischen Argumentes (vgl. Kapitel 4).

Zunächst sei die hier gebrachte Kritik an Salt verdeutlicht, indem angemerkt sei, inwiefern Salt hier gerade nicht kritisiert wird. Hierzu eine Aussage von Andreas Flury zur Position Salts: „Wenn die heute vorherrschenden Auffassungen des Menschen über seine ihm zugrunde liegende Natur auch inhaltlich beträchtlich variieren mögen, sind ihnen meines Erachtens doch zwei Elemente gemeinsame. Einerseits wird der Mensch als ein Wesen gesehen, dem verschiedene eigengesetzliche Bereiche auf eine problematische und konfliktträchtige Weise innewohnen, und gleichzeitig wird die kreative Integration dieser Bereiche als Ziel einer anzustrebenden Persönlichkeitsentwicklung aufgefaßt. ... Für das 20. Jahrhundert wohl am folgenreichsten war die Theorie Freuds, der den bewussten Menschen, das Ich, in einem ständigen Konflikt mit den Ansprüchen des Es und des Über-Ichs sieht" (a.a.O. S.91). Flury wendet sich hiermit gegen Salts Darlegung zur Harmonisierung von Vernunft und Instinkten – von »Gehirn und Herz« -. Gerade dieser Saltsche Verweis auf das Eines »Person« wird sich noch als zielführend erweisen: Es ist gerade das Unvermögen, dieses Eines-Sein hinreichend vergegenwärtigen zu können, das Probleme für ein adäquates Verständnis von Person-Sein verursacht. Die – noch zu führende – hierher gehörende Darstellung wird in unmittelbarem Zusammenhang mit dem zuvor bezüglich »mehr - weniger« Angemerkten stehen.

Zunächst genügt hier festzuhalten, daß Salt offensichtlich um Beachtung des Person-Seins bemüht ist – vgl. »Ziel des eigenen Lebens« -, zugleich aber Probleme mit dem Bedenken von Person-Sein hat, wobei ihm offenbar auch unterläuft, zu Aussagen greifen zu müssen – »eingepflanzte Instinkte und Sympathien« -, die als unbegründet herbeiargumentierte Hilfskonstruktionen zu verstehen sind. Von »eingepflanzten Instinkten und Sympathien« zu sprechen, also von etwas, das sich dem rationalen Zugriff, wie ihn zum Beispiel Jens Badura fordert, entzieht, kann auch als etwas gesehen werden, das latent die Möglichkeit eines Zurückgleitens in ein metaphysisch-theologisches Denken offen hält. Insofern – bzw. insofern Salts Position gerade dieses Zurückgleiten gar nicht anstrebt – trägt eine Position wie jene Salts geradezu in sich, in dem Sinne überkommen zu werden, daß die Bedingung der Möglichkeit dieses Zurückgleitens überkommen wird.

Ein möglicher Auslöser hierfür ist also der Person-Begriff, insofern er bei Salt problematisch ist. Der Utilitarismus – wie ihn Jeremy Bentham (hedonistischer Utilitarismus) und Peter Singer (Präferenz-Utilitarismus) vertreten - stellt eine Position dar, die, am Person-Begriff ansetzend, eine entsprechende Modifikation Saltschen Denkens bedeutet.

Wie in Kapitel 2 angemerkt, blickt die Benthamsche Position primär nicht auf das Individuum (die Individuen), sondern auf das Gesamt an Lust im Universum, das es gleichsam zu vergrößern (maximieren) gilt; eine Konsequenz hieraus ist die Ersetzbarkeit konkreter Individuen. Wenn daher Bentham festhält »jeder zählt als einer und keiner mehr als einer«, so gilt dies auch im Lichte dieser Ersetzbarkeit! Der Benthamsche Referenzpunkt Gesamt-Lust, wie er also ein transindividualer Referenzpunkt ist, bedarf natürlich der Verflechtung mit der Individual-Ebene. Bentham stellt sie mittels der Beachtung von „Can they suffer?“ her, wie es – *suffer* – Bedingung der Möglichkeit sein soll, Interessen zu haben und daher Lust (und Unlust) empfinden zu können. Bentham gelangt zu dieser Lösung um willen davon, auf Seiten der individualen Ebene im Kontext mit deren Verflechtung mit der letztentscheidenden Ebene nichts anzunehmen, das wollensentscheidlich herbeiargumentiert als Kriterium für besagte Verflechtbarkeit angenommen wird. Verflechtbar mit der letztentscheidenden Ebene ist also nur ein Merkmal auf Seiten der Individual-Ebene, das selbst nichts bloß kontingent Gültiges bezeichnet.

Insofern argumentiert Bentham natürlich im Sinne der „Zwei Ebenen“-Konstruktion, ist er also bemüht, ein philosophisches Modell anzubieten, das letztlich nicht auf bloß kontingent Gültiges – also auf Werdeweltliches – reflektiert, sondern das in der Lage ist, den Bereich des alleine kontingent Gültigen zu transzendieren. Daher auch bietet Benthams Position mannigfach Möglichkeiten zu Vergleichen mit anderen, bisher besprochenen Positionen an. Zweifellos entspricht Benthams Verweis auf das Lust-Gesamt, in Kombination mit dem Verweis auf „Can they suffer?“, dem genannten kontrakttheoretischen Anliegen, eine allgemeinverbindliche Aussage zu finden, die sich nicht auf kontingent gültige Merkmale der Menschen bzw. dieser und der Tiere gründet, in Differenz zu diesen stehend. Insofern läßt sich auch Regans Konstruktion, bestehend aus *inherent value* und *subject-of-a-life-criterion* an die Benthamsche Konstruktion anlegen. Im Unterschied zu der kontrakttheoretischen Perspektive verzichtet Bentham aber auf eine bloß heuristische Argumentation, und im Unterschied zu der Reganschen Perspektive entspricht jene Benthams gleichsam dem Versuch, im Übersteigen der Werdewelt-Ebene nichts aussagen zu brauchen, das sich nur als Postulat formulieren läßt, wozu Bentham eben zu Lust-Gesamt greift, was letztlich weiter nichts besagt, als eine allgemein-abstrakte Anführung jener Lust, die man im Umgang mit kontingent gültigen Gütern empfinden kann. Gleichsam um diesen Schritt zu Lust-Gesamt nicht als trivialen Naturalismus vor Augen haben zu brauchen, wozu aber die Intention gehört, den Bezug auf die ontologische Ebene nicht zu verlieren – was aus der Perspektive Kants und Thomas' von Aquin nachvollziehbar ist! –, greift Bentham dazu, den Person- bzw. „Individuum"-Begriff weitgehend aufzulösen: die Individuen als ersetzbare Einheiten.

Dieserart wird also auf das Lust-Gesamt focusiert, wobei die Geringachtung der Individualität eine eben solche des Individuums, wie es kontingent gültige Merkmale aufweist, bedeutet, womit für Bentham ausgemacht ist, mit seiner Nennung von Lust-Gesamt mehr als eine bloß allgemein-abstrakte Anführung von etwas bieten zu können, das eigentlich Teil des Werdewelt-Horizonts ist. Hier gilt es zu beachten: Das Argument von Kant und Thomas von Aquin fordert nicht ein, etwas im Horizont der Werdewelt bloß allgemein-abstrakt zu betrachten, sondern zu etwas vorzudringen, das in Differenz zur Werdewelt steht! Thomas' Verweis auf Gott, mit dem der Mensch in Teilhabe verbunden ist, bedeutet natürlich nicht die Nennung von etwas, das aus einer allgemein-abstrakten Betrachtung von Mensch heraus bedacht wird.

Vergleicht man daher Benthams Position mit jener Salts, so zeigt sich, daß Benthams größeres Vermögen, zu einer rational nachvollziehbaren Argumentation zu gelangen, auf einer defensiven Strategie bezüglich der Vergegenwärtigung von Person bzw. Individuum fußt, die maskieren soll, letztlich lediglich über eine allgemein-abstrakte Nennung von etwas zu verfügen, das Teil des Werdewelt-Horizonts ist. Das Ergebnis Benthams ist daher kaum weniger befriedigend als jenes Salts und es verwundert daher nicht, daß der hedonistische Utilitarismus von Utilitarismusformen abgelöst worden ist, die verstärkt – wiewohl im Rahmen des Utilitarismus! - um eine stärkere Beachtung von Person bzw. Individuum bemüht sind. Im Rahmen hiervon interessiert hier der Präferenz-Utilitarismus von Peter Singer.

Gemäß Singer ist der Mensch – aber vielleicht nicht nur dieser - als selbstbewußtes Wesen zu verstehen, also als Wesen, das sich als distinkte Entität mit Vergangenheit und Zukunft versteht, woraus die Präferenz erwächst, Wünsche äußern zu können und insofern am Leben bleiben zu wollen. Dies, so Singer, bedingt die Unersetzbarkeit des konkreten Menschen als einer Person. Dieserart versteht Singer also den konkreten Menschen als ein Eines bzw. als eine Entität auch gegenüber dem Eines Lust-Gesamt. Sind damit aber alle Probleme gelöst, die der hedonistische Utilitarismus provoziert, insofern er nur zu einer abstrakt-allgemeinen Übersteigung der Werdewelt vordringt, also letztlich nur zu einer Nutzen-Kalkulation in der Lage ist? Die Frage anders gestellt: Gelingt es Singer zu einem Verstehen von Person vorzudringen, das tatsächlich dem Argument von Kant und Thomas von Aquin gerecht wird, unter Umständen indem gezeigt wird, daß die konkret Kantische und Thomasische Lösung in diesem und jenem Punkt zu verändern ist?

Die Eigentümlichkeit der Singerschen Lösung zeigt sich sogleich anhand der in ihr enthaltenen Beachtung von Mensch als Person im Lichte der Ontogenese des Menschen. Singers hierher gehörende Bedachtnahme auf Selbstbewußtsein reflektiert nämlich insofern nicht auf etwas in Differenz zur Werdewelt, als es anfänglich in seiner Dimension des Gewordenen verstanden wird. Dies muß aus jenem Grund problematisch sein, der bereits bezüglich der Position von Salt die Verwendung von »mehr - weniger« hat kritisieren lassen. Trifft das Argument Kants und Thomas' zu, so muß in einer philosophischen Argumentation zu etwas vorgedrungen werden, das in Differenz zu Gewordenes-Sein steht und der Verzicht auf die Nennung des dieserart Thematisierten könnte sich nur aus einer Widerlegung des besagten Argumentes ergeben. Diese Widerlegung kann aber nicht vorliegen, wenn dasjenige, dessen Anführung somit problematisch ist, als gänzlich unproblematisch verstanden wird: es wird von Singer aber nicht einmal das entsprechende Problem gesehen.

Konkret liegt das Problem der Singerschen Argumentation hierbei darin, daß »Mensch« von ihm nicht an sich, also als Person, verstanden wird, sondern lediglich »Mensch«, wie er bestimmte Merkmale – insbesondere die Fähigkeit zu Selbstbewußtsein - aufweist, die ontogenetisch auftreten und wieder vergehen können, gesehen wird. Föten, Säuglinge, hoffnungslos senile alte Menschen, wie sie einheitlich nicht selbstbewußt sind, erfüllen nach Singer nicht uneingeschränkt das Kriterium von Person-Sein. In anderen Worten: Selbstbewußtsein – so Singer - ist jenes Kriterium, das ein – biologisch betrachtet – menschliches Wesen zu einer Person macht und insofern aus dem Horizont der Ersetzbarkeit heraushebt.

Somit kann Singer zu keiner Einsicht vorgedrungen sein, die tatsächlich in Differenz zur Werdewelt-Ebene steht, wiewohl der Versuch hierzu offensichtlich vorliegt. Auch Singer ist nämlich darum bemüht, »Person« nicht irrtümlich anhand eines Merkmales zu verstehen, das bloß kontingente Gültigkeit besitzt; Singer zählt zu dieser Gruppe die körperlichen Merkmale, aber auch Sprachfähigkeit und Intelligenz. Anhand solcher Merkmale »Person« festlegen zu wollen, führt, so Singer, zu einem Speziesismus, da eine herbeiargumentierte Grenzziehung vorliegt, um willen davon, alleine den Menschen als Adressaten moralischer Überlegungen sehen zu können.

Singer lehnt also den Verweis auf Intelligenz zur Abgrenzung des Menschen – gemäß einer ihm gegenüber den Tieren zukommenden Sonderstellung – ab und verweist zugleich auf die Bedeutung von Selbstbewußtsein zur Hervorhebung der Sonderstellung von Person. Beachtet man, daß Selbstbewußtsein nicht getrennt von kognitiven Leistungen verstanden werden kann, so muß Singer zwischen dieser Leistung und den ebenfalls mit kognitiven Leistungen verflochtenen Phänomenen Sprache und Intelligenz offenbar in einer Weise unterscheiden, die dem „Zwei Ebenen"-Denken entsprechen lassen soll. Das diesbezügliche Scheitern Singers geht aber sogleich daraus hervor, daß auch Singer, so wie (u.a.) Salt, G r a d e des Selbstbewußtseins unterscheidet: der »normale erwachsene« Mensch hat in höherem Grad Selbstbewußtsein als zum Beispiel ein Schwein; hier liegt also wieder das »mehr – weniger«-Problem vor, an dem Singer also scheitert!

Im Sinne dieses Problems tritt in der Position Singers auf, daß manche Menschen – zum Beispiel hoffnungslos senile Menschen – weniger Wert sind als z.B. ein Schwein. Problematisch ist hieran, daß derartige Abwägungen auf einer Konstruktion aufbauen, die lediglich vorgeblich auf einem letztbegründbaren – da in Differenz zur nicht an sich Selbstand bezeichnenden Ebene befindliches – Aussagensystem basiert, wie bereits aus dem Vorliegen der „mehr – weniger"-Problematik erhellt. Eigentümlich ist an der Singerschen Position auch, daß sie vorgibt, sich gegen die Abgrenzung des Menschen gegenüber den Tieren zu wenden, inwiefern dies auf der Anführung eines bloß kontingent gültigen Merkmales basiert, nur um selbst zu einer Lösung zu gelangen, die »normaler erwachsener Mensch« im Sinne einer Sonderstellung abgrenzt, und zwar aufgrund eines Merkmales, das gar nicht im Sinne einer Transzendierung bzw. Übersteigung des Werdewelt-Horizonts geboten wird.

Es überrascht daher nicht, daß Singer auf fachwissenschaftlich-empirische Ergebnisse zurückgreift um Argumente zu liefern, die eigentlich einer philosophischen Argumentation erwachsen sollten – vgl. die entsprechenden Ausführungen Singers zum Zentralnervensystem und Untersuchungen zum Verhalten von Primaten. Es überrascht daher ebenso wenig, daß Singer versucht, der Transzendentalphilosophie und der christlichen Lehre zu unterstellen, dem Menschen eine Sonderstellung zuzuschreiben, insofern er als biologisches Wesen bzw. Angehöriger einer biologischen Art hierauf Anspruch hat. Derartiges liegt natürlich nicht vor, da ja gerade aus der Transzendierung der biologisch erfassbaren Ebene argumentiert wird.

Singer unterstellt hier der christlichen Lehre und Transzendentalphilosophie einen Naturalismus, den zuallererst Singer selbst in die Diskussion einbringt: Auch Singer gelingt es nicht, das Saltsche Argument der nicht-vorhandenen »großen Kluft« zwischen Mensch und Tier anders als naturalistisch zu verstehen. Daß mit der Saltschen und Singeschen Argumentation der Betrachtungshorizont k e i n e s f a l l s vollständig ausgeleuchtet ist, wird sich noch erweisen; Alternativen sind in dem Argument Kants und Thomas' bereits dargelegt. Das bedeutet: Auf werdeweltlicher Ebene mag es falsch sein, besagte »große Kluft« auszusagen, doch ist der „Zwei Ebenen"-Konstruktion damit eben nur e i n e Ebene betrachtet, und zwar die nicht an sich Selbstand besitzende Ebene!

Insofern ist der Präferenz-Utilitarismus Singers dem hedonistischen Utilitarismus Benthams gleichsam aufgesetzt: Er verändert dessen Basis nicht! Singers Aussage, daß das Leiden eines Wesens zu beachten ist, egal um welches Wesen es sich handelt, ist somit ebenso uneindeutig wie Benthams Aussage, wonach alle Wesen gleichviel Eines sind. Man hat nämlich das Leiden eines nicht selbstbewußten Wesens auch beachtet, wenn man zu dem Ergebnis gelangt, es ersetzen zu können und so weiter.

Dies gilt also, wiewohl Singer nicht an sich gegen die „Zwei Ebenen"-Konstruktion argumentiert, insofern also nicht grundsätzlich gegen die Argumentation Kants und Thomas'. Singers Feststellung, wonach der Gleichheitsgrundsatz nicht auf einem Faktenwissen basiert, ist daher vollständig zuzustimmen, wiewohl zugleich einzufordern ist, eben die in dieser Ansicht enthaltene Zurückweisung von Faktenwissen zur Ausarbeitung der philosophischen Position k o n s e q u e n t zu erbringen. Inwiefern Singer dies also offensichtlich nicht gelingt, dringt er lediglich zu einem defizitären Verständnis von Person-Sein vor, wobei an dieser Stelle der Ableitung noch nicht interessiert, worin diese Defizite konkret bestehen.

Abschließend sei auf die Position von William Frankena geblickt, da hiermit auch die rechtliche Ebene der Tierethik andiskutiert werden kann. Wie skizziert weist Frankena der Frage nach den natürlichen Rechte nichtmenschlicher Lebewesen keine vorrangige Bedeutung zu. Er konzentriert sich primär auf die möglichen Pflichten von Menschen diesen Lebewesen gegenüber. Hierzu feststellend, daß bewußt empfindungsfähige Lebewesen nicht willkürlich grausam behandelt werden dürfen – diesen also kein Leid zugefügt werden darf -, gelangt Frankena zu einem prima facie und ceteris paribus geltenden natürlichen Recht bewußt empfindender nichtmenschlicher Lebewesen. Explizit spricht Frankena diesbezüglich von einem Anspruchsrecht, also keinem vorrangigen Recht.

Diese Position Frankenas läßt sich aber auch so verstehen, daß die Zurückweisung davon, der Frage nach den natürlichen Rechten von Tieren bzw. zumindest bestimmten Tieren eine bevorzugte Bedeutung zuzuweisen, Ausdruck eines defizitären Verständnisses von Person-Sein ist, also von Person-Sein in seiner transzendentalen Differenz zur werdeweltlichen Ebene. Insofern sich nämlich Frankena wesentlich an der Einteilung »Leben - bewußtes Leben – selbstbewußtes Leben« orientiert und hierbei zu einer Kategorisierung greift, die philosophisch fundiert sein soll, jedoch nicht ohne Daten zur Werdewelt auskommt, vermeidet Frankena besagte vorrangige Behandlung der Frage nach natürlichen Rechten, da sie besagte Verwendung werdeweltlicher Daten noch weiter vorantreiben würde. So aber, indem primär von Pflichten des Menschen ausgegangen wird, wird - dessen Person-Sein gleichsam vorausgesetzt - diese Thematik weiters nicht angesprochen. Es kann gewissermaßen dabei belassen werden, bestimmte Eigenschaften bei (manchen) Tieren in Analogie zum Menschen – dessen Leidensfähigkeit etc. – zu beurteilen, ohne also explizit das mögliche Person-Sein von Tieren diskutieren zu brauchen.

Der somit gegebene defensive Charakter der Argumentation Frankenas ist also aus transzendentalphilosophischer Sicht durchaus nachvollziehbar: Seine Bezugnahme auf Leben – unbewußtes, bewußtes, selbstbewußtes Leben -, aber auch seine Bezugnahme auf den normalen Menschen, so kann aufgrund des bisher Dargelegten festgehalten werden, signalisieren aber das Vorliegen eines sich an der Werdewelt orientierenden Naturalismus, wie er wider die philosophische Grundorientierung ist; Frankenas defensive Strategie ist hierbei als Versuch zu verstehen, dieses »wider die Grundorientierung« in so engen Grenzen als möglich halten zu können.

Damit aber muß Frankenas Feststellung von einem nicht vorrangigen Anspruchsrecht bestimmter Tiere insofern defizitär sein, als es in der Darstellung davon, in welchen Situationen einem der betroffenen Tiere besagter Anspruch nicht mehr zukommt, nicht ohne wollensentscheidliche Festlegungen auskommen kann. Dies gilt also, insofern Frankenas Feststellung selbst nicht ohne wollensentscheidlich festgelegte Inhalte konzipiert ist; die Feststellung ist nicht alleine ein Argument im Sinne der Selbststand repräsentierenden Ebene (in transzendentaler Differenz zur werdeweltlichen Ebene).

3.2 Fazit: Die Notwendigkeit einer transzendentalphilosophischen Perspektive

In Abschnitt 3.1 ist von dem „Zwei Ebenen“-Argument gesprochen worden, sowie von dem Argument Kants bzw. Thomas' von Aquin. Grundsätzlich ist damit ein und dasselbe Argument thematisiert worden, das nun als das transzendentalphilosophische Argument bezeichnet sei. Hiermit sei ausgedrückt, daß das transzendentalphilosophische Argument – es wird sogleich explizit angeführt werden – in einer sehr vagen, den grundsätzlich mit diesem Argument gemeinten Inhalt nicht uneingeschränkt thematisierenden Weise angeführt werden kann, womit es als „Zwei Ebenen“-Argument auftritt; das transzendentalphilosophische Argument kann aber auch in verschiedenen Ausformulierungen auftreten, zum Beispiel in jener Kants – »Kants Argument« – bzw. Thomas' – »Thomas' Argument«.

Im Lichte hiervon gilt: Sämtliche in 3.1 diskutierten Autoren verwenden das „Zwei Ebenen“-Argument, wenden sich aber mehr oder weniger vehement gegen das Argument Kants und (zumindest implizit) gegen das Argument des Aquinaten. Bedeutet dies, so ist zu fragen, daß sich diese Autoren gegen die Kantische bzw. Thomasische Ausformulierung des transzendentalphilosophischen Arguments wenden, oder wenden sie sich gegen das transzendentalphilosophische Argument, insofern nicht erkannt wird, daß das „Zwei Ebenen“-Argument erst eine vage Vorformulierung dieses Argumentes ist, in sich tragend, zu dem transzendentalphilosophischen Argument erst vollständig vordringen zu müssen?

Die Analyse in 3.1 legt nahe, daß letzteres der Fall ist und daß somit gilt: Besagte Autoren fallen hinter Kant und Thomas zurück, wiewohl dies nicht zugleich bedeutet, daß Kants und Thomas' Ausformulierungen unkritisch übernommen werden müssen. Dies bedeutet auch nicht, daß in den Positionen besagter anderer Autoren nicht umfangreich Inspirationen für eine etwaig notwendige Modifikation der Kantischen bzw. Thomasischen Ausformulierung enthalten ist; dies gilt auch, um dies sogleich anzumerken, für die explizit tierethischen Überlegungen Kants und Thomas'.

Angesichts hiervon ist es angebracht, nun das transzendentalphilosophische Argument explizit anzuführen. Trifft es zu, daß zur ontologischen Ebene Aussagen getätigt werden, die lediglich kontingent Gültiges bezeichnen, so kann das dieserart Ausgesagte nur dann adäquat, also ohne die Beiziehung wollensentscheidlich herbeiargumentierter Inhalte, verstanden werden, wenn all die besagten Aussagen ganzheitlich als nicht an sich Selbstand repräsentierend bedacht werden und dementsprechend auf etwas im Bedenken bezogen werden, das in transzendentaler Differenz zu diesen Inhalten steht, derart daß in dieser Beachtung der transzendentalen Differenz zu etwas gefunden wird, das als an sich Selbstand Repräsentierendes verstanden werden kann.

Es ist also unbezweifelbar, daß eine Anerkennung des „Zwei Ebenen"-Argumentes in sich trägt, strikt zu dem transzendentalphilosophischen Argument vordringen zu müssen; dies gilt um willen der Vermeidung davon, die Beachtung zweier Betrachtungsebenen inkonsequent und daher nicht zielführend vorzunehmen. Für sämtliche Positionen, ausgenommen jenen Kants und Thomas', die in Kapitel 2 und Abschnitt 3.1 diskutiert worden sind, trifft diese Inkonsequenz auf die eine oder andere Weise zu. Sie eignen daher nicht, die Konzentration auf das transzendentalphilosophische Argument verwirklichen zu können.

Ist aber das transzendentalphilosophische Argument an sich notwendig zu beachten? Diese Frage ist zweifellos mit Ja zu beantworten. Das transzendentalphilosophische Argument thematisiert ja eigentlich eine Trivialität, nämlich daß nicht an sich Selbstand Repräsentierendes nicht schon Alles sein kann.

Das transzendentalphilosophische Argument gibt aber für sich noch nicht die ausreichende Darstellung des mit dem Argument Thematisierten; hierzu bedarf es konkreter Ausformulierungen des Betrachteten. An anderem Ort ist dargelegt worden, daß Kants Ausformulierung nicht uneingeschränkt akzeptiert werden kann[26]; Thomas' Ausformulierung kann hier noch nicht hinreichend aufgegriffen werden, da die bisherige Darlegung noch keine explizite Einbeziehung des theologischen Horizonts beinhaltet (hierzu wird erst vorzudringen sein). In dem nachfolgenden Kapitel wird daher eine eigene Ausformulierung des transzendentalphilosophischen Arguments geliefert werden, aus der heraus letztlich auch der adäquate Umgang mit den in Kapitel 2 dargelegten Positionen ersichtlich werden wird bzw. die Tierethik und Ökologische Ethik explizit grundgelegt werden kann.

---

[26] Senz W 1997: *Privatheit des Ich* – Frankfurt a.M.

4 Zum Person-Sein des Menschen

4.1 Einleitung

Die bisherigen Ausführungen sollen gezeigt haben, inwiefern das in der Literatur vorzufindende Theorienspektrum zur Tierethik der Erweiterung bedarf. Im Zentrum hiervon steht die konsequente Beachtung und Ausformulierung des transzendentalphilosophischen Arguments. Hierum wird also das vierte Kapitel bemüht sein. Insofern mag es aus der Perspektive jener, die bereits in der transzendentalphilosophischen Position Kants einen unangemessenen anthropozentrischen Zugang zu der Problematik Tierethik (und Ökologische Ethik) sehen, problematisch erscheinen, daß in der Überschrift des gegenständlichen Kapitels alleine der Mensch erwähnt ist, jedoch nicht von nichtmenschlichen Lebewesen die Rede ist.

Es wird sich aber erweisen, daß diese exklusive Bezugnahme auf »Mensch« aus erkenntnistheoretischen Gründen unumgänglich notwendig ist, abseits jeglichen Versuches, dem Menschen eine Sonderstellung gegenüber nichtmenschlichen Lebewesen zuschreiben zu wollen, die sich lediglich als speziesistisch motiviert im Singerschen Sinne verstehen ließe.

An dieser Stelle sei zudem angemerkt: Der nachfolgende Text ist wesentlich aus der Auseinandersetzung des Autors mit der Philosophie Platons entstanden, also einem Philosophen, dem, folgt man zumindest der Meinung vieler seiner Kritiker, gerade bezüglich der Problematik der Zusammenführung der nicht an sich Selbstand repräsentierenden Ebene und der Selbstand repräsentierenden Ebene, nicht viel mehr eingefallen ist als eine „Idee"-Konstruktion, die lediglich Fiktionen aussagt. Diese leider weit verbreitete Annahme wird der Position Platons jedoch gar nicht gerecht; im Zentrum der Platonischen Position steht nicht die Ideen-Lehre, sondern die nichtsinnliche Dialektik; Platon selbst weist in der Schrift *Der Sophist* sogar explizit darauf hin, daß alleine mit der Annahme von Ideen nichts erreicht ist.

An anderem Ort[27] hat der Autor ein Modell der Entwicklung des Denkens Platons entworfen, unter anderem die primäre Bedeutung der nichtsinnlichen Dialektik für Platons Denken zeigend, wie auch diskutierend, daß Platons Ideen-Lehre tatsächlich teilweise problematisch ist, jedoch im Sinne davon, daß sie ein Konstrukt darstellt, zu dem Platon greift, da er seine nichtsinnliche Dialektik noch nicht uneingeschränkt adäquat ausformuliert.

Die Abhandlung dieser Thematik braucht hier aber weiter nicht zu interessieren; der folgende Text wird für sich alleine stehen. Um willen einer flüssigen Lesbarkeit des nachfolgenden Textes sei hiermit also grundsätzlich auf die wirkungsgeschichtliche Bedeutung hingewiesen, die der Position Platons für das Nachstehende zukommt, wie auch, in welchen Arbeiten der

[27] Senz W 2000: *Über die Platonische Dialektik und Aristotelische Logik: Ein Vergleich - Zur Notwendigkeit der Konzentration auf das Platonische Denken* - Frankfurt a.M; Senz W 2001: *Untersuchungen zu den theoriengeschichtlichen Wurzeln und der zentralen Aussage der noetischen Dialektik* - Frankfurt a.M; Senz W 2002: *Christliche Philosophie und Theologie im Lichte der Platonischen Dialektik und Lehre vom Ich* - Frankfurt a.M; Senz, W. (2002): *Platons Lehre vom Ich im Rahmen der Vergegenwärtigung der dialektischen Differenz* - Frankfurt a.M.

Autor seine eigene Position zu dem anstehenden Thema entwickelt hat, ohne den nachfolgenden Text durch entsprechende spezielle Hinweise zu überlasten.

Zudem sei hier einleitend festgehalten: Albert Schweitzer versteht Descartes' Festlegung eines geltungstheoretisch sicheren Fundaments des Bedenkens mit »Ich bin« als inhaltsloses philosophieren[28]; er stellt der Descartesschen Aussage seinen eigenen Anfang des Bedenkens entgegen, »Sich als Leben, das leben will, inmitten von Leben, das leben will« verstehen zu müssen. Die Aussage »Ich bin« wird auch für die vorliegende Ableitung von zentraler Bedeutung sein, wiewohl ohne explizit Bezug auf Descartes' Position zu nehmen. Es sei hier betont, daß es nicht genügt, einen Satz zu finden der plausibel scheint und zudem »sympathisch«, wie dies für Schweitzers Satz sicherlich zutrifft. Die Crux an solchen Sätzen ist, sie ersparen die philosophische Anstrengung nur scheinbar. Inwiefern nämlich Schweitzer »Leben« nur intuitiv angibt, kann er auch keine ausgereifte Theorie von »wollen« angeben und verliert daher jegliche Möglichkeit, seinem Satz begründet allgemein Anerkennung verschaffen zu können. (Ergänzt sei, daß sich die Schweitzersche Formulierung auch nicht retten läßt, indem sie als theologisch motiviert verstanden wird, da – katholische – Theologie keinesfalls als ein bloß eingeschränkt diskursives Denken begriffen werden kann; hierauf wird zurückzukommen sein; vgl. insbesondere 5.1.)

Das bedeutet: Badura fordert zu Recht ein (vgl. 2.2.11), ethische Argumente im Horizont diskursiver Überzeugungsarbeit zu begreifen. Alleine, Baduras Verständnis von Diskursivität wird aus dem dargestellten Umstand dem eigenen Anspruch nicht gerecht. Tatsächlich ist es eine sehr schwierige Aufgabe, Personen von der Bedeutung eines philosophischen Argumentes zu überzeugen – hierauf wird zurückzukommen sein (vgl. 4.3.3) -. Die Realisierung hiervon setzt eine Argumentation gemäß den Möglichkeiten des Person-Seins voraus und daher zuallererst ein dementsprechendes Wissen über das Person-Sein.

Abschließend sei darauf aufmerksam gemacht, daß das gegenständliche Kapitel zwar explizit vom Person-Sein des Ich handelt, jedoch inwiefern hiermit auch bereits das Grundlegende über nicht-menschliche Lebewesen thematisiert wird. Die explizite Abhandlung zu diesen Lebewesen wird also keine Thematisierung von etwas bedeuten, das an sich anderes als das in diesem Kapitel zu Besprechende ist. Was hiermit konkret gemeint ist, wird sich aus den folgenden Ausführungen ergeben. Hier soll lediglich nahegelegt sein, das anstehende Kapitel in dem soeben ausgesagten Sinn als etwas anzusehen, das grundlegend für die expliziten Ausführungen zu den nichtmenschlichen Lebewesen ist, nicht also bloße Vorbemerkung.

---

[28] Albert Schweitzer: „Bei Descartes geht das Philosophieren von dem Satze aus: »Ich denke, also bin ich.« Mit diesem armseligen, willkürlich gewählten Anfang kommt es unrettbar in die Bahn des Abstrakten. Es findet den Zugang zur Ethik nicht und bleibt in toter Welt- und Lebensanschauung gefangen. Wahre Philosophie muß von der unmittelbarsten und umfassendsten Tatsache des Bewußtseins ausgehen. Diese lautet: »Ich bin Leben, das Leben will, inmitten von Leben, das Leben will«" (Schweitzer A 1923: *Die Entstehung der Lehre von der Ehrfurcht vor dem Leben und ihre Bedeutung für unsere Kultur* – In: *Gesammelte Werke in 5 Bänden*; Band V, Zürich 1973: 172-191; S.377). Es wird noch zu zeigen sein, daß die Kritik Schweitzers an Descartes insofern völlig verkehrt ist, als sie die transzendentalphilosophische Ausrichtung als Zuflicht in eine abstrakte Betrachtung missversteht und dementsprechend eine defizitär-naturalistische Thematisierung von »Leben« anbietet (siehe dieses Buch: *Eine kritische Würdigung von Albert Schweitzers Begriff »Leben« im Lichte der Schweitzerschen Zurückweisung des Cartesianischen »Ich bin« - Zur Bedeutung einer fundierten philosophischen Basis für die Tierethik*).

4.2 Ontologisch-epistemologische Ebene

4.2.1 Der Anfang jeglichen Bedenkens: »Ich bin«

Wie aus der Analyse in 3.2 erinnerlich, besteht das eigentliche Problem jeden Argumentierens zunächst darin, einen Anfang der Argumentation zu finden, der nicht herbeiargumentiert ist, der sich also auf das Anführen von Aussagen beschränkt, die aus sich selbst heraus evident sind. Komplementär hierzu gilt: Diese Annahmen müssen ausreichend bedacht sein, denn sie müssen letztlich erlauben, das eigene Sein bzw. das Sein überhaupt – insoweit es bedacht werden kann – vergegenwärtigen zu können. Hiermit ist festgehalten, daß aus den besagten Aussagen weitere Aussagen abzuleiten sind, für die gilt, daß sie notwendig Gültigkeit besitzen, inwiefern sie analytisch aus selbstevidenten Aussagen folgen. Letztlich müssen dieserart genügend Aussagen zusammengetragen werden können, um sich jeglicher Frage, die sich einem Ich in seiner Lebenspraxis aufdrängt, hinreichend widmen zu können – dies kann freilich implizieren, eine spezielle Frage als nicht vernünftig stellbar zu erweisen! -, ohne zu Begriffen oder Aussagen greifen zu müssen, die sich nicht aus besagter analytischer Ableitung ergeben, also herbeiargumentiert sind.

Zumindest soll dieser Anspruch gemäß den Ausführungen in 3.2 erhoben werden, also unter Zurückweisung herbeiargumentierender Bezugnahmen auf »Leben«, »Intuition« und so weiter, wie auch im Lichte der entsprechenden Ausführungen von Friedo Ricken. Inwieweit diesem Anspruch letztlich tatsächlich genügt werden kann, soll damit eben so wenig schon spezifiziert sein, wie sogleich evident sein muß, daß das transzendentalphilosophische Argument für sich alleine nicht schon ausreichend besagten Anfang darstellt; es bedeutet ein Argument, das, insofern es nicht hintergangen werden kann, eine Orientierungshilfe bei der Suche nach einem adäquaten Anfang ist, zu der letztlich nicht in Widerspruch geraten werden darf.

Wie sieht besagter Anfang konkret aus?

Um diese Frage beantworten zu können, gilt es zunächst zu vergegenwärtigen, daß mit dem Stellen besagter Frage noch gar nicht festgelegt ist, notwendig von so etwas wie einem begründungstheoretischen Anspruch ausgehen zu müssen, also notwendig besagte Frage beantworten zu müssen -. Sollte sich aber die Notwendigkeit hierfür zeigen, so wird in Fortsetzung auszuschließen sein, sich dem Begründungsproblem mittels einer „Laissez fair"-Haltung stellen zu können.

Wenn also zunächst vernünftig nur die Möglichkeit der Berechtigung der Frage nach dem Anfangsproblem ausgesagt werden kann, so sei einleitend gefragt, worin eigentlich geirrt werden kann, so daß der Anfang zu einem möglichen Problem werden kann.

Im Lichte hiervon sei zunächst auf den Alltag verwiesen, bzw. auf eine nicht speziell reflektierte alltägliche Praxis. Sogleich sei betont, daß hiermit nicht der Anfang in einer alltäglich-intuitiven Praxis genommen wird, wie er von einigen der in den Kapiteln 2 und 3 diskutierten Autoren in Anspruch genommen wird und in 3.2 zurückgewiesen worden ist. An dieser Stelle der Ableitung wird auf die alltägliche Praxis ja nicht verwiesen, um das anstehende Problem zu lösen, sondern um sich ihm so zu nähern, daß gerade keine Vorausentschiedenheiten unterlaufen.

Was also zeigt die alltägliche Praxis? Daß man beinahe auf Schritt und Tritt vor Entscheidungssituationen gestellt ist, die man zwar nicht alle als solche annehmen braucht, die man aber auch nicht alle ignorieren darf bzw. kann. Ganz explizit ist das Spektrum möglicher, hierher gehörender Situationen als bis hin zu ganz trivialen Gegebenheiten reichend zu begreifen, wie zum Beispiel der angemessenen Art, als Fußgänger eine befahrene Straße zu überqueren. Wahrscheinlich wird man die meisten derartigen Situationen bewußt gar nicht als zu lösende Probleme registrieren, zu selbstverständlich kann einem der jeweils ablaufende Vorgang sein.

Trotzdem gilt, daß eine Entscheidungsfindung vorliegt und diese eine Orientierungsleistung umfaßt; zum Beispiel: Aufgrund des aktuellen Verkehrsaufkommen kann ich an dieser Stelle jetzt die Straße nicht überqueren. Vielleicht wird man im Rahmen der Entscheidungsfindung auch darauf verfallen, die Problemlösung besser unter der Beiziehung von Hilfsmitteln herbeizuführen; in diesem Fall wird man eine geregelte Kreuzung aufsuchen, um die stark befahrene Straße sicher zu überqueren.

Trotz aller Orientierungsleistungen und möglicher Beiziehung von Hilfsmitteln können einem Fehler in der Problemlösung unterlaufen; man kann sich beispielsweise verkalkulieren, was die Zeit anbelangt, die einem bleibt, um vor dem nächsten herannahenden Kraftfahrzeug sicher die Straße überqueren zu können, oder man kann sich auch verkalkulieren, was die Bereitschaft eines Autofahrers anbelangt, sich an die Ampelschaltung an einer geregelten Kreuzung zu halten.

Insbesondere was das Abschätzen sicherer Distanzen zum nächsten herannahenden Kraftfahrzeug anbelangt kann man sich vorstellen, durch wiederholtes Bestehen ein und der selben Situation genügend Routine sammeln zu können, um letztlich fortan insofern sicher eine Straße überqueren zu können, als einem keine Kalkulationsfehler mehr unterlaufen. Worauf man hier auch vertraut, das ist das Vorliegen von Regelmäßigkeiten in der Umwelt: Beobachtet man ein herannahendes Kraftfahrzeug, so wird man aus der Geschwindigkeit, mit der es von seinem/r Lenker/in bewegt wird, erschließen, ob einem genügend Zeit bleibt, die Straße tatsächlich überqueren zu können, und man wird davon ausgehen, daß, wie auch schon in so vielen Fällen zuvor, die Geschwindigkeit des herannahenden Kraftfahrzeugs nicht grundlos großen Schwankungen unterliegen wird; insofern wird es also genügen, bewußt oder unbewußt, nach etwaigen solchen Gründen für mögliche Geschwindigkeitsänderungen Ausschau zu halten.

Die Beobachtungsdaten, wie sie also Basis für ein »routiniertes« Verhalten sind, erlauben, so ist zumindest zunächst festzuhalten, nicht in jeder Situation alles in Frage stellen zu müssen, sondern sich Regelmäßigkeiten in der Umwelt anvertrauen zu können. Tatsächlich verläßt man sich in sehr großem Ausmaß auf derartige Regelmäßigkeiten, gewissermaßen - wieder an das gebrachte Beispiel denkend - beginnend mit dem Vertrauen in die Schwerkraft.

Das Leben besteht aber nicht nur aus zu bewältigenden Situationen, die so einfach sind wie das Überqueren einer Straße. Kompliziertere Situationen werden, das scheint zumindest begründet vermutet werden zu können, durch dementsprechend größere Mengen an verarbeiteten Daten zu bewältigen sein, um also, wenn vielleicht auch nicht »routiniert«, so zumindest in dem Sinne mit »ruhigem Gewissen« die Herausforderung annehmen zu können, daß man vor sich selbst vertreten kann, »alles probiert zu haben« bzw. »sich hinreichend vorbereitet zu haben«. Freilich, so zeigt die Erfahrung, schließt auch die »beste« Vorbereitung nicht die Möglichkeit des Scheitern-Könnens aus. Geht man dem Scheitern auf den Grund, so kann sich ergeben, daß man bestimmte, erfahrene Situationen, die man als Orientierungsgrundlage zum Vergleich mit der anstehenden Situation herangezogen hat, nicht zielführend beurteilt hat.

Der Fehler hat darin bestanden, so mag sich zeigen, im Vergleich vorausgegangen erfahrener Situationen übereinstimmende Merkmale als wesentlich zur Charakterisierung der Situationen herausgehoben zu haben, diese also als die zuvor bereits angesprochenen Regelhaftigkeiten bezeichnend interpretiert zu haben, wie sie Basis der Orientierung sind, und in eben dieser Festlegung einem Irrtum unterlegen zu sein. »Eigentlich hätte man es wissen können«, kann man sich im nachhinein denken, »man hätte nur genauer schauen bzw. nachdenken brauchen«. Diese Selbstkritik thematisiert, zu wenige Daten beachtet zu haben, also einen Datenumfang, der der Komplexität der Situation - und damit zusammenhängend der Vergegenwärtigung von Regelhaftigkeiten - nicht angemessen ist: Komplexität wird hier zum Ausdruck der Plastizität der Situation; dies basiert darauf, daß Beobachtungen verschieden interpretiert werden können, also Regelhaftigkeiten tatsächlich erst identifizieren zu müssen.

Dieses Hinterfragen kann aber gleichsam eine Inflation zu beachtender Daten ergeben, die man sich außer Stande sieht, ohne weiteres bearbeiten (bedenken) zu können, bzw. so zu bearbeiten, daß das Hinterfragen nicht zu einem versteckten Akzeptieren voraus entschiedener Meinungen wird. Freilich, und dies gilt es ebenso zu beachten, kann das Hinterfragen auch nicht vernünftig betrieben werden, wenn es ins Endlose gerät, denn eigentlich will man sich in einer zu bestehenden Situation zurecht finden, und sich nicht bloß in Überlegungen zu dieser Situation ergehen.

Hier scheinen wieder Hilfsmittel – wie zuvor die Verkehrsampel an einer geregelten Straßenkreuzung – aufgerufen zu sein, um die Orientierungsleistung sinnvoll vorantreiben zu können. Die nun anvisierten Hilfsmittel haben mit dem Umgang mit großen Datenmengen zu tun bzw. damit, individuelle Situationen nicht bloß in ihrer Individualität sehen zu brauchen, da letztlich nicht diese Individualitäten interessieren, sondern die in diesen enthalten sein sollende Regelmäßigkeit der Orientierung hilfreich ist; ein sehr probater Weg zu einem solchen Hilfsmittel zu gelangen, so scheint es zumindest zunächst, besteht in der Beiziehung formaler Konstrukte (zum Beispiel Mathematik).

An dieser Stelle kann der bisher gebrachte Gedankengang abgebrochen und nachgesehen werden, wohin er konkret geführt hat. Der bisherige Gedankengang führt Alltäglichkeiten an, scheint daher eher trivial zu sein, als an irgendeiner stelle Gefahr zu laufen, falsch sein zu können. Im Lichte hiervon ist zu betonen, daß nirgendwo in besagtem Gedankengang die Transzendentalphilosophie bemüht worden ist. Zum Überqueren einer stark befahrenen Straße wird man keine transzendentalphilosophischen oder sonst welche philosophischen Überlegungen anstellen, und für kompliziertere Situationen wird man sich um entsprechend größere Datenmengen bemühen und – gegebenenfalls - um die Beiziehung formaler Hilfestellungen; wozu also bedarf es der Transzendentalphilosophie?

So trivial die bisherigen Überlegungen auch anmuten mögen, so sehr sind sie es nicht! Wiewohl man tatsächlich auch als Philosoph nicht philosophierend am Gehsteigrand steht, über das Problem nachdenkend, wie die Straße zu überqueren ist, gilt nicht – und dies wird zu zeigen sein -, daß die philosophische Thematik gleichsam im Anschluß an die praktisch lebensweltlichen Probleme auftritt, die man insgesamt ohne jegliche philosophische Reflexion bedenken kann. Für viele Menschen scheint sich Philosophie (und Theologie) als ein Denken zu erweisen, dem man sich, nachdem man die tatsächlichen, lebensweltlichen Probleme gelöst hat, auch noch widmen kann, oder auch nicht. Dies ist eine nicht rechtfertigbare Einschätzung. Es wird noch zu zeigen sein, daß die philosophisch-theologische Kompetenz nichts ist, das sich auf einen Bereich zusätzlich zur Bewältigung der lebensweltlichen Praxis verstehen läßt, ohne daß die philosophisch-theologische Kompetenz deswegen in allen lebensweltlich-praktischen Bereichen unmittelbar von Bedeutung ist.

Worin aber besteht so gesehen das Versäumnis der zuvor gebrachten Darlegung bzw. inwiefern kann das transzendentalphilosophische Argument dazu führen, von solchen Versäumnissen berichten zu können? Drei Elemente der Darlegung, das Sich-Orientieren(-Müssen), die Irrtumsmöglichkeit und das Vorliegen von Regelmäßigkeiten können als zu Recht angenommen angesehen werden. Letztlich bezeichnen diese Annahmen ja das zu lösende Problem und nicht dessen Lösung. Bezüglich diesen drei Elementen gilt es lediglich zu beachten, sie in dem Rahmen zu bedenken, der tatsächlich an diesem Punkt der Ableitung bereits ausgesagt werden kann. Insbesondere bezüglich dem Vorliegen von Regelhaftigkeiten bedeutet dies, daß zwar die getroffene Aussage zu Recht getätigt ist, nicht aber die - oberflächlich betrachtet - ähnlich lautende Aussage von dem Vorliegen von Redundanz in der Welt. Diese Formulierung bedeutet nämlich eine Aussage über das So-Sein des Betrachteten, sagt also intentionell etwas über das So-Sein der Welt (des Seins) aus, und gerade dies ist an der vorliegenden Stelle der Ableitung noch gar nicht möglich. An dieser Stelle der Ableitung werden ja gerade erst die Bedingungen dafür eruiert, solche Aussagen treffen zu können, so daß es unmöglich vernünftig sein kann, dies mit der Anführung dessen zu beginnen, das erreicht werden soll. Hier gilt es, jegliche Nachläßigkeit in der Zurückweisung derartiger Fehlschlüsse zu vermeiden.

Bedeutet aber nicht ein anderes Element der gebrachten Darlegung eine solche unbedachte, wiewohl zunächst unverdächtig wirkende, Nachläßigkeit in der Argumentation? Bei diesem Element handelt es sich um die Anführung und den Umgang mit »Komplexität«. Es ist ja so getan worden, als ließe sich von Situationen der lebensweltlichen Praxis sprechen, die in dem Sinne einfach sind, daß sie als den Anfang des Bedenkens verstehen lassend angesehen werden können, und das Phänomen der Komplexität demgegenüber als sekundäres, lediglich Modifikationen der anfänglichen Situation bedingender Umstand verstanden werden könne. Zweifellos unterliegt man keinem Irrtum, wenn man sich über das Überqueren einer Straße Gedanken macht und zweifellos wird man, angesichts einer zu überquerenden, viel befahrenen Straße seine Konzentration eben diesem Problem widmen, Gedanken an anderes, das einem aktuell zu Denken gibt, für den Moment zurückdrängend. Dies ist aber nicht damit zu verwechseln, eine solche Situation als aus dem Gesamtkontext der lebensweltlichen Praxis herauspräparierbar verstehen zu können, dahingehend daß sie gleichsam als Beispiel für eine an sich einfache Situation gelten kann und dementsprechend für sich letztrechtfertigbar ist.

Hiermit ist thematisiert: Offensichtlich läßt sich im Horizont erfahrungsgeleiteter Orientierung zwischen Situationen verschiedenen Komplexitätsgrades unterscheiden; der Umstand »erfahrungsgeleitete Orientierung« ist hierbei aber auch an sich zu beachten, unabhängig von einem speziell gegebenen Komplexitätsgrad und die Frage muß zunächst lauten, was es überhaupt mit diesem Umstand an sich auf sich hat. Insofern tritt also die Frage nach dem Komplexitätsgrad in den Hintergrund, und somit auch die Bedingung dafür, den Umstand an sich aus der Beachtung von Situationen »geringer Komplexität« – und somit anscheinender Einfachheit – erklären zu können.

Versucht man im Sinne hiervon die gebrachte Darlegung in dem in Diskussion befindlichen Punkt hinreichend genau zu vergegenwärtigen, so zeigt sich, daß die Anmerkungen zur Komplexität die Anführung von etwas anderem, nämlich den Umstand der Begrenztheit, überdeckt haben. Von besonderer Bedeutung, so wird sich zeigen, wird dies für das Verstehen von »individueller Charakter erfahrungsgegebener Situationen« sein, ein weiteres wesentliches Element der gebrachten Darlegung.

Hiermit ist gemeint: Erfahrungsgeleitete Orientierungen bedeuten immer den Umgang mit raum-zeitlich Begrenztem, also von etwas das in Raum und Zeit seine Grenze hat und insofern in der Aktualität als hier und jetzt gegeben partizipiert wird; als ein eben solches soll es Aufschluß über andere Aktualitäten geben, um willen der eigenen Orientierung in der Umwelt. Die erfahrungsgeleitete Orientierung stellt also den Versuch dar, aus dem bedenkenden Umgang mit raum-zeitlich Begrenzten derart über die Umwelt informiert zu werden, daß man in dem Sinne vernünftige Prognosen erstellen kann, daß die eigene Orientierung gelingt – was es auch immer mit dieser konkret auf sich hat; dies kann hier noch nicht beleuchtet werden.

Es ist hierbei gleichgültig, wie komplex eine bestimmte Situation ist, mit der man sich auseinandersetzt; tatsächlich entscheidend ist, daß man also mit Begrenztem umgeht und daher ist Begrenztheit genauer zu betrachten. Hier ist somit davon die Rede, daß es sich zu orientieren gilt, insofern man etwas wahrnimmt, das sich verändert, in Raum und Zeit wie auch in seiner Zusammensetzung. Die hiermit ausgesagten Veränderungen sind es somit aber auch, die die zuvor ausgesagten Regelhaftigkeiten aufweisen; diese muß es auch geben, da sich ansonst gar nicht von »etwas wahrnehmen« sprechen ließe.

Wäre nämlich eine tatsächlich uneingeschränkte und völlig regellose Veränderung gegeben, es ließe sich nicht von etwas in der Wahrnehmung sprechen, da es, kaum daß es an- und ausgesprochen wäre, schon wieder anderes wäre, und was es nun ist – worin es sich also verändert hat -, wiederum für den Moment, ließe sich aufgrund mangelnder Regelmäßigkeit nicht erschließen. Niemandem bereitet es aber Probleme, ein Kraftfahrzeug, das an einem vorbeifährt, nachdem man die Straße passiert hat, als jenes wiederzuerkennen, das man zuvor noch in entsprechender Entfernung von sich beobachtet hat.

Ein anderes Beispiel soll tiefer in die Thematik einführen. Jemand bereitet aus Zutaten, wie er sie einem Kochbuch für ein bestimmtes Gericht entnommen hat, eine Mahlzeit zu. Da die Kochanweisungen in dem Buch befolgt worden sind, wird der Vorgang gelingen. Das Endergebnis, also die zubereitete Mahlzeit, wird sich hierbei (mehr oder weniger) erheblich von dem unterscheiden, das man zu Beginn des Vorganges vor sich liegen gehabt hat. Was hierbei während des Vorganges genutzt worden ist, ist der Umstand, Zusammengesetztes bzw. in Raum und Zeit Veränderliches, Regeln entsprechend, manipuliert haben zu können. Wäre dem nicht so, es ließe sich gar nicht begründen, wieso in einem Kochbuch Kochanweisungen festgehalten sind, und diese nachvollzogen werden können.

Hier gilt es genau zu beachten, von welcher Art von Regelhaftigkeiten soeben konkret die Rede gewesen ist. Hierzu ist zunächst zu beachten: Angenommen, eine Person, die bisher in ihrem Leben lediglich fertig vorgesetzte Mahlzeiten konsumiert hat, ohne sich Gedanken über ihre Zubereitung gemacht zu haben, ist nun in der Situation, selbst um die Anfertigung ihrer Mahlzeiten bemüht sein zu müssen. Besagte Person wird sich, da im Kochen nicht geübt, zunächst einfache Mahlzeiten zubereiten, zum Beispiel ein einfach zubereitbares Eiergericht. Ohne sich nun Gedanken zu machen über »das Ei an sich« wird unsere angenommene Person in ein Lebensmittelgeschäft gehen, Eier erwerben und durch erhitzen in kochendem Wasser zu einer Mahlzeit verarbeiten. Auf diese Art wird sich diese Person ihres Hungergefühls entledigen können, ohne also – wie angemerkt – das »Ei an sich« erforscht zu haben, so wie es auch eine Regelhaftigkeit – eine „wenn – dann"-Beziehung – genutzt hat, nämlich »wenn man ein Ei für bestimmte Zeit in kochendes Wasser legt, dann wird es von fester Konsistenz und genießbar«. Auf der Einsicht in dieser Regelhaftigkeit kann unsere angenommene Person aufbauen, also zu raffinierteren und wohlschmeckenderen Mahlzeiten gelangen.

Wiewohl sich also besagte Person mit Fragen zum Sein beschäftigt hat – sie mußte das Ei in dem Lebensmittelladen erkennen und etwas über jene Regelhaftigkeiten lernen (vielleicht von anderen Personen in Erfahrungen bringen), wie sie mit dem Ei als Lebensmittel zusammenhängen -, war es offensichtlich nicht notwendig, etwas über das Ei-Sein bzw. »das Ei an sich« zu eruieren. Es genügte, das Ei als Lebensmittel in Zusammenhang mit der Zubereitung von Mahlzeiten zu begreifen. Nun ist aber die Beseitigung eines Hungergefühls – wie sie Motivation für den dargelegten Umgang mit Eiern ist – nicht bereits alles, das der besagten Person als Person in ihrem Leben wiederfahren kann.

Man kann sich vorstellen, daß besagte Person derart Gefallen am Kochen findet, daß sie ab nun, anders als zuvor, nicht mehr fertig vorgesetzte Speisen konsumieren möchte, sondern generell selbst um die diese Herstellung bemüht sein möchte, so daß überlegt werden muß, wie die somit in das Kochen zu investierende Zeit in die Lebenspraxis dieser Person integriert werden kann; es ist für diese Person zu überlegen, entsprechende Haushaltsgeräte anzuschaffen, etc. Damit beginnt für diese Person ein umfangreich werdender Prozeß des Abwägens von zum Teil miteinander konfligierenden Situationen: Das Zeitbudget für das Kochen muß an anderer Stelle eingespart werden, was potentiell zum Beispiel Probleme für die Aufrechterhaltung der sozialen Kontakte dieser Person ergeben mag.

Unsere angenommene Person muß all dies also überdenken und abwägen, inwieweit die Auswirkungen, die ein gesetzter Schritt hat, für sie akzeptabel bzw. begrüßenswert oder aber nicht annehmbar sind. Damit unternimmt es die Person, Regelhaftigkeiten zu eruieren, die sich zwischen Begrenztem zutragen, inwiefern sie regelhaft miteinander verbunden sind. Von dem Ei zu sprechen, wie es in kochendes Wasser gelegt wird, womit eine reproduzierbare Regelhaftigkeit auftritt (genutzt wird), stellt also offenbar nur einen sehr kleinen Ausschnitt eines unvergleichlich größeren Ganzen dar, das insofern ebenso wie die angemerkte „wenn – dann"-Beziehung funktioniert, als sich eben von regelhaft wechselwirkenden Begrenzten sprechen läßt.

Ohne nun von unserer Person abzuverlangen, daß sie sich irgendwann mit dem Problem »das Ei an sich« beschäftigt, zeigt sich, daß sie in ihrem Bedenken offensichtlich in Bereiche gelangt, die nicht mehr so einfach bzw. so intuitiv eindeutig sind, wie das Erkennen und das Kochen von Eiern. Bedeutet dies, daß unsere angenommene Person versuchen sollte, zur Lösung ihrer Probleme – bzw. zur zielführenden Gestaltung ihrer Orientierungsleistung – so viel Zeit aufwenden sollte, bis jene Erfahrungen zusammengetragen sind, die auch jene Regelhaftigkeiten als eben so intuitiv eindeutig erscheinen lassen, wie jene bezüglich dem Kochen von Eiern?

Es wird sich zeigen, daß gerade dies nicht zur Lösung des Problems führt, sondern in dem Bedenken des Ausgangspunktes des gebrachten Beispieles: Problematisch ist die gebrachte Annahme bezüglich dem intuitiven Zugang zu »Ei« und der mit diesem verbundenen „wenn – dann"-Aussage bzw. der Art, wie dieser Zugang als hinreichender – und insofern unproblematischer - Umgang mit der ontologischen Ebene dargelegt worden ist.

Um dies einsehen zu können, ist zunächst explizit das Irren-Können eines Ichs zu beachten und festzuhalten: Die empirische Orientierung eines Ichs, von der in dem Beispiel die Rede ist, beruht in einer Weise auf Wahrnehmungen, daß deren Verarbeitung zu „wenn – dann"-Aussagen irrtumsanfällig ist. Dies ist der Grund dafür, weshalb das Ich einen hinterfragenden Umgang mit empirisch gewonnen Daten pflegen muß bzw. sollte.

Es wird also Begrenztes – wie es im Hier und Jetzt zusammengesetzt ist – als Zu-Manipulierendes begreifen, mit der Zielsetzung, aus dem Umgang mit erst zu begreifenden regelhaften Wechselwirkungen zwischen Begrenzten eigene Zielsetzungen realisieren zu können. Zugleich gilt: Begrenztes – zum Beispiel »Ei« – nimmt man als Begrenztes wahr, unabhängig davon, wie sehr man intuitiv mit diesem vertraut sein mag; insofern sind einem im Bedenken ein Ei und ein Photon zunächst gleich Begrenztes. Im Sinne hiervon sind beide Begrenzten einheitlich Quelle des Irren-Könnens, bzw.: aus dem Versuch der Verknüpfung von Vertrautem mit zunächst Nicht-Vertrautem wird in der empirischen Orientierung der Versuch unternommen, das Irren-Können bezüglich zunächst Nicht-vertrautem in immer geringeren Grenzen halten zu können: Man möchte also »routiniert« werden, wie dies zuvor festgehalten worden ist.

Die Basis hierfür läßt sich nur ontologisch begreifen: Begrenztes ist, indem es Begrenztes ist, gegenüber etwas begrenzt, wobei das jenseits dieser Grenzen Seiende wiederum Begrenztes sein muß, und es ist dieses Einheitlich-Grenzen-Haben, das es erlaubt, von Wechselwirkung zwischen Begrenzten zu sprechen, die in der Wahrnehmung als Regelhaftigkeiten erkannt werden können.

Damit ist ausgesagt: Begrenztes, insofern es ein solches unabhängig von dem Grad der Vertrautheit ist, den man im Bedenken mit einem Begrenzten haben kann, verweist e i n h e i t l i c h auf andere Begrenzte, so daß Vertrautheit keinen Anfang des Bedenkens bezeichnen kann, der nicht hintergangen werden kann; es kann also aus einer Vertrautheit, wie sie aus der empirisch geleiteten Orientierung erwächst, nichts folgen, das eine Hinterfragung des Vertrauten erübrigen würde. Dies gilt, insofern auch ein dem Bedenken Vertrautes Begrenztes lediglich ein Begrenztes ist, das auf andere Begrenzte verweist und insofern jenes Hinerfragen einfordert, das einem bezüglich einem nicht vertrauten Begrenzten sofort evident ist.

Damit ist aber nicht gesagt, daß der empirischen Orientierung alles gleich nichtvertraut ist, also alles gleich unbegreiflich bleibt, denn in dieser Situation könnte nicht von einem Irren-Können die Rede sein, sondern es müßte ausschließlich von einem Scheitern-Müssen zu sprechen sein, wofür aber offensichtlich keine Gründe angeführt werden können. Mit dem Hinweis darauf, daß Begrenztes einheitlich als auf Begrenztes Verweisendes zu verstehen ist, ist nichts dargelegt, das das Aussagen von Regelhaftigkeiten als Illusion erscheinen lassen soll, sondern zu einem angemessenen Bedenken davon auffordert, was mit Regelhaftigkeit gemeint sein kann. Im Lichte hiervon soll verhindert werden, durch den Verweis auf Regelhaftigkeit das Bedenken von etwas auszublenden, das tatsächlich nicht hintergehbarer Anfang des Bedenkens ist.

Wie sich somit zeigt, ist jede Aussage im Horizont der empirisch geleiteten Orientierung als etwas zu verstehen, das sich primär auf ein im Hier und Jetzt Begrenztes bezieht, wobei dieses Hier und Jetzt nicht an sich interessiert, sondern insofern in ihm Regelhaftigkeiten zum Ausdruck kommen, die Orientierung gemäß Prognostik erlaubend.

Es wird also versucht, ein Etwas der empirisch partizipierten Welt in seiner Wechselwirkung mit anderen derartigen Etwas zu verstehen, da die Orientierungsleistung letztlich erbracht wird, um das eigene Wechselwirken mit dieser Welt erfolgreich gestalten zu können. Insofern also hiervon zu sprechen ist gilt, daß im Bedenken einem thematisierten Begrenzten eine Verweisfunktion auf andere Begrenzte zugeordnet werden können muß, und es aufgrund dieser Verweisfunktion möglich sein muß, Regelhaftigkeiten festzustellen. Es lassen sich also „wenn – dann“-Beziehungen festlegen, wie zum Beispiel im obigen Eier-Beispiel. Hierfür ist, wie ausgeführt, noch keine philosophische Anstrengung nötig. Eine solche ist aber nötig, um zu begreifen, was hiermit tatsächlich vollbracht wird, wie ebenfalls bereits angedeutet worden ist.

Dies nun genauer betrachtend, ist zu beachten: Insofern ein Begrenztes auf ein anderes Begrenztes verweist, verweist es auf etwas, dem seinerseits ebenfalls diese Verweisfunktion zukommt. Nur aus diesem Grund kann überhaupt von Verweis-Funktion gesprochen werden:

Ein Begrenztes hat seine Grenzen im Hier und Jetzt und insofern ist es begrenzt gegenüber anderen Begrenzten, also anderem, das, insofern es selbst begrenzt ist, ebenso wie das zunächst betrachtete Begrenzte Begrenztes ist. - Inwieweit hiermit noch nicht alles angesprochen ist, das im Rahmen der Beachtung der ontologischen Ebene zu vergegenwärtigen ist, kann hier noch nicht entschieden werden, doch muß die zu führende Ableitung gerade zu einer Vergegenwärtigung hiervon vordringen.

An der gebrachten Feststellung »Begrenztes verweist auf Begrenztes« ist daher zu beachten: Sie impliziert eine Unendlichkeit, es läßt sich auch sagen »Begrenztes verweist ad infinitum auf Begrenztes«, wobei diese Unendlichkeit auch als eine Ganzheit bezeichnend verstanden werden muß, zumindest im Sinne davon, daß der Verweisfunktion keine Grenzen gesetzt sind. An dieser Aussage ist nicht zu zweifeln und doch kann sie nicht schon das »letzte Wort« sein.

Soeben ist davon gesprochen worden, daß die Analyse eines Begrenzten im Horizont der Gesamtheit der Begrenzten zu erfolgen hat – gemäß: »Begrenztes verweist auf Begrenztes« -, auch wenn damit nicht schon alles ausgesagt sein mag, das zur ontologischen Ebene auszusagen ist. Offensichtlich nähert sich die Aussage »Begrenztes verweist ad infinitum auf Begrenztes« aber der Beachtung eben dieses »nicht alles« an, da sie vor Augen führt, daß Begrenztes nicht bloß in seiner Bezogenheit auf anderes Begrenztes verstanden werden kann, da ja in der gebrachten Darlegung davon die Rede ist, daß eine erfahrungsgeleitete Orientierung zwar irrtumsanfällig ist, an sich aber keine Unmöglichkeit darstellt; es bedeutet also keinen Fehler, von Regelhaftigkeiten im Horizont erfahrungsleitender Daten zu sprechen und hierin etwas zu sehen, das daher eine Repräsentation auf ontologischer Ebene besitzt.

Damit scheint aber eine geradezu paradoxe Situation in der Ableitung ausgesagt zu sein: Einerseits wird auf der Aussage bestanden »Begrenztes verweist ad infinitum auf Begrenztes«, andererseits wird von Regelmäßigkeiten gesprochen, also von etwas, das besagter Verweisfunktion anscheinend doch zumindest Schranken setzt; Regelhaftigkeiten schränken die Verweisfunktion ein, insofern Regeln bedeuten, daß ein Begrenztes nicht auf alle Begrenzten verweist, auch wenn erst im Hinterfragen gelernt werden muß, welche Schranken tatsächlich begründet ausgesagt werden können und von welchen Schranken irrtümlich die Rede ist.

Genauerhin ist damit festgehalten, daß die Gesamtheit aller möglichen Begrenzten nicht als Selbstand besitzend verstanden werden kann. Dies gilt es sogleich zu spezifizieren: Zuvor ist von Vertrautheit mit bestimmten Situationen gesprochen worden, von dem Wissen um bestimmte Regelhaftigkeiten und es hat im Lichte hiervon den Anschein, als ließe sich von solchem Wissen aus in der Hinterfragung voranschreiten, ohne notwendigerweise herbeiargumentieren zu müssen, also unbegründet Angenommenes verwenden zu müssen. Gerade dies erweist sich nun aber als Illusion und, um dies sogleich hinzuzufügen, man gibt sich dieser Illusion auch dann hin, wenn man entsprechende formale Konstrukte hinzuzieht, um hinreichend darauf bedacht zu sein, keine subjektiven Vorausentschiedenheiten in die Analyse eindringen zu lassen.

Illusionär ist dies also, da alle Aussagen, deren Subjekte im Horizont empirisch geleiteter Orientierung festgelegt sind – und dies umfaßt also auch theoretische Konstruktionen zu diesen Subjekten, die sich aus dem Bedenken empirisch festgestellter Sachverhalte ergeben -, da also alle diese Festlegungen Begrenzte bezeichnen, wie sie auf andere Begrenzte verweisen. Auch jenes, und das ist entscheidend, das vertraut ist, ist Begrenztes und als solches Verweisendes.

Auch Vertrautes unterliegt also der ad infinitum gegebenen Verweisfunktion und kann daher nicht letztbegründend sein, kann also nicht Anfang einer hinterfragenden Analyse sein, der selbst nicht hinterfragenswert ist. »Vertrautheit« gilt nur in Relation zu einer konkreten Fragestellung; was es aber bedeutet, wenn d i e s e r Fragehorizont erweitert wird, ergibt sich nicht auch aus diesem Horizont; kann sich aus diesem nicht ergeben.

Es geht hier also nicht darum zu zeigen, daß Vertrautheit nicht möglich ist, sondern zu zeigen, daß Vertrautheit, wie sie sich aus der empirischen Analyse ergibt, nicht schon das rechtfertigungstheoretische Fundament sein kann. Ein solches ist aber zu fordern, wenn man sich grundsätzlich auf Hinterfragung einläßt und somit also signalisiert, auf Herbeiargumentation verzichten zu wollen.

Wenn daher der Satz »Begrenztes verweist ad infinitum auf Begrenztes« signalisiert, daß eine Unendlichkeit vorliegt, so ist dies nicht die Legitimation von Herbeiargumentation – nach einer subjektiv als ausreichend empfundenen Hinterfragung - sondern Ausdruck davon, das Gesamt der empirisch festlegbaren Aussagesubjekte dahingehend als des Selbstandes entbehrend zu verstehen, daß sie insgesamt nicht zur Letztrechtfertigung taugen.

Komplementär hierzu muß gelten: Die empirisch geleitete Analyse kann zu dem Selbstand Bezeichnenden auch nicht in faktischer Getrenntheit stehen, da, um auf das Beispiel mit der Überquerung einer Straße zurückzukommen, diese Art der Orientierung als wesentlich für das Ich anzusehen ist, und zwar auch inwiefern man Ich ist, das Herbeiargumentation vermeiden möchte. Auch die Regelhaftigkeiten haben mit dem Sich-Orientieren zu schaffen, nicht erst jenes, das in besagtem Sinne Fundament hiervon ist. Hat aber das Betrachtete nicht Selbstand - bzw. genauer: nicht an sich Selbstand, denn es kann zu diesem ja auch nicht in Getrenntheit stehen, gemäß der Vernünftigkeit von Vertrautheit -, so muß es etwas geben, das Selbstand hat und zu dem es in Beziehung setzbar ist.

Damit ist die Ableitung wieder bei dem transzendentalphilosophischen Argument angelangt, das nun aber wie folgt genauer betrachtet werden kann: Der gesamte Bereich der bisher betrachteten Orientierungsleistung bezeichnet nicht an sich das Sein, sondern offenbar in einer Weise, die sich aus dem So-Sein des Ich ergibt, dem gemäß etwas bedacht wird, das für sich betrachtet ins Unendliche – »ad infinitum« – weist. In diesem Sinne ist auch zu verstehen, daß das transzendentalphilosophische Argument einfordert, die Transzendierung des nicht an sich Selbstand Bezeichnenden, wie es soeben diskutiert worden ist, als etwas zu verstehen, das sich unmittelbar der ontologischen Ebene zuwendet, nicht also etwas, das modellhaft, rein formal oder sonst dergleichen auf diese Bezug nehmen mag. Würde man sich auf derartiges beziehen, man hätte dieses und etwas – die ins Unendliche führende Hinterfragung von Begrenztes -, das nicht letztrechtfertigbar ist; somit also in Summe nichts, das letztrechtfertigbar von dem Sein sprechen läßt.

Bevor die Ableitung weiter geführt sei, soll in terminologischer Hinsicht festgelegt werden: Das Ich verwendet Warum-Aussagen, wie sie von Begrenztem berichten, wobei das Gesamt der Begrenzten als Werdewelt bezeichnet sei; jene Aussagen, die an sich Selbstand besitzen, die also in transzendentaler Differenz zu den Warum-Aussagen stehen, seien als Daß-Aussagen bezeichnet.

Um den betretenen Weg der Ableitung konsequent weiter gehen zu können, gilt es nun zu beachten: Die bisherige Ableitung verwendet »Ich« wie beiläufig; gerade dies ist aber problematisch. Es ist zwar evident, daß ein Ich die anstehenden Orientierungsleistungen vollbringt, aber es ist nicht evident, daß »Ich« richtig bedacht wird. Dies deshalb, da »Ich« im Bedenken auch als Teil der Werdewelt auftritt, und in der Analyse hiervon kann ja geirrt werden, bzw.

kann es, so zeigen Kapitel 2 und 3, dazu kommen, daß dem transzendentalphilosophischen Argument nicht entsprochen wird, was zur Konsequenz hat, das Ich, wie es als Teil der Werdewelt bedacht wird, als Vergegenwärtigung von »Ich« zu begreifen, wie es in jener Ebene repräsentiert sein muß, die in transzendentaler Differenz zur Werdewelt-Ebene ist, also jener Ebene, die mittels Daß-Aussagen bedacht wird.

Was ist hiermit konkret thematisiert? Zunächst gilt, daß ein Ich nicht nur in der Analyse der Werdewelt irren kann, sondern auch im richtigen Begreifen von Werdewelt als einer solchen, also insofern sie in transzendentaler Differenz zum Bereich des Selbstand Bezeichnenden zu begreifen ist. Entscheidend ist hieran, wie in dieser Feststellung der ontologische und der erkenntnistheoretische Aspekt ineinander verflochten sind: Gemäß den bisherigen Ausführungen stellt von der Werdewelt-Analyse zu sprechen den erkenntnistheoretischen Aspekt insofern in den Vordergrund, als sich das Sprechen von der Werdewelt primär aus dem So-Sein des Ich ergeben muß; es hat offenbar mit dem So-Sein des Ich zu tun, daß es in seinem bedenkenden Umgang mit dem Sein etwas – der Ebene der Warum-Aussagen - bedarf, das das Sein nicht unmittelbar sondern erst in Verflechtung mit den Daß-Aussagen unmittelbar bezeichnet.

Somit gilt: Insofern das Ich in der Werdewelt-Analyse irren kann, wie auch im Verstehen der Werdewelt als einer solchen, also in seiner Beziehung zu demjenigen, das zu ihr in transzendentaler Differenz steht – worin zugleich liegt, daß somit auch dieses selbst nicht notwendig adäquat bedacht werden muß -, insofern dies alles also gilt, ist gegeben: Die rechtfertigungstheoretisch zu fordernde anfängliche Bedachtnahme auf dasjenige, das notwendig auszusagen ist, da es keiner Irrtumsanfälligkeit unterliegt und auch nicht bloß kontingent Gültiges bezeichnet – das in diesem Sinne also nicht hintergehbar ist -, die Bedachtnahme hierauf also, ist dem Ich nicht in einer Bezugnahme auf das Sein möglich, die etwas anderes zum Inhalt hat, als die eigene Irrtumsanfälligkeit, denn an dieser selbst kann nicht wieder gezweifelt werden. Explizit ist hieran zu beachten, daß besagte Irrtumsanfälligkeit ein Irren-Können zum Ausdruck bringt und somit also kein Irren-Müssen, womit die Aussage vom Irren-Können in sich tragen muß, ins Positive gekehrt werden zu können. In dieser Möglichkeit, wie sie also aus der bedenkenden Hinwendung zum irren könnenden Ich erwächst, muß somit die Basis der Vergegenwärtigung des nicht hintergehbaren Fundaments des Bedenkens liegen.

Man muß also zunächst über das Ich informiert sein – nicht im Sinne der Werdewelt-Analyse! - bzw. muß im Bedenken des Ich-Sein somit jenes enthalten sein, von dem aus die ontologische Ebene bedacht werden kann: Es muß hierin jenes enthalten sein, das selbst nicht hintergehbarer Beginn des Bedenkens ist, nicht also bloß nicht hintergehbarer Anhaltspunkt für jenes, auf das notwendig zu achten ist – transzendentalphilosophisches Argument -, oder notwendig Auszusagendes, das aber das Problem lediglich formulieren läßt – zum Beispiel: Irren-Können (vgl. oben) -.

Insofern muß sich die gesuchte Aussage, mit der das Bedenken zu beginnen hat, auf die ontologische Ebene beziehen! Somit steht fest, daß die gesuchte Aussage von dem Ich berichten muß, ohne etwas zu diesem Ich ausführen zu dürfen, bezüglich dem geirrt werden kann, da besagte Aussage ja nicht hintergehbar sein soll. Somit bleibt aber nur eine Aussage, nämlich »Ich bin«. Alleine diese Aussage thematisiert das Sein des Ich, von dem also zu sprechen ist, als »Ich« als jenes Subjekt verstanden wird, das all jenes bedenkt, das in einer Art problematisch ist, daß es die gebrachten Ausführungen – wie bis hierher führen – bedingt hat.

Zugleich thematisiert es das Ich in einer Weise, die keine Prädizierung bezüglich »Ich« vornimmt, die irrtumsanfällig ist. Hierbei gilt: Zu »Ich bin« gerät man nicht, da man alle möglichen Fehlerquellen abstraktiv eliminiert hat, bis man gleichsam vor einer inhaltslosen Aussage steht; zu »Ich bin« ist gelangt worden, da all jenes, das potentiell fehlerhaft bedacht werden kann, zunächst nicht mit Inhalt belegt worden ist. »Ich bin« ist somit nicht inhaltsleer, sondern die nicht hintergehbare Basis dafür, Inhalte ohne Aufbietung von Herbeiargumentation einbringen zu können.

In diesem Sinn ist »Ich bin« die anfängliche Daß-Aussage: Sie ist im hinterfragenden Bedenken die erste das Sein bezeichnende Aussage, die im Bedenken des begründungstheoretischen Fundaments des Bedenkens aufleuchtet, sie ist zugleich aber noch nicht jene Aussage, die das ausgesagte Subjekt – »Ich« – ausschließlich positiv anführt – soweit dies dem Denken des Ich möglich ist; zu dieser Aussage (sie wird als *die* Daß-Aussage bezeichnet werden) ist erst analytisch vorzudringen.

4.2.2 Die Verwendung von Daß- und Warum-Aussagen: differentielles Verzicht-Üben-Müssen

Was nun ansteht, das ist eine Analyse der Aussage »Ich bin«, wie sie also anfängliche Daß-Aussage ist. Hierzu sei »Ich bin« zunächst als Daß-Aussage beleuchtet und die Daß-Aussagen nochmals konkret in ihrem Zusammenhang mit den Warum-Aussagen dargelegt; sodann sei »Ich bin« konkret als anfängliche Daß-Aussage betrachtet, was zusammen mit der Thematisierung von etwas geschehen wird, das als differentielles Verzicht-Üben-Müssen zu bezeichnen sein wird.

Zunächst also zu »Ich bin« als Daß-Aussage. »Ich bin« ist jene Aussage, die nicht hintergehbar ist, die also notwendig anzunehmen ist, insofern sie ausgesprochen wird. Insofern ist sie begründungstheoretisch fundamental im Sinne von »nicht kontingent gültig«; sie ist also nicht bloß relativ zu einer speziellen Gegebenheit gültig, die selbst nicht unbedingt notwendig gegeben ist und daher aufgrund ihrer begrenzten Gültigkeit erklärungsbedürftig ist. Zugleich ist diese Aussage eine solche, die sich unmittelbar auf die ontologische Ebene bezieht, denn das Ich, von dem sie berichtet, wird nicht modellhaft oder bildhaft sondern an sich ausgesagt.

Es versteht sich von selbst, daß mit der Aussage »Ich bin« nicht schon das Gesamt jener Aussagen vorliegen kann, die an sich Selbstand besitzen, also notwendig gelten. Dies zeigt sich wie folgt: Das Bedenken des Ich ist auf beide Aussagenformen, also die Daß- und die Warum-Aussagen angewiesen; die Daß-Aussagen beziehen sich zwar unmittelbar – inwiefern sie Selbstand bezeichnen – auf die ontologische Ebene, jedoch derart, daß sie etwas bedürfen, das sie nicht wieder selbst sind und das nur vermittelt auf die ontologische Ebene bezug nimmt (die Warum-Aussagen). Im Lichte hiervon sei nun an obige Ausführungen erinnert, daß die Kompetenz der Philosophie – sie ist als jenes Denken zu verstehen, das sich mit den Daß-Aussagen auseinandersetzt – nicht erst gleichsam im Anschluß an das fachwissenschaftliche Denken (es beschäftigt sich mit den Warum-Aussagen bzw. der Analyse der Werdewelt) zu begreifen ist. Hieraus folgt, daß die Vielheit der fachwissenschaftlichen Sätze (aber auch der Sätze gemäß der alltäglichen Lebenspraxis) sich in einer Mehrzahl von Daß-Aussagen widerspiegeln muß, der Bereich der Daß-Aussagen also gleichsam Aussagen bereit halten muß, die die Vielheit der werdeweltlichen Themen diskursiv aufgreifen läßt. Es ist hier nicht zu untersuchen, wie viele Sätze dies nun sein mögen, sondern explizit festzuhalten, daß dies mit einer Aussage – »Ich bin« – sicherlich nicht gegeben sein kann.

Von »einer« Aussage – um dies explizit anzumerken – ist im Horizont der Daß-Aussagen aber insofern zu sprechen, als die Analyse in diesem Horizont also einer analytischen Entfaltung entspricht, also einer Entfaltung der »einen« Aussage; insofern wird in diesem Horizont nicht in dem Sinne zu mehreren oder vielen Aussagen gefunden, wie dies im Horizont der Warum-Aussage-Analyse der Fall ist; dieser Horizont kennt keine analytische Entfaltung, da es in ihm letztlich um die Identifikation von werdeweltlichen Regelhaftigkeiten bestellt ist, wie sie in transzendentaler Differenz zu jenem sind, das analytisch zu entfalten ist.

Hier genügt es also festzuhalten, daß die Analyse der Daß-Aussagen jene begrifflichen Eines ergeben muß, die es erlauben, das Bedenken auf der Ebene der Werdewelt-Analyse trotz der Unendlichkeit gemäß »Begrenztes verweist ad infinitum auf Begrenztes« zielführend sein zu lassen, also das Aussagen von Regelmäßigkeiten nicht willkürlich konzipiert sein zu lassen.

Zu diesem Thema ist genauerhin festzuhalten: Die Analyse der Daß-Aussagen kann natürlich nicht auf Inhalte zurückgreifen, die sich aus der Werdewelt-Analyse ergeben. Gemäß »Begrenztes verweist ad infinitum auf Begrenztes« nähert sich die Analyse der Werdewelt nirgendwo dem Bereich der Daß-Aussagen an, auch nicht, wo innerhalb der Werdewelt-Analyse Regelhaftigkeiten feststellbar sind; hierauf wird zurückzukommen sein.

Zugleich gilt für die Ableitung der Daß-Aussagen, daß sie in dem Sinne analytisch aus »Ich bin« erfolgen muß, wie es keinen zweiten nicht hintergehbaren Anfang des Bedenkens geben kann, sondern nur einen. Dies gilt auf folgende Weise: Eines ist, wie es für die Werdewelt auszusagen ist, ein Begrenztes, und kann daher auch in Mehr- bzw. Vielheit gedacht werden – mehrere begrenzte Eines -; in dieser Form kann von Eines aber nicht im Horizont des zur Werdewelt in transzendentaler Differenz Seienden gesprochen werden; für diesen Bereich gilt ja gerade die Transzendierung von (werdeweltlich) Begrenztes. Von dem »einen« Anfang des Bedenkens zu sprechen meint daher notwendig, »einen« – »Eines« – in einer Ganzheitlichkeit zu verstehen, neben der es nicht eine zweite oder mehrere weitere solche Ganzheiten geben kann.

In diesem Sinne ist also »Ich bin« die anfängliche Daß-Aussage, und es muß aus ihr jede weitere festzuhaltende Daß-Aussage analytisch abgeleitet werden können; »Ich bin« muß dementsprechend analytisch entfaltbar sein: es muß gleichsam alle weiteren Daß-Aussagen in sich tragen. Indem dies also notwendig auszusagen ist, ist es zunächst angemessen, jenes darzulegen, das besagte Entfaltung von »Ich bin« beginnen läßt. Dies kann also nichts sein, das man gleichsam unabhängig von »Ich bin« zu diesem hinzudenkt; es muß in »Ich bin« enthalten sein und zwar insofern zu dieser Aussage gefunden worden ist; alleine dies erlaubt zu beachten, »Ich bin« analytisch entfalten zu müssen. Im Lichte hiervon erweist sich »Ich bin« konkret als anfängliche Daß-Aussage: Sie ist wie das transzendentalphilosophische Argument nicht hintergehbar, verweist zudem aber positiv in ontologischer Hinsicht auf das Aussage-Subjekt; dies geschieht aber, ohne zunächst das Subjekt in einer seiner Eigenschaften zu bezeichnen: dies verbleibt im Rahmen der Möglichkeit. »Ich bin« eröffnet die Möglichkeit, zu der Vergegenwärtigung hiervon zu finden.

Zunächst genügt es, auch in Vorbereitung der Ausführungen, wie sie von »Ich bin« zu *die* Daß-Aussage führen – und somit zur positiven Bezeichnung von Ich – festzuhalten, daß das Verhältnis von »Ich bin« und der noch anzuführenden (jetzt aber bereits zu fordernden!) *die* Daß-Aussage ein Verzicht-Üben-Müssen des Ichs in seinem Bedenken aufzeigt.

Das bedeutet: Insofern das Ich also ein insgesamt Irren-Könnendes ist (weshalb dies nicht wider dem Vorliegen einer Apriorizität des Bedenkens ist, wird in 4.2.3 darzulegen sein), und inwiefern es Aussagen bedarf, die an sich ganzheitlich des Selbstandes entbehren, ist an »Ich bin« als der anfänglichen Daß-Aussage zu beachten: Als anfängliche Daß-Aussage ist »Ich bin« jene Aussage, aus der heraus ein Ich das Sein, insofern es selbst eines ist und mit Seiendem umgeht, bedenkt. Wiewohl »Ich bin« also der Anfang hiervon ist, das Dementsprechende also ganzheitlich anspricht, nennt »Ich bin« selbst das Sein nicht in seiner Ganzheit, sondern – so zeigt sich zumindest bei formaler Betrachtung – alleine gemäß dem Da-Sein nach: »Ich b i n «. Wiewohl dies also gilt, ist »Ich bin« nicht hintergehbar, so daß zwingend gilt: »Ich bin« bezeichnet das Sein in seiner Ganzheit, so daß die formal gegebene Situation bzw. das Auftreten einer formal anders als letztlich tatsächlich seienden Situation, wieder aus dem So-Sein des Ichs zu verstehen sein muß.

Damit ist aber, ebenso zwangsläufig, der Umstand des Verzicht-Üben-Müssens erfüllt: Das Ich bedenkt das Sein aus einer eingeschränkten Perspektive heraus, woraus also erwächst, daß aus einer formal eine Da-Sein-Aussage seienden Aussage das Sein erschlossen werden muß. Genauerhin ist zu beachten, daß es sich hierbei wie folgt um ein differentielles Verzicht-Üben-Müssen handelt: Insofern nämlich das Ich gemäß »Ich bin« das Sein bedenkt, bedenkt es nicht einen Teil des Seins uneingeschränkt, also abseits von Verzicht-Üben-Müssen, und andere Teile nicht, muß in dem Bedenken dieser also Verzicht üben. Nicht gilt also, woran sich denken lassen mag, daß das Da-Sein uneingeschränkt bedacht werden kann, das So-Sein aber gar nicht. Tatsächlich gilt: Inwiefern »Ich bin« eine nicht hintergehbare Aussage des Ich zur ontologischen Ebene ist, ist das Sein als solches bedacht, jedoch ist dieses An-Sich-Sein des Sein im Bedenken in einer Weise gegeben, die das An-Sich-Sein gleichsam in aufbereiteter Form zeigt: Aufbereitet für die Möglichkeiten eines Ichs; also seinem So-Sein entsprechend.

4.2.3 Apriorizität des Bedenkens & Transzendentale Differenz von Daß- und Warum-Aussagen & Zwei Ebenen der Orientierung

Bevor konkret auf das Ich bzw. das Person-Sein des Ichs geblickt werden kann, gilt es einige Konkretisierungen zum Bedenken anzuführen, wie sie aufgrund von »Ich bin« vorzunehmen sind.

Zunächst ist wieder die Feststellung »Begrenztes verweist ad infinitum auf Begrenztes« hervorzuheben. Hiermit ist also die Unendlichkeit der Warum-Aussage-Ketten gemeint, also jener Ketten der Hinterfragung um willen der Feststellung von „wenn – dann“-Verhältnissen. In gewissem Sinne kann auch in diesem Zusammenhang von »differentiell« – wie bezüglich Verzicht-Üben-Müssen – gesprochen werden; auch diese Ketten sind also in »differentiellem« Sinne als unendlich zu verstehen: Wären diese Ketten tatsächlich unendlich, würde das Hinterfragen also notwendig ins Unendliche gehen, ohne irgendwo anders als herbeiargumentiert bzw. wollensentscheidlich beendet werden zu können - die Hinterfragung bräuchte erst gar nicht begonnen zu werden. Trotzdem also an »ad infinitum« in »Begrenztes verweist ad infinitum auf Begrenztes« nicht gezweifelt werden kann, liegt keine uneingeschränkte Haltlosigkeit vor, wie sich bereits daraus ergibt, daß mit der Aussage »Ich bin« das Aussagen-Können von Aussagen belegt ist, die selbst nicht hintergehbar sind, und die offensichtlich mit der Letztbegründung von Aussagen zur Werdewelt zu tun haben, da sie nichts bezeichnen das neben, hinter oder sonst dergleichen der Werdewelt-Analyse erfolgt; beide Aussage-Formen unterscheiden sich ja nicht bezüglich ihren Inhalten, sondern bezüglich ihrem Selbstand.

Daher auch erlauben die Werdewelt-Analysen abseits der Betrachtung der Daß-Aussagen keine begründete Feststellung von Regelhaftigkeiten. Zwar kann die Daß-Analyse keine Regelhaftigkeiten formulieren, dazu müßte sie Werdewelt-Analyse sein, doch muß sie es sein, die möglich begründbare Aussagen zur Regelhaftigkeiten der Werdewelt letztbegründet. Dies bedeutet nicht, daß Vorschläge bezüglich dem Vorliegen von Regelhaftigkeiten in der Werdewelt auf der Ebene der Daß-Aussagen hinterher, gleichsam formal (wissenschaftstheoretisch bzw. wissenschaftslogisch) gegeneinander abgewogen werden, sondern daß aus der Daß-Aussage-Analyse überhaupt erst jene Einsichten erwachsen, im Lichte derer auf vernünftige Weise im Horizont der Werdewelt-Analyse Fragen gestellt und zu beantworten versucht werden können.

Die vorangegangene Feststellung, daß die Warum- und die Daß-Aussagen auf die gleichen Inhalte abzielen, sei nun nochmals hervorgehoben: »Ich«, wie es also Subjekt der Daß-Aussage »Ich bin« ist, läßt sich auch in der Werdewelt-Analyse antreffen – »Werdewelt-Ich« -, womit also verdeutlicht sei, daß beide Aussage-Formen nicht von Verschiedenem sprechen. Sie sprechen von demselben, letztlich von dem Sein, auf unterschiedliche Weise, gemäß unterschiedlicher Repräsentation des Selbstandes. Daher aber müssen sie auch miteinander verflechtbar sein.

Die Möglichkeit zu dieser Verflechtung ergibt sich aus dem differentiellen Charakter der Unendlichkeit der Werdewelt-Analysen, bzw. dem Auftreten der Bedingung der Möglichkeit des Aussagens von Regelhaftigkeiten in der Werdewelt. Hierin liegt nämlich: Die Ebene der Daß- und die Ebene der Warum-Aussagen lassen sich miteinander verflechten, indem sie als zwei Ebenen ein und desselben Bedenkens verstanden werden, dahingehend daß die Ebene der Warum-Aussagen in transzendentaler Verschiedenheit zur Ebene der Daß-Aussagen steht; hiermit ist gemeint: die Ebene der Warum-Aussagen entbehrt insofern an sich des Selbstandes, als sie an diesem durch die Verknüpfung mit den Daß-Aussagen Teil hat. In anderen Worten: Die an sich Selbstand bezeichnende Ebene – jene der Daß-Aussagen – ist, insofern sie ist, in nicht nur an sich seiender Form, sondern zugleich in zu sich in Differenz seiender und hierbei nicht an sich Selbstand aufweisender Form – die Ebene der Warum-Aussagen. Alleine diese Konstruktion erlaubt, die Ebene der Warum-Aussagen als nicht in Getrenntheit zum Selbstand betrachten zu müssen, ohne deshalb die Aussage »Begrenztes verweist a d i n f i n i t u m auf Begrenztes« nicht hinreichend beachten zu können.

Hiervon zu sprechen ist also unumgänglich, bzw. ist die ausgesagte Konstruktion die einzige, die die zu beachtenden Vorgaben erfüllen läßt, wiewohl an dieser Stelle der Argumentation gelten muß: Daß das Ich dieserart bedenkt, ist zunächst zur Kenntnis zu nehmen in dem Sinne, wie an dieser Stelle erst die anfängliche Daß-Aussage vergegenwärtigt ist, das Ich aber noch nicht im Lichte von *die* Daß-Aussage bedacht werden kann; es ist daher zunächst noch dabei zu belassen, das Vorliegen eines Bedenkens, das zweieinheitlich ist, auf das So-Sein des Ich beziehen zu müssen, ohne dies sogleich konkreter darlegen zu können.

»Zweieinheitlich« bedeutet hierbei: das Bedenken umfaßt zwei Ebenen des Bedenkens, die aber nicht als zwei Teile aufzufassen sind, sondern als e i n Bedenken, das wie genannt in z w e i Formen vorliegt: also »zweieinheitlich«.

Insofern das Bedenken zweieinheitlich ist, muß es auch zwei Ebenen der Orientierungsmöglichkeiten geben, einerseits für die an sich seiende Ebene des Bedenkens – also dem Bedenken gemäß den Daß-Aussagen - und andererseits für die nicht an sich seiende Ebene – also die Ebene der Warum-Aussagen. Für beide Ebenen muß dies also jeweils gelten, insofern beide Ebenen in transzendentaler Differenz zueinander sind. Im Lichte hiervon ist aber auch die

Apriorizität des Bedenkens zu beachten, wiewohl hier gilt: Diese Thematik, insbesondere insofern sie sich auf die Ebene der Daß-Aussagen bezieht, ist letztlich erst im Lichte der Ethik zu verstehen, und wird daher in dem entsprechenden Abschnitt genauer darzulegen sein.

Hier kann aber bereits festgehalten werden: Das Ich muß – insofern es mit »Ich bin« bezeichnet ist – über eine Apriorizität des Bedenkens verfügen, da das Ich – dieserart bedacht – kein Zusammengesetztes, Veränderliches etc. ist, was also gilt, da das Ich gemäß »Ich bin« in transzendentaler Differenz zu dem Werdewelt-Ich zu verstehen ist und all das soeben angeführte konstitutiv für eben dieses ist. Indem dies aber gilt, gilt zugleich: Das Ich, wie es also Person ist, womit gemeint ist »Ich in transzendentaler Differenz zu dem Werdewelt-Ich«, ist dieses an sich, und somit abseits der Möglichkeit, einen prozessual verstandenen Anfang von Person-Sein bedenken zu können, eben deshalb da Prozessualität an für die Werdewelt konstitutive Veränderlichkeit gekoppelt ist. Person-Sein bedeutet somit uranfänglich Bedenken-Seiendes.

In diesem Sinne ist davon zu sprechen, daß das Ich uranfänglich, also an sich, über die Möglichkeit der Bildung letztbegründbarer Sätze verfügt; andernfalls müßte also angenommen werden, daß es sich hierbei um eine spezielle Leistung handelt, die, inwiefern sie also entstanden ist, im Hier und Jetzt gegeben ist und dementsprechend von kontingenter Gültigkeit ist; gerade derartiges läßt sich aber nicht mit Ich als Person verbinden. Es gilt somit, daß das Ich über Anhaltspunkte für sein Bedenken verfügt, die gemäß einer Apriorizität des Bedenkens zu verstehen sind, über die es als Person verfügt, ohne daß das Auftreten dieser Aprioris irgendeiner speziellen Leistung des Ich entspricht, die es erst erbringen mußte, um über diese Anhaltspunkte zu verfügen. In der weiteren Ableitung wird hierauf zurückzukommen sein.

4.2.4 Die Zwei-Einheitlichkeit des Ich – *das* Eines; »Person-Sein« als zu entfaltendes Eines

Es sind nun genügend Aussagen zusammengetragen, um unmittelbar auf das Ich blicken zu können. Die anstehende Betrachtung hat gemäß dem dargelegten Grund als analytische Weiterentwicklung bzw. Entfaltung der bisher gebrachten Darlegung vorangetrieben zu werden. Sie muß daher zunächst aufgreifen, daß mit »Ich bin« erst die anfängliche Daß-Aussage vergegenwärtigt ist, und also zu *die* Daß-Aussage erst vorzudringen ist; erst im Lichte dieser kann das Ich tatsächlich hinreichend erkannt werden.

Den zu erbringenden Ausführungen sei der besseren Verständlichkeit wegen vorausgestellt: In den folgenden Zeilen wird natürlich nicht auf das Ich, wie es als Teil der Werdewelt bedacht wird, geblickt bzw. von diesem ausgegangen oder irgendwelche Informationen zu diesem herangezogen. Dies ist in dem Sinne auszuschließen, wie sämtliche Aussagen zur Werdewelt nicht das Sein selbst bezeichnen, sondern sind, insofern das Bedenken des Ich in seinem unmittelbaren Bezug auf das Sein einer Ebene des Bedenkens bedarf, die in transzendentaler Differenz zu der eben dies leistenden Ebene steht. Alleine insofern das hiermit bezeichnete Gesamt aus Ebenen letztlich also nicht aus zwei Ebenen besteht, sondern eine Ebene ist, die sich in zwei Formen präsentiert, unterschieden primär dem Selbstand nach, beziehen sich beide Formen dieser somit zweieinheitlichen Ebene auf das Sein.

Der Aufruf, von den Informationen zum Ich, wie es Teil der Werdewelt ist, abzusehen, bedeutet sicherlich eine Herausforderung für das Nachvollziehen des hier Auszuführenden, da derartiges dem unreflektiert-intuitiven Zugang zu dem anstehenden Problem nicht entspricht. Insofern wird hier eingefordert, Vertrautes – und scheinbar (zumindest) nicht gänzlich falsch sein Könnendes - beiseite zu legen. Dies wird eingefordert, zum Teil da das Vertraute tatsächlich fehlerbehaftet ist – es ist wider das transzendentalphilosophische Argument -, zum Teil da es das anstehende Problem nicht in seinem ganzen Umfang bedenken läßt, woraus Fehlerquellen im Weiterdenken des zunächst intuitiv nicht zu Unrecht Akzeptierten entstehen können. – Am Rande sei hier angemerkt, worauf 4.3.3 genauer Bedacht nehmen wird: Ein Denken abseits der Transzendentalphilosophie ist auch aus der Perspektive der Transzendentalphilosophie nicht notwendig zurückzuweisen, vorausgesetzt es ist prinzipiell als in die Sprache der Transzendentalphilosophie transformierbar gestaltet.

Im Lichte dieser Vorbemerkungen sei nun wieder konkret auf »Ich bin« geblickt, wie es also das Vergegenwärtigen-Müssen von *die* Daß-Aussage einfordert. Welche Aussagen zu dem Ich, wie es hier genannt ist, lassen sich jetzt bereits ausführen, da sie sich analytisch aus dem Bisherigen ergeben?

Hier ist an erster Stelle das Eines-Sein des Ich zu nennen, wie es gelten muß, insofern Teile-Haben, Veränderliches-Sein und so weiter als zu der nicht an sich Selbstand habenden Werdewelt-Ebene zu zählen sind, bzw. für diese konstitutiv sind und daher nicht auf das Ich, wie es Person ist (und insofern wird es hier betrachtet), zutreffen können. Der Verweis auf Eines-Sein bedeutet somit zugleich die Anführung dessen, das als an sich Selbstand Repräsentierendes jenes ist, das vernünftig von dem nicht an sich Selbstand Repräsentierenden sprechen läßt. Bedeutet dies aber, daß das Ich *ein* Eines ist, also ein Eines, das zwar am Selbstand Teil hat, ohne aber dieser uneingeschränkt an sich zu sein? Oder ist das Ich *das* Eines, im Sinne eben dieser Uneingeschränktheit?

Letzteres läßt sich sogleich aufgrund der gebrachten Ausführungen zu Verzicht-Üben-Müssen, Irren-Können und so weiter ausschließen. Das Ich ist somit als ein ontologisches Eines zu verstehen, das – anders als das Ich der Werdewelt – unmittelbar Teil hat am Selbstand an sich. Damit ist z u g l e i c h festgehalten: Das Ein-Eines-Sein des Ich verweist analytisch notwendig auf *das* Eines und die Frage ist die, wie beide – *ein* (ontologisch begrenztes) Eines und *das* Eines – miteinander zu verflechten sind?

Die Antwort auf diese Frage ergibt sich aus der Beachtung der transzendentalen Differenz, wie sie als die Daß- und die Warum-Aussagen verknüpfend bereits ausgesagt worden ist. Das besagt: Das Ich bedenkt Daß- und Warum-Aussagen aufgrund seines So-Seins; das Sein, so folgt hieraus, läßt sich dieserart bedenken, da diese Art des Bedenkens an das Sein aufgrund dessen So-Sein angelegt werden kann. Das Sein läßt sich dieserart also gemäß dem differentiellen Verzicht-Üben-Müssen des Ichs diskursiv erfassen. Wiewohl hiermit also das Sein nicht naiv realistisch seinem An-Sich nach erfaßt wird – Verzicht-Üben-Müssen! -, wird dieses An-Sich gemäß der Möglichkeit eines bedenkenden ontologischen Eines erfaßt; nichts anderes bedeutet »differentielles Verzicht-Üben-Müssen«; es wird also das An-Sich bedacht, kein Abbild, kein Modell oder sonst dergleichen hiervon!

Somit ist ausgesagt: Das Verhältnis von Ich – als einem ontologisch begrenzten Eines – und *das* Eines ist gemäß der transzendentalen Differenz zu verstehen, wie sie also aus der Analyse von Bedenken unmittelbar auf die Betrachtung der ontologischen Ebene bezogen wird, nicht da von dem Ich auf das uneingeschränkt Selbstand Repräsentierende geschlossen werden kann – dies wäre eine anthropozentrisch-anmaßende Perspektive -, sondern gemäß jener Apriorizität im Bedenken, von der die Rede gewesen ist.

Diese Feststellung zu negieren würde provozieren, das Bedenken der transzendentalen Differenz als in einer Weise nicht im Sein verankert zu verstehen, daß zur nun vakanten Erklärung ein - wie auch immer verstandener - Prozeß des Lernens aufgeboten werden müßte; dieser müßte zunächst die Passung erklären zwischen der transzendentalen Differenz, wie sie im Horizont von Warum- und Daß-Aussagen einerseits und zwischen Denken und Sein andererseits auftritt; gerade eine solche Prozessualität ist aber (wie bereits angemerkt) nicht auf das Ich, wie es Person ist, anwendbar, sondern alleine insofern es Werdewelt-Ich ist. In anderen Worten: Jeglicher Versuch, besagte Passung im Lichte einer sie erst ergeben habenden Prozessualität verstehen zu wollen, bedeutet ein Verkennen des transzendentalphilosophischen Argumentes, das die Apriorizität des Bedenkens nicht hinreichend reflektieren läßt.

Das Ich, wie es Person ist, ist also ein ontologisch begrenztes Eines in transzendentaler Differenz zu *das* Eines. Angesichts hiervon ist weiters zu beachten: *Das* Eines ist, insofern es ist, nicht nur an sich, sondern auch in zu sich in transzendental verschiedener Form Begrenztes; diese Begrenzten, also ontologisch begrenzte Eines, haben gemäß der transzendentalen Differenz Teilhabe an dem Selbstand an sich im Sinne von *das* Eines. Hiermit ist eben jenes Verhältnis gemäß Zweieinheitlichkeit bezeichnet, das zuvor schon bezüglich dem Eines »Daß- und Warum-Aussagen« festzuhalten war. Dieses Ergebnis ist logisch zwingend auszusagen; es ist also nicht bloß das Ergebnis einer logischen Spielerei, da es aus jener Aussage - »Ich bin« - folgt, die sich als die einzig nicht hintergehbare Aussage erwiesen hat.

Zugleich bedeutet diese Aussage zur Zweieinheitlichkeit von *das* Eines, wie sie also auch das Ich als Person anführt, die gesuchte *die* Daß-Aussage, von der aus analytisch weiter entfaltet werden muß.

In dem hier gegeben Rahmen interessiert bezüglich der ontologischen Ebene in Zusammenhang mit Ich vor allem: *Das* Eines ist notwendig in dem Sinne als zweieinheitlich zu denken, daß diese Zweieinheitlichkeit im Ich, wie es ein ontologisch begrenztes Eines ist, wiederzufinden sein muß, wiewohl nicht an sich (also gleichsam verdoppelt). Wäre dem nicht so, *das* Eines würde nicht gemäß ontologisch begrenzten Eines in Differenz zu sich sein, sondern sich in ontologisch Begrenzte entäußeren, in diese gleichsam zerfallen, oder diese als etwas zu sich Anderes aus sich entlassen. Die ontologisch begrenzten Eines sind aber weder dieserart Anderes als *das* Eines, noch sind sie freilich weitere *das* Eines, so daß die Zweieinheitlichkeit, wie sie in *das* Eines gegeben ist, auch nicht an sich in den ontologisch begrenzten Eines bzw. dem ontologisch begrenzten Eines »Ich« (nur hiervon kann zunächst gesprochen werden) gegeben sein kann. Zur Verdeutlichung hiervon sei die Formulierung gewählt: Die Zweieinheitlichkeit von *das* Eines tritt im Ich als Person in nicht an sich seiender Form auf.

Um dies genauer bedenken zu können, ist zunächst zu beachten, daß ein Ich, wie es ein ontologisches Eines ist, Begrenztes ist, insofern sich in dieser Begrenztheit das Nicht-Wieder-*Das*-Eines-An-Sich-Sein ausdrückt. Lediglich *das* Eines, wie es also an sich Selbstand repräsentiert, ist in seinem An-Sich-Sein in transzendentaler Differenz zu jeglicher Begrenztheit; insofern das Ich an dem uneingeschränkten Selbstand auf die dargestellte Weise Teil hat, ist es also nicht in uneingeschränkter Differenz zu Begrenztheit. Entscheidend ist nun, die hiermit gegebene Anführung von Begrenztheit nicht mit jener der werdeweltlichen Begrenztheit zu verwechseln.

Angesichts hiervon ist zu dem Ich als zweieinheitlichem Eines zu betonen, daß es ein Sich-Fragendes, Probleme-Lösendes und Irren-Könnendes ist. Es ist all dieses, so zeigt sich nun, insofern es ein ontologisch begrenztes Eines ist, also kein uneingeschränkt in sich Ruhendes, was es nur sein könnte, wenn es ein in uneingeschränkter Differenz zu Begrenztheit Seiendes wäre.

Indem also gilt, daß das Ich ein zweieinheitliches Eines ist, muß an dem Ich eine Selbstand repräsentierende Ebene und eine hierzu in transzendentaler Differenz seiende Ebene unterschieden werden können. Hiervon – um dies zu verdeutlichen – ist also zu sprechen, insofern hiermit das Zweieinheitliches-Sein von *das* Eines in das Ich als Person projiziert wird, was also notwendig zu geschehen hat.

Was hiermit angesprochen ist, das ist das Ich, wie es Person ist und also – um dies nun neu in die Ableitung einzubringen - im Gespräch mit sich ist; dieses Im-Gespräch-Sein-Mit-Sich ist somit das Person-Sein des Ich bzw. ist dieses dasjenige, das »Ich bin« denkt, das die angesprochenen zu lösenden Probleme denkt, das sich auch als Werdewelt-Ich denkt und so weiter. Indem sich das Ich als Person auch als Werdewelt-Ich denkt, denkt es aber nicht etwas, das ihm bloß ein Modell oder eine Hilfskonstruktion aufgrund des So-Seins seines Bedenkens ist, sondern etwas, dem ontologische Realität zukommt, in dem Sinne wie das Ich, gerade indem es Person ist, auch in transzendentaler Differenz hierzu ist; dies gilt gemäß besagter Zweieinheitlichkeit. Das zum Person-Sein an sich in zweieinheitlicher Differenz Seiende sei als die materiale Ebene von Ich bezeichnet.

In anderen Worten und ganz explizit: Das Ich ist, wie es Person ist, Im-Gespräch-Mit-Sich-Seiendes und verwendet als solches Daß-Aussagen; das Im-Gespräch-Sein-Mit-Sich ist also nicht eine Projektionsebene des Ich oder ein Sich-Vergegenwärtigen, ein Selbstebwußtsein des Ich oder sonst dergleichen, sondern ganz konkret das Ich-Sein. Insofern dieses Person-Sein des Ich in Zweieinheitlichkeit ist, ist es auch materiale Basis zu sich, die als Werdewelt-Ich bedacht wird. Hierbei gilt: Es ist nicht ein Teil des Ich als Person materiale Basis, sondern dieses ganzheitlich in Zweieinheitlichkeit zu sich, weshalb also auch diese Ganzheitlichkeit des Ich im Werdewelt-Ich bzw. in der materialen Basis repräsentiert ist. Somit ist auch das Im-Gespräch-Sein-Mit-Sich, wie es als Bedenken begriffen werden kann, im Werdewelt-Ich repräsentiert, ohne daß hiermit gesagt sein könnte, daß das Bedenken zwei Mal auftritt. Es sind damit ja nicht zwei selbständig existierende Ebenen ausgesagt, die - wie auch immer – miteinander als einander jeweils Anderes verbunden werden müßten; es ist eine Ebene in zweieinheitlicher Form ausgesagt!

Hierbei gilt: Die besagte scheinbare Verbindung wird bei unreflektiert-intuitivem Denken auch insofern zum Thema, als Teugung und Tod, also die Grenzen des Werdewelt-Ich, scheinbar eine Auflösung der besagten Verbindung implizieren, wenn diese Grenzen für das Ich als Person gemäß der Transzendentalphilosophie (und Theologie) keine Bedeutung haben sollen. Der logische Fehler dieses intuitiven Zugangs besteht hierbei darin, das werdeweltliche Davor und Danach in ein eben solches auf der Ebene des hierzu in transzendentaler Differenz Seienden transformieren zu wollen, was nicht möglich ist; die Begrenztheit des Ich als Person manifestiert sich zwar auf materialer Ebene gemäß Zeugung und Tod, ist diese aber kein zweites Mal, bedeutet also keinen Anfang und Ende im werdeweltlichen Sinne: Das Ich als Person hat keinen derartigen Anfang und kein derartiges Ende, aus dem heraus nach Entsprechendem bezüglich »Verbindung« gesucht werden müßte[29]. Zudem ist explizit zu beachten, daß die Aussage, die Werdewelt-Analyse bezieht sich alleine auf die materiale Basis

---

[29] Nur am Rande kann hier darauf hingewiesen werden, wie nahe die hier gebrachte Ausführung den Ausführungen Thomas' von Aquin ist, wie bereits die wenigen Worte signalisieren, die zu diesem Philosophen und Theologen in 2.2.1 angeführt werden konnten.

von Ich nur dann dem Nachvollzogen-Werden Schwierigkeiten bereitet, wenn es einem nicht gelingt, ganz grundsätzlich das transzendentalphilosophische Argument nachzuvollziehen.

Das Ich ist also als im Gespräch mit sich seiend zu verstehen, wie auch gilt, daß es ein ontologisch begrenztes Eines ist. Bedeutet dies, daß jegliches ontologisch begrenzte Eines im Gespräch mit sich seiend ist bzw. dies notwendig für das Ich auszusagen ist, inwiefern das Ich gemäß Zweieinheitlichkeit an *das* Eines Teil hat? Dies trifft nicht zu. Im Gespräch mit sich sein ist in eben dem Sinne als Sich-Entfaltendes zu verstehen, wie dies aus der Begrenztheit jeglich ontologischen Eines folgt, also daraus folgt, daß *das* Eines in transzendentaler Differenz zu sich nicht ein weiteres *das* Eines ist. Insofern also das Ich im Gespräch mit sich Seiendes ist, ist es als Sich-Entfaltendes zu verstehen und muß es ontologisch begrenzte Eines geben, die das Im-Gespräch-Sein-Mit-Sich unentfaltet zeigen. Dieser Sachverhalt wird noch von großer Bedeutung sein.

Mit diesen Ausführungen ist nicht gesagt, um dies hervorzukehren, daß die materiale Ebene von Ich gleichsam ein Gefäß für das Person-Sein ist, in dem dieses also ist bzw. sich aufhält, solange das Gefäß intakt ist. Derartiges kann nicht gelten, da dieserart für das Person-Sein ein Hier und Jetzt in Raum und Zeit angegeben werden würde, was gerade auszuschließen ist. Indem dies also auszuschließen ist, ist auch nicht vernünftig nach einem Anfang im werdeweltlichen Sinne von Person-Sein bzw. Im-Gespräch-Sein-Mit-Sich zu suchen, sondern zu bedenken: Insofern das Ich als ontologisch begrenztes Eines Begrenztes ist, tritt das Werdewelt-Ich im Bedenken als raum-zeitlich Begrenztes entgegen, da es sich hierbei um jene Repräsentation von Begrenztheit handelt, die also notwendig gegeben sein muß.

Es wäre nun gänzlich verkehrt, die werdeweltliche Begrenztheit von Ich als Maßstab zu nehmen und im Lichte hiervon nach etwas zu suchen, das im Bereich von Ich, wie es Person ist, diesem entspricht: Genau umgekehrt ist zu denken. Im Sinne hiervon ist zu beachten, daß Im-Gespräch-Sein-Mit-Sich zwar als Begrenztes zu verstehen ist, aber nicht als begrenzt im genesetheoretischen Sinn, so daß, dies weiter denkend, nach einem davor und danach zu fragen wäre. Dies wäre unzulässig und würde eine Mißachtung von Verzicht-Üben-Müssen bedeuten. Das Ich kann sich immer nur bedenken, insofern es im Gespräch mit sich ist, kann dies aber nicht übersteigen, da es hierzu an sich gleich *dem* Eines sein müßte.

Inwiefern dies aber nicht gilt bzw. inwiefern gilt, daß das Ich Begrenztes ist, erweist sich das Im-Gespräch-Sein-Mit-Sich als in dem Sinne nicht Hinterfragbares, als es zu Hinterfragen bedeuten würde, die eigene Begrenztheit hinterfragen zu können, womit das Ich wiederum gleich *das* Eines wäre; was also auszuschließen ist. Das Ich kann sein Im-Gespräch-Sein-Mit-Sich gemäß dem differentiellen Verzicht-Üben-Müssen insofern erhellen, als es auf das an sich Selbstand Bedeutende bezogen wird und insoweit verstanden wird; ein Hierüber-Hinaus ist aber nicht möglich.

Die gebrachten Ausführungen sind sicherlich nicht leicht zu akzeptieren, da sie dem alltäglich-intuitiven Denken nicht konform sind, doch sind sie trotzdem notwendig anzunehmen. Ein Problem für das Akzeptieren-Können der gebrachten Aussagen liegt auch darin, daß das Ich der Werdewelt freilich etwas Ganzheitliches ist. Es ist ganzheitlich, insofern es Repräsentation der Ganzheitlichkeit »Ich als Person« ist. Wiederum gilt daher, daß die Ganzheitlichkeit des Werdewelt-Ich gleichsam als differentielle Ganzheitlichkeit zu verstehen ist, gerade so wie die Unendlichkeit der Warum-Aussage-Kette keine an sich ist, sondern gemäß der dargelegten Zweieinheitlichkeit.

Insbesondere interessiert an der »differentiellen Ganzheitlichkeit« des Werdewelt-Ich: Sie kann zu einer Mißachtung des transzendentalphilosophischen Argumentes verleiten, da ja scheinbar gilt, in dem Werdewelt-Ich alles finden zu können, das zur Erklärung des eigenen Ich-Seins notwendig ist. Tatsächlich liegt diese Möglichkeit aber nur scheinbar vor; wiewohl nämlich alles, was zu dem Ich, wie es Person ist, auf der Ebene des hierzu in transzendentaler Differenz Stehenden repräsentiert sein muß, kann jenes nicht aus diesem erschlossen werden.

Zur Verdeutlichung hiervon sei angemerkt: Das Werdewelt-Ich läßt sich problemlos als über Sprache verfügend darstellen. Ist damit aber Sprache im Sinne von Im-Gespräch-Sein-Mit-Sich gemeint? Dem kann nicht der Fall sein. Dies gilt aus folgendem Grund: Sprache, bezüglich dem Werdewelt-Ich bedacht, bezieht sich auf kommunikativem Informationsaustausch, also darauf, dass sich das Ich in seinem Umgang mit werdeweltlicher Begrenztheit mit anderen Ichs kommunikativ austauscht, wobei die eigene Materialität, also die Materialität von Ich, der Grund für die Sinnhaftigkeit hiervon ist. Insofern ist diese Ebene der Sprache aber selbst als werdeweltlich Begrenztes zu verstehen und in eben dem hiermit ausgesagten Sinn ist Im-Gespräch-Sein-Mit-Sich als in transzendentaler Differenz hierzu zu begreifen.

Am Rande sei angemerkt, worauf in 6.1 noch genauer zu blicken sein wird, daß nämlich Sprache, wie es bezüglich dem Werdewelt-Ich zu verstehen ist, problemlos als etwas evolutiv Entstandenes bedacht werden kann, das sich also aufgrund bestimmter Rahmenbedingungen als zweckdienlich und daher evolutiv Herausgebildet erweist. Für Im-Gespräch-Sein-Mit-Sich kann hiervon natürlich nicht die Rede sein, da dieses, wie es in transzendentaler Differenz zur Werdewelt ist, somit auch in eben solcher Differenz zu jegliche genesetheoretischer Prozessualität ist.

4.2.5 Universalität des Person-Sein & philosophische und vor-philosophischer Horizont/e

Die bisherige Ableitung zeigt, daß das Bedenken des Ich mit »Ich« den Anfang zu nehmen hat, womit gilt: das Ich ist in dem Sinne dem eigenen Bedenken notwendig näher als sonst ein Begriff, als zu all den anderen Begriffen erst durch analytische Ableitung aus dem Ich gefunden werden muß. Dies gilt auch für die Begriffe »wir«, »du«, »Mitmensch«, »Menschheit« und so weiter. All diese Begriffe müssen erst analytisch diskursiv abgeleitet werden. Eine eigene Ableitung dieser Begriffe soll hier aber unterbleiben, da die Notwendigkeit ihrer Annahme a priori einsichtig ist und die speziellen Ergebnisse dieser Ableitung hier nicht interessieren brauchen.

Immerhin sei aber hervorgekehrt: Indem ein Ich notwendig nicht nur sich selbst als einzig existierendes Ich bedenkt, es also eine Mehrzahl von Ichs bedenkt, bedenkt es eine Mehrzahl von Person seienden Ichs; genauerhin: eine Mehrzahl von universal Person seienden Ichs. Es gilt somit: für jegliches Ich ist bezüglich dem Bedenken einheitlich genau jenes auszusagen, das hier gleichsam für das eigene Ich ausgesagt worden ist.

Einheitlich gilt daher, daß ein Ich bezüglich der Vergegenwärtigung der Bedeutung des transzendentalphilosophischen Arguments irren kann. Im Lichte dieser Universalität sei hier in terminologischer Hinsicht festgehalten: Argumentiert ein Ich im Sinne der Einsicht in die Bedeutung des transzendentalphilosophischen Argumentes, so argumentiert es gemäß dem philosophischen Horizont. Kann ein Ich die Bedeutung dieses Argumentes nicht vergegenwärtigen, so argumentiert es gemäß dem vor-philosophischen Horizonts; sein Bedenken ist demgemäß grundsätzlich defizitär. Für den philosophischen Horizont gilt es folgende Unterteilung vorzunehmen: argumentiert ein Ich uneingeschränkt entsprechend der Bedeutung besagten Argumentes, so bedenkt es gemäß der ersten Schicht des philosophischen Horizonts; hingegen verbleibt es in der zweiten Schicht des philosophischen Horizonts, wenn es trotz seiner grundsätzlichen Einsicht dieser nicht vollständig entsprechen kann.

Im Lichte der nachfolgenden Überlegungen zur Ethik wird sich noch erweisen, inwiefern die soeben gebrachte Einteilung der differenzierten Darstellung bedarf.

4.3 Ethische Ebene

Ausgangspunkt der folgenden Ausführungen ist das Ich, wie es als zweieinheitliches, ontologisch begrenztes Eines zu begreifen ist. Wie erinnerlich, ist die Ausführung zur ontologischen Ebene an einigen Stellen an Bereiche gestoßen, an denen auf die Bedeutung davon hingewiesen worden ist, diskursiv tiefer in die andiskutierte Materie vordringen zu müssen, was aber an den gegenständlichen Stellen der Ableitung auf den nun vorliegenden Abschnitt verschoben worden ist.

Wozu an besagten Stellen der Ableitung gelangt worden ist, das läßt sich nun unter der Überschrift »Ethik« im Zusammenhang darstellen. Ist bisher also betrachtet worden, daß das Ich, insofern es zweieinheitlich ist, Probleme lösen Müssendes ist, wobei auch das Problem der Apriorizität des Bedenkens bzw. der Bedingung der Möglichkeit des Bedenkens aufgeworfen worden ist, so gilt es nun zu beachten, was es mit dem auf sich hat, dessen Bedingung der Möglichkeit bisher diskutiert worden ist.

Grundsätzlich muß hiermit der Umstand angesprochen sein, daß das Bedenken – wie es hier explizit gemäß Im-Gespräch-Sein-Mit-Sich gemeint ist – die Möglichkeit des letztrechtfertigenden Hinterfragens in sich trägt; es braucht bei keinem Hinterfragen zu bleiben, bzw. ein solches akzeptiert werden, das es bei Herbeiargumentation beläßt (hier sei der leichteren Zugänglichkeit zu dem Angeführten wiederholt: natürlich läßt sich die Werdewelt-Analyse nicht auf an sich notwendig Auszusagendes rückführen, da auch die Regelhaftigkeit, wie sie bezüglich der Werdewelt auszusagen ist, keine Begriffe der Daß-Aussagen darstellen sondern zu diesen in transzendentaler Differenz stehen; wird aber eben dies gesehen, und ist man hinreichend um eine Analyse des Daß-Aussage-Bereichs bemüht, so ist tatsächlich Letztrechtfertigung aufzusuchen.)

Damit ist also ausgesagt, daß das Bemühen um Letztrechtfertigung keine Fiktion darstellt und auch nichts, das gleichsam ein Luxus ist, den man sich leisten kann, aber nicht muß. Das Ich steht, indem es Person ist, unter einem Rechtfertigungsanspruch, da es konstitutiv für sein Ich-Sein ist, über eine Apriorizität des Bedenkens zu verfügen, die eben hierauf abzielt. Dies gilt aber vor dem Hintergrund des besagten ganzheitlichen Irren-Könnens!

Was ist hiermit thematisiert? Zweifellos ist hiermit ausgesagt, daß das Ich, insofern es unter einem Rechtfertigungsanspruch steht, wozu ja gerade gehört, daß es Irren kann – ansonst wäre Rechtfertigung kein Problem, sondern schlichtweg immer gegeben -, daß das Bedenken und Machen des Ich im Lichte hiervon also gemäß »sollen«, »können«, »dürfen« und so weiter zu bedenken ist. In der Gleichzeitigkeit von Anspruch und Irren-Können liegt nämlich sowohl, daß dem Ich Dignität als Person zukommt – es ist »Dürfendes« und so weiter -, wie auch, daß das Ich sein Bedenken und Handeln nicht in freier Beliebigkeit durchführen kann. Eben hieraus ergibt sich Ethik und hiervon also werden die folgenden Seiten berichten.

4.3.1 Dignität des Person-Seins: Um-sich-bemüht-Sein & Am-Werke-Sein

In der Einleitung zu 4.3 ist bereits angemerkt worden, daß im Zentrum der vorzunehmenden Betrachtung das Ich zu stehen hat, wie es ein zweieinheitliches, ontologisch begrenztes Eines ist. In dem hiermit bezeichneten Sinn ist das Ich zunächst als ontologisch Begrenztes zu begreifen, wie es in transzendentaler Differenz zu *das* Eines steht, das, insofern es an sich Selbstand ist, in Differenz zu jeglicher Begrenzung ist. Was ist hiermit gemäß dem festgehaltenen differentiellen Verzicht-Üben-Müssen des Ich thematisiert? Zunächst daß *das* Eines keinesfalls als Irren-Könnendes gedacht werden kann; genauerhin: Es kann nicht als etwas verstanden werden, das insofern Irren-Könnendes ist, als es nicht an sich Selbstand repräsentiert, da ja genau dies auf es zutrifft. Das Irren-Könnendes-Sein gilt ja für das Ich, insofern es nicht an sich Selbstand repräsentiert, wozu aber gehört, daß es Irren-Könnendes ist, insofern es Teilhabe hieran besitzt. Kann *das* Eines aber nicht an sich Irren-Könendes sein, so deshalb, da es jenes nicht an sich hat, zu dem Irren-Können notwendig gehört.

Das Irren-Können, so hat sich gezeigt, ist integraler Teil des Sich-Fragen-Müssens, also davon, mit zu lösenden Aufgaben konfrontiert zu sein. Dies kann also an sich nicht auf *das* Eines zutreffen, wiewohl in dem Sinne, daß es, insofern es ist, in transzendentaler Differenz zu sich ist und für die hiermit bezeichnete Form muß gerade jenes Sich-Fragen-Müssen gelten, ist hiermit doch das Ich angesprochen.

Daß das Ich also Fragen-Stellen-Müssendes ist, ergibt sich analytisch aus seinem ein ontologisch Begrenztes-Sein und in Bezug hierauf ist somit auch die Zweieinheitlichkeit des Ich mit zu beachten. Das Fragen-Stellen-Müssen, wie es somit Ausdruck davon ist, sich gemäß Nicht-In-Sich-Ruhen orientieren zu müssen, dieses Fragen-Stellen-Müssen also, gilt es konkret im Lichte des Ich als Person und der – in transzendentaler Differenz hierzu – materialen Ebene zu Person-Sein zu bedenken.

In Bezug auf das Ich als Person sei das Sich-Fragen-Stellen-Müssen terminologisch als Um-Sich-Bemüht-Sein festgelegt, dem ein – hier ebenso terminologisch festgelegtes - Am-Werke-Sein bezüglich der Werdewelt-Analyse beigestellt ist. Bezüglich dem Am-Werke-Sein sind zunächst nur wenige Worte zu verlieren. Es bezeichnet also die Werdewelt-Analyse, wie sie durchgeführt wird, um bestimmte, kontingent bedeutungsvolle Ziele zu erreichen. Es handelt sich hierbei somit um Ziele, die ihrerseits um willen von etwas erreicht werden, da für sie gilt: Sie sind Heraushebungen aus der differentiell unendlichen Werdewelt-Analyse und in diesem Sinne kommt jeglichem dieser Ziele nicht an sich Selbstand zu. Keines dieser Ziele wird also uneingeschränkt um seiner selbst willen angestrebt.

Hierauf gilt es also auch im Lichte davon Bedacht zu nehmen, daß die Ganzheitlichkeit des Ich als Person ebenfalls gemäß der Zweieinheitlichkeit des Ich auf der materialen Ebene bzw. in dem Werdewelt-Ich repräsentiert ist. Gemäß dieser Repräsentation stehen die Zielsetzungen gemäß Am-Werke-Sein auch in einer Beziehung zueinander, stellen also in Gesamtheit kein beziehungsloses Konglomerat dar.

Weiters ist zu den Zielen gemäß Am-Werke-Sein zu beachten, daß sie zwar ganzheitlich nicht an sich Selbstand bedeuten, deshalb aber nicht nach Beliebigkeit gewählt werden können, oder aber gänzlich verzichtbar sind. Dies anzunehmen würde ja in sich tragen, daß das Ich beliebig zweieinheitlich ist und letztlich eigentlich nur Person an sich ist. Dies trifft aber, wie gezeigt, nicht zu. Es ist für das Ich-Sein konstitutiv, zweieinheitlich Ich zu sein und das bedeutet entsprechend der bisherigen Ausführung: Die nicht an sich Selbstand bedeutende Ebene ist nicht beliebiges Beiwerk zu dem Eigentlichen, sondern jenes, in dem sich das Eigentliche n o t w e n d i g äußert. Das Vorgehen auf der Ebene des Am-Werke-Seins kann somit nur wie folgt verstanden werden: Das Vorgehen auf der Ebene des Um-Sich-Bemüht-Seins ist derart, daß es einer Entäußerung gemäß einer in transzendentalen Differenz zu sich seienden Form bedarf; ganz genauso wie auch das Bedenken weder mit den Daß- noch mit den Warum-Aussagen alleine das Auslangen findet.

Damit ist das Um-Sich-Bemüht-Sein bereits in das Blickfeld der Analyse geraten und soll nun genauer betrachtet werden. Ist für das Am-Werke-Sein die Angabe der Zielsetzungen kein Problem, so mag dies für das Um-Sich-Bemüht-Sein nicht sogleich auch gelten. Daß nämlich das Ziel des Um-Sich-Bemüht-Seins sich nicht durch die Anführung eines kontingent gültigen Zieles angeben läßt, ist zwar unmittelbar einsichtig, doch ist damit nur angegeben, was nicht das Ziel ist. Beachtet man aber, daß die Zielsetzungen des Am-Werke-Seins insofern solche sind, als das Ich – trotz Apriorizität des Bedenkens – als Irren-Könnendes Ziele formuliert, so erhellt sich, daß die Zielsetzung des Um-Sich-Bemüht-Seins ebenfalls hieraus erwachsen muß; das Irren-Können und Sich-Fragen-Müssen (nun gemäß Im-Gespräch-Sein-Mit-Sich verstanden!) gilt ganzheitlich für das Ich.

Insofern also das Ich nicht uranfänglich *das* Eines in seiner Zweieinheitlichkeit vergegenwärtigt, obwohl es über die Bedingung der Möglichkeit hierzu uranfänglich (a priori) verfügt – vgl. oben -, kann die Zielsetzung des Um-Sich-Bemüht-Seins somit lediglich in der Verwirklichung eben dieser Vergegenwärtigung bestehen; also in der Verwirklichung der, der Möglichkeit nach angelegten Ausrichtung auf *das* Eines.

Das impliziert: Das Ziel des Um-Sich-Bemüht-Seins besteht im Sich-Vergegenwärtigen des eigenen Person-Seins. Hierin liegt somit auch die Bedeutung des ontologisch Begrenztes-Sein in transzendentaler Differenz zu In-Sich-Ruhen; *das* Eines muß nicht zu sich vordringen, in ihm ist nicht zu unterscheiden zwischen der Bedingung der Möglichkeit und der Realisierung der Möglichkeit von uneingeschränkt gemäß ein Eines sein. Die hiermit bezeichneten beiden Formen entfalten sich gleichsam in der transzendentalen Differenz von *das* Eines zu Ich auseinander.

Fügt man nun die Ausführungen zum Um-Sich-Bemüht-Sein und Am-Werke-Sein zusammen, so zeigt sich: Die Zielsetzung des »Agierens« des Ich – dieser Begriff soll beide Ebenen umgreifen – liegt darin, im Agieren zu einem, sich als ein Eines entsprechenden Vorgehen zu finden, also zur Vergegenwärtigung des eigenen Eines-Sein, wobei sich das Gelingen hiervon in dem Am-Werke-Sein äußert. Dies gilt, insofern jegliches Bedenken zu dem Um-Sich-Bemüht-Sein solange unvollständig ist, solange es nicht durch entsprechende Tätigkeiten auf der Ebene von Am-Werke-Sein begleitet ist. Beide Ebenen sind eben zweieinheitlich eine, nicht also eine Eben und eine zweite Ebene, die man auch noch beachten kann, oder auch nicht. In der Freiheit, eine solche Entscheidung treffen zu können, steht das Ich im Horizont der Ethik eben so wenig, wie im erkenntnistheoretischen Horizont.

Wovon hier also die Rede ist, das ist - in anderen Worten ausgedrückt – der Umstand, sich seines Person-Seins im Agieren bewußt zu werden und demgemäß zu agieren, was keine Selbstverständlichkeit ist. Dies impliziert auch, andere Ichs als Personen zu begreifen und gemäß ihrem eigenen, dementsprechenden Bemühen zu behandeln. Dies gilt notwendig gemäß Universalität des Person-Seins, von dem in 4.2.5 die Rede gewesen ist.

Hieraus erwächst zugleich, was als Dignität des Person-Seins zu bezeichnen ist, also die Würde des Person-Seins: Die Würde des Person-Seins liegt in dem Bemühen begründet, sich seiner zu entsprechen, also darin, seiner Teilhabe an dem an sich Selbstand Bedeutenden gerecht zu werden.

Zur Verdeutlichung des Angemerkten sei am Rande angemerkt, was einem Scheitern - also Sich-Irren - in dieser Hinsicht entspricht. Gelingt es einem Ich nur defizitär, sich als Eines hinreichend zu vergegenwärtigen, so wird es ein kontingent gültiges Ziel der Ebene des Am-Werke-Seins n i c h t in seiner kontingenten Bedeutung sehen, sondern als etwas, das um seiner selbst willen erreicht werden soll; es wird dieses Ziel für das Ziel an sich mißverstehen. Derartige Irrtümer können dazu führen, Reputation, Macht, Reichtum, Gesundheit und so weiter dementsprechend mißzuverstehen und also insoweit sein eigenes Ich und andere Ichs in ihrem Bemühen nur eingeschränkt – also wider sein / ihr Ich-Sein und somit wider seine / ihre Dignität – zu behandeln.

4.3.2 Dignität des Person-Seins: Sich-Bewähren-Müssen

An den Ausführungen in 4.3.1 mag aufgefallen sein, daß insofern auf eigentümliche Art von Um-Sich-Bemüht-Sein-Müssen gesprochen worden ist, als das Scheitern-Können – das Sich-Irren – gar nicht in Verflechtung mit Konsequenzen für das Ich betrachtet worden ist. Eigentümlich wird dies erscheinen, da auf der Ebene des Am-Werke-Seins derartige Konsequenzen zweifellos gegeben sind. Für das in 4.2.1 gebrachte Beispiel des Überquerens einer Straße ist dies ebenso unmittelbar einsichtig, wie für das Beispiel der Zubereitung einer Nahrung.

Die Unterschiede im Umfang der Konsequenzen sind in beiden Beispielen natürlich erheblich verschieden voneinander. Hier interessieren aber nicht derartige Unterschiede, sondern daß grundsätzlich gilt: Inwiefern die Vermeidung von Irrtümern nicht aus einem Standpunkt der Beliebigkeit betrachtet werden kann sondern konstitutiv für das Ich-Sein ist, muß das Da-Sein von Konsequenzen für das Sich-Irren-Können notwendig angenommen werden. Dies muß somit auch für das Sich-Irren bezüglich Um-Sich-Bemüht-Sein notwendig gelten. Dieses umfaßt daher zwingend ein Sich-Bewähren-Müssen.

In anderen Worten: Mit dem Vorliegen von Um-Sich-Bemüht-Sein ist analytisch das Vorliegen von Pflichten ausgesagt. Inwiefern also das Ich in seinem Um-Sich-Bemüht-Sein-Müssen unter einem „Sich-Bewähren“-Anspruch steht, ist ihm besagtes Agieren Pflicht, nämlich in dem Sinne, daß es ein Sollen bezeichnet, da es – das Ich – nicht in der Freiheit steht, sich für oder wider das Vordringen zur Vergegenwärtigung von *das* Eines entscheiden zu können. Diese Pflicht ist also im Hinblick auf *das* Eines gegeben, genauerhin insofern das Ich in Zweieinheitlichkeit Teilhabe an *das* Eines hat.

Dies erübrigt sogleich auch die Frage, ob zu dem hier angeführten „Pflicht“-Begriff ein „Rechte“-Begriff gehören könnte; es versteht sich von selbst, daß das Ich gegenüber *das* Eines keine Rechte haben kann, steht es doch nicht in der Freiheit, sich für oder wider sein Eines-Sein entscheiden zu können.

Kann also hier auch nicht von Rechten die Rede sein, so doch auf folgende Weise von »beste aller Welten«, wie es gleichsam das Vorliegen-Brauchen von Rechten erübrigt: Wie festgehalten, ist die materiale Ebene von Ich nichts für das Ich Beliebiges; zugleich gilt aber, daß die materiale Ebene des Selbstandes an sich entbehrt, so daß es in dieser Ebene keine Universalia geben kann, wie sie für das Person-Sein an sich anzunehmen sind. Ist also ein Ich Person, ohne mehr oder weniger Person sein zu können, so bedeutet dies eine Gleichheit für das Sich-Bewähren-Können, die so auf der materialen Ebene von Ich nicht gegeben sein kann. Besagt dies, daß ein Ich in seinem Sich-Bewähren-Müssen behindert sein kann? Hier mag man daran denken, daß Personen zum Beispiel in soziale Verhältnisse geboren sein können, die ihnen den Zugang zu einer entsprechenden schulischen Ausbildung, ja sogar zu Grundnahrungsmitteln und sozialer Geborgenheit wesentlich erschweren können.

Hier gilt es genau zu blicken: Zunächst ist kategorisch auszuschließen, daß derartiges das Sich-Bewähren beeinträchtigen kann; keine Aktualität der materialen Ebene kann eine Beeinträchtigung des Vorgehens auf der Selbstand bedeutenden Ebene bedingen, da jene g a n z - h e i t l i c h in Differenz zu Selbstandes ist; sie relativiert also das Person-Sein und deren Agieren bzw. Um-Sich-Bemüht-Sein nicht; dies sei mit dem Begriff »beste aller Welten« bezeichnet.

Die Bedeutung davon, dies hervorheben zu müssen, erwächst genau daraus, daß die Ungleichheit auf materialer Ebene angesichts der gebrachten Ausführung nicht bagatellisiert werden darf; dies folgt zunächst daraus, daß gemäß der Zweieinheitlichkeit die nicht an sich Selbstand bedeutende Ebene nichts Beliebiges ist, wie schon mehrfach hervorgehoben worden ist. Dies gilt also, wiewohl diese Ebene als nicht an sich Selbstand besitzend zu verstehen ist.

Damit ist hier konkret ausgesagt: Ein Ich muß darum bemüht sein, für sein Sich-Entsprechen-Können Handlungen zu setzen, die sich in Verflechtung mit der nicht an sich Selbstand bedeutenden Ebene bewähren; im Umgehen mit dieser Ebene muß sich also zeigen, letztlich auf *das* Eines und somit das eigene Person-Sein – und jenes der »anderen« – ausgerichtet zu sein. Dazu gehört zweifellos, an der Abschaffung solcher materialer Bedingungen mitzuwirken, wie sie als dem eigenen Zu-Sich-Gelangen hinderlich sind, sie also nicht einfach hinzunehmen, da sie ohnedies nur die nicht an sich Selbstand bedeutende Ebene repräsentieren. Dies gilt also explizit gemäß »beste aller Welten«.

Konkret besagt dies: Das Gute, wie es also auszusagen ist als jenes, das auf der Ebene des Um-Sich-Bemüht-Sein das Sich-Entsprechen bedeutet, ist ebenso wie alles dieser Ebene auf der Ebene der Materialität repräsentiert (vgl. oben). Was ist hiermit ausgesagt? Um dies beantworten zu können, ist zunächst zu beachten, daß sich ein Ich – wie ausgeführt - nicht als einziges seiendes Ich bedenken kann. Ein Ich ist daher in seinem Vermögen, Güter zu erwerben, nicht alleine von seinen eigenen Ambitionen abhängig; hierin spiegelt sich also auch die gesellschaftliche Konstellation wider, in die es als Individuum gestellt ist, zu der es – komplementär hierzu – aber auch gemäß seinem Agieren beiträgt. Nun interessiert nicht der Gütererwerb um seiner selbst willen, sondern inwiefern in den entsprechenden Handlungen sich widerspiegelt, sich und andere Personen als eben solche begreifen zu können.

Es muß hierbei natürlich so sein, daß dem Ich aus seinen Handlungen im Horizont von Am-Werke-Sein die Möglichkeit der Beurteilung seines Um-Sich-Bemüht-Seins erwachsen; dies gilt aber nicht, da zwischen beiden Ebenen gleichsam eine Wechselwirkung bestehen würde (wie auch immer man sich derartiges konkret vorstellen mag), sondern insofern beide Ebenen gemäß Zweieinheitlichkeit eine sind. Nirgendwo also sind Güter für sich von Interesse, sondern insofern sie auf die dargestellte Weise Orientierungshilfen für das eigene Um-Sich-Bemüht-Sein sind, das somit auch ein Bemüht-Sein-Müssen um andere inkludiert.

Erst im Horizont hiervon bzw. im Horizont davon, das Um-Sich-Bemüht-Sein im Lichte der materialen Repräsentation von das Gute betreiben zu müssen, erwächst, was man Rechte nennen kann, da nun ja die Referenzstelle nicht unmittelbar *das* Eines ist, sondern die eigene Verflochtenheit in die Ebene der ontologisch begrenzten Eines, also der anderen Personen. Diesen gegenüber hat man – inwiefern man unter einem Pflicht-Anspruch steht! – Rechte auf den Zugang zu Gütern, nicht um ihrer selbst willen, sondern insofern die rechtlich normierten Ansprüche Ausdruck des eigenen Vordringens zur Ausrichtung auf *das* Eines – und somit dem eigenen Person-Sein – sind. Wiederum gilt aber: Das Rechte-Haben gilt universal für alle Personen!

Explizit muß dies gemäß »beste aller Welten« verstanden werden. Das heißt: Es steht nicht an, meinen zu können, Rechte nun einfach aus (zum Beispiel) einer transzendentalphilosophischen Ableitung deduzieren zu können, da Personen, die aufgrund ihrer gesellschaftlichen Aktualität zum Beispiel über keinen zureichenden Zugang zu einer entsprechenden Ausbildung verfügen, die philosophische Sprache nicht werden aufnehmen können in ihr Im-Gespräch-Sein-Mit-Sich. Über dieses Verfügen sie aber ebenso wie jede andere Person, so daß es also auch Möglichkeiten geben muß, diesen Personen gegenüber Orientierungshilfen, wie sie die Transzendentalphilosophie ist, anbieten zu können.

Es ist daher auch zu unterscheiden, ob eine Person, die formal nicht gemäß dem transzendentalphilosophischen Argument bedenkt, dieses tatsächlich in seinem Um-Sich-Bemüht-Sein verfehlt, also defizitär bedenkt, oder aber bloß eine formal andere Sprache für sich wählt; hierauf wird im Lichte der Betrachtung der Heiligen Schrift zurückzukommen sein.

Zweierlei ist hier zu sehen: Erstens: Es kann nicht genügen, irgendwelche Sätze der Philosophie auswendig zu lernen; diese können für ein solches Ich nur von Nutzen sein – gemäß Orientierungshilfe -, das, wie es auf diese Sätze trifft, aufgrund seines bisherigen Um-Sich-Bemüht-Seins in seinem Im-Gespräch-Mit-Sich-Sein in einer Verfasstheit ist, die diese spezielle Orientierungshilfe auch aufgreifen läßt (die Hinführung zur Philosophie ist ein hiervon zu unterscheidender Sachverhalt). Zweitens: Die Sätze der Philosophie (abgefaßt gemäß der ersten Schicht des philosophischen Horizonts) haben notwendig Gültigkeit, wiewohl sie die zuvor angemerkten individuellen Situationen, in denen sich ein Ich befindet, nicht auflösen, also vereinheitlichen; es gilt also, daß die Transzendentalphilosophie in Differenz zu lebensweltlicher Aktualität allgemein notwendig gültige Sätze aufstellt, gerade insofern erst aus der Beachtung dieser die Grundlage der Beachtung der lebensweltlichen Aktualität möglich ist.

Im Lichte hiervon ist spezifizierend zur obigen Aussage bezüglich »Pflicht« anzumerken: An dem Umstand, als Person unter einem Pflichtanspruch zu stehen, läßt sich nicht zweifeln, es würde eine Beliebigkeitshaltung provozieren, dies zu negieren. Explizit gilt es aber zu beachten, daß dies entsprechend der Dignität des Person-Sein gilt, wie es aus der Autonomie von Ich erwächst; von dieser ist aber explizit als differentieller Autonomie zu sprechen, wobei »differentiell« hier in eben jenem Sinne gemeint ist, der bisher bereits jeweils mit dieser Prädizierung verbunden worden ist! Das bedeutet: Das Ich ist autonom, insofern es in Teilhabe an *das* Eines auch an dessen Autonomie Teil hat, ist aber nicht an sich autonom, da es nicht ein weiteres *das* Eines ist, sondern »Teilhabendes« gemäß Zweieinheitlichkeit.

Gerade also insofern das Ich ein ontologisch begrenztes Eines ist, muß es um sich bemüht sein – steht es hierbei unter einem Bewährungsanspruch – und ist dies also gemäß »beste aller

Welten«. »Pflicht« ist somit Ausdruck der gegenständlichen differentiellen Autonomie und es versteht sich von selbst – bzw. folgt analytisch aus dem Ausgeführten -, daß hiermit nichts ausgesagt ist, das eine Pflicht bedeutet, der aufgrund werdeweltlicher Aktualitäten nicht nachgekommen werden könnte.

Es würde dem hier Vorgebrachten widersprechen, in dem Bereich des Am-Werke-Sein Pflichtvorgaben zu vermuten; dies würde bedeuten, in jenem Bereich, der ganzheitlich des Selbstandes entbehrt, etwas zu vermuten, das Selbstand repräsentiert. Deshalb aber den Umkehrschluß zu probieren, daß es Pflichtaussagen insgesamt nicht geben kann – bzw. nicht dem transzendentalphilosophischen Argument gemäß, und also lediglich im Horizont irgendwelcher formaler Spielereien -, diesen Umkehrschluß also zu probieren, bedeutet zwingend eine defizitäre Betrachtung von Person-Sein.

Im Lichte der gebrachten Ausführungen läßt sich nun auf jenes zurückkommen, das am Anfang dieses Unterkapitels thematisiert worden ist, nämlich das Problem der Konsequenzen für ein Irren im Rahmen von Um-Sich-Bemüht-Sein. Sogleich ist anzumerken, daß die nun zu beachtenden Konsequenzen keine solchen sein können, die sich auf der materialen Ebene des Ich manifestieren. Dies gilt, da die Konsequenzen in diesem Falle »zu einem Zeitpunkt« auftreten würden, das Um-Sich-Bemüht-Sein aber in transzendentaler Differenz zu jeglicher Form von Zeitpunkt steht und dementsprechend ganzheitlich Konsequenzen zugänglich sein muß.

Damit verweist der Begriff »Konsequenz«, wie er hier betrachtet wird, auf die Begrenztheit von Ich, ja transzendiert diese gleichsam, womit notwendig vorliegt: Die Antwort auf die hier gestellte Frage ist explizit im Lichte des differentiellen Verzicht-Üben-Müssens des Ich zu verstehen, womit gilt: Das Ich muß sich damit bescheiden, das Sein von Konsequenzen einzusehen, wiewohl es nicht zu einem Erkennen davon vordringen kann, welcher Art diese Konsequenzen sind, da es hierzu das Eines uneingeschränkt vergegenwärtigen können müßte – seine eigene Begrenztheit transzendierend. Tatsächlich genügt es aber, Einsicht in das Vorliegen von Konsequenzen zu haben, um das Gesamt aus Um-Sich-bemüht-Sein-Müssen, Sich-Bewähren-Müssen, Pflicht und Rechte als ein abgerundetes Ganzes begreifen zu können.

5 Zur Tierethik aus der Perspektive der Heiligen Schrift

Dieses Kapitel wird zunächst einiges zum Verhältnis von Philosophie und Theologie ausführen, zeigend, daß beide Bereiche gemeinsam zu beachten sind, bzw. daß es gewinnbringend ist, auf beide Bereiche zu blicken. Es wird sich erweisen, daß Transzendentalphilosophie und katholische Theologie zwar jeweils eigenständig sind, jedoch nicht als einander Fremde, sondern als miteinander in einer Einheit verbundene Perspektiven. Die Thematik der Bedeutung der gegenseitigen Erhellung, die aus der gemeinsamen Beachtung beider Perspektiven erwachsen kann, kann im Rahmen dieser Arbeit aber nicht explizit aufgegriffen werden.

Ohne es hier genauer auszuführen, sei betont, daß der Analyseweg, wie er hier beschritten wird, und wie er in der Philosophie seinen Ausgang genommen hat, zu dem nicht entfalteten Bedenken vordringend, nicht als der einzig mögliche Weg verstanden werden darf. Umgekehrt hätte auch von dem nun genauer darzulegenden Denken zur Philosophie gefunden werden können.

Am Ende dieses Kapitels wird aus katholisch-theologischer Sicht konkret auf die Tierethik geblickt; es werden also die bisherigen allgemeinen Darlegungen zu einer ersten expliziten Stellungnahme zur Tierethik genutzt.

5.1 Zum Verhältnis von Philosophie und katholischer Theologie

Die bisherige philosophische Analyse trägt auf besondere Weise in sich, noch unvollständig zu sein, wiewohl nicht innerhalb der Philosophie selbst. Was ist hiermit gemeint? Zu den bisherigen philosophischen Ergebnissen gehört, daß *das* Eines ist, insofern es, indem es ist, in transzendentaler Differenz zu sich ist, wobei es insofern die Ganzheitlichkeit »ontologisch Begrenztes« ist. Das Ich ist, wie erinnerlich, eines dieser ontologisch begrenzten Eines.

Alles Seiende ist also ein ontologisch begrenztes Eines. Angesichts hiervon ist zu fragen, ob auch das Bedenken ein Seiendes ist, zumindest, wenn schon nicht selbständig, so doch insofern es einem Seienden angehört? Diese Frage ist zweifellos zu bejahen. Es ist nicht auszumachen was das Bedenken anderes als Seiendes sein sollte, da es ja eine Äußerung des Ich ist, wie es Seiendes ist.

Somit muß aber auch für das Bedenken notwendig gelten, was allgemein für Seiendes gilt; es muß im Lichte von Entfaltung verstanden werden. Dies gilt also, insofern alle Seienden, also alle ontologisch begrenzten Eines, zwar nicht im werdeweltlichen Sinn Begrenzte sind, in diesem Sinn also Anfang und Ende habend, sehr wohl aber insofern begrenzt sind, als sie nicht *das* Eines sind, sondern in transzendentaler Differenz zu diesem sind. Wie angemerkt (siehe voriges Kapitel) sind die ontologisch begrenzten Eines auf die hiermit bezeichnete Weise Sich-Entfaltende; »Entfaltung« bezeichnet hierbei keinen werdeweltlich zu verstehenden Geneseprozeß, wie er einen Ausgang nimmt und ein Ende erreicht (im Falle des Individuums wären dies Zeugung bzw. Geburt und Tod); hierauf wird zurückzukommen sein. Bezüglich »Bedenken« gilt dies um so mehr, als dieses, wie ausgeführt, in Verflechtung mit »Ich« zu sehen ist, dessen Sich-Entfaltendes-Sein bereits andiskutiert worden ist.

Wenn somit Entfaltung gemäß Begrenztes-Sein auch für Bedenken zu beachten ist, so muß, so ist sogleich notwendig zu fordern, zwischen einem entfalteten und einem unentfalteten Zustand hiervon unterschieden werden können.

Bevor nun ausgeführt werden soll, was hiermit konkret ins Blickfeld geraten ist, gilt es folgenden Sachverhalt explizit zu vergegenwärtigen: »entfaltet« und »unentfaltet« bedeuten keinesfalls »besser« und »schlechter«; derartige Relativsetzungen können nur bezüglich einem werdeweltlich Begrenzten angewendet werden, insofern alleine diese aus Teilen bestehend sind, als der Basis für jegliche „mehr – weniger"-Relation. Die folgenden Ausführungen handeln also nicht von der »besseren«, »leistungsfähigeren« etc. – philosophischen Analyse, wie sie entfaltetes Bedenken darstellt, der ein »schlechteres«, »leistungsschwächeres« Bedenken zur Seite gestellt wird.

Damit ist bereits ausgesagt, daß das philosophische Bedenken als das entfaltete Bedenken verstanden werden soll. Das bedeutet: Die Philosophie ist um eine diskursive Vergegenwärtigung der Selbstand-Problematik bemüht, wobei sie zwar ein Verzicht-Üben-Müssen im Bedenken-Können anerkennt, zugleich aber nirgendwo von diskursiver Vergegenwärtigung – soweit sie also möglich ist – abweicht. Sie versucht hierbei ihre eigenen apriorischen Voraussetzungen diskursiv zu vergegenwärtigen; zudem ist die Philosophie darum bemüht, die transzendentale Differenz nirgendwo zu nivellieren, also nirgendwo wider das transzendentalphilosophische Argument vorzugehen – vgl. 4.2.3 -. Ein unentfaltetes Bedenken nimmt demgegenüber die beiden soeben zum Ausdruck gebrachten Ziele auf, wendet sich also nirgendwo anderen Zielen zu, unternimmt es aber, bei der Erreichung dieser Ziele in der Vergegenwärtigung der angemerkten Apriorizität einem intuitiven Zugang Raum zuzugestehen. Dieses Unterfangen ist aber, um dies zu wiederholen, von dem Bemühen geprägt, den besagten Zielen zu entsprechen; daher auch ist der hiermit scheinbar in den Raum gestellte Intuitionismus scharf von jenen, vergleichbar intuitiv ausgerichtet anmutenden Formen des Bedenkens zu unterscheiden, die in Kapitel 2 und 3 angeführt und diskutiert worden sind.

Im Lichte dieses Satzes ist sogleich hervorzukehren: Insofern das unentfaltete Denken Raum für intuitive Vergegenwärtigung zuläßt, gelangt es bei der Vergegenwärtigung der transzendentalphilosophischen Differenz zu Konstruktionen, die scheinbar eine Nivellierung der Differenz bedeuten, zum Beispiel da bildhaft argumentiert wird. Derartiges ist aber scharf von einer tatsächlichen Nivellierung der Differenz zu unterscheiden, wie sie sich daraus ergibt, daß das zur Werdewelt in transzendentaler Differenz Stehende nicht hinreichend vergegenwärtigt wird – ob entfaltet oder unentfaltet spielt keine Rolle - und insgesamt dementsprechend defizitär bedacht wird.

Wichtig ist nun zu sehen, daß auch die Analyse des unentfalteten Bedenkens mit dem Ich, wie es in »Ich bin« auftritt und auf *das* Eines verweist, zu beginnen hat. Hiermit steht gleichsam das ein Eines seiende Ich im Blickpunkt, wie es also insofern es ein Lebendiges ist, also ein um sich bemüht sein Müssendes, für das Bedenken zum Thema wird. Für ein unentfaltetes Bedenken muß daher, das Ein-Eines-Sein jenes darstellen, das, insofern es gegenüber Lebendiges-Sein diskursiv zu Erreichendes ist, intuitiv erfaßt wird, durch eine Focusierung auf besagtes Lebendiges-Sein. Damit ist nicht gesagt, daß Lebendiges-Sein naturalistisch (fehl-) gedeutet wird, insofern das Eines-Sein nicht hinreichend bedacht wird, sondern daß das Eines-Sein in der Konzentration auf Lebendiges-Sein mitgedacht wird, also gleichsam nicht in aller Tiefe durchdacht wird. Sogleich sei angesichts dieses Satzes an obige Aussage erinnert, wonach »unentfaltet« nicht »schlechter«, »weniger leistungsfähig« etc. bedeutet; hier zeigt sich also, daß die Möglichkeit besagter Focusierung besteht, ohne dem Um-Sich-Bemüht-Sein zuwider zu handeln.

Hiermit ist das anvisierte unentfaltete Bedenken hinreichend dargestellt, um es positiv benennen und angesichts hiervon genauer darstellen zu können. Wovon bisher also die Rede gewesen ist, das ist die Position der christlichen Lehre bzw. des christlichen Glaubens, wie sie die Dreifaltigkeitslehre in ihrem Zentrum hat. Mit Kardinal Schönborn ist dies wie folgt zu formulieren: „Überall steht am Anfang der dreifaltige Gott. Das ist der Inbegriff des Glaubens, der ganze christliche Glaube besteht in der Dreifaltigkeit, und eigentlich können wir sagen, Katechese hat kein anderes Ziel, als Menschen in die Gemeinschaft des dreifaltigen Gottes zu führen. Freilich ist das Geheimnis der Dreifaltigkeit ein Glaubensgeheimnis“ (S.15[30]). Hierzu gehört: „Der Angelpunkt unseres Glaubens an den dreifaltigen Gott ist freilich der Glaube, daß Jesus der Sohn Gottes ist“ (S.16).

Mit »Glaubensgeheimnis« ist hier eben jene unentfaltet-diskursive Weise des Bedenkens zum Ausdruck gebracht, von der einleitend zu diesem Abschnitt die Rede gewesen ist. Der diskursive Charakter von Glaubensgeheimnis, um dies kurz anzumerken, ergibt sich auch schon aus der Anführung von »Wort«: „Mein Wort [sagt Jesus] ist nicht mein Wort, sondern das Wort, das ich vom Vater bekommen habe“ (Joh. 14,24).

Worauf hier mit der Bezugnahme auf »Wort« abgezielt wird, das ist – philosophisch gesprochen - die Apriorizität des Bedenkens, wie sie dem Ich als Person zukommt. Zur Verdeutlichung hiervon seien aus der Schrift von Kardinal Schönborn folgende Aussagen gelesen: „Die Grundfrage [wie sie in der Dreifaltigkeitslehre thematisiert ist] ist ... so alt wie der christliche Glaube selbst. Es ist die Frage, ob Jesus der Messias, der Sohn Gottes ist. Denn wenn Jesus der Sohn Gottes ist, dann ist er »Gott von Gott, Licht vom Licht, wahrer Gott vom wahren Gott, gezeugt nicht geschaffen, eines Wesens mit dem Vater«, wie wir im großen Glaubensbekenntnis sagen. Die entscheidende Frage ist also: Ist Jesus wirklich der Sohn Gottes?“ (S.16). „Jesus ist der, der uns offenbart, daß Gott unser Vater ist, daß er der Sohn ist, und dazu hat er uns den Heiligen Geist gesandt. Er hat Gott als den Vater offenbart darin, daß er selber der Sohn ist, und daß wir alle berufen sind, Kinder dieses Vaters zu sein, ... Wir bleiben Menschenkinder und werden doch Gotteskinder“ (S.17). „Dann sagt Paulus weiter, und man ist doch verwundert: »Und einer ist der Herr: Jesus Christus. Durch ihn ist alles, und wir sind durch ihn« (1 Kor. 8,6). Es gibt nur einen Gott und einer ist der Herr, Jesus Christus. Es gibt nicht viele Götter, wir glauben an den einen Gott, und doch sagt Paulus: Ein Gott, der Vater, und ein Herr, Jesus Christus“ (S.23f).

Hier sei daran erinnert, daß dies auch im Lichte der Zurückweisung des Arianismus zu verstehen ist. Das bedeutet: Arius († ca. 336), ein Pfarrer aus Alexandrien, ging bezüglich »es gibt nur einen Gott« davon aus, daß dementsprechend Jesus als ein Geschöpf, wenn auch das höchste Geschöpf, zu begreifen ist; also nicht als Gott. Der Arianismus, wie er sich aus dieser Annahme ableitete, stellt sich somit gegen die Trinitätslehre, und zwar, wie angesichts des bisher Dargelegten festzuhalten ist, indem das transzendentalphilosophische Argument, wie es also auch in der katholischen Lehre aufgegriffen ist, verkannt wird.

Wovon berichten nämlich die zuvor gelesenen Schönbornschen Textstellen? »Gott von Gott«, »Es gibt nicht viele Götter«, »Wir bleiben Menschenkinder und werden Gotteskinder«, sind explizit als Vergegenwärtigung des transzendentalphilosophischen Argumentes in theologi-

---

[30] Schönborn C 2002: *Jesus als Christus erkennen* – Freiburg.

scher Sprache zu verstehen. »Gott von Gott« bezeichnet das in transzendentaler Differenz zu sich sein von *das* Eines, wie es also nicht zu an sich Vielen führt – »Es gibt nicht viele Götter« -! Daher auch werden wir »Gotteskinder«, ohne aufzuhören, »Menschenkinder« zu sein: Die Teilhabe gemäß der transzendentalen Differenz ist eben keine, die diese Differenz überspringen ließe: Der Mensch ist ein ontologisch Begrenztes und keine Einsicht sowie Handlung kann dies ändern.

Das bedeutet: Die Dreifaltigkeitslehre drückt die – philosophisch gesprochen – Differenz von *das* Eines und ontologisch begrenztes Eines aus, wobei sie nur scheinbar - bzw. scheint es auf den ersten Blick so - eine Nivellierung der transzendentalphilosophischen Differenz bedeutet; es wird ja nicht das Ich als ein Eines in Differenz zu *das* Eines ausgesagt, sondern »Vater – Sohn – Hl. Geist« zwischen Ich und Gott (*das* Eines) gleichsam geschaltet. Ist aber nicht die Berechtigung zu einer »Zwischenschaltung« in 4.2.3 zurückgewiesen worden? Tatsächlich ist hiervon die Rede gewesen, jedoch insofern dem philosophischen Argument nicht entsprochen wird, n i c h t a b e r , insofern das philosophische Argument in unentfalteter also theologischer Form dargestellt wird.

Die Zwischenschaltung ist also gemäß »Glaubensgeheimnis« zu begreifen, und bezeichnet insofern kein Vieles im Sinne von ontologisch Begrenztes (schon gar nicht im werdeweltlichen Sinn). »Drei«, wie es in Dreifaltigkeit ausgedrückt ist, bedeutet somit ein unentfaltet Bedachtes, zeigt als *das* Eines - bzw. theologisch gesprochen – *den* Einen, wie er nicht nur an sich Seiendes ist, ohne unmittelbar auch schon das Viele bzw. ontologisch Begrenzte positiv zu vergegenwärtigen; dieserart wird gleichsam mit der Zwischenschaltung ein Vermittler ausgesagt, wie er notwendig – in der Bedachtnahme auf die ontologische Ebene! – auszusagen ist, in dem Sinne wie notwendig ein unentfaltetes Bedenken auszusagen ist.

Es ist daher wichtig, das gemäß Um-Sich-Bemüht-Sein, wie es aus Im-Gespräch-Sein-Mit-Sich folgt, von einem Du erfahren zu können, das nicht Du im Sinne eines anderen Ich sein kann, da ein solches vor den selben Problemen der Lebensführung steht wie man – das fragende Ich - selbst. Das Du, das hier gefordert ist, bzw. notwendig zu denken ist, ist somit aber jener Vermittler, von dem soeben die Rede gewesen ist. Gerade deshalb ist »*der* Eine« im Lichte der anfangs ausgeführten Focusierung auf »Person« zu verstehen. »*Der* Eine« steht daher auch nicht im Widerspruch zu dem *das* Eines der Philosophie, vorausgesetzt die Philosophie bedenkt – wie zu fordern ist - ihren Begriff konsequent im Sinne des transzendentalphilosophischen Arguments.

In dem hiermit skizzierten Sinn ist also Philosophie und Theologie notwendig zusammenzudenken, woraus eine nicht hintergehbare Forderung für jegliche Analyse entsteht, so auch die hier zu führende tierethische um ökologisch-ethische Darlegung.

5.2 Zum Problem der Vermittelbarkeit theologischer Inhalte

Bezüglich der Transzendentalphilosophie ist festgehalten worden: Sie ist gemäß den beiden auszusagenden Orientierungsebenen zu verstehen, die einem Ich zur Verfügung stehen müssen. Wie erinnerlich ist die Transzendentalphilosophie als etwas verstanden worden, das nicht erst hat erfunden werden müssen, sondern das gleichsam uranfänglich im Bedenken des Ich verankert ist, wiewohl es gerade die Aufgabe des Ich ist, diskursiv zu jenem vorzudringen, das inhaltlich mit Transzendentalphilosophie bezeichnet ist.

Hieraus hat sich zugleich aber das eigentliche »Problem« mit dem richtigen Verstehen von Transzendentalphilosophie ergeben, das im Lichte von »beste aller Welten« gelöst worden ist: Es ist festgehalten worden, daß die Bedingung der Möglichkeit des Vergegenwärtigens der Bedeutung der Transzendentalphilosophie – bzw. der ersten Schicht des philosophischen Horizonts – konstitutiv für das Ich-Sein ist, auch im Lichte von Universalität des Person-Seins; dies gilt auch, insofern auf materialer Ebene Unterschiede in der Zugänglichkeit zur ersten Schicht vorliegen. Zudem ist von Bedeutung, daß einem Ich nichts dahingehend Orientierungshilfe sein kann, daß es die Orientierungsleistung – also das Um-Sich-Bemüht-Sein-Müssen – erübrigt. Dies gilt für jeglichen transzendentalphilosophischen Text. Die nun zu stellende Frage ist, wie sich dies im Falle eines theologischen Text bzw. insbesondere die Heilige Schrift verhält.

Grundsätzlich, dies kann aufgrund der bisherigen Ausführungen sogleich festgehalten werden, sind auch die Heilige Schrift bzw. theologische Schriften Orientierungshilfen für das Ich als Person, ermöglichen also dessen Sich-Entsprechen-Können gemäß Sich-Bewähren-Müssen. Es erübrigt sich daher von vorn herein, auch in den nun zu betrachtenden Texten etwas zu sehen, das dieses Sich-Bewähren-Müssen erübrigt; dies gilt also, insofern die Theologie und Philosophie auf die dargestellte Weise Eines sind, womit in besagter Hinsicht kein Unterschied bezüglich philosophischen und theologischen bzw. geoffenbarten Texten bestehen kann.

Die eigentliche Frage muß daher lauten, inwieweit sich aus der Unterschiedlichkeit von »entfaltete« und »nicht-entfaltete« Diskursivität Verschiedenheiten in der Kommunizierbarkeit ergeben.

Die Antwort hierauf soll aus der Betrachtung hierher gehörender Aussagen von Kardinal Schönborn erarbeitet werden. „Wie macht er [Jesus] durch seine Apostel Menschen zu seinen Jüngern? Zwei Dinge sagt er: »Indem ihr sie tauft auf den Namen des Vaters und des Sohnes und des Heiligen Geistes«, und zweitens: »indem ihr sie lehrt, alles zu befolgen, was ich euch geboten habe« (Mt 28,19-20) – Taufe und Lehre“ (S.13). In Folge weist Kardinal Schönborn auf die Bedeutung davon hin, „Jesus erkennen heißt nicht nur, ihn intellektuell erkennen, sondern mit ihm verbunden sein, eins werden mit ihm, eins sein mit Jesus, so wie er mit dem Vater eins ist“ (S.14f). Es gilt also, Jesus im »biblischen Sinn« zu erkennen, nicht nur intellektuell. Worauf hiermit hingewiesen ist, das läßt sich im Lichte des hier Vorgebrachten so verstehen, daß die nicht entfaltete Diskursivität freilich nicht in Getrenntheit zu Intellektualität steht, zugleich aber Intellektualität hier nicht alleine für sich stehen kann, sondern in Verflechtung mit einer Ritualität bedacht sein muß, die nicht platte Symbolik oder sonst dergleichen ist, sondern unmittelbare Bedachtnahme auf die ontologische Ebene, so wie Intellektualität auch; Intellektualität ist hier also mit Ritualität verbunden, nicht da eine »schwache« Intellektualität vorliegt, sondern eine unentfaltete Intellektualität, die, gerade indem sie der entfalteten Intellektualität gleichwertig ist, besagte Verflechtung zeigt.

Daher auch beinhaltet der Glaube das Hinterfragen als konstitutives Element: „Aber der Glaube ist uns nie einfach blindlings abgefordert“ (S.75). Damit ist nicht gemeint, der Glaubende müsse fortgesetzt um Gottesbeweise bemüht sein. Ohne hier explizit die Thematik der Gottesbeweise ansprechen zu können, sei daran erinnert, daß das Ich, wie es Person ist, nicht erst um Herstellung seiner Zweieinheitlichkeit bemüht sein muß und insofern die Bedingung der Möglichkeit der Vergegenwärtigung – ob nun entfaltet oder unentfaltet diskursiv ist hier gleichgültig – von *das* Eines bzw. der Eine (Gott) uranfänglich in sich trägt; im Horizont hiervon bedarf es keines Beweises. Nicht hierum also braucht das Ich bemüht sein, sondern um seine Ausrichtung hierauf. Im Lichte hiervon ist der Glaube also nichts, das »blindlings«

abgefordert wird; in anderen Worten: auch im Glauben ist das Um-Sich-Bemüht-Sein-Müssen von fundamentaler Bedeutung und dementsprechend mit den gemäßen Orientierungshilfen verknüpft. Im Sinne hiervon ist es zu begreifen, Christ-Sein nicht als etwas einmal Erreichtes und ab diesem Zeitpunkt Statisches verstehen zu können, was Kardinal Schönborn wie folgt ausdrückt: „Aber wir sind alle unterwegs, um mehr Jünger, ganz Christ zu werden" (S.14).

Angesichts hiervon sei nun noch aus dem Buch von Kardinal Schönborn gelesen: „Gott ist Mensch geworden. Jesus von Nazareth ist der Sohn Gottes. Die Kirche ist sein Leib. Früher hat man gerne gesagt, die Kirche ist der fortlebende Christus, und an diesem Wort ist etwas zweifellos Richtiges. In der Kirche und durch die Kirche ist Christus geschichtlich gegenwärtig in dieser Zeit, in dieser Welt. Ohne die Kirche, auch in ihrer konkreten gestalt, wäre Christus vielleicht eine historische Persönlichkeit, an die man sich erinnert" (S.73). Hiermit ist auf den Umstand hingewiesen, das geoffenbarte Wort Christus' nicht als eine einmalige, historische Angelegenheit begreifen zu können, die, ist es (historisch) einmal von Menschen vernommen worden, gleichsam allen Menschen als eine Orientierungsleistung dient, die jegliches Irren-Können in der Ausrichtung auf *das* Eine / *der* Eine unterbindet.

Insofern dem aus den dargestellten Umständen nicht der Fall sein kann, bedarf es der fortgesetzten, lebendigen Vermittlung des geoffenbarten Wortes, entsprechend der Kirche als dem »fortlebenden Christus«.

Überblickt man die in diesem Unterkapitel zusammengetragenen Sätze, so zeigt sich, daß für das geoffenbarte Wort geradeso gilt, was auch für das transzendentalphilosophische Wort gilt: geoffenbartes und transzendentalphilosophisches Wort werden erst richtig verstanden, wenn sie als Orientierungshilfe begriffen werden, die nicht das Um-Sich-Bemüht-Sein-Müssen ersetzen, sondern Hilfe für die erfolgreiche Gestaltung dieser Aufgabe sind.

5.3 Zur Position der Heiligen Schrift

Eine Bemerkung zum Aufbau des gegenständlichen Unterkapitels vorweg. Zunächst wird umfangreich aus der Heiligen Schrift zitiert werden, ohne sogleich jedem Zitat auf seine mögliche Bedeutung aus tierethischer Sicht nachzuspüren. Diese Vorgehensweise ist gewählt worden, da sich die hier interessierenden Inhalte der Heiligen Schrift erst aus jener ganzheitlichen Betrachtung erschließen, von der zu sprechen ist, da sich auch die Heilige Schrift gleich der Transzendentalphilosophie des zu entfaltenden Wortes bedient; es ist daher zuerst diese Entfaltung darzulegen, bevor vernünftig eine Interpretation im Lichte der Tierethik vorgenommen werden kann.

Zunächst sei ein längeres Zitat aus dem Buch *Genesis*[31] (Priesterschrift) gebracht: „Dann sprach Gott: Das Wasser wimmle von lebendigen Wesen, und Vögel sollen über dem Land am Himmelsgewölbe dahinfliegen. Gott schuf alle Arten von großen Seetieren und anderen Lebewesen, von denen das Wasser wimmelt, und alle Arten von gefiederten Vögeln. Gott sah, daß es gut war. Gott segnete sie und sprach: Seid fruchtbar, und vermehrt euch, und bevölkert das Wasser im Meer, und die Vögel sollen sich auf dem Land vermehren. ... | Dann sprach Gott: Das Land bringe alle Arten von lebendigen Wesen hervor, von Vieh, von Kriechtieren

[31] Alle Zitate aus der Heiligen Schrift gemäß: *Die Bibel: Einheitsübersetzung der Heiligen Schrift* – 1980; Katholische Bibelanstalt, Stuttgart.

und von Tieren des Feldes. So geschah es. ... Gott sah, daß es gut war. Dann sprach Gott: Laßt uns Menschen machen als unser Abbild, uns ähnlich. Sie sollen herrschen über die Fische des Meeres, über die Vögel des Himmels, über das Vieh, über die ganze Erde und über alle Kriechtiere auf dem Land. Gott schuf also den Menschen als sein Abbild; als Abbild Gottes schuf er ihn. Als Mann und Frau schuf er sie. Gott segnete sie, und Gott sprach zu ihnen: Seid fruchtbar, und vermehrt euch, bevölkert die Erde, unterwerft sie euch, und herrscht über die Fische des Meeres, über die Vögel des Himmels und über alle Tiere, die sich auf dem Land regen. Dann sprach Gott: Hiermit übergebe ich euch alle Pflanzen auf der ganzen Erde, die Samen tragen, und alle Bäume mit samenhaltigen Früchten. Euch sollen sie zur Nahrung dienen. Allen Tieren des Feldes, allen Vögeln des Himmels und allem, was sich auf der erde regt, was Lebensatem in sich hat, gebe ich alle grünen Pflanzen zur Nahrung. So geschah es" (Gen. 1,24-30).

An diesem Zitat sind einige Aspekte herauszuarbeiten; ein wesentlicher Aspekt zeigt sich jedoch erst, wenn man die zitierte Textstelle mit folgendem, ihr vorangehenden Text vergleicht: „[zweiter Tag:] Dann sprach Gott: Das Land lasse junges Grün wachsen, alle Arten von Pflanzen, die Samen tagen, und von Bäumen, die auf der Erde Früchte bringen mit ihrem Samen darin. So geschah es. Das Land brachte junges Grün hervor, alle Arten von Pflanzen, die Samen tragen, alle Arten von Bäumen, die Früchte bringen und mit ihrem Samen darin. Gott sah, daß es gut war. Es wurde Abend, und es wurde Morgen: dritter Tag" (Gen. 1,11-13). Interessant ist, wovon hier, im Unterschied zur Darstellung der Schöpfung der Tiere und Menschen, nicht die Rede ist: dem Segen Gottes; Gott segnet sein Werk nicht. Dies unterscheidet Pflanzen einerseits und Tiere sowie Menschen andererseits voneinander. Zugleich fällt auf, daß Tiere und Menschen – anders als die Pflanzen – als durch den Lebensatem beseelt dargestellt werden. Weiters wird von Gott übereinstimmend den Tieren und Menschen auferlegt, »sich zu vermehren«.

Ist damit eine völlige Gleichheit von Tieren und Menschen ausgesagt? Zweifellos nicht, denn der Auftrag an den Menschen umfaßt auch, über die Tiere zu »herrschen«. Dies bringt auch Psalm 8 zum Ausdruck: „Du hast ihn [den Menschen] nur wenig geringer gemacht als Gott, / hast ihn mit Herrlichkeit und Ehre gekrönt. | Du hast ihn als Herrscher eingesetzt über das Werk deiner Hände, / hast ihm alles zu Füßen gelegt; | All die Schafe, Ziegen und Rinder / und auch die wilden Tiere, | die Vögel des Himmels und die Fische im Meer, / alles, was auf den Pfaden der Meere dahinzieht" (Psalm 8,6-10).

Die entscheidenden Termini, die es hierbei zu verstehen gilt, sind »herrschen« (רדה) und »unterwerfen« (כבש). Zur Verdeutlichung dessen, das in Zusammenhang mit diesen Termini zu bedenken ist, sei zudem noch aus dem Buch *Genesis* gelesen: „Gott, der Herr, nahm also den Menschen und setzte ihn in den Garten von Eden, damit er ihn bebaue [עבר] und hüte [שמר]" (Gen. 2,15). Die Beachtung der Termini »herrschen« und »unterwerfen« ist somit um jene von »bebauen« und »hüten« zu ergänzen.

Die Frage, die sich um diese Termini dreht, ist die, inwieweit »herrschen«, »unterwerfen« und »bebauen« auf eine Stellung des Menschen gegenüber den Tieren hinweisen, die es diesem erlaubt, die Tiere bloß als Mittel zum Zweck verstehen zu können. Soweit es »bebauen« betrifft, scheint der Umstand, daß es in Kombination mit »hüten« steht, sogleich zu genügen, um die Frage verneinen zu können. Tatsächlich läßt sich dies alleine aus besagter Kombination nicht ableiten, da mit dieser ja auch ausgedrückt sein könnte, der Mensch solle dasjenige, das ihm Mittel zum Zweck sein soll, hüten, gleichsam so, wie man mit einer beliebigen Ressource nicht verschwenderisch oder zerstörerisch umgehen soll, nicht da dieser ein moralischer

Eigenwert zukommen mag, sondern da ihr Abhanden-Kommen dem Menschen hinderlich wäre.

Betrachtet man aber die gebrachten Zitate im Gesamt, so läßt sich eine solche Interpretation nicht verteidigen, bzw. läßt sich eigentlich gar nicht daran denken, in den Zitaten könnte die Möglichkeit für eine Interpretation enthalten sein, die Tiere lediglich als »Mittel zum Zweck« für Menschen ansehen zu können. Die Sonderstellung des Menschen, wie sie also mittels »herrschen«, das bezüglich Tieren nicht angeführt ist, ausgesagt ist, ergibt sich ja aus der Abbildhaftigkeit des Menschen gegenüber Gott – »Du hast ihn [den Menschen] nur wenig geringer gemacht als Gott«! -, also dem Einen gegenüber, der sein Werk als »gut« bezeichnet. Diese Bezeichnung muß daher auch für denjenigen verbindlich sein, der, als Abbild des Einen, von diesem als Herrscher über das Werk bezeichnet wird, wobei explizit zu beachten ist: »gut« bezieht sich, insofern es von dem Einen ausgesagt wird, auf nichts das sich in innerweltlicher Zweckgeordnetheit erschöpft. Eine derartige Geordnetheit ergibt sich aber natürlich insofern, als der Mensch, aber auch die Tiere, nicht nur »Lebensatem« sind, sondern Lebensatem, wie er mit etwas verknüpft ist, das aus der Erde geschaffen ist. Hierin spiegelt sich die Zweieinheitlichkeit des Person-Seins wider und bezüglich der materialen Ebene ist – für Tiere und Menschen einheitlich – im Rahmen der Schöpfung gesorgt: so dienen die Pflanzen den Tieren und Menschen als Nahrung.

Es gilt also zu erkennen, daß Tiere und Menschen in Union zu betrachten sind, insofern sie mit Lebensatem beseelt und insofern gesegnet sind, womit sie von den übrigen Schöpfungswerken unterschieden sind, zugleich aber innerhalb dieser Union eine Verschiedenheit vorliegt, der gemäß der Mensch, inwiefern er Abbild Gottes ist, eine Sonderstellung erhält.

Diese Sonderstellung bedeutet ein aktives, kreatives Element, gleichsam als Abbild der Schöpferkraft Gottes, worin sich also »herrschen« erfüllt. Hieran ist auch in folgendem Zusammenhang zu denken: „Gott, der Herr, formte aus dem Ackerboden alle Tiere des Feldes und alle Vögel des Himmels und führte sie dem Menschen zu, um zu sehen, wie er sie benennen würde. Und wie der Mensch jedes lebendige Wesen benannte, so sollte es heißen“ (Gen. 2,19). In dem Benennen spiegelt sich also das schöpferische Element des Schaffens wider.

In dem vorliegenden Kontext ist auch von Interesse, was dem soeben Zitierten vorangeht: „Dann sprach Gott, der Herr: Es ist nicht gut, daß der Mensch allein bleibt. Ich will ihm eine Hilfe machen, die ihm entspricht“ (Gen. 2,18). Daher also schafft Gott die Landtiere und Vögel, doch zeigt sich: „Der Mensch gab Namen allem Vieh, den Vögeln des Himmels und allen Tieren des Feldes. Aber eine Hilfe, die dem Menschen entsprach, fand er nicht. Da ließ Gott, der Herr, einen tiefen Schlaf auf den Menschen fallen, so daß er einschlief, nahm eine seiner Rippen und verschloß ihre Stelle mit Fleisch. Gott der Herr, baute aus der Rippe, die er vom Menschen genommen hatte, eine Frau und führte sie dem Menschen zu. Und der Mensch sprach: Das endlich ist Bein von meinem Bein / und Fleisch von meinem Fleisch. / Frau soll sie heißen; / denn vom Mann ist sie genommen“ (Gen. 2,20-23).

Im Lichte der vorangegangenen Ausführungen läßt sich das nun Gelesene nur so verstehen, daß ein Mensch in der Gesellschaft anderer Menschen eine Hilfe erfahren kann, die ihm gleichwertig durch nichts anderes im Gesamt der Schöpfung zuteil werden kann. Zugleich aber sind die Tiere als etwas zu verstehen, das im Lichte von »Hilfe sein sollen« zu bedenken ist, und insofern zumindest nicht faktisch getrennt von »Hilfe« sein kann. Dies ergibt zweifellos eine Verbindung zwischen Tier und Mensch, wie sie außer dem Tier keinem anderen Etwas aus dem Gesamt der Schöpfung zukommt.

Zu welchem Ergebnis führen die bisherigen Ausführungen? Zweifellos wird dem Menschen eine Sonderstellung zugeordnet, die sich insbesondere auf dessen Kreativität bezieht, wie sie ihn aber von anderen Lebewesen unterscheidet, die – insofern sie auch gesegnet sind – aber eben solche darstellen. Der Mensch ist also nicht schlechthin kategorial verschieden von allen anderen Eines des Schöpfungsgesamt! Dies eröffnet zumindest, überlegen zu können, inwieweit die kategoriale Gemeinsamkeit von Mensch und Tier gegenüber allen anderen Etwas des Schöpfungsgesamts auch erlaubt, den Tieren einen Eigenwert in moralischer Hinsicht zuschreiben zu können. Hieran ist zu beachten, daß die Möglichkeit hierfür keinesfalls ausgeschlossen ist, wie auch gilt, daß der Mensch in seinem Machen grundsätzlich zu einer Beachtung des Guten aufgerufen ist, so daß die Frage auch nur die sein könnte, inwiefern dies insbesondere – die Mitmenschen einmal nicht beachtet – den Tieren gegenüber gilt.

Zur genaueren Beleuchtung hiervon gilt es zunächst zu sehen: Die gebrachten Zitate aus dem Schöpfungsbericht beziehen sich gleichsam auf die Anfänge der Menschheit. Diese Formulierung – »Anfänge der Menschheit« – ist aber explizit in ihrer ganzen Tiefe auszuloten. Dies gilt in dem Sinne, daß »Anfang« insofern nicht genesetheoretisch verstanden werden darf, als religiöses und theologisches Denken ja gerade ein solches ist, das in transzendentaler Differenz zu genesetheoretischem Denken steht – also einem Denken, das geeignet ist, um die Werdewelt zu analysieren – (vgl. 5.1). »Anfang« muß sich daher auf dasjenige beziehen, das in Kapitel 4 mit Entfaltetes-Sein der ontologischen Eines bezeichnet worden ist.

Genauerhin gilt hier: Wenn in der Heiligen Schrift von den »Anfängen« der Menschheit die Rede ist, so in dem Sinne, wie die religiöse Sprache eine unentfaltete Sprache in Relation zu an sich diskursivem Denken – philosophischem Denken – ist (vgl. 5.1). Dies gilt also, inwiefern Philosophie und Theologie gemäß 5.2 eine Orientierungsebene für das Ich darstellen.

Worauf hiermit grundsätzlich hingewiesen sei, das ist: »Anfang«, wie von diesem hier die Rede ist, reflektiert auf nichts, das sich gleich dem Beginn eines werdeweltlichen Prozesses verstehen ließe, sondern auf »Menschheit«, wie es ein ontologisch begrenztes Eines ist[32], daher also Sich-Entfaltendes, und hierauf also wird in der Sprache der Theologie bzw. Religion geblickt. Entsprechend dieser Sprachlichkeit wird also für »Menschheit« auszusagen getrachtet, sie als ein Eines – insofern also Begrenztes – verstehen lassen zu können, das aber zugleich – eben inwiefern es Begrenztes ist – nicht schlichtweg, also auch nicht im transzendentalen Sinn, ohne Anfang ist (es ist »anfanglos« im werdeweltlichen Sinn).

Indem dies so ist, müßte sich in der Heiligen Schrift entsprechendes zu der Menschheit bzw. auch dem Ich finden lassen, das diese in ihrer Entfaltetheit betrachtet, wobei die Betrachtung des Anfangs zugleich erbringen müßte, die Begrenztheit der betrachteten Eines bedenken zu lassen. Es wird sogleich zu zeigen sein, daß dem tatsächlich so ist. Zunächst gilt es aber hervorzukehren, wozu das eben Ausgeführte explizit angeführt worden ist: Ist es nämlich so, daß die bisherigen Ausführungen auf den Anfang von Menschheit bzw. Mensch focusieren, so sind sämtliche Ausführungen zu dem Verhältnis von Tier und Mensch natürlich auch unter

---

[32] Die Aussage von dem Ein-Ontologisches-Eines-Sein von Menschheit bedeutet nicht festzuhalten, daß etwas, das dieses Eines ist für sich oder also solches einem Eines – zum Beispiel einem Menschen – ist, sondern daß auf der Ebene der Daß-Aussagen wie sie sich auf die Ebene des ontologische Begrenzten in transzendentaler Differenz zu *das* Eines bezieht, von dem Eines »Menschheit« zu sprechen ist, gemäß der analytischen Entfaltung von »Ich bin«. Das ontologisch begrenzte Eines »Menschheit« läßt sich ausschließlich aus dieser analytischen Entfaltung begreifen; in Kapitel 7 wird hierauf zurückzukommen sein.

diesem Gesichtspunkt zu sehen, so daß zunächst die Frage im Raum steht, inwiefern das Angemerkte auch für den Menschen bzw. Menschheit im entfalteten Zustand zutrifft.

Insofern ist die zu leistende Abhandlung (scheinbar) mit einem Problem behaftet; das *Neue Testament* berichtet in keinem nennenswerten Umfang von der Tier-Mensch-Beziehung, bzw. ist diese nirgendwo explizit Thema im *Neuen Testament*. Die Aufgabe wird daher sein, aufgrund entsprechender Textstellen des *Neuen Testamentes*, zuvor aber auch noch des *Alten Testamentes*, zu erschließen, was im Sinne der Heiligen Schrift zum Verhältnis von Tier und Mensch auszusagen ist, wobei das bisher hierzu – insbesondere aus dem Buch *Genesis* – Festgehaltene als Bemessungsgrundlage dienen soll, im dem Sinne wie zuvor von »Entfaltung« gesprochen worden ist und also das bisher Angemerkte sich auf den Beginn dieser Entfaltung bezieht.

Zunächst gilt es also »Anfang« im Lichte der Thematisierung von Eines-Sein gemäß Begrenztes-Sein von Menschheit zu betrachten. Hierzu sei sogleich aus dem Buch *Genesis* gelesen: „Die Frau entgegnete der Schlange: Von den Früchten der Bäume im Garten dürfen wir essen; nur von den Früchten des Baumes, der in der Mitte des Garten steht [Baum der Erkenntnis von Gut und Böse], hat Gott gesagt: Davon dürft ihr nicht essen, und daran dürft ihr nicht rühren, sonst werdet ihr sterben. | Darauf sagte die Schlange zur Frau: Nein, ihr werdet nicht sterben. Gott weiß vielmehr: Sobald ihr davon eßt, gehen euch die Augen auf; ihr werdet wie Gott und erkennt Gut und Böse“ (Gn. 3,4f). Was die Schlange hier in Aussicht stellt, ist natürlich eine Unmöglichkeit, nämlich daß ein geschaffenes Eines durch die Konsumation von etwas anderem Geschaffenen Gott wird – Gott gleich wird -, also aufhört, Geschaffenes zu sein. Was aber durch den Verzehr besagten Apfels eintritt – also mit dem »Aufgehen der Augen« -, das ist gleichsam jene Sündhaftigkeit des Menschen, mit der nichts anderes bezeichnet ist, als das Irren-Können des Menschen bezüglich der Ausrichtung auf das Gute, von dem in 4.3.2 berichtet worden ist. Hier wird also gleichsam der Beginn dieses Wesenszuges des Ich-Seins erzählt, mit den Mitteln religiöser Sprachlichkeit, wie sie also auf dasjenige abzielt, das auch in der Transzendentalphilosophie Thema ist, in dieser aber abseits jeglicher Beifügung einer einen Handlungsablauf nachzeichnenden Terminologie. Es ist daher von entscheidender Bedeutung zu sehen, daß auch die religiös-theologische Darstellung keine Handlung im werdeweltlichen Sinn darlegt, sondern aus der Anlehnung an eine solche Darstellungsform ihre nicht an sich diskursive Darstellungsform gewinnt.

Es ist also explizit zu erkennen, daß mit der Schaffung des Menschen dieser tatsächlich gemeint ist, jedoch nicht derart, daß mit dem ersten Menschen ein Wesen ausgesagt ist, von dem man sich fragen müßte, wie es, biologisch gesehen, entstehen konnte, da es doch gleichsam weder (biologischen) Vater noch Mutter hat. Die Heilige Schrift läßt den Menschen, wie man ihn sich alltäglich vorstellt, aus einem als Menschen geschaffenen Wesen hervorgehen – gemäß Entfaltung! –, das dieser nicht schon in jener Form ist, die nach seinen Anfängen – gemäß dem transzendentalphilosophischen Argument – fragen läßt.

Was hiermit durch das obige Zitat angedeutet ist, das ließe sich anhand weiterer Aussagen im Buch *Genesis* verdeutlichen. Als ein Beispiel hierfür sei herausgegriffen, daß die »Menschen« der vorsintflutlichen Zeit ein Lebensalter erreichen, das in klarem Unterschied zu jenem Lebensalter steht, das man alltäglich bereit ist, einem Menschen zuzugestehen; so ist zum Beispiel Noach sechshundert Jahre alt, als die Sintflut hereinbricht.

Angesichts hiervon sei nun aus dem Buch *Genesis* gelesen: „Der Herr sah, daß auf der Erde die Schlechtigkeit des Menschen zunahm und daß alles Sinnen und Trachten seines Herzens immer nur böse war. Da reute es den Herrn, auf der Erde den Menschen gemacht zu haben, und es tat seinem Herzen weh. Der Herr sagte: Ich will den Menschen, den ich erschaffen habe, vom Erdboden vertilgen, mit ihm auch das Vieh, die Kriechtiere und die Vögel des Himmels, denn es reut mich, sie gemacht zu haben. Nur Noach fand Gnade in den Augen des Herrn" (Gn. 6,5-8). Ist dies nun so zu verstehen, daß Gott bei der Schaffung des Menschen ein Mißgeschick unterlaufen ist, er im ersten Anblick seines Werkes etwas als »gut« angesehen hat, das in Wirklichkeit schlecht ist? Hiervon läßt sich nicht vernünftig ausgehen: Es ließe sich nicht in das Verhältnis von *das* Eines und ontologisch begrenzte Eines, wie es die Philosophie aussagt, überführen.

Sehr wohl aber läßt sich das soeben Zitierte im Sinne der angeführten theologisch-religiösen Darstellung einer Entfaltung des Eines »Menschheit« verstehen, wobei die Hervorhebung Noachs gleichsam eine Zäsur im Vorgang besagter Entfaltung bedeutet. Diese wird verstärkt durch den Bund, den Gott mit Noach schließt: „Dann sprach Gott zu Nach und seine Söhnen, die bei ihm waren: Hiermit schließe ich meinen Bund mit euch und mit euren Nachkommen und mit allen Lebewesen bei euch, mit den Vögeln, dem Vieh und allen Tieren des Feldes mit allen Tieren der Erde, die mit euch aus der Arche gekommen sind" (Gn. 9.8-10). Sogleich, und dies muß hier mitgedacht werden, fällt auf, daß auch die Tiere in diesen Bund eingeschlossen sind.

Genauerhin ist in diesem Zusammenhang zu lesen: „Dann [nach dem Verschwinden der Flut] baute Noach dem Herrn seinen Altar, nahm von allen reinen Tieren und von allen reinen Vögeln und brauchte auf dem Altar Brandopfer dar. Der Herr roch den beruhigenden Duft, und der Her sprach bei sich: Ich will die Erde wegen des Menschen nicht noch einmal verfluchen; denn das Trachten des Menschen ist böse von Jugend an" (Gn. 88,20f); „Dann segnete Gott Noach und seine Söhne und sprach zu ihnen: Seid fruchtbar, vermehrt euch, und bevölkert die Erde. Furcht und Schrecken vor euch soll sich auf alle Tiere der Erde legen, auf alle Vögel des Himmels, auf alles, was sich auf der Erde regt und alle Fische des Meeres; euch sind sie übergeben. Alles Lebendige, das sich regt, soll euch zur Nahrund dienen. Alles übergebe ich euch wie die grünen Pflanzen" (Gn. 9,1-4). Dies also sagt Gott, wiewohl einige Zeilen weiter zu lesen ist: „Denn: Als Abbild Gottes hat er den Menschen gemacht" (Gn. 9,6).

Zweierlei ist hieran hervorzuheben: Erstens wird der Mensch – wiewohl als »Abbild« Gottes bezeichnet – als »schlecht« bezeichnet; zweitens werden ihm nun die Tiere, gerade so wie Pflanzen, als Nahrung zugewiesen, bzw. von der Furcht der Tiere vor dem Menschen gesprochen. Dies wird also ausgesagt, obschon auch mit den Tieren ein Bund geschlossen wird! Anders als ursprünglich dienen nun also nicht mehr die Pflanzen als Nahrung für Mensch und Tier, sondern Pflanzen und Tiere als Nahrung für den Menschen. Ließe sich angesichts hiervon nicht erwarten, daß von Gott lediglich mit dem Menschen ein Bund eingegangen worden sein sollte; grundsätzlicher noch ist zu fragen, wieso wird mit dem Menschen überhaupt ein Bund eingegangen, wenn er doch schlecht ist?

Die gebrachten Zitate lassen sich nur so verstehen, daß die kategoriale Gemeinsamkeit von Tier und Mensch immer noch Gültigkeit besitzt – sie ist Grundlage des Bundes -, wobei nun aber der Unterschied zwischen Tier und Mensch dafür ausschlaggebend ist, daß die Tiere nun in Furcht vor dem Menschen leben und ihm auch als Nahrung dienen. Zugleich muß gelten, daß »schlecht«, wie es also den Menschen bezeichnet, nichts bedeutet, das das An-Sich des Menschen darstellt, dies trifft für die Aussage von dem Menschen als Abbild Gottes zu, sondern etwas bezeichnet, das den Menschen – die Menschheit - in einem Aspekt seiner – ihrer – Entfaltung darstellt.

Was hiermit gemeint ist, das sei zunächst anhand einiger Zitate aus dem Buch *Exodus* verdeutlicht: „Und du [Mose] heb deinen Stab hoch, streck deine Hand über das Meer, und spalte es, damit die Israeliten auf trockenem Boden in das Meer hineinziehen können. Ich aber will das Herz der Ägypter verhärten, damit sie hinter ihnen hineinziehen. So will ich am Pharao und an seiner ganzen Streitmacht, an seinen Streitwagen und Reitern meine Herrlichkeit erweisen. Die Ägypter sollen erkennen, daß ich der Herr bin, wenn ich am Pharao, an seinen Streitwagen und Reitern meine Herrlichkeit erweise" (Ex. 14,16-18). Was hier mit »erweisen« gemeint ist, das ist der Tod sämtlicher Ägypter, sowie der von ihnen mitgeführten Tiere.

Eigentümlich mutet an dieser Stelle zunächst an, daß hier den Ägyptern anscheinend eine Haltung zum Verhängnis wird, die ihnen von Gott selbst eingegeben ist – »ich aber will das Herz der Ägypter verhärten«! In *Brief an die Römer* interpretiert der Apostel Paulus diese Stelle im Buch *Exodus*: „Also kommt es nicht auf das Wollen und Streben des Menschen an, sondern auf das Erbarmen Gottes. In der Schrift wird zum Pharao gesagt: Eben dazu habe ich dich bestimmt, daß ich an dir meine Macht zeige und daß auf der ganzen Erde mein Name verkündet wird. Er erbarmt sich also, wessen er will, und macht verstockt, wenn er will. Nun wirst du einwenden: Wie kann er dann noch anklagen, wenn niemand seinem Willen zu widerstehen vermag? Wer bist du denn, daß du als Mensch mit Gott rechten willst? Sagt etwa das Werk zu dem, der es geschaffen hat: Warum hast du mich so gemacht? ... Gott, der seinen Zorn zeigen und seine Macht erweisen wollte, hat die Gefäße des Zorns, die zur Vernichtung bestimmt sind, mit großer Langmut ertragen; und um an den Gefäßen des Erbarmens, die er zur Herrlichkeit vorherbestimmt hat, den Reichtum seiner Herrlichkeit zu erweisen, hat er uns berufen" (Röm. 9,16-23). Paulus' eigene Position wird noch zu beleuchten sein. Hier genügt es, anhand des Paulusschen Textes zu verdeutlichen, daß die gebrachte Textstelle aus *Exodus* nicht Zeichen einer Haltung Gottes ist, die »Langmut« als Ausdruck von tatenlosem Zusehen begreifen läßt, das solange andauert, bis in einer zornerfüllten Aktion ein vernichtendes Zeichen gesetzt wird. Paulus' Text ist stattdessen im Lichte dessen zu sehen, das oben aus dem Buch *Genesis* angeführt worden ist, nämlich das »Augen öffnen« in Zusammenhang mit der Konsumation einer Frucht vom Baum der Erkenntnis von Gut und Böse.

Wovon nun nämlich die Rede ist, das ist fortgesetzt gemäß dem Zu-Sich-Kommen (vgl. Kapitel 4) im Horizont von Entfaltung zu begreifen: Es gilt für die Menschen erst einzusehen, daß sie, wiewohl sie kreativ im Sinne Abbild-Gottes-Sein sind, keine weiteren Götter sind, also – philosophisch formuliert – differentiell eigenständig sind, wie dies hier in Kapitel 4 ausgeführt worden ist. Der »Langmut« Gottes, wie dies Paulus nennt, ist also in Relation zu dem hier zu beachtenden Entfaltungsprozeß zu begreifen. Daher auch ist die Zuweisung von Erbarmen und Verstockung durch Gott keine willkürliche, sondern im Lichte des differentiellen Verzicht-Üben-Müssens eines Ich als letztlich nicht uneingeschränkt nachvollziehbar zu verstehen. Zudem und insbesondere gilt: Gott setzt mit der vollständigen Vernichtung einer ganzen Streitmacht zweifellos ein drastisches Zeichen; tatsächlich ist die Vernichtung einer Streitmacht einer Sklavenhaltergesellschaft aber als ein Bild zu verstehen, das der Menschheit insgesamt in ihrem Entfaltungsprozeß ein weiterbringendes Element sein soll. Hier darf nicht übersehen werden, daß es eben nicht darum geht, den Menschen als Teil eines Paradieses auf Erden zu verstehen, das die Schöpfung nicht ist, zumindest nicht im trivialen Sinne – vgl.: »beste aller Welten«.

Es wird noch darauf zurückzukommen sein, daß Zeichen Gottes, wie sie anhand eines Beispieles soeben skizziert worden sind, in Folge – also im weiteren Voranschreiten des Entfaltungsprozesses - als nicht mehr unbedingt nötig angesehen werden; es ist aber falsch zu meinen, dies signalisiere, daß der Mensch der mosaischen Zeit gleichsam noch weniger entwickelt gewesen wäre als die Menschen nachfolgender Zeiten. Das Mensch-Sein an sich ist mit der Darstellung der Abgrenzung des Menschheit als einem ontologischen Eines, wie es also mit der Sintflut zu lokalisieren ist, abgeschlossen; ein Mensch ist eben zunächst Person, und erst im Anschluß an diese Feststellung ist jegliche Frage nach der Entfaltung des Person-Seins vernünftig anschließbar.

Ein Aspekt ist in Zusammenhang mit dem Buch *Exodus* noch hervorzuheben; er bezieht sich auf die Bildhaftigkeit der Darstellungsweise und das Schließen von Bünden Gottes mit den Menschen. „Das ganze Volk erlebte, wie es donnerte und blitze, wie Hörner erklangen und der Berg rauchte. Da bekam das Volk Angst, es zitterte und hielt sich in der Ferne. Sie sagten zu Mose: Rede du mit uns, dann wollen wir hören. Gott soll nicht mit uns reden, sonst sterben wir. Da sagte Mose zum Volk: Fürchtet euch nicht! Gott ist gekommen um euch auf die Probe zu stellen" (Ex. 20,18-20). Weiter unten heißt es: „Der Herr sprach zu Mose: Komm herauf zu mir auf den Berg, und bleib hier! Ich will dir die Steintafeln übergeben, die Weisung und die Gebote, die ich aufgeschrieben habe. Du sollst das Volk darin unterwiesen" (Ex. 24,12). Auf den angeführten Steintafeln – „auf die der Finger Gottes geschrieben hatte" (Ex. 31,18) - ist der Text des Bundes angeführt, den Gott mit Menschen schließt. Dieser Bund muß aber sogleich erneuert werden, bzw. zerbricht Mose die Steintafeln, noch bevor er sie seinem Volk verlesen konnte, angesichts eines unangemessenen Verhaltens seines Volkes Gott gegenüber. Zur Erneuerung des Bundes ist zu lesen: „Weiter sprach der Her zu Mose: Hau dir zwei steinerne Tafeln zurecht wie die ersten! ... Da hieb Mose zwei Tafeln aus Stein zurecht wie die ersten. Am Morgen stand Mose zeitig auf und ging auf den Sinai hinauf, wie es ihm der Herr aufgetragen hatte. ... Der Herr aber stieg in der Wolke herab und stellte sich dort neben ihn hin" (Ex. 34,1-5). Diese Textpassagen verdeutlichen einprägsam, was zuvor als »Langmut« Gottes angeführt worden ist, wie auch die sehr bildhafte Sprache, die in dem Buch *Exodus* verwendet wird.

Dies vor Augen, sei nun auf das *Neue Testament* geblickt, und auf den Bund, der im Zentrum dieser Schrift steht: „Jetzt aber ist unabhängig vom Gesetz die Gerechtigkeit Gottes offenbart worden, bezeugt vom Gesetz und von den Propheten: die Gerechtigkeit Gottes aus dem Glauben an Jesus Christus, offenbart für alle, die glauben. Denn es gibt keinen Unterschied: Alle haben gesündigt und die Herrlichkeit Gottes verloren. Ohne es verdient zu haben, werden sie gerecht, dank seiner Gnade, durch die Erlösung in Christus Jesus. Ihn hat Gott dazu bestimmt, Sühne zu leisten mit seinem Blut, Sühne wirksam durch Glaube. So erweist Gott seine Gerechtigkeit durch die Vergebung der Sünden, die früher, in der Zeit seiner Geduld, begangen wurden" (Röm. 3,21-25). Hier ist also wieder von einem Bund die Rede, wiewohl scheinbar nicht einfach von einem weiteren, sondern von jenem, demgegenüber sich ein »Früher« abgrenzen läßt, die Zeit der »Geduld«. Wovon anders, als der Vollendung der in Diskussion stehenden Entfaltung von Menschheit, sollte hiermit aber die Rede sein; sie ist der einzige Vorgang, von dem hier die Rede sein kann.

Tatsächlich schreibt Paulus in *Brief an die Römer* auch von dem »alten« und »neuen Menschen«, mit dem neuen »Bund« als entsprechender Zäsur. Meint er damit aber »neuer Mensch« im Sinne einer Neuschöpfung, also etwas anderes als den »alten Menschen«? Sicherlich nicht: „Adam aber ist die Gestalt, die auf den Kommenden hinweist" (Röm. 5,14); „Wie es also durch die Übertretung eines einzigen Menschen zur Verurteilung kam, so wird es auch durch die gerechte Tat eines einzigen für alle Menschen zur Gerechtsprechung kommen" (Röm. 5,18). Der »alte« und der »neue Mensch« können von Paulus also nicht als zwei Verschiedene verstanden sein, sondern als Konkretisierungen des Menschen, wie dies also mit »hinweist« ausgedrückt ist.

Genauso wenig, wie der »neue Mensch« ein an sich anderer als der »alte Mensch« ist, ist er aber auch nicht ein weiterer Gott, oder Gott-ähnlicher als der »alte Mensch«. Daher auch: „Er wird jedem vergelten, wie es seine Taten verdienen: denen die, beharrlich Gutes tun und Herrlichkeit, Ehre und Unvergänglichkeit erstreben, gibt er ewiges Leben" (Röm. 2,6-7). Worauf Paulus hiermit hinweist ist, daß der Mensch durch den Glauben gerecht wird, unabhängig von den Werken des Gesetzes (vgl. Röm. 3,28). Hierzu sei sogleich eine Aussage von Jakobus hinzugenommen, die nur scheinbar das Gegenteil aussagt: „Ihr seht, daß der Mensch aufgrund seiner Werke gerecht wird, nicht durch den Glauben alleine" (Jak. 2,24). In Zusammenhang mit »beharrlich Gutes tun« bedeuten die beiden letzteren Zitate nämlich, daß die Werke für sich nicht zur Gerechtigkeit führen können, wenn sie nicht bzw. nur insoferne sie im Lichte der Beachtung von Gutes begriffen werden (Paulus), was aber auch bedeutet, daß man es nicht alleine bei einer Anerkennung von Gutes belassen kann, diese sich in den Werken aber nicht widerspiegelt (Jakobus).

Wovon hiermit letztlich theologisch die Rede ist, das ist das - philosophisch formuliert – Um-Sich-Bemüht-Sein, wie es konstitutiv für das Ich-Sein ist, und das es daher im Horizont von Entfaltung zu verstehen gilt. In dem Sinne nun, wie »neuer Mensch« kein Anderes gegenüber »alter Mensch« bezeichnet, muß die Verflechtung »alter & neuer Mensch« aber eben diese Entfaltung aussagen – womit sogleich jeglicher Gedanke an »Gott ähnlicher werden« ausgeschlossen ist -, weshalb es Paulus eben auch möglich ist, die oben bereits festgehaltene Verteidigung der Mosaischen Darstellung des Umganges Gottes mit dem Pharao und seiner Streitmacht anzuführen. Paulus' Aussage „Er wird jedem vergelten, wie es seine Taten verdienen" (Röm. 2,6) berichtet also von Taten bzw. von gesetzten Handlungen, wie sie ausgesagt werden, ohne damit etwas zu thematisieren, das dem »neuen Menschen« in dem Sinne zukommt, daß es mit dem »alten Menschen« gar nicht in Zusammenhang gebracht werden könnte. In *Der erste Brief an die Thessalonicher* heißt es: „Denn wir predigen nicht, um euch irrezuführen, in schmutziger Weise auszunutzen oder zu betrügen, sondern wir tun es, weil Gott uns geprüft und uns das Evangelium anvertraut hat, nicht also um den Menschen, sondern um Gott zu gefallen, der unsere Herzen prüft" (1 Thess 2,3-4). Auch dies bedeutet nicht, daß der »neue Mensch« als in einer Weise gegenüber Gott eigenständig verstanden wird, daß dieser jenen erst prüfen müsse, wohingegen er davor Menschen »verstocken« etc. konnte, womit sich eine »Prüfung des Herzens« erledigt haben sollte.

Philosophisch gesprochen wird hier auf theologische Weise jenes bedacht, das den Menschen als eigenständig wiewohl nicht uneingeschränkt eigenständig erweist: er ist als ein ontologisch Begrenztes eigenständig, gemäß der Eigenständigkeit des Vielen in seiner transzendentalen Differenz zu *das* Eines. Wiederum gilt: auch dies wird in der Heiligen Schrift im Horizont von Entfaltung dargelegt.

Angesichts hiervon sei sogleich gelesen: „Denn was man von Gott erkennen kann, ist ihnen [den Menschen] offenbar; Gott hat es ihnen offenbart. Seit Erschaffung der Welt wird seine unsichtbare Wirklichkeit an den Werken der Schöpfung mit der Vernunft wahrgenommen, seine ewige Macht und Gottheit" (Röm. 1,19-20). „Die Juden fordern Zeichen, die Griechen suchen Weisheit,. Wir dagegen verkündigen Christus als den Gekreuzigten" (1 Kor. 1,22-23). „Nein, wir verkündigen, wie es in der Schrift heißt, was kein Auge gesehen und kein Ohr gehört hat, was keinem Menschen in den Sinn gekommen ist: das Große, das Gott denen bereitet hat, die ihn lieben" (1 Kor. 2,9). Steht dies nicht im Widerspruch dazu, daß der Gott des *Alten Testaments* sehr wohl Zeichen setzte, die die Augen und Ohren wahrnehmen: ist nicht die Vernichtung der ägyptischen Streitmacht im Roten Meer ein eben solches Zeichen? Tatsächlich liegt nicht derartiges bzw. ein Widerspruch vor, sondern eine Unterschiedlichkeit gemäß

Entfaltung. Tatsächlich läßt sich in dem Verzicht auf mosaische Zeichen eine gewisse Näherung an eine philosophische Betrachtungsweise erkennen, insofern als eine bildhafte Darstellung immer auch die Herantragung werdeweltlicher Inhalte an die Darlegung zu dem in transzendentaler Differenz zur Werdewelt Seienden bedeutet; dies geschieht hier aber, um dies zu betonen, im Rahmen theologischer Sprachlichkeit, ist also gar kein Verstoß gegen das transzendentalphilosophische Argument.

Daher auch bleibt auch im *Neuen Testament* eine bildhafte Darstellung erhalten; das beeindruckendste Beispiel hierfür ist wohl *Die Offenbarung des Johannes*, das große Mahn- und Trostbuch der Kirche.

Was hier also als Emanzipation von bestimmten Weisen des Bedenkens ausgesagt wird, das zeigt sich auch in folgendem Zusammenhang: „Wißt ihr denn nicht, Brüder – ich rede doch zu Leuten, die das Gesetz kennen –, daß das Gesetz für einen Menschen nur Geltung hat, solange er lebt? ... Ebenso seid auch ihr, meine Brüder, durch das Sterben Christi tot für das Gesetz, so daß ihr einem anderen gehört, dem, der von den Toten auferweckt wurde; ihm gehören wir, damit wir Gott Frucht bringen. ... Jetzt aber sind wir frei geworden von dem Gesetz, an das wir gebunden waren, wir sind tot für das Gesetz und dienen in der neuen Wirklichkeit des Geistes, nicht mehr in der alten des Buchstabens“ (Röm. 7,1-6). „Heißt das nun, daß das Gesetz Sünde ist? Keineswegs! Jedoch habe ich die Sünde nur durch das Gesetz erkannt. Ich hätte ja von der Begierde nichts gewußt, wenn nicht das Gesetz gesagt hätte: Du sollst nicht begehren“ (Röm. 7,7). „Denn die Gebote: Du sollst nicht die Ehe brechen, du sollst nicht töten, du sollst nicht stehlen, du sollst nicht begehren, und alle anderen Gebote sind in dem einen Satz zusammengefaßt: Du sollst deinen Nächsten lieben wie dich selbst. Die Liebe tut dem Nächsten nichts. Böses. Also ist die Liebe die Erfüllung des Gesetzes“ (Röm. 13,9-10).

Paulus berichtet hier also davon, daß der Mensch nun »frei geworden« sei von dem Gesetz, wie es für den mosaischen Menschen passend war. Wiederum gilt dies gemäß der nun schon wiederholt angemerkten Entfaltung und somit parallel zu dem, das zu dem bildhaften Denken angeführt ist, führt es zu einer konkreteren Beachtung der transzendentalen Differenz, wiewohl zu keiner Zurückweisung von etwas, das in dem Entfaltungsvorgang dem nun Dargelegten vorangegangen ist.

Wovon hier also die Rede ist, das ist die Prädestination als einem Erweis der Güte Gottes, und wie sie in ihrer Komplementarität zur Freiheit des Menschen am Konzil in Trient im 16. Jahrhundert zum Dogma erhoben worden ist (*Trid.* D 805, Nr. 728). Die Prädestination in ihrer besagten Komplenetarität zur Freiheit des Menschen ist also die katholisch-theologische Darlegung dessen, das in der Philosophie als differentielle Autonomie des Menschen gemäß seiner transzendentalen Differenz zu *das* Eines zu bedenken ist. Wovon in den vorangegangenen Seiten somit auch die Rede gewesen ist, das ist die Darstellung dieser Prädestination im Horizont ihres Entfaltetes-Sein.

Damit sind die nötigen Informationen zusammengetragen, um zu dem Fazit gelangen zu können, daß die Heilige Schrift tatsächlich von der Entfaltung der Menschheit berichtet, bzw. ist festzuhalten, daß sie katholisch-theologisch von dem spricht, das philosophisch als Entfaltung der ontologisch begrenzten Eines »Menschheit« und »Ich« zu bezeichnen ist.

-

Angesichts hiervon kann nun explizit auf die tierethischen und ökologisch-ethischen Implikationen des Dargelegten geblickt werden. Dies ist angemessen, da nun gesehen werden kann, wie dasjenige zu verstehen ist, das im Rahmen der Betrachtung des Buches *Genesis* unmittelbar zur Tierethik – und insofern (vgl. Kapitel 7) zur Ökologischen Ethik – zu bedenken ist. Überblickt man die gemachten Ausführungen zur Heiligen Schrift, so ist im Lichte der dargelegten „Entfaltung"-Aussage zu beleuchten, was es mit der Beziehung zwischen Tier und Mensch bei Adam und Eva – vor der Konsumation von den Früchten des Baumes der Erkenntnis von Gut und Böse – sowie bei Noach auf sich hat. In anderen Worten gilt es zu fragen, was es mit der ausgesagten kategorialen Übereinstimmung zwischen Tier und Mensch, die zugleich aber eine Sonderstellung des Menschen in sich trägt, dahingehend auf sich hat, daß die Einheit von Tier und Mensch, wie sie also für die Situation vor dem Sündenfall auszusagen ist, in der Situation des Bundes mit Noach – und den Tieren! – scheinbar zerfällt: Furcht der Tiere vor dem Menschen; Tiere als Nahrung des Menschen.

Zweierlei ist für die Beantwortung dieser Frage von Bedeutung. Erstens ist die paradiesische Situation vor dem Sündenfall nichts, das – wie es in religiös-theologischer Sprache dargestellt wird! – etwas bezeichnet, das in Abgegrenztheit von dem Eines »Menschheit« bzw. »Ich« begriffen werden kann. Es bezeichnet ja jenes, aus dem heraus die Entfaltung als vonstatten gehend begriffen werden können soll, erweist also besagtes Eines als Begrenztes, jedoch nicht indem es selbst etwas außerhalb dieses Eines ist; es könnte in diesem Fall niemals besagte Bedeutung für dieses Eines haben. Zweitens ist explizit zu beachten, daß Entfaltung eben keinen genesetheoretisch verstehbaren Vorgang bezeichnet, der gleichsam von primitiveren zu höher entwickelten Niveaus führt. Daher sei in Erinnerung gerufen, daß Adam – und dies gilt auch für Noach – insofern er eine Konkretisierung besagter Entfaltung darstellt, als auf Jesus Christus Hinweisender in der Heiligen Schrift verstanden wird. Adam – und in besagtem Sinne somit auch Noach – repräsentieren somit keine Konkretisierungen, die für sich alleine gesehen werden können, sondern als Konkretisierungen des tatsächlich Eines seienden »Schöpfung«.

Damit ist auch ausgeschlossen, dasjenige in Zusammenhang mit Adam und Noach – nicht seine Person selbst betreffend (vgl. oben)! – als an sich Schlecht zu verstehen, das in Verflechtung mit diesen als Sünde bzw. furchterregend und so weiter dargestellt ist. Es handelt sich hierbei um religiös-theologische Ausführungen zum Scheitern-Können des Menschen, das Um-Sich-Bemüht-Sein anbelangend, wie es alleine im Lichte der Beachtung von Entfaltung von Menschheit bzw. Ich verstanden werden kann. Die Menschheit mußte also nicht zuerst böse sein, um gut werden zu können – Paulus lehnt ein solches Denken explizit ab -, was ein genesetheoretisch mißverstandenes Bedenken davon wäre, daß jeglicher Mensch, inwiefern er Person ist, in seinem Um-Sich-Bemüht-Sein scheitern kann; es gilt aber die Liebe wird in Relation zum Kulminationspunkt der Entfaltung von Menschheit festgehalten, ist an dieser Stelle also Referenzpunkt für den Menschen; somit ist sie dies aber ü b e r a l l in der Entfaltung, wiewohl nur an besagter Stelle in entfalteter Form.

Daher gilt, daß s ä m t l i c h e Aussagen, die sich nicht auf den Kulminationspunkt beziehen, g l e i c h e r m a ß e n von »Liebe« sprechen, also ebenso den Menschen als Scheitern-Könnenden ansprechend und daher Furcht etc. in dem Maße mehr betonen – in den Vordergrund stellen -, wie das Eigentliche (die Liebe) nicht in entfalteter Form vorliegt, und daher nicht an sich der Darstellung zur Verfügung steht.

Somit bedeutet der Umstand, daß die Tiere in Furcht vor dem Menschen leben, nicht, daß dies jegliche entsprechende Mißhandlung von Tieren rechtfertigen würde, wie auch der Umstand, daß Tiere nun dem Menschen als Nahrung dienen, die Sonderstellung des Menschen zum Ausdruck bringt, jedoch gemäß »Liebe«, weshalb die Handlungen, die dem Verzehr von Tieren vorangehen, in sich tragen, der kategorialen Übereinstimmung von Tier und Mensch gerecht werden zu müssen.

Freilich setzt dies voraus, daß sich Liebe auf Lebewesen bezieht und nicht alleine auf Mensch. Daß Gott seinen Bund mit Noach - genauerhin nicht nur mit diesem, sondern auch mit den Tieren - eingeht, legt, zusammen mit der ausgesagten kategorialen Übereinstimmung von Tier und Mensch, hinreichend nahe, daß »Lebewesen« und nicht »Mensch« der entsprechende Referenzpunkt der Ethik bzw. des Um-Sich-Bemüht-Seins ist, wiewohl dies natürlich keine Mißachtung der Sonderstellung des Menschen bedeutet. Dies gilt freilich für die gesamte betrachtete Entfaltung, also bis zum »neuen Menschen«.

Demgemäß ist festzuhalten: Wie dargestellt, ist die Heilige Schrift kein Text, in dem man gleichsam nach den richtigen moralischen Instruktionen für bestimmte Situationen bloß nachzublättern braucht; einen solchen Text kann es nicht geben. Sie ist ein Text, der Orientierungshilfe gemäß der eigenen differentiellen Selbständigkeit ist, der also zum Erarbeiten auffordert. In diesem Sinne gibt die Heilige Schrift die Notwendigkeit des Verstehens der Tiere – aber vielleicht nicht nur dieser nichtmenschlichen Lebewesen (vgl. unten) – als Lebewesen mit inhärentem moralischen Wert auf die Weise zu erkennen, wie sie hier dargelegt worden ist. Die Heilige Schrift fordert also dazu auf, diesen Satz zu beachten und weiter zu denken, auch wenn sie selbst dieses Problem nicht genauer behandelt.

Um so entscheidender ist somit aber dieser erste gewonnene Anhaltspunkt für die Tierethik; er muß nun in der Philosophie ebenso dargelegt werden und entsprechend beiden, einander komplementären Ebenen – also jene der Theologie und jene der Philosophie - ausgearbeitet werden.

6 Tierethik

In der Einleitung zu dem vorliegenden Text ist festgehalten worden, daß sich jede Betrachtung der Tierethik zunächst wesentlich mit dem Menschen beschäftigen muß, nicht nur da es dieser ist, dessen Handlungen im ethischen Raum letztlich zur Analyse anstehen, sondern – und vor allem – gemäß dem erkenntnistheoretischen Anthropozentrismus, wie er entsprechend dem transzendentalphilosophischen Argument festzuhalten ist. Das bedeutet, um dies zu wiederholen: Insofern das reflektierte Bedenken des Ich mit der anfänglichen Daß-Aussage »Ich bin« anhebt, beginnt es gleichsam mit dem Bedenken seiner selbst. Zugleich liegt hierin, das Ich seinem Person-Sein nach zu bedenken, womit der Mensch aber nicht derart bedacht ist, daß die nichtmenschlichen Lebewesen erst bedacht werden können, indem der Blick gleichsam auf anderes gerichtet wird. Dies gilt in dem Sinne nicht, wie das Person-Sein nichts ist, das exklusiv auf die Menschen zutrifft; gerade diesen Umstand wird es im ersten Unterkapitel des gegenständlichen Kapitels deutlich herauszuarbeiten gelten. Hier sei bereits betont, daß im Sinne des transzendentalphilosophischen Arguments ein Kapitel mit der Überschrift »Tierethik« daher auch keinesfalls von irgendwelchen fachwissenschaftlichen Informationen zu den nichtmenschlichen Lebewesen auszugehen hat, auch nicht in Bezug darauf, was es mit diesen Lebewesen im Unterschied zu den Menschen auf sich hat. Die entsprechenden Aussagen sind alleine der philosophischen Analyse zu entnehmen. In Folge werden sie Grundlage für die Ausführungen zu den tierethischen Überlegungen im engeren Sinne sein – vgl. 6.2 -, wie sie konkret zur Ausformulierung von Handlungsanweisungen für das Ich im Umgang mit nichtmenschlichen Lebewesen führt. Hierzu ist explizit hervorzuheben, daß der vorliegende Text als philosophische Untersuchung keine Aussagen zur Ebene des Am-Werke-Seins festlegen kann, sondern zur Ebene des Um-Sich-Bemüht-Seins; die Ebene des Am-Werke-Sein gerät nur insoweit ins Blickfeld, als ein adäquates Verständnis dieser Ebene darzulegen ist. Insoferne der vorliegende Text als grundsätzliche Betrachtung der Tierethik (sowie Ökologischen Ethik) konzipiert ist, wird 6.2 auch ausschließlich grundsätzlich auf das gegenständliche Thema blicken; konkrete Analysen der entsprechenden Problematiken sind weterführenden Analysen vorzubehalten. Das gegenständliche Kapitel wird mit einem, das seither Zusammengetragene aufgreifenden Rückblick auf die zu Beginn des Textes kritisierte Theorienlandschaft abgeschlossen.

6.1 »Person-Sein des Ich« als in zweifacher Hinsicht zu entfaltendes Eines

Zunächst gilt es zu thematisieren, ob und gegebenenfalls inwiefern nun, indem von den Tieren gesprochen wird, der Blick auf anderes als den bisher betrachteten Menschen gerichtet wird. Die bisherigen Ausführungen zeigen aber bereits hinlänglich – sowohl in ihrem philosophischen Gewand, wie auch im Gewand katholisch-theologischer Argumentation -, daß eine derartige Andersheit nicht vorliegen kann.

Zur Verdeutlichung des hiermit Ausgesagten ist zu beachten, daß der Inhalt des Begriffes »nichtmenschliche Lebewesen« keinesfalls als a priori feststehend verstanden werden kann;

er muß – wie jeder andere Begriff auch – aus der bisherigen Darlegung erst analytisch abgeleitet werden. In dieser Feststellung liegt eine Vorgabe, die es erst mit Inhalt zu füllen gilt: Die gemachte Feststellung impliziert ja, daß sich »nichtmenschliche Lebewesen« als ein begriffliches Eines der Ebene der Daß-Aussagen erweisen lassen. Hierin liegt, daß sich nur in diesem Falle vernünftig über Tierethik sprechen läßt; nur in diesem Falle läßt sich von Lebewesen, die nicht Menschen sind, in Verflechtung mit Person-Sein reden, was alleine eine Anknüpfung an eine ethische Diskussion ermöglicht.

Die grundsätzliche Möglichkeit dafür, sogleich von dieser Anknüpfung zu sprechen, hat sich aus der gebrachten theologischen Argumentation ergeben, so daß hier eingeschränkt werden kann, das theologisch bereits Ausgesagte nun philosophisch darlegen zu müssen.

Auch scheint die Problematik zunächst keinesfalls sonderlich schwierig oder gar unlösbar zu sein, bringt doch die Evolutionstheorie überzeugende Argumente dafür, den Menschen nicht in fundamentaler Getrenntheit zu den anderen Lebewesen sehen zu dürfen. Nimmt man die entsprechenden fachwissenschaftlichen Publikationen ernst, so gibt es gleichsam nichts am Menschen, das sich nicht als evolutiv Gewordenes verstehen ließe; zumindest die Disposition für all das diesbezüglich Bezeichenbare muß daher auch bei nichtmenschlichen Lebewesen gegeben sein, so daß man meinen könnte: Was auch immer in der Philosophie mit jener Ebene bezeichnet sein mag, die als in transzendentaler Differenz zur werdeweltlichen Ebene verstanden wird, und also mit den Daß-Aussagen bezeichnet wird, es muß sich irgendwie auch auf nichtmenschliche Lebewesen – wenn vielleicht auch nicht auf alle – beziehen lassen. So zu argumentieren verbietet aber auf sehr konkrete Weise die Transzendentalphilosophie.

Zwar ist die Evolutionstheorie notwendig auszusagen und der Mensch auch im Lichte dieser Theorie zu bedenken, doch bezeichnet die Evolutionstheorie nicht die an sich Selbstand repräsentierende Ebene – somit auch nicht das Person-Sein –, sondern die materiale Ebene hierzu. Die Evolutionstheorie bezeichnet ja die werdeweltliche Veränderlichkeit, wie sie nach Evolutionsgesetzen von statten geht. Damit aber ist die Evolutionstheorie selbst keine letztbegründende Theorie, sondern ist ihrerseits erst im Lichte jener transzendentalphilosophischen Aussagen letztbegründbar, die davon berichten, daß *das* Eines, insofern es ist, in transzendentaler Differenz zu seinem An-Sich-Sein derart ist, daß vernünftig von (unter anderem evolutiver) Veränderlichkeit zu sprechen ist; insofern diese Veränderlichkeit also Regelhaftigkeiten aufweisen muß, läßt sich auch von Evolutionsgesetzen sprechen. Daher kann die Evolutionstheorie die Transzendentalphilosophie nicht erübrigen. Der Versuch, die Evolutionstheorie nicht in dem hiermit bezeichneten Sinne zu verstehen, sondern als die Möglichkeit der Ausblendung der Transzendentalphilosophie, bedeutet somit eine Argumentation gemäß der zweiten Schicht des philosophischen Horizont oder gemäß dem vorphilosophischen Horizont. Ein solches Bedenken der Evolutionstheorie impliziert daher notwendig ein defizitäres Bedenken von Person-Sein!

Anhand eines Beispieles, es bezieht sich auf die Sprachfähigkeit des Menschen, sei dieser für die Argumentation wichtige Umstand verdeutlicht: Die Sprachfähigkeit kommt natürlich auch dem Werdewelt-Ich zu, also der materialen Ebene von Ich, und ist insofern der Evolutionstheorie zugänglich. Zugleich ist das Sprachvermögen des Werdewelt-Ich aber ganz grundsätzlich in seiner Beziehung zu Im-Gespräch-Sein-Mit-Sich des Ich, insofern es Person ist, zu begreifen, bzw. als materiale Repräsentation hiervon gemäß der transzendentalen Differenz Dieses Im-Gespräch-Sein-Mit-Sich ist nun aber genau nicht evolutionstheoretisch zu verstehen, da es ja in transzendentaler Differenz zu jener Veränderlichkeit ist, auf die die Evolutionstheorie blickt. Im-Gespräch-Sein-Mit-Sich läßt sich daher nicht als etwas begreifen, das aufgrund irgendwelcher Umweltbezogenheiten von Lebewesen entstanden ist. Ein auf die

Klärung hiervon abzielendes Denken verfehlt also notwendig ein zumindest hinreichendes Verstehen von Im-Gespräch-Sein-Mit-Sich und somit – letztlich – von Person-Sein.

Hieran ist sogleich zu knüpfen, daß die materiale Ebene nichts Beliebiges darstellt, so daß der Umstand, bezüglich dieser Ebene von Evolution sprechen zu können bzw. zu müssen, dafür zum Anlaß zu nehmen ist, auf der Selbstand bezeichnenden Ebene nach jenem Ausschau zu halten, dessen Repräsentation gemäß Zweieinheitlichkeit Evolution bedeutet. Vorgaben dafür, worum es sich hierbei handeln mag, können in dieser Anlaßgebung aber n i c h t enthalten sein!

Derartige Hinweise, wie sie also über die grundsätzliche Veranlassung, nachsehen zu müssen, hinausgehen, sind aber auch gar nicht notwendig; sie ergeben sich ausreichend aus der bisherigen analytischen Ableitung aus *die* Daß-Aussage. Im Zentrum hiervon steht die Aussage von dem Sich-Entfaltendes-Sein ontologisch begrenzter Eines, wie es also gemäß der Logik der Zweieinheitlichkeit notwendig auszusagen ist, und wie es also nicht mit werdeweltlicher Prozessualität verwechselt werden darf. Darf dies also auch nicht geschehen, so eröffnet sich sogleich die Frage, ob beides – Sich-Entfalten und werdeweltliche Prozessualität – im Lichte der gesuchten Repräsentation miteinander in Beziehung gesetzt werden kann.

Dies sei zunächst am Begriff »Ich«, wie er also ein begriffliches Eines der Daß-Aussage-Ebene ist, konkretisiert. Diesen Begriff in der Dimension von Sich-Entfalten zu betrachten, bedeutet vorrangig das Im-Gespräch-Sein-Mit-Sich hierauf hin zu hinterfragen. Natürlich kann dies – inwiefern hier keine Prozessualität bedacht wird – nicht in sich tragen, etwas zu thematisieren, das zunächst unentwickelt, nur teilweise oder sonst dergleichen vorliegt: Im-Gespräch-Sein-Mit-Sich ist niemals mehr oder weniger ein solches. Sich-Entfalten kann somit nur bedeuten, daß das universal Da-Seiende in einer gleichsam zu sich kommenden Weise da ist, ohne hiermit in werdeweltlicher Hinsicht einen Anfang – und demgemäß ein Ende – bezeichnet zu haben.

Ist man nun um die Freilegung der materialen Repräsentation hiervon bemüht, so wird man zweifellos die Ontogenese des Ich anführen, also die mit diesem Begriff bezeichnete Prozessualität, wie sie die Zeugung und den Tod des Individuums – dieses auf materialer Ebene betrachtet! – umspannt. In anderen Worten: die Ontogenese des Ich bezeichnet die notwendig gegeben sein müssende materiale Repräsentation des Sich-Enfaltens von Ich als einem ontologisch begrenzten Eines.

Damit kann diese Ableitung beendet werden, da sie weiter zu entwickeln in komplizierte Ausführungen führen würde, zum Beispiel die Abtreibungs- und Sterbehilfeproblematik betreffend, die ohne Bedeutung für eine Grundlegung der Tierethik und Ökologischen Ethik sind.

Immerhin hat die Ableitung aber verdeutlicht, welcher Art in der gegenständlichen Vergegenwärtigung von Repräsentationsbeziehungen zu argumentieren ist. Den Bezug zu den nichtmenschlichen Lebewesen wird man freilich im Horizont des individuellen Ich nicht unmittelbar herstellen können; sehr wohl gelingt dies aber unter Beachtung der Aussage, daß sich ein Ich nicht als einziges Ich verstehen kann, kombiniert mit der Aussage von der Universalität des Person-Seins. Dies läßt nun nämlich den Begriff der Menschheit formulieren, der ebenso wie »Ich« als ein Sich-Entfaltendes bezeichnend zu begreifen ist. Sogleich ist es die Evolution bzw. Stammesgeschichte (Phylogenese), an die zu denken ist, wenn es gilt, die materiale Repräsentation dieses Sich-Entfaltens zu benennen.

Zur Verdeutlichung des hiermit Angeführten gilt es zunächst darzulegen, inwiefern »Menschheit« transzendentalphilosophisch Entfaltetes thematisiert. Hierzu ist zu vergegenwärtigen, daß Im-Gespräch-Sein-Mit-Sich, wie es in Bezug auf Ich bzw. Menschheit zu verstehen ist, als jenes zu begreifen ist, über das hinaus eine Vergegenwärtigung von *das* Eines bzw. Gott einem ontologisch begrenzten Eines nicht möglich sein kann. Die Ausführungen zum differentiellen Verzicht-Üben-Müssen, der anzunehmenden anfänglichen Daß-Aussage und so weiter ergeben sich nicht aus irgend etwas, das dem dies alles Bedenkenden aufgrund irgend einer kontingent gültigen Disposition zukommt, also letztlich bloß einen Entwicklungszustand bezeichnen. Das Angeführte zeigt das es Bedenkende – also das Ich bzw. die Ichs – im Horizont dessen, das einem ontologisch Begrenzten möglich sein kann; jegliches Darüber-Hinaus hätte die Unmöglichkeit zur Voraussetzung, das Ich nicht mehr als ontologisch begrenztes Eines verstehen zu können.

In dem hiermit bezeichneten Sinne ist also »Menschheit« – wie es auf die angemerkte Weise analytisch aus »Ich« abzuleiten ist – als Entfaltetes zu verstehen und nach jenem zu fragen, das die hiermit thematisierte Entfaltetheit unentfaltet darstellt. Am Rande sei hier angemerkt: Jeglicher Versuch, diese Argumentation als Ausdruck davon verstehen zu wollen, den Menschen auf unangemessene - da überhebliche – Weise als Krone der Schöpfung darstellen zu wollen, hat zur Voraussetzung, die gebrachte Analyse – mag sie nun philosophisch oder theologisch aufgegriffen worden sein - nicht nachvollzogen zu haben.

Frägt man nun danach, wie es mit der Unentfaltetheit von Menschheit bestellt ist, so gilt es zunächst nach einem Begriff zu suchen, der das Gesuchte zugleich mit jenem umspannt, das also den entfalteten Zustand darstellt. Diesem Begriff nähert man sich durch die Einführung des Begriffs Lebewesen, für den also gilt, daß er die Person seienden Eines bezeichnet, ob sie nun entfaltet oder unentfaltet Person sein mögen.

Zu dem somit im Raum stehenden Begriff der Gesamtheit der Lebewesen ist sogleich anzumerken, daß er in Erweiterung des Begriffs »Menschheit« erreicht worden ist. Explizit ist anzumerken: Dieser Begriff ist also nicht festzuhalten, da irgendeine Information zur Werdewelt nahe legt, Person-Sein nicht alleine auf die Menschen zu beziehen, sondern insofern sich das entsprechende aus der transzendentalphilosophischen Analyse ergibt. Zugleich gilt aber: Ein Ich hat zwar in seinem Bedenken gemäß Im-Gespräch-Sein-Mit-Sich notwendig davon auszugehen, daß es nicht das einzige Ich ist und, wie sich nun zeigt, auch davon, daß von entfaltet wie unentfaltet Person seienden Lebewesen zu sprechen ist. Damit ist aber nicht auch schon etwas darüber ausgesagt, wie das Ich in seiner werdeweltlichen Orientierung jenes erkennt, das es also im Horizont von im Im-Gespräch-Sein-Mit-Sich als notwendig geben Müssendes versteht.

Zu dieser Problematik, die nicht unmittelbar von Relevanz für die Tierethik und Ökologische Ethik ist, sei hier grundsätzlich angemerkt: Zu der Aussage, daß sich das Ich nicht vernünftig als einzig seiendes Ich begreifen kann gehört – wie an anderem Ort genauer dargelegt[33] -, daß sich das Ich als Glied einer – so genannten – genealogischen Kette verstehen muß, wobei die materiale Repräsentation hiervon in Form fortpflanzungsbedingter Verwandtschaft gegeben ist. Der Begriff der genealogischen Kette umgreift zunächst das Eines Menschheit, letztlich aber – wie angeführt - die Gesamtheit aller Lebewesen.

Es ist hier nicht der Ort, Fragen zu diskutieren, die sich darauf beziehen, inwiefern das Ich nun *das* Eines in transzendentaler Differenz zu sich ist, wenn es zugleich Glied der genealogischen Kette ist, inwiefern das Ich als Kettenglied also individuell Eines ist und so weiter.

---

[33] Vgl. Senz W 1997: *Privatheit des Ich* – Frankfurt a.M; Senz W 2003: *Zur Bedeutung der Evolutionstheorie für das Verständnis vom Menschen* - Frankfurt a.M.

An der gegenständlichen Thematik interessiert nur, daß unter dem Begriff Lebewesen somit all jenes einzubeziehen ist, von dem ausgesagt werden kann, daß es Teil besagter genealogischer Kette ist.

Insofern also philosophisch notwendig von der genealogischen Kette zu sprechen ist, ist auf der Ebene der Werdewelt-Analyse nach etwas Ausschau zu halten, das Lebewesen gemäß nicht-entfaltet Person-Seiendes ist, wobei die Eingliederbarkeit in diese Kette gemäß dem Kriterium »Teil der fortpflanzungsbedingten Verwandtschaft« zu bedenken ist.

Die Grenzziehung zwischen Menschen und nichtmenschlichen Lebewesen geschieht hierbei notwendig gemäß dem Umstand, das Vorliegen von Im-Gespräch-Sein-Mit-Sich, wie es also auch für jeden anderen Menschen zutreffen muß, als Kriterium für das Erkennen eines Mitmenschen zu nehmen. Keinesfalls ist es also irgendeine werdeweltlich-materiale Eigenschaft, die die gegenständliche Abgrenzung der Menschen begründen kann. Generell gilt in diesem Zusammenhang: kein solches Merkmal kann »ein Lebewesen sein« und »ein Mensch sein« begründen, aber auch nicht eine verwandtschaftliche oder leistungsmäßige Nähe eines nichtmenschlichen Lebewesen zum Menschen, als Basis dafür, eine diesem ähnliche moralische Wertigkeit annehmen zu müssen.

Nichtmenschliche Personen bzw. unentfaltet Person seiende Eines sind somit – bedacht im Horizont ihrer werdeweltlichen Erkennbarkeit – alle Lebewesen, die, insofern sie das Kriterium der fortpflanzungsbedingten Verwandtschaft erfüllen, Lebewesen sind, mit denen aber kein Dialog bezüglich Im-Gespräch-Sein-Mit-Sich führbar ist. Dies gilt also nicht – um dies zu betonen -, da sie in Getrenntheit zu Im-Gespräch-Sein-Mit-Sich stehen, sondern hierüber unentfaltet verfügen, also in nicht zu sich gekommener Weise.

(Hinzugefügt sei: Wie angemerkt ist also die Möglichkeit, mit einem anderen Lebewesen einen Dialog bezüglich Im-Gespräch-Sein-Mit-Sich führen zu können, als Kriterium dafür anzusehen, ein anderes Lebewesen als Mitmenschen verstehen zu müssen. Bedeutet dies, daß zum Beispiel komatöse Menschen keine Personen bzw. keine Mitmenschen sind. Dies gilt keinesfalls, da in diesem und allen vergleichbar gelagerten Fällen zu erkennen ist: Dasjenige, das den (aktuellen) Dialog verhindert, ist nicht fehlendes Person-Sein bzw. fehlendes entfaltetes Person-Sein, sondern Defizite auf materialer Ebene des Person-Seins!)

In dem soeben dargelegten Sinne zeigt sich also, notwendig von unentfaltet Person seienden Lebewesen sprechen zu müssen und es läßt sich auch festhalten, daß die materiale Repräsentation des hiermit Thematisierten durch Begriffe wie Stammesgeschichte (Phylogenese) und Evolution vernünftig benannt werden kann. Ebenso einsichtig muß aber sein, mit diesen Begriffen nicht verdeutlichen zu können, was mit »unentfaltet Person-Sein« ausgesagt ist, was aber gerade aus der Sicht der Tierethik und Ökologischen Ethik von Bedeutung sein muß.

Im Rahmen der Tierethik und Ökologischen Ethik ist daher bezüglich der Frage, was mit »unentfaltet Person-Sein« zu verstehen ist festzuhalten: Zunächst ist unmittelbar evident, daß »unentfaltet« nicht bedeuten kann, daß gleichsam ein Teil des Person-Sein, wie es als Entfaltetes im Bedenken entgegentritt, fehlt; daß also »unentfaltet« bedeuten könnte, die betreffende Person, hätte kein Um-Sich-Bemüht-Sein oder sonst dergleichen; dies ist kategorisch auszuschließen, da Person-Sein in transzendentaler Differenz zu jeglichem Teile-Haben zu begreifen ist. Es gilt daher, daß »unentfaltet Person-Sein« – wie es auch schon für »Ich« auszusagen war – im Lichte von Zu-Sich-Kommen zu begreifen ist, abseits jeglicher „mehr – weniger“-Konstruktion in Zusammenhang mit irgend etwas, das analytisch als mit dem Person-Sein verknüpft zu begreifen ist.

Diese Feststellung zum Person-Sein nichtmenschlicher Lebewesen mag ebenso bescheiden wie dem intuitiven Zugang widerstrebend anmuten. Einerseits wird ja zum unentfalteten Person-Sein vor allem angeführt, was es nicht ist, und andererseits wird das als nicht teilbares Eines verstandene Person-Sein gleichermaßen allen Lebewesen, also auch Insekten, Bäumen, Algen etc., zugeordnet, insofern davon auszugehen ist, daß alle diese Lebewesen in jener genealogischen Kette einzuordnen sind, der auch die Menschen angehören.

So bescheiden sich das Ergebnis dieses Unterkapitels zunächst auch ausnehmen mag, es wird sich sogleich zeigen, daß es tatsächlich hinreichend umfangreiche Konsequenzen mit sich bringt. Daß das erbrachte Ergebnis dem intuitiven Zugang zunächst befremdlich sein mag, tut hingegen nichts zur Sache. Tatsächlich gilt in diesem Zusammenhang: Befremdlichkeit ist hier Ausdruck eines defizitären Bedenkens von Person-Sein, das – wieso auch immer dieses defizitäre Bedenken gegeben ist – keinesfalls zum Maßstab für irgendeine Feststellung zum Person-Sein des Menschen oder sonst eines Lebewesen werden darf.

6.2 Der inhährente Wert nichtmenschlicher Lebewesen im Lichte menschlichen Handelns

In diesem Unterkapitel gilt es gleichsam all jenes explizit darzulegen, das bisher implizit zur Tierethik ausgeführt worden ist.

Im Zentrum hiervon hat zweifellos der Satz von der Uniformität des Person-Seins der Lebewesen zu stehen. Dies kann nur in dem Sinn gelten, daß über der Beachtung dieses Satzes jener von dem entfaltet Person-Sein des Ich – bzw. Menschheit – nicht übersehen wird, und es ist offensichtlich die Spannung, die aus der Aneinanderhaltung beider Sätze erwächst, aus der heraus jenes Bedenken zu erfolgen hat, das Tierethik explizit mit Inhalt erfüllt. Zugleich gilt: »mit Inhalt erfüllen« hat hierbei in Fortsetzung jener analytischen Ableitung zu erfolgen, die hierher hat finden lassen.

Angesichts hiervon sei zunächst aus den bisherigen Ausführungen aufgegriffen, daß jedem Lebewesen ein Um-Sich-Bemüht-Sein und eine dementsprechende Zielsetzung in seinem Agieren zuzuordnen ist. An der Richtigkeit dieser Aussage ist also kein Zweifel möglich, wie sehr dies auch dem intuitiven Zugang zur Thematik entgegenstehen mag. Dies gilt, insofern diese Aussage analytisch aus *der* Daß-Aussage folgt; diese Aussage, um dies zu betonen, basiert daher auch nicht auf einer prima facie gültigen Annahme: es handelt sich um eine positive Aussage gemäß dem differentiellen Verzicht-Üben-Müssen!

Zur Verdeutlichung des hiermit Festgehaltenen ist es dienlich hervorzuheben, daß die Frage, worin sich das Um-Sich-Bemüht-Sein nichtmenschlicher Lebewesen zeigt, eine nicht berechtigt bzw. korrekt stellbare Frage ist. Sie stellt etwas als beantwortbar in den Raum, das aufgrund des differentiellen Verzicht-Üben-Müssens gar nicht vernünftig nachgefragt werden kann; die Frage ist dementsprechend inhaltslos. Das bedeutet: Als entfaltet Person-Seiendes kann das Ich sein Entfaltetes-Sein im Bedenken nicht umgehen, was aber Bedingung dafür wäre, die aufgeworfene Frage tatsächlich vernünftig stellen zu können. Dies gilt, da das Ich in Im-Gespräch-Sein-Mit-Sich gemäß seinem Entfaltetes-Sein ethische Aussagen reflektiert, wobei ihm nicht entfaltet Seiendes in dem Sinne unzugänglich bleibt, als gleichsam das Im-Gespräch-Sein, wie es also Grundlage für ethische Überlegungen ist, in dem Sinne nicht auftritt, als das Im-Gespräch-Sein besagtem Zu-Sich-Kommen gemäß Entfaltetes-Sein angemessen ist, so daß mit nichtmenschlichen Lebewesen kein entsprechender Austausch möglich ist. dies gilt also, um dies zu betonen, nicht aufgrund eines kategorialen Anderes-Sein des Ich gegenüber den nichtmenschlichen Lebewesen, sondern entsprechend dem Umstand, das Entfaltetes-Sein angemessen beachten zu müssen.

Es wird sich noch erweisen, daß die Blickrichtung, zunächst bei den nichtmenschlichen Lebewesen nach entsprechenden Fähigkeit zu suchen, die sie gleichsam als für die menschliche Ethik beachtenswert erweisen, daß diese Blickrichtung also dann völlig verkehrt ist, wenn das Erkennen besagter Fähigkeiten in etwas anderem als einer entsprechenden philosophischen Analyse gesucht wird, wenn also stattdessen in der Werdewelt-Analyse nach Entsprechendem gesucht wird. Insofern aber ist die besagte Frage, soweit sie überhaupt in eine vernünftige Frage transformiert werden kann, bereits positiv beantwortet und es ist das Ergebnis des vorangegangenen Unterkapitels, das die nichtmenschlichen Lebewesen als Personen mit inhärentem moralischen Wert ausweist.

Mit der Auseinandersetzung mit dieser Thematik läßt sich endgültig zum Kern der Tierethik vordringen. Zweierlei scheint ja an besagte Frage geknüpft zu sein: Erstens: Es stellt eine Unmöglichkeit dar, mit nichtmenschlichen Lebewesen zu vertragsmäßig bekundeten Übereinkünften kommen zu können, woraus scheinbar erwächst, in diesen Lebewesen etwas sehen zu können, dem notwendig Rechte zugeschrieben werden können; insbesondere scheint dies von Bedeutung, da die hier thematisierte Asymmetrie zwischen Menschen und nichtmenschlichen Lebewesen offenbar etwas ist, das nicht nur eine bloß faktisch gültige Eigenschaft der betrachteten Personen betrifft, wie zum Beispiel Hautfarbe, Geschlecht oder sonst dergleichen. Zweitens: Offensichtlich gehört zum Umgang der Lebewesen miteinander eine Abhängigkeit voneinander, die sogar die Tötung anderer Lebewesen unumgänglich mit einschließt. Gemäß den gebrachten Ausführungen gilt dies notwendig auch für den Menschen; dies trifft zu, da auch die ausschließliche Ernährung von Pflanzen, ganz genauso wie der Verzehr von tierischen Produkten, die Tötung von Lebewesen impliziert. Es spielt hierbei, um dies zu betonen, keinen Unterschied, inwiefern auf werdeweltlicher Ebene Pflanzen anders als Tiere erfahren werden (kein Schmerzempfinden und so weiter).

Liegt hierin nicht doch, so scheint man fragen zu können, insbesondere insofern die nichtmenschlichen Lebewesen keine Vertragspartner sind, trotz der Uniformität von Person-Sein Begriffe wie »moralisches Subjekt« auf den Horizont von entfaltet Person-Sein beschränken zu müssen? Dies ist endgültig auszuschließen. Dieserart zu überlegen bedeutet, zwischen Pflicht und Rechte nicht hinreichend differenzieren zu können und daher – theologisch gesprochen – »hüten«, wie es gegenüber der lebenden Schöpfung zu praktizieren ist, nicht recht zu begreifen.

Was ist hiermit angesprochen? Zuallererst, so ist dargelegt worden, steht das Ich als Person unter der Pflicht in seinen Handlungen auf *das* Eines – Gott – ausgerichtet zu sein. Hiermit ist gemeint, das Ganze der ontologisch Begrenzten in seiner transzendentalen Differenz zu *das* Eines zu begreifen und demgemäß als eine harmonische Ganzheit, wovon also zu sprechen ist, insofern dieses Ganze auch Repräsentation des Ich-Sich-Ruhens von *das* Eines ist. Dies zu vergegenwärtigen, hierauf ausgerichtet zu sein, ist also die Pflicht des Ich; dies ist daher vorrangig gegenüber allen Rechten wie sie auch immer zwischen Lebewesen ausgehandelt werden können oder auch nicht.

Genauso gilt aber: Die Vergegenwärtigung besagter Harmonie ist den Lebewesen – und so auch den Menschen – Pflicht, insofern sie selbst als Person in transzendentaler Differenz zu dem In-Sich-Ruhen sind; die Personen sind eben keine vervielfachten *das* Eines. Als eben solchen obliegt ihnen erst besagte Pflicht und als eben solche stehen sie in diesem Sinne unter einem Bewährungsanspruch.

Dies gilt es nun sehr konkret im Lichte der Logik des transzendentalphilosophischen Arguments zu betrachten, womit der Blick sogleich darauf zu richten ist, daß die Selbstand repräsentierende Ebene – wiewohl nicht an sich! -, also die Ebene des ontologisch Begrenzten, keine Teile umfassende Ebene ist. Hiermit gilt: Das Sich-Bewähren-Müssen, wie es ein Zu-Sich-Finden als Person bedeutet, bezeichnet ein ganzheitliches Umgehen-Müssen mit diesem Person-Sein, was sich auch darin manifestiert, vor das Problem gestellt zu sein, im Umgang mit anderen Lebewesen, diese auch uneingeschränkt in ihrer Begrenztheit beachten zu müssen. In anderen Worten: Es ist analytisch im eigenen Person-Sein enthalten, im Umgang mit anderen Lebewesen damit umgehen zu müssen, diese auch als material Begrenzte behandeln zu müssen.

Es ist damit aber gar nicht analytisch im Person-Sein enthalten, als Mensch einen Freibrief zur Tötung nichtmenschlicher Lebewesen zu besitzen bzw. nichtmenschliche Lebewesen als Mittel zum Zweck sehen und dementsprechend töten oder schädigen zu dürfen. Gerade dies ist hiermit nicht ausgesagt, denn es gilt: In seinem Umgang mit nichtmenschlichen Lebewesen gilt ebenso wie im Umgang mit menschlichen Lebewesen – insofern beide einheitlich Person sind – das Sich-Bewähren-Müssen gemäß ausgerichtet sein auf *das* Eines, und es ist also eben das hiermit Bezeichnete, das in dem auch Tötung umfassenden Umgang mit nichtmenschlichen Lebewesen einem Ich gelingen muß.

Erst angesichts dieser Aussage zur Pflicht ist es möglich, die Ebene der Rechte zu beachten; jetzt erst ist die angemessene Basis hierfür gelegt. Nun zeigt sich sogleich, daß die oben angemerkte Einschränkung auf der Ebene der Rechte, daß also alleine zwischen Menschen vertraglich vereinbare Rechte formuliert werden können, keine Grundlage dafür sein kann, die nichtmenschlichen Lebewesen nicht als Rechtsobjekte verstehen zu können. Die in diesem Punkt zweifellos vorliegende Ungleichheit zwischen Menschen und nichtmenschlichen Lebewesen ist explizit auf die Ebene der Rechte zu beschränken und insofern als nicht auf die Ebene der Pflicht ausweitbar zu begreifen.

Somit gilt aber auch, daß Tierethik nicht einfach prohibitiven Charakter haben kann, derart, daß sie eine Ansammlung von Verboten ist, mit der Klammer versehen, keinem Tier (bzw. Lebewesen) Schaden zufügen zu dürfen, es also in seinem um sich bemühten Fortkommen zu beeinträchtigen. Komplementär hierzu gilt aber ebenso eindeutig, daß die Tierethik auch keine Sammlung von Sätzen sein kann, die angesichts der Möglichkeit, daß Tierrechte mit menschlichen Ambitionen konfligieren, bloß ceteri paribus gelten, also Anspruchsrechte darstellen.

Hieran muß »Ambitionen« sogleich genauer betrachtet werden. Mit diesem Begriff kann nur die materiale Ebene, also die werdeweltliche Ebene, bezeichnet sein, inwiefern sich in dieser gemäß Am-Werke-Sein das Um-Sich-Bemüht-Sein manifestiert; in dieser Ebene manifestiert sich ja jenes, das unter Umständen Güter vermeintlich als das Ziel, das um willen von sich zu erreichen ist, erscheinen läßt. Damit ist gegebenenfalls verwirklicht, besagte Harmonie im Sinne von In-Sich-Ruhen nicht zu erkennen. Im Horizont hiervon also gilt es zu beachten, daß Ambitionen von Menschen mit dem Fortkommen nichtmenschlicher Lebewesen konfligieren können; hinzugefügt sei, daß derartiges – wie angemerkt – unausweichlich auftreten muß. Gerade insofern dies gilt und also Tierethik nicht naiv prohibitiv verstanden werden kann, gilt es nicht danach Ausschau zu halten, wie besagte Ambitionen zu vermeiden sind; dies würde letztlich bedeuten, der Mensch dispensiert sich davon, sich bewähren zu müssen, also Sich-Bewähren-Müssender zu sein, was nicht vernünftig gedacht werden kann.

Nicht an derartiges kann also angemessen gedacht werden, sondern daran, auf rechtlicher Ebene jene Ambitionen mit (gesellschaftlichen) Sanktionen zu belegen, die sich als wider die Ausrichtung auf *das* Eines zeigen.

Das bedeutet: Ein Mensch ist dazu berechtigt, das Fortkommen eines nicht-entfaltet Person seienden Lebewesens zu beeinträchtigen, insofern daraus ein Nutzen gezogen wird, der sich aus dem adäquat bedachten Um-Sich-Bemüht-Sein ergibt, was sich also insoferne in der Ebene des Am-Werke-Seins manifestiert. Hierin liegt, und dies gilt es genau zu beachten, daß das unentfaltete Person-Sein gegenüber dem Agieren eines entfaltet Person seienden Eines, kein Nicht-Person-Sein bedeutet, sondern ein Person-Sein dessen Begrenztes-Sein besagten Zugriff auf es ermöglicht, ohne notwendig wider die eigene Ausgerichtetheit auf *das* Eines agieren zu müssen. Dies ist unumgänglich im Sinne der gebrachten Ausführungen bezüglich Sich-Bewähren-Müssen zu verstehen und somit abseits einer quantifizierenden Nutzenkalkulation, die gleichsam Eigennutzen und Fremdschädigung gegeneinander aufzuwägen versucht, insgesamt um eine positive Bilanz bemüht seiend.

Derartige Überlegungen übersehen zwangsläufig, daß auf der Ebene des Person-Seins keinerlei Möglichkeit für eine quantifizierende Abwägung möglich ist. Es wäre daher auch bloß herbeiargumentiert, würde man hier gewissermaßen von einem Gesamtbudget an Ausrichtung auf *das* Eines sprechen, das gleichsam im Umgang der Menschen mit den nichtmenschlichen Lebewesen aufzuteilen wäre, derart, daß in diesem Umgang auf Seiten der nichtmenschlichen Lebewesen letztlich kein negativer Betrag zustande kommen darf. Dieserart sind die menschlichen und nichtmenschlichen Lebewesen in der Ganzheit ontologisch Begrenztes nicht miteinander verflochten! – Stattdessen gilt (um dies hier anzudeuten): Die Tötung eines Lebewesens bezeichnet die materiale Begrenztheit dieses Lebewesens, nicht aber sein An-Sich-Sein, das ja in transzendentaler Differenz zu jener Zeitlichkeit ist, das mit »Tötung« gemeint ist; das An-Sich-Sein eines Lebewesens läßt sich also durch das Getötet-Werden durch ein anderes Lebewesen nicht beeinträchtigen, ohne deshalb bagatellisiert werden zu können, was aus eben jenem Grund gilt, der in dem Kapitel zur Ethik wider die Möglichkeit der Bagatellisierbarkeit der Vorgänge auf der materialen Ebene angeführt worden ist; dies gilt gemäß »beste aller Welten«, als der somit tatsächlich auszusagenden Verflechtung der Lebewesen im Horizont ihrer Bezogenheit aufeinander.

Ebenso verfehlt wäre es, zu behaupten, daß Menschen Tiere inklusive Tötung nutzen dürfen, da derartiges ja auch zwischen den nichtmenschlichen Lebewesen der Fall ist; Pflanzenfresser töten Pflanzen, Raubtiere töten andere Tiere, unter anderem Pflanzenfresser, ohne daß aus menschlicher Sicht eine dieser Handlungen als moralisch verwerflich anzusehen wäre. Hieraus läßt sich auch nicht ableiten, in entsprechenden Handlungen des Menschen gleichsam ein biologisches Erbe zu sehen, mit dem es umzugehen gilt, da dies eine naturalistisch verzerrte Fehldeutung dessen zur Basis hätte, was unter Evolution tatsächlich verstanden werden kann.

Im Lichte hiervon die bisherige Ableitung weiter führend ist zu betonen, daß der Umgang mit nichtmenschlichen Lebewesen, wie er deren um sich bemühtes Fortkommen beeinträchtigt (bzw. unterbindet: Tötung) immer unter dem Anspruch möglichster Zurückhaltung stehen muß. Im Sinne hiervon ist es nicht wider das Um-Sich-Bemüht-Sein, ein nichtmenschliches Lebewesen aus Gründen der Ernährung zu töten, vorausgesetzt dies geschieht, ohne diese Beeinträchtigung mit einer weiteren zu verknüpfen. Das bedeutet: Die Tötung muß augenblicklich geschehen, wobei im Falle zuvor in menschlicher Obhut gehaltener Lebewesen hinzukommt, daß diese Haltung artgerecht erfolgt sein muß, da ansonst dem Satz von der zu übenden größtmöglichen Zurückhaltung nicht entsprochen wird.

Hierzu ist anzumerken, daß sich aus dieser Aussage kein Aufruf zum Vegetarismus ableiten läßt. Es ist nämlich zunächst von der Notwendigkeit zu sprechen, sich als Mensch von nichtmenschlichen Lebewesen ernähren zu müssen und jegliche kategorial wertende Unterscheidung zwischen dem Verzehr von Pflanzen und Tieren würde lediglich in sich tragen, werdeweltliche Informationen zu den hiermit bezeichneten Lebewesen dazu aufzuwenden, das Verhalten des Ich als Person zu maßregeln, was unumgänglich einen logischen Fehlschluß bedeuten muß.

Zum Vegetarismus sei zudem angemerkt, daß es wider die Logik des hier Vorgebrachten ist, zu meinen, der Verzehr von Pflanzen ist jenem von Tieren vorzuziehen, da dieserart insofern weniger Schaden zugefügt wird, als Pflanzen weniger entfaltet Person sind als Tiere. Derart läßt sich nicht denken, da in der Ebene des Person-Seins bzw. von Entfaltung des Person-Seins – wie bereits dargelegt - kein »mehr - weniger« gegeben ist. In der Werdewelt bzw. der materialen Ebene von Person-Sein sieht es zwar so aus, als ließe sich besagtes Argument vernünftig bedenken, da Pflanzen, zum Beispiel insofern sie über kein Nervensystem verfügen scheinbar weniger entfaltet Person sind als (die allermeisten) Tiere und Menschen. Hier gilt es aber ganz konkret zu beachten, daß aus werdeweltlichen Einsichten nicht auf etwas geschlossen werden kann, das auf der Ebene des Person-Seins Gültigkeit besitzt. Zwar mag sich die gegenständliche werdeweltliche Information als Inspiration dafür verstehen lassen, sich genauer mit »Entfaltung von Person-Sein« auseinander zu setzen, doch zu welchen Ergebnissen dies auch immer führt, es kann zu keiner Einflechtung von »mehr – weniger Person-Sein« führen[34].

Weiters ist zu beachten, daß wirtschaftliche Aktualitäten kein Argument bedeuten, das die Aussage bezüglich der Notwendigkeit artgerechter Haltung relativieren könnte. Gelingt eine artgerechte Haltung nicht, in dem Sinne, daß sie wirtschaftlich unrentabel ist, so folgt hieraus kein Grund, das Argument der artgerechten Haltung ausblenden zu können.

Ein weiteres, den allgemeinen Gehalt des hier Ausgesagten verdeutlichendes Argument, betrifft die Herstellung von Kleidung, die die Tötung von Tieren voraussetzt. Diese ist strikt abzulehnen, auch wenn die Nutzung artgerecht gehaltener Farmtiere vorliegt. Dies gilt, da Kleidung nicht notwendig aus tierischem Gewebe gewonnen werden muß – Ausnahmefälle wird es geben und sie sind hier natürlich nicht abgehandelt -, so daß die Tötung welcher Tiere auch immer zum Zwecke der Herstellung von Kleidung wider dem Satz von der geringst möglichen Schädigung sein muß. Anders verhält sich die Situation natürlich, wenn tierisches Gewebe zur Herstellung von Kleidung verwendet wird, das von Tieren stammt, die aus Ernährungsgründen auf akzeptable Weise getötet worden sind.

Nun gilt es noch den Fall der Verwendung von Tieren in der medizinischen Forschung zu betrachten. Gesundheit gemäß körperlicher Intaktheit ist ein Gut, inwiefern es Bedingung der Möglichkeit für das Am-Werke-Sein ist. Inwiefern körperliche Intaktheit nicht im Lichte hiervon begriffen wird, wird Intaktheit in einer Weise als Perfektionierung der materialen Ebene betrachtet, die diese letztlich nicht in Bezug auf Um-Sich-Bemüht-Sein begreift und daher als

---

[34] Am Rande sei hervorgehoben, daß der vorliegende Text keine umfassende Analyse der möglichen Bedeutung des Vegetarismus gibt!

Zweck an sich mißversteht. Es wird also übersehen, daß keine Ausprägung der Körperlichkeit das Um-Sich-Bemüht-Sein-Können ermöglicht, sondern das Am-Werke-Sein betrifft, wie es in transzendentaler Differenz zu Um-Sich-Bemüht-Sein zu verstehen ist.

In eben dem hiermit ausgesagten Sinn ist es also gemäß dem Um-Sich-Bemüht-Sein, um die körperliche Intaktheit besorgt zu sein und entsprechende Schritte zu setzen, wie sie letztlich auch entsprechende medizinische Forschung implizieren. Gegen diese ist somit nichts einzuwenden, vorausgesetzt sie wird uneingeschränkt dem Satz der geringst möglichen Beeinträchtigung gerecht. Das bedeutet auch, daß die medizinische Forschung nicht aus wirtschaftlichen Überlegungen heraus Tierversuche anwenden darf, was auch dann gilt, wenn im Rahmen eines wirtschaftlichen Umfeldes an Tierversuche gedacht wird, das es zuvor an den nötigen Schritten hat fehlen lassen, zugleich mit Tierversuchen ausreichende Versuche zur Etablierung von alternativen Methoden zu entwickeln.

Diese Aussage verweist sogleich darauf, Tierethik nicht als hermetisch abgegrenztes Gebiet verstehen zu dürfen, ohne Bezug auf die generell vorliegenden gesellschaftlichen Gegebenheiten; Tierethik auch im Lichte herrschender wirtschaftlicher Gegebenheiten sehen zu müssen, ist primär Ausdruck davon, Tierethik als integralen Teil des Um-Sich-Bemüht-Seins in der Ebene gesellschaftlicher Bezogenheit begreifen zu müssen. Im Lichte hiervon gilt, den Satz, man müsse sich zuerst um die Menschen kümmern, dann könne man sich gegebenenfalls auch um die Tiere sorgen, als notwendig wider das Um-Sich-Bemüht-Sein zurückweisen zu müssen. Dies hat seinen Grund darin, daß sich das Person-Sein, wie es besagtes »kümmern« und »sorgen« ergibt, schlichtweg nicht derart auf Menschen eingrenzen läßt, daß die Tiere erst »dann erst« in den Blickwinkel geraten könnten. Ein derartiger Umgang mit dem anstehenden Problem bedeutet zwingend, Tiere und andere nichtmenschliche Lebewesen derart als Anderes den Menschen gegenüberzustellen, daß dem Eines-Sein aller Lebewesen nicht entsprochen werden kann; dieses Eines-Sein – um dies zu betonen – ergibt sich notwendig sowohl aus der philosophischen wie auch aus der katholisch-theologischen Analyse. Also zu meinen, man bräuchte sich aktuell nicht um die Tiere und anderen nichtmenschlichen Lebewesen zu kümmern, impliziert unumgänglich ein defizitäres Verständnis von Person-Sein, in dem Sinne!

Abschließend sei auf die Frage der Zulässigkeit von Tierversuchen zu Zwecken wissenschaftlicher Grundlagenforschung eingegangen. Gemäß dem grundsätzlichen Charakter der vorzubringenden Ausführungen soll es diesbezüglich bei einem Verweis darauf belassen werden, was genau nicht vertretbar sein kann. Dies sei anhand einer Aussage des Frankfurter Zoologen Wolfgang F. Gutmann dargelegt: „Ich halte es nicht für erforderlich, für die Legitimität von Tierversuchen das Leiden des Menschen und die Notwendigkeit von medizinischer Forschung in Feld zu führen. Es reicht aus, die Neugierde als wesentliches Moment unserer Zivilisation als zulängliche Legitimierung anzuführen. Nur die methodisch geordnete Zerstörung lebender Organisation erlaubt die Rekonstruktion von Naturgeschehen und die Formulierung wissenschaftlicher Fragen. Der Verweis auf Ziele bei moralischer Beurteilung läßt außer Acht, daß Forschungsergebnisse nicht durch Ausrichtung auf Anwendung oder gar hehre Absichten erlangt werden; Forschungsziele können nur auf der Mittelebene nach eigenen Prinzipien realisiert werden. ... In der Grundlagenforschung muß die Erstellung von Einsichten in hohem Maße frei laufen können, ohne die Einlösung bestimmter Ziele angeben zu können oder zu müssen“ (S.106[35]). Diese Aussage ist als Ausdruck völligen Mißverstehens zu begreifen. Daß die Grundlagenforschung nicht in ihrer Abhängigkeit von der Transzendentalphilosophie begriffen wird, ist Ausdruck davon, die Unendlichkeit der Werdewelt-Analyse nicht ihrem differentiellen Charakter nach begriffen zu haben. Eben dies ist aber das Substrat für den Gutmannschen Neugier-Begriff, der auf gefährliche Weise einer ethisch niemals vertretbaren Willkür Tür und Tor öffnet. Freiheit der Grundlagenforschung ist daher niemals etwas, das auf die hier kritisierte Weise Tierversuche legitimieren kann.

6.3 Die rechtliche Ebene – zur Kompetenz der Transzendentalphilosophie

Den Leser mag überraschen, daß in dem vorangegangenen Abschnitt so gar nicht auf die rechtliche Ebene bezug genommen worden ist. Resultiert dies daher, daß der vorliegende Text ganz grundsätzlich auf die Tierethik blickt und insofern entsprechende Darlegungen zur rechtlichen Ebene außerhalb des abgesteckten Rahmens liegen? Dem ist nicht der Fall.

Der tatsächliche Grund ergibt sich aus dem Rahmen, der der Kompetenz der Transzendentalphilosophie gesteckt ist. Das bedeutet: Der Kompetenzbereich der Transzendentalphilosophie erstreckt sich auf die Analyse der Daß-Aussagen. Insofern erbringt die Transzendentalphilosophie also jene Aussagen, im Lichte derer gemäß der Zweieinheitlichkeit des Bedenkens die Werdewelt-Analyse letztrechtfertigbar durchgeführt werden kann. Es ist ja dem Ich möglich, die Werdewelt-Analyse auf letztrechtfertigende Weise an die Analysen bezüglich der Daß-Aussagen anzulegen, in dem Sinne wie beide zweieinheitlich Eines sind. Freilich gelingt dies dem Ich alleine gemäß seinem Vordringen-Können zum Daß-Aussage-Bereich.

Insofern legt die Transzendentalphilosophie also jene Aussagen zum Ich als Person frei, die dieses als Um-Sich-Bemüht-Sein-Müssendes, Sich-Bewähren-Müssendes und so weiter erweisen und formuliert dementsprechend Imperative im Horizont der Beachtung der Handlungsanweisungen – vgl. die entsprechenden Ausführungen zur Pflicht, unter der das Ich steht.

Im Sinne hiervon sich auch die in 6.2 angeführten Feststellungen zum Umgang mit nichtmenschlichen Lebewesen zu verstehen. Selbstverständlich ließen sich diese Ausführungen analytisch weiter entfalten und insofern dies unterlassen worden ist, ist auf den abgesteckten Rahmen des Textes als einer grundsätzlichen Darstellung des inhärenten moralischen Wertes der nichtmenschlichen Lebewesen bedacht genommen worden.

Zugleich gilt aber, daß besagte weiterführende Entfaltung nicht linear zur Formulierung von Rechten geführt hätte, also zur Formulierung von Aussagen, die sich in Rechten im juridischen Sinne hätten darlegen lassen. Dies liegt darin begründet, daß die juridische Ebene in eben jener transzendentalen Differenz zur Ebene der gebrachten Imperative gemäß Zweieinheitlichkeit des Ich liegt, von der fortgesetzt die Rede gewesen ist.

In anderen Worten: Die Transzendentalphilosophie bzw. die transzendentalphilosophisch konzipierte Ethik formuliert Imperative gemäß dem Sich-Bewähren-Müssen des Ich als Per-

---

[35] Gutmann WF 1998: *Organismische Theorie und Abweisung des Naturalismus in bioethischen Konzeptionen* – In Fuchs G & Knörzer G (Hrsg.): *Tier, Gott, Mensch. Beschädigte Beziehungen*; Frankfurt a.M.; 91-107.

son und das dieserart Festgehaltene muß eine Repräsentation auf der materialen Ebene des Ich – wie es also am Werke seiend um Güter bemüht ist – finden. Eben hieraus erwächst die juridische Formulierung von rechten und Gesetzen, wie sie also ganzheitlich in transzendentaler Differenz zu besagten Imperativen zu verstehen sind. Daher auch sind die juridischen Gesetze genau dann adäquat formuliert, wenn sie im Sinne der transzendentalphilosophischen Ethik konzipiert sind; sich also in den Gesetzen ihr dargelegtes Verhältnis zu den Imperativen widerspiegelt.

Daß auf juridischer Ebene auch ganz allgemein so genannte Grundrechte, Menschenrechte und so weiter dargelegt werden, bedeutet keinesfalls, hierin derart die Ganzheitlichkeit des Menschen und der Menschen auf juridischer Ebene aufgreifen zu können, daß sich hierüber die Ausrichtung auf die Transzendentalphilosophie erübrigen würde. Stattdessen bezeichnen diese Gesetze, daß auch das Eines-Sein des Ich als solches auf der materialen Ebene repräsentiert ist.

Somit gilt aber insgesamt, daß es der Transzendentalphilosophie zukommt, jene Imperative zu formulieren, aus denen heraus auf der materialen Ebene, von der also die juridische Ebene ein Teil ist, die entsprechenden Feststellungen zum Am-Werke-Sein zu treffen sind; die gegenständlichen Feststellungen beziehen sich also darauf, daß das Ich für sein Am-Werke-Sein eine entsprechende Orientierungshilfe inklusive der Möglichkeit von Sanktionen bedarf, wie dies als materiale Repräsentation des Sich-Bewähren-Müssens aufzufassen ist. In dem hiermit bezeichneten Sinn legt die Transzendentalphilosophie zwar den Boden für die juridische Arbeit, ohne diese aber ebenfalls leisten zu können – so weit reicht die Kompetenz der Transzendentalphilosophie nicht! -, wie auch umgekehrt gilt, daß die juridische Leistung keine Dispensierung von der transzendentalphilosophischen Anstrengung erbringen kann.

In dem hiermit bezeichneten Sinne ist in dem vorliegenden philosophischen Text also davon Abstand genommen worden, positive Aussagen zu rechtlichen Angelegenheiten vorzunehmen; dies hätte also den entsprechenden Dialog mit Experten der juridischen Ebene zur Voraussetzung[36].

Die Darlegungen in dem gegenständlichen Unterkapitel seien mit folgenden Ausführungen abgerundet: die Transzendentalphilosophie ist als ein Angebot zu verstehen, wie es an Personen gemäß ihrem Um-Sich-Bemüht-Sein-Müssen gerichtet ist. »Angebot« meint hier auch, daß die Transzendentalphilosophie nicht von jeder Person zumindest unmittelbar aufgegriffen werden können muß, sondern nach Maßgabe ihrer bisherigen Biographie. Auch aus diesem Grund kann der Transzendentalphilosophie keine legislative Kompetenz zukommen. Zugleich aber grundsätzlich zu meinen, die Transzendentalphilosophie würde von nichts sprechen, wenn sie auf *das* Eines verweist und die gebrachten Imperative aussagt, wäre eine Fehlinterpretation, die sich nicht zwingend aus dem gebrachten Argument von der Transzendentalphilosophie als einem Angebot ergibt, sondern auch daraus, daß die bisherige Biographie einer dies aussagenden Person dazu geführt hat, daß in dem Sich-Bewähren Defizite auftreten, aus denen heraus die Ablehnung der Transzendentalphilosophie erfolgt. Ein solches Denken wird die Bedeutung der transzendentalphilosophischen Aussagen leugnen, und sich mit einem Denken arrangieren, das das Person-Sein mehr oder weniger alleine aus werdeweltlichen Informationen zu begreifen versucht.

---

[36] Am Rande sei erwähnt, daß die gebrachten Ausführungen natürlich insofern eine Vereinfachung darstellen, als sie die Bedeutung der theologischen Perspektive in dem Dargelegten nicht thematisieren, wie auch von dem Problem der Kommunizierbarkeit transzendentalphilosophischer Inhalte absehen.

Am Rande sei hier angemerkt, daß es der Transzendentalphilosophie auch an der Möglichkeit zur Bildung einer Communio fehlt, wie sie im theologischen Horizont gemäß »Lebendige Kirche« gegeben ist. Gerade deshalb ist auch die Verbindung von »entfaltetes Wort« – Philosophie – und »unentfaltetes Wort« – Theologie – so wichtig. Dieserart läßt sich nämlich zu einer Verbreitung transzendentalphilosophischer Inhalte bzw. transzendentalphilosophisch-theologischer Inhalte vordringen, um willen der Beachtung von Person-Sein von Menschen und nichtmenschlichen Lebewesen.

Worauf somit dieses philosophisch-theologische Denken in Verflechtung mit der rechtlichen Ebene zuerst ausgerichtet sein muß, das ergibt sich primär aus dem zuvor angemerkten Umstand, daß sich auf rechtlicher Ebene die Ganzheitlichkeit von Person bzw. Menschheit widerspiegeln muß, in Form der Grundrechte. Eben im Lichte hiervon gilt es zu konstatieren, daß Grundrechte den Menschen zunächst seinem Person-Sein nach begreifen müssen, und daher von Anfang auch die nichtmenschlichen Lebewesen umfassen müssen, insofern diese ebenso Person sind und keine Person irgendwie aus dem Beachtet-Sein-Müssen gemäß Um-Sich-Bemüht-Sein-Müssen ausgeschlossen bleiben können. Erst im Schritt einer Verdichtung des hiermit Thematisierten kann das Grundrecht speziell als Menschenrecht verstanden werden, dem Umstand des Entfaltet-Person-Sein aufgreifend. Dies ergibt sich notwendig als philosophisch-theologische Vorgabe an die Rechtsfindung und Rechtsnormierung, der es also nicht überlassen bleibt, das hier Ausgesagte zur Disposition stellen zu können; wiewohl also nicht übersehen werden darf, daß philosophisch-theologisches Denken, das im rechtfertigungstheoretischen Horizont notwendig gültig ist, in der Kommunikation als Angebot entgegentritt.

6.4 Die skizzierte philosophische Theorienlandschaft nochmals betrachtet

Das gegenständliche Unterkapitel soll der Verdeutlichung des Dargelegten dienen, indem es gleichsam an nicht transzendentalphilosophische Argumentationen angelegt wird. Daher auch soll auf eine Bezugnahme auf die Positionen Kants und von Thomas von Aquin verzichtet werden, da diese dem hier Vorgestellten sehr nahe stehen; ein Vergleich müßte unmittelbar als detaillierte Auseinandersetzung mit besagten Positionen konzipiert sein, was den Rahmen dieses Textes übersteigt.

Zunächst sei an die Aussage Baduras erinnert, in der Ethik argumentativ überzeugen zu müssen, sowie an die Aussagen Rowlands und Singers, denen entsprechend in der Ethik gewissermaßen »hinter« die kontingent gültige Ausstattung eines Lebewesens zu blicken ist, um dasjenige an ihm diskursiv zu fassen zu bekommen, das aus der Perspektive der Ethik erlaubt, über dieses Lebewesen – bzw. Lebewesen allgemein – zu sprechen. Gerade hiervon berichtet auch das hier Vorgelegte, mit dem Unterschied, daß es das in den besagten Aussagen Anvisierte tatsächlich erreichen läßt. Die Basis hierfür ist die Beiziehung der Transzendentalphilosophie; dies hebt die Argumentation gleichsam in die erste Schicht des philosophischen Horizonts, wohingegen die anderen Positionen in der zweiten Schicht verbleiben oder überhaupt dem vorphilosophischen Horizont zuzuordnen sind – dies zu untersuchen ist ohne Bedeutung für die gegenständliche Analyse. Das Verfehlen der ersten Schicht des philosophischen Horizonts in den anderen Positionen – um dies zu betonen – ergibt sich aus eben jenen Gründen, die in Kapitel 3 angeführt sind.

An der hiermit bezeichneten Differenz zwischen dem hier Vorgetragenen und den – wie dargelegt – zurückzuweisenden Positionen interessiert vor allem, daß sich in den Bereichen abseits der ersten Schicht des philosophischen Horizonts geradezu unendlich lange, mehr oder weniger vernünftig diskutieren läßt, ohne zu einem Ziel zu gelangen, was gerade der zu Recht eingeforderten argumentativen Überzeugung entgegen steht.

Es ist ja gerade der inhärente moralische Wert aller Person seienden ontologisch begrenzten Eines – also aller Lebewesen -, der sich so nicht verdeutlichen läßt bzw. hinter herbeiargumentierten Annahmen versteckt bleibt, und daher von jemandem nicht eingesehen werden muß, der selbst noch nicht diskursiv zur Vergegenwärtigung hiervon vorgedrungen ist.

Im Lichte hiervon ist es explizit zu verstehen, daß Regans Ausführungen zum inhärenten Wert mancher nichtmenschlicher Lebewesen eine Ablehnung von Seiten anderer der hier diskutierten Positionen erfährt, da Regans Position etwas, das nur mittels der Transzendentalphilosophie erreicht werden kann, abseits dieser als Postulat darzustellen versucht!

Bedeutet dies, daß zum Beispiel – bzw. insbesondere – die Position Tom Regans bedeutungslos ist? Dies anzunehmen läßt sich mit der Logik der Transzendentalphilosophie nicht vereinbaren. Es gilt ja, daß auch ein Text gemäß der ersten Schicht des philosophischen Horizonts das Bemüht-Sein-Müssen eines Ichs nicht erübrigt. Die Auseinandersetzung mit Texten zur zweiten Schicht des philosophischen Horizonts, wie nahe oder fern sie jeweils auch immer der ersten Schicht konkret sein mögen, ist daher durchaus dem eigenen unentwegten Vordringen-Müssen zu *das* Eines dienlich; nicht nur dienlich, auch hilfreich im positiven Sinn, da in besagten Positionen gemäß ihrer Zugehörigkeit zum philosophischen Horizont – so diese im konkreten Fall gegeben ist! - auch an sich Richtiges enthalten sein muß.

Insofern ist davon zu sprechen, daß Schopenhauers Aussage gemäß »Leben ist Leiden« eine – wiewohl verzerrte – Thematisierung des Umstandes ist, notwendig andere Lebewesen in ihrem Fortkommen beeinträchtigen zu müssen. Schopenhauers Begriff des Leidens ist hierbei aber eine Thematisierung dieses Umstandes, der dem differentiellen Verzicht-Üben-Müssen des Ich – wie es also eine positive Vergegenwärtigung des Selbstand Repräsentierenden impliziert! – nicht uneingeschränkt gerecht wird; dies gilt für sämtliche, dargestellten Positionen, die auf dem Begriff des Leidens bzw. Mitleid(en)s aufbauen. Explizit ist hierzu hervorzuheben, daß die mit der Art der Verwendung dieser Begriffe gegebene unvollständige diskursive Vergegenwärtigung des Person-Seins keinesfalls im der katholisch-theologisch konzipierten Zurückhaltung gleich gesetzt werden kann; die katholisch-theologische Position bedeutet ja nicht diskursive Zurückhaltung im defizitären Sinne, sondern im Sinne von unentfaltet-diskursiv.

Daher auch sind sämtliche utilitaristischen Versuche, die Bezogenheit der Lebewesen aufeinander mit Bezugnahme auf ein insgesamt gegebenes Lust-Quantum zu verstehen als verzerrter Versuch der Vergegenwärtigung von »beste aller Welten« zu begreifen und demgemäß lediglich insofern zu beachten, als sie in ihrem Wesen als verzerrende Thematisierung verstanden werden. Dies gilt es, um dies zu betonen, unter Berücksichtigung der Universalität des Person-Seins aufzugreifen!

Daher auch gilt, daß die rechtliche Verankerung nichtmenschlicher Lebewesen nicht bloß nach „prima facies"- und „ceteri paribus"-Gesichtspunkten erfolgen kann, wie dies zum Beispiel bei Frankena gegeben ist, da derartiges alleine dem Umstand erwächst, den inhärenten moralischen Wert dieser Lebewesen nicht hinreichend diskursiv vergegenwärtigen zu können.

Somit gilt: Wenn abseits der Transzendentalphilosophie versucht wird, nichtmenschlichen Lebewesen einen moralischen Wert zuzuordnen und hierbei davon Abstand genommen wird, die entsprechende ethische Analyse naturalistisch zu begründen, so ist dieser Intention aus transzendentalphilosophischer Perspektive zuzustimmen. Zugleich ist aber festzuhalten: Der somit anzuerkennende Verzicht im positiven Vergegenwärtigen dessen, das ein Tier oder sonst ein nichtmenschliches Lebewesen ist, muß Teil einer Argumentation sein, die bedenkt, daß dieses Verzicht-Üben-Müssen im Sinne der Vergegenwärtigbarkeit von Person-Sein zu erfolgen hat und daher seine Grenzen nicht am Person-Sein der nichtmenschlichen Lebewesen an sich hat, sondern dem Unentfaltet-Person-Sein dieser Lebewesen. Es kann also nicht dabei belassen werden, aus der Zurückweisung der naturalistischen Betrachtung als Basis für eine letztrechtfertigbare Argumentation und der Feststellung, mit den nichtmenschlichen Lebewesen nicht gleichermaßen im Dialog wie mit Mitmenschen stehen zu können, abzuleiten, daß den nicht-menschlichen Lebewesen lediglich prima facie und ceteri paribus Rechte zuordenbar sind. Der inhärente moralische Wert dieser Lebewesen ergibt sich eben aus der transzendentalphilosophischen Analyse und im Rahmen dieser als positiv auszusagender Wesenszug dieser Lebewesen.

7 Ökologische Ethik

Die folgenden Vorbemerkungen zur Ökologischen Ethik sollen primär zur Verdeutlichung dessen dienen, was zweifellos nicht mit diesem Begriff bezeichnet sein kann. Hiermit ist jeglicher Versuch gemeint, der Ethik in der Ökologie bzw. in einem entsprechenden Verweis auf die Natur zu verankern unternimmt, dahingehend daß das Individuum gewissermaßen gemäß einer Naturhaftigkeit teilweise davon dispensiert sein soll, als eigenverantwortlich entsprechend seiner differentiellen Autonomie betrachtet werden zu müssen.

Derartige Ansätze übersehen, daß das Ich zwar, wie es Werdewelt-Ich ist, also entsprechend seiner materialen Ebene, nicht an sich eigenverantwortlich ist, insofern es in eine bestimmte (gesellschaftliche und so weiter) Realität geboren wird, daß dies aber eben die materiale Ebene betrifft, abseits jeglicher Möglichkeit dafür, das dieserart Betrachtete als Vergegenwärtigung des Ich an sich auffassen zu können. Dies gilt also auch, um dies zu betonen, für alle Versuche, die explizit meinen, mit der Evolution etwas angeben zu können, das eine Verfaßtheit des Ich ergibt, die es erübrigt das Ich nicht als differentiell autonomes Eines gemäß der Transzendentalphilosophie begreifen zu müssen.

Bei genauerer Betrachtung zeigt sich, daß derartige Versuche eine verzerrte Beachtung der differentiellen Autonomie des Ich bedeuten. Insofern das Ich eben nicht an sich autonom ist und jenes das an sich autonom ist, *das* Eines bzw. Gott, nicht uneingeschränkt vergegenwärtigen kann, wird aus besagter Perspektive etwas herbeiargumentiert, das dies begreifen lassen soll, ohne hierbei das eigentlich Anzugebende bedenken zu können. Dieses eigentlich Anzugebende ist aber *das* Eines bzw. Gott, in transzendentaler Differenz zu Ich. Aus dieser Differenz, wie sie gemäß Zweieinheitlichkeit zu verstehen ist, erwächst, was in Kapitel 4 als Pflicht des Ich dargestellt worden ist, wie sie also relativ zum Person-Sein des Ich zu begreifen ist und wofür oder wogegen sich das Ich nicht entscheiden kann.

Demgegenüber versucht aber jeglicher, wie hier zu kritisierender naturalistische Ansatz, aus der Beachtung der Natur – bzw. der Werdewelt – auf das Ich als Person zu blicken, auch wenn dies in diesen Ansätzen nicht bewußt vorgenommen werden mag, entsprechend einem fehlenden Verständnis für das transzendentalphilosophische Argument. Worin hiermit die Verzerrung in diesen Ansätzen gegeben ist, das erklärt sich daraus, daß mit Natur etwas angegeben wird, das sich in seinem Innersten dem diskursiven Zugriff des Ich ebenso entzieht, wie es als Grund dafür verstanden wird, daß der Mensch in seinem aktuellen Handeln nicht uneingeschränkt autonom ist, also nicht uneingeschränkt in der Position ist, sich für oder wider etwas seines Wesens entscheiden zu können. Beide hiermit bezeichneten Inhalte sind zwar gemäß dem differentiellen Verzicht-Üben-Müssen im Bedenken und der differentiellen Autonomie des Ich, basierend auf Pflicht relativ zu Sich-Bewähren-Müssen, tatsächlich zu bedenken, doch gelingt dies auf adäquate Weise nur entsprechend dem transzendentalphilosophischen Argument, *das* Eines thematisierend und jegliche naturalistische Abweichung ist als Verzerrung hiervon zurückzuweisen.

7.1 »Natur« bzw. »Umwelt« ist kein moralisches Subjekt

»Ökologische Ethik«, wie sie hier verstanden sein soll, ist auch nach den vorangegangenen vorbereitenden Worten ein noch nicht hinreichend konkret festgelegter Begriff. Im gegenständlichen Unterkapitel soll die positive Belegung dieses Begriffes mit Inhalt aufgenommen werden, über die vorangegangenen Darlegungen hinaus, eine völlig unzutreffende Inhaltsbelegung zurückzuweisen.

Im Sinne hiervon wird es auch gelten, den Begriff Ökologische Ethik an den Begriff Umweltschutz anzulegen, und nachzusehen, zu welchen Inhalten hierbei vorgedrungen werden kann. Hierzu ist an dem Begriff »Umweltschutz« sogleich zu beobachten, daß er gleichermaßen den Schutz von etwas meinen kann, das um willen desjenigen geschützt wird, dem zu schützen obliegt, wie auch um willen desjenigen, das geschützt werden soll; freilich schließen sich beide Möglichkeiten nicht gegenseitig aus. Insbesondere interessiert hierbei die Möglichkeit, Umwelt- bzw. Naturschutz als etwas verstehen zu können, das sich nicht alleine aus Bedürfnissen des Menschen ergibt, wiewohl auch angesichts hiervon die Möglichkeit bestehen könnte, »Schutz« im Sinne von »hüten« gemäß der Heiligen Schrift – vgl. Kapitel 5 – begreifen zu müssen.

Bezüglich der Tierethik ist festzuhalten gewesen, aufgrund des den nichtmenschlichen Lebewesen allgemein zuordenbaren inhärenten moralischen Wertes von Rechten der Tiere bzw. der nichtmenschlichen Lebewesen allgemein gegenüber den Menschen sprechen zu müssen. Läßt sich eine solcher inhärenter Wert auch für Natur bzw. Umwelt aussagen?

Zur Beantwortung dieser Frage ist vorab zu klären, ob mit Natur bzw. Umwelt ontologisch begrenzte Eines bezeichnet sind, denn nur insofern die nichtmenschlichen Lebewesen solche Eines sind, kommt ihnen, wie dargelegt, auch besagter Wert zu, was ebenso für die nun gegenständlichen Begriffe gelten müßte. Angesichts hiervon sei zunächst auf die Begriffe »Menschheit« und »Gesamt der Lebwesen« geblickt und gefragt, inwieweit diese ontologisch begrenzte Eines bezeichnen. In anderen Worten ist also zu fragen, ob ein Ich – gemäß »Ich bin« – als ein Ich zu verstehen ist, das zudem derart Element von »Menschheit« und »Gesamt der Lebewesen« ist, daß es diese beiden gleichsam als für sich existierende ontologisch seiende Einheiten auch in sich hat, neben seinem Ich-Sein als ein Seiendes. Derartiges ist auszuschließen, denn insofern sich ein Ich nicht als einziges Ich verstehen kann, aber als ein ontologisch Begrenztes, müßte die – so gesehen – Gattungsbegriffe seienden Begriffe »Menschheit« und »Gesamt aller Lebewesen« mehrfach sein, entsprechend den mehrfach seienden Ichs.

Derartiges schließt die transzendentale Logik aus, insofern ein Eines der Selbstand bezeichnenden Ebene nicht mehrfach auftreten kann. Tatsächlich muß gelten, und dies ist explizit gemäß dem differentiellen Verzicht-Üben-Müssen im Bedenken zu verstehen: Das Ich-Sein bedeutet ein Eines-Sein, dessen Grenzen nicht gegenüber Vielheit bzw. Mehrfachheit ausgespannt sind, wie sie es erfordern würden, das Eines-Sein in Verflechtung mit dem Eines-Sein von Gattungsbegriffen verstehen zu müssen, die in dem Ich neben dem Eines-Sein sind; stattdessen: es ist bereits analytisch in dem Eines-Sein des Ich inbegriffen, nicht gleich einer Monade Begrenztes zu sein, da das Ich Eines ist gemäß der zweieinheitlichen Differenz zu *das* Eines, das insofern es nicht es an sich ist, nicht in Duplizität zu sich ein zweites einmaliges Eines ist.

Im Lichte hiervon ist es daher zu verstehen, daß das Ich – gemäß seinem differentiellen Verzicht-Üben-Müssen! – begriffliche Eines wie »Menschheit« ableitet, mittels denen also die ontologische Ebene entsprechend dem transzendentalphilosophischen Argument bezeichnet ist, ohne daß hiermit also an sich Seiendes bezeichnende Gattungsbegriffe vergegenwärtigt würden. »Menschheit« und »Gesamt der Lebewesen« ist daher kein eigener inhärenter moralischer Wert zuordenbar, sondern den mit diesen Begriffen bezeichneten Lebewesen kommt er alleine gemäß ihrem eigenen Person-Sein zu.

Angesichts hiervon sei nun also der moralische Wert von »Umwelt« und »Natur« betrachtet. Zweifellos ist jedes Lebewesen in Verflechtung mit der unbelebten Natur zu sehen, der gemäß diese in einer bestimmten Verfaßtheit sein muß, um Lebewesen ein Fortkommen zu ermöglichen. Mit der Thematisierung hiervon wird die unbelebte Natur im Horizont ihres Ein-Gut-Sein für die Lebewesen betrachtet, denn zweifellos zielt das Vergegenwärtigte auf die materiale Ebene von Person-Sein ab. Ein Gut kann aber ein eben solches sein, ohne selbst einen inhärenten moralischen Wert haben zu müssen. Läßt sich also abseits von besagtem Ein-Gut-Sein ein entsprechender Wert der unbelebten Natur oder dieser als Gesamt zuordnen? In anderen Worten: Läßt sich von dem moralischen Wert eines Schwefel-Atoms, der starken Wechselwirkungskraft, der Schwerkraft, einer tektonischen Erhebung, einer wassergefüllten Einsenkung im Gestein und so weiter sprechen? Dies ist auszuschließen, denn insofern nichts von dem Angeführten bzw. Thematisierten der genealogischen Kette angehört, wie sie in Kapitel 4 dargelegt worden ist, siehe zudem Kapitel 6, kann nichts von dem gegenständlich Betrachteten Person sein, weder entfaltet noch unentfaltet, womit nichts hiervon ein inhärenter moralischer Wert zukommt.

Zugleich aber, und dies darf nicht übersehen werden – nicht zuletzt, um Verwechselungen dahingehend zu vermeiden, der unbelebten Natur einen inhärenten Wert beimessen zu wollen -, ist die unbelebte Natur also ein potentielles Gut und das Sein-Können hiervon ist jenes, das im Buch *Genesis* die unbelebte Natur als »schön« bezeichnen läßt – vgl. Kapitel 5. Philosophisch formuliert ist das hiermit Bezeichnete im Lichte von »beste aller Welten« zu begreifen; die unbelebte Natur ist derart, daß sie das Um-Sich-Bemüht-Sein bzw. dieses in seiner Manifestation als Am-Werke-Sein sein läßt, wie es sich auf Güter bezieht.

Ist also die unbelebte Natur bzw. Umwelt somit auch nicht mit einem inhärenten Wert belegbar, so bleibt die Möglichkeit, daß dies für die belebte Natur bzw. Umwelt zutrifft. Belebte Natur bzw. Umwelt bezeichnet aber letztlich gerade jenes, das mit »Gesamt der Lebewesen« thematisiert worden ist, und von dem zuvor festgehalten worden ist, daß es keinen eigenen inhärenten moralischen Wert repräsentiert, sondern mit einem solchen verbunden ist, als den einzelnen, bezeichneten Lebewesen ein solcher zukommt; dies gilt also auch, insofern Natur bzw. Umwelt nur einen weiteren Begriff – neben Menschheit, Gesamt der Lebewesen und so weiter – relativ zum Person-Begriff darstellen könnten, auf die die obigen Ausführungen zur Gattungsbegriff-Problematik zutreffen.

Naturschutz bzw. Umweltschutz bezeichnet somit nichts, das selbst Subjekt eines inhärenten moralischen Wertes ist, sondern hierzu in Beziehung steht, alleine insofern die Lebewesen, wie sie mit Natur bzw. Umwelt bezeichnet sind, einen inhärenten moralischen Wert aufweisen. Zugleich gilt, daß die Begriffe Umwelt und Natur eigentlich jeweils Unterschiedliches umfassen, nämlich Teile der genealogische Kette – belebte Natur bzw. Umwelt - und solches, das diesen ein Gut sein kann – unbelebte Natur bzw. Umwelt. Behält man daher die Begriffe Umwelt und Natur bei, so ist es zumindest notwendig, sich explizit dieses Umstandes bewußt zu sein, um durch das Übersehen hiervon in den weiteren Überlegungen nicht beeinträchtigt zu sein.

7.2 Ökologische Ethik als Konsequenz von Person-Sein als zu entfaltendem Eines

Versucht man das in 7.1 Dargelegte positiv zu formulieren, so ist sogleich zwischen dem Umweltschutz zu unterscheiden, wie er sich auf die so genannte unbelebte Natur bezieht und auf den Umweltschutz, wie er sich auf die belebte Natur bezieht – genauerhin auf die unentfaltet Person seienden Lebewesen.

Umweltschutz relativ zur unbelebten Natur ist vergleichsweise einfach darzulegen, da – wie angemerkt – die unbelebte Natur als Gut zu verstehen ist, mit dem Lebewesen umzugehen haben, insofern sie als Um-Sich-Bemüht-Seiende gemäß Zweieinheitlichkeit auch materiale Basis von Person sind. Somit muß die Zur-Verfügung-Stellung des Gutes anderen Lebewesen gegenüber nach den Sätzen gelten, die in Kapitel 4 bezüglich dem Sich-Bewähren-Müssen des Menschen festgehalten worden sind. Explizit ist hieran hervorzuheben, daß hiermit nicht bloß die Zu-Verfügung-Stellung anderen Menschen gegenüber thematisiert ist, sondern sämtlichen Person seienden ontologischen Eines; dies gilt gemäß dem in Kapitel 6 gefundenen Satz, daß die Beachtung dieser Lebewesen zu keinem Zeitpunkt ausgesetzt werden kann, da das Sich-Bewähren-Müssen zu keinem Zeitpunkt eine Mißachtung von Person-Sein bedeuten kann.

Hieraus folgt, daß all jenes, das gemäß einer fundierten werdeweltlichen Analyse als dem Fortkommen eines Lebewesen auf materialer Basis angemessen zu verstehen ist, einem solchen auch verfügbar gemacht werden muß. Hierunter ist also ein Recht auf saubere Luft, sauberes Wasser, fehlende Lärmbelästigung und so weiter zu verstehen.

Umweltschutz, soweit er die lebende Natur betrifft, ist insofern komplizierter zu erfassen, als er sich letztlich kaum gegenüber der Tierethik bzw. Ethik der nichtmenschlichen Lebewesen allgemein, abgrenzen läßt. Hierin liegt auch, daß bereits das zum Schutz der unbelebten Natur Angeführte alleine aus der Tierethik ableitbar ist bzw. der Ethik allgemein. Die Anmerkungen zur Tierethik, zum Teil also konkretisiert gemäß den vorangegangenen Ausführungen, thematisieren vollständig den Umgang des Menschen mit nichtmenschliche Lebewesen aus ethischer Perspektive. Dies gilt, insofern das nichtmenschlichen Lebewesen als um sich bemüht Seiendes thematisiert ist, sowohl was sein Leben, als auch seine Bedürfnisse an sich und konfligierend mit menschlichen Bedürfnissen anbelangt.

Lediglich ein – wiewohl beachtenswerter! – Aspekt ist mit der gebrachten Argumentation noch nicht hinreichend abgedeckt, nämlich die Zurückdrängung belebter Natur insgesamt, aufgrund von Raumansprüchen der menschlichen Gesellschaft bzw. Teilen hiervon.

Es versteht sich von selbst, daß hier kein Expandieren zum Problem erhoben werden kann, das einem wirtschaftlichen Denken entspringt, das nicht auf *das* Eines ausgerichtet ist, und daher Güter, wie sie also Landnahme bedingen, mit dem zu den Gütern in transzendentaler Differenz Seienden verwechselt. Derartiges kann insofern kein Problem sein, als es von vornherein als wider das Sich-Bewähren auszugrenzen ist.

Schließt man derartiges also aus, so bleibt immer noch die Frage, was ein harmonisches Miteinander von nichtmenschlichen und menschlichen Lebewesen im Horizont der gegenständlichen Thematik bedeutet. Zur Auflösung des Problems seien zunächst einige Sachverhalte geklärt, um willen davon, einige Fallen im Vordringen zur Lösung des Problems beseitigen zu können.

Zunächst muß evident sein, daß es einer Gesellschaft nicht darum gehen kann, aus möglichst vielen Personen zu bestehen, als Grundlage für die Bemessung der Raumansprüche. Dies ergibt sich daraus, daß »möglichst viele« eine quantifizierende Aussage ist, die auf der Ebene von Person-Sein keine Bedeutung haben kann, ist Person-Sein doch in transzendentaler Differenz zu Quantität; vgl. Kapitel 4. Somit gilt aber auch, daß ein »möglichst wenige Menschen« oder sonst irgend eine quantifizierende Bemessung nicht zulässig sein kann. Überlegungen hierzu helfen nicht weiter. Dies gilt auch für jegliche Berechnung, wie viele Menschen die Erde aufgrund ihrer Ressourcen behausen kann; eine solche Berechnung hätte alleine für die materiale Ebene von Person und insofern Menschheit Sinn.

Nun ist zu beachten, daß die hier gegenständliche Problematik zum Umweltschutz keiner Lösung zugeführt werden kann, wenn eine – zum Beispiel die gegenwärtige – materiale Situation zur absoluten Bemessungsgrundlage genommen wird, also zum Sollwert erklärt wird. Dies kann nicht vernünftig gedacht werden, da hierin liegen würde, werdeweltlichen Ausprägungen einen absoluten Wert zuzuordnen, was wider die Logik der Transzendentalphilosophie sein muß. Das hiermit dargelegte Verbot ist in seinem ganzen Umfang zu sehen; also auch, daß hiermit dargelegt ist, in einer etwaig gegebenen Artenvielfalt keinen Wert sehen zu können, der schützenswert ist. Wiewohl Artenvielfalt im Horizont der Werdewelt-Analyse aus ökologischen Gründen von Bedeutung sein mag, erstreckt sich das hiermit Thematisierte nicht in die Werteebene des Person-Seins und braucht daher im Horizont von Um-Sich-Bemüht-Sein nicht an sich bedacht zu werden, sondern alleine gemäß davon, die Ebene der Werdewelt nicht bagatellisieren zu dürfen – vgl. Kapitel 4 und 6.

Ebenso ist in der gegenständlichen Argumentation zu beachten, daß »ein Stück« belebte Natur nicht deshalb schützenswert sein kann, da sie vom Menschen unberührt ist, also gleichsam ein Stück »unverfälschte Natur« ist. »Unberührtheit« kann für sich genommen kein Wert sein, da der Mensch gegenüber der belebten Natur kein Fremdkörper im Sinne von »kategorial Anderes« ist; er ist ja gerade in analytischer Verbundenheit mit den nichtmenschlichen Lebewesen zu verstehen. Dies schließt aber das Beachten-Müssen des differentiell autonomen Fortkommens der nichtmenschlichen Lebewesen nicht aus, was sich aber nicht in »Unberührtheit« übersetzen läßt.

Hieraus ergibt sich zudem, daß Umweltschutz, wie er hier zu diskutieren ist, keinesfalls als der Schutz von etwas verstanden werden kann, das als schön, bewundernswert oder sonst dergleichen verstanden wird, da dies einen Anthropozentrismus bedeuten würde, unter anderem auch im Sinne einer defizitär-naturalistischen Zuwendung zur Natur, im Sinne der Vorbemerkungen zu diesem Kapitel. Natur, um dies anders zu formulieren, kann nicht deshalb schützenswert sein, weil sie oder insoweit sie bestimmten Vorgaben durch den Menschen entspricht, die anderes als das Person-Sein der nichtmenschlichen Lebewesen gemäß ihrem eigenen Fortkommen thematisieren. Die schöne, farbenprächtige und vielfältiges Leben aufweisende Almwiese erfüllt dieses Kriterium zweifellos nicht aufgrund der angegebenen Prädizierungen.

Lediglich in folgendem speziellen Sinn kann sie trotzdem unter Verweis auf diese Prädizierungen schützenswert sein: Ein Ich ist um sich bemüht gemäß seiner Anfang-Nahme entsprechend Am-Werke-Sein und dies darf nicht bagatellisiert werden. In der Moderne kann die Gesellschaft (von einem Ich) als sich schnell wandelnd empfunden werden, Orientierungsprobleme ergebend. Der (romantisierende) Blick in die Natur kann hierbei zur Orientierungshilfe werden, da in der Natur gleichsam etwas gefunden wird, das nicht besagten schnellen Wandel zeigt. Damit wird freilich die Natur nicht ihr gemäß gesehen und instrumentalisiert. Diese Instrumentalisierung ist aber entsprechend Nicht-Bagatellisierung des Am-Werke-Seins zulässig, vorausgesetzt, in der Instrumentalisierung ist zugleich die Intention das Überkommen hiervon angelegt.

Grundsätzlich ist also nicht die Natur zu schützen, insofern sie schön, farbenfroh, vielfältig und so weiter ist, sondern insofern sie eigengesetzlich das Fortkommen der sie bildenden Lebewesen zeigt. Dies manifestiert sich ebenso in besagter Almwiese, wie an kleinen – unscheinbaren - Pflanzen am Straßenrand. Letztere bedeuten nicht, daß sie explizit unter Schutz zu stellen sind – den werdeweltlichen Zustand zum Sollzustand erklärend -, sondern in ihrem Da-Sein zu akzeptieren sind, vorausgesetzt es kommt zu keinen Konflikten mit menschlichen Ansprüchen; vgl. Kapitel 6.

Zu diesen Ansprüchen gehört aber, um dies hervorzuheben, kein ästhetisches Empfinden, das Maß, Ordnung und so weiter abseits der Vergegenwärtigung von *das* Eines begreift, das also derartiges zum Ziel erklärt, und somit Harmonie lediglich in seiner werdeweltlichen Dimension begreift!

Mit der gebrachten Ausführung zu Da-Sein läßt sich nun der Kreis der Argumentation schließen, also explizit die gegenständliche Problematik aufgreifen und zu lösen versuchen. Das bedeutet: Das Da-Sein des Ich, also nicht im werdeweltlichen Hier und Jetzt, sondern gemäß Im-Gespräch-Sein-Mit-Sich, bezeichnet ein Da-Sein gemäß Person und insofern den Anspruch auf ein »Du«, wie es gemäß dem Satz folgt, daß sich der Mensch nicht vernünftig als einzig seiendes Ich verstehen kann. Dieses »Du« bezeichnet aber nicht bloß entfaltet Person-Sein, also Mitmensch, sondern Person insgesamt und somit auch im Sinne von unentfaltet Person-Sein.

Es obliegt daher dem Ich, als Individuum und als Teil einer Gesellschaft, um das sich hieraus ergebende Miteinander von Menschen und nichtmenschlichen Lebewesen bemüht zu sein, abseits jeglicher anthropozentrischer Bedachtnahmen auf die Natur, sondern gemäß dem Da-Seins-Anspruch der Lebewesen. Dies gilt es im Horizont von Um-Sich-Bemüht-Sein-Müssen zu bedenken, unterliegt also jenen Vorgaben, die in Kapitel 4 zu diesem Thema dargelegt worden sind.

Anhang

Zum Verhältnis von katholischer Theologie und Philosophie aus philosophischer Perspektive

I

Einleitung Der vorliegende Aufsatz beleuchtet die Beziehung von Philosophie und katholischer Theologie. Im Lichte des nicht reibungsfreien Verhältnisses dieser beiden Bereiche des Bedenkens soll ein Ansatz dargestellt werden, der sie in ihrer Verflechtung miteinander erweist; wiewohl eindeutig zwischen katholischer Theologie einerseits und Philosophie andererseits zu unterscheiden ist, sind beide Bereiche - so soll verdeutlicht werden - notwendig zugleich in ihrem Miteinander zu begreifen, *explizit um willen davon*, sie ihre Aufgabe in der Gesellschaft effizient erfüllen lassen zu können.

Der Vorstellung jener Theorie des Person-Seins, auf der die in den Raum gestellte Weise des Verknüpfens beider Bereiche des Bedenkens basieren soll, seien einige Ausführungen Jaspers' in *Der philosophische Glaube*[1] zum Verhältnis von Religion und Philosophie vorangestellt, gleichsam um in die Problematik einzustimmen - im dritten Abschnitt wird auf Jaspers' Text zurückzukommen sein.

Da der vorliegende Aufsatz aus der Perspektive der Philosophie auf »Theologie und Philosophie« blickt, sei sogleich aus Jaspers' Schrift hervorgehoben: „Der Philosoph kann unmöglich dem Theologen und den Kirchen sagen, wie sie es machen sollen. Der Philosoph kann nur hoffen, mitzuarbeiten an den Voraussetzungen. Er möchte helfen, den Boden zu bereiten und den Raum der geistigen Situation fühlbar zu machen, in dem wachsen muß, was er nicht schaffen kann" (S.97). Im Geiste dieser Aussage wird die vorliegende Arbeit um die Vergegenwärtigung der gemeinsamen Wurzel von Philosophie und katholischer Theologie bemüht sein.

Eben die Hilfestellung, wie Jaspers von ihr berichtet, ist es, die im Lichte der angemerkten »Reibungsflächen« zwischen Philosophie und Theologie zu konzipieren ist, wobei zu diesen »Reibungsflächen« selbst mit Jaspers angemerkt sei: „Religion drängt vorwiegend zur Leibhaftigkeit, Philosophie nur zur wirkenden Gewißheit. - Der Religion erscheint der Gott der Philosophen arm, blaß, leer, sie nennt die philosophische Haltung abschätzig »Deismus«; der Philosophie erscheinen die religiösen Leibhaftigkeit wie eine trügerische Verschleierung und falsche Annäherung. - Die Religion schilt den Gott der Philosophie als bloße Abstraktion, die Philosophie mißtraut den religiösen Gottesbildern als Verführung zu wenn auch noch so großartigen Götzen" (S.73). Zudem schreibt Jaspers: „Daher ist das Wunderbare, daß dem gedanklichen Inhalt nach der griechische und der alttestamentliche Monotheismus zusammenfallen, in der Weise der Gegenwärtigkeit Gottes aber radikal unterschieden sind. Es ist der Unterschied von Philosophie und Religion. Es ist in der Folge der Unterschied von Gottheit und Gott - von gedachter Transzendenz und lebendigem Gott; das Eine der Philosophie ist nicht der Eine der Bibel" (S.74).

Die Auflösung derartiger »Reibungsflächen« ist gerade angesichts der Bedeutung beider Denkbereiche für die Gesellschaft dringend nötig, wozu wiederum mit Jaspers festgehalten sei: „Ein neues Zeitalter ist im Entstehen, das den Menschen bis zum letzten Individuum einer

---

[1] Jaspers K 1963: *Der philosophische Glaube* - München.

so radikalen Verwandlung unterwirft, wie sie in historischen Zeiten noch nie geschehen ist. Weil aber die Verwandlung der realen Lebensverhältnisses tief geht, muß die Wandlung religiöser Gewißheitsformen entsprechend tiefer gehen, um das Neue zu gestalten, daß es tragbar und beseelbar wird. Es ist eine Verwandlung dessen zu erwarten, was wir die Materie, das Kleid, die Erscheinung, die Sprache des Glauben nannten, und zwar eine Verwandlung, so stark wie alle anderen Verwandlungen unseres Zeitalters - oder aber es geht die ewige Wahrheit der biblischen Religion dem Gesichtskreis der Menschen verloren; er erfährt sie nicht mehr und kein Gedanke kann ersinnen, was an deren Stelle treten könne. Daher ist ein Ausholen zur Wiederherstellung der ewigen Wahrheit zu fordern, das bis in die letzten Ursprünge geht und unbekümmert um historische Vergänglichkeiten diese Wahrheit in neuer Sprache zur Erscheinung bringt" (S.97f).

Zumindest teilweise ist gegenwärtig festlegbar, »was an deren Stelle treten könne«, nämlich ein Naturalismus, getragen von einer naiv-evolutionistischen Denkweise, der im Namen eines empiristischen Verständnisses von Wissen, Glaube, wie er mit der Vergegenwärtigung von Gott und Gottheit verknüpft ist, als Aberglaube diskreditiert. Hierin, um dies sogleich hervorzuheben, ist ein defizitäres Verständnis des eigenen Ich - des eigenen Person-Sein – begründet: Es wird alleine im Horizont selektionistischer Belanglosigkeiten gesehen, mit allen daraus erwachsenden negativen Konsequenzen für die Ethik[2]. An diesem Denken ist aber auch sein Da-Sein-Können hervorzuheben, also der Umstand, daß sich ein Ich mit diesem abfinden kann.

Der Betonung verdient dies, da, wie im folgenden Abschnitt zu zeigen sein wird, die philosophische Analyse von dem Bedenken des Ich seinen Anfang nimmt, als dem Ort des notwendig Auszusagenden; daß daher auch bezüglich dem Bedenken des Ich-Sein Probleme auftreten können, verdient der Beachtung.

Besagtes evolutionistisches Denken sieht in einem Anfang-Nehmen mit dem Ich - unter anderem - einen Narzißmus; die Hinfälligkeit dieser Kritik ist an anderem Ort dargestellt worden[3]. Aber auch dem theologischen Denken mag dieses Anfang-Nehmen nicht unproblematisch erscheinen, doch wird sich noch zeigen, daß es sich bei diesem Anfang-Nehmen um die philosophische Darstellung dessen handelt, von dem auch Theologie notwendig berichtet. Um willen der Vermeidung von Mißverständnissen - wie auch um willen eines leichteren Zuganges zu dem in Abschnitt II Dargelegten - sei hierzu aber eine weitere Stelle aus dem bereits konsultierten Text Jaspers' gelesen: „Es ist das dem Philosophen unzugängliche Religiöse selbst, das vorgegeben schon da sein muß. Es kann nicht geplant, nicht von außen angeschaut werden" (S.99). Auch das folgende Anfang-Nehmen bei dem »Ich« ist kein solcher Versuch einer Außenperspektive; der folgende Text wird das Jaspersche »unzugänglich« auflösen und das »vorgegeben schon da sein muß« bestätigen bzw. im Lichte der - wie zuvor zitiert - von Jaspers geforderten Neuerung im Bedenken festigen.

---

[2] Siehe Senz W 2003: *Die Grundlage jeglichen Bedenkens im Lichte der noetischen Dialektik* - Frankfurt a.M.

[3] Senz W 2004: *Die „Wiener" evolutionäre Erkenntnistheorie von ihren Anfängen bis zur Gegenwart - eine kritische Würdigung* - Frankfurt a.M.

II

Zum Person-Sein des Ich aus philosophischer Perspektive Der Frage nachzugehen, was es mit dem Person-Sein des Ich auf sich hat, bedeutet, zunächst nach jenem Ort des Bedenkens zu fragen, der notwendig auszusagen ist und insofern begründungstheoretisches Fundament für Ausführungen spezieller Thematik - zum Beispiel jener des Person-Sein des Ich - ist. Sich dieser vorgeordneten Frage zu widmen, bedeutet sogleich eine Bezugnahme auf das eigene Ich, wiewohl in Abschnitt I die Möglichkeit eines defizitären Bedenkens des eigenen Person-Seins festgehalten worden ist. Das ist: Der Blick in die Welt, wie sie naturalistisch wahrgenommen wird, bedeutet einen Blick in eine Welt aus Veränderlichem und Zusammengesetztem; somit den Blick in eine Welt des als kontingent gültig Wahrgenommenen - sie sei als Werdewelt bezeichnet. Ein Teil dieser Welt ist das Ich, *inwiefern* es ein körperliches Element dieser Welt ist, aber auch inwiefern es als ein Körperliches mit dieser Welt interagiert, wozu die Aufnahme und Verarbeitung von Daten gehört, wie sie in die (körperlichen) Sinnesorgane eindringen und von dem (körperlichen) Nervensystem bearbeitet werden.

In der Werdewelt wird das Ich nicht jenen begründungstheoretisch unhintergehbaren Anfang seines Bedenkens auffinden können; es gilt nämlich: Ein Etwas dieser Welt, inwiefern es raumzeitlich Aktuelles und insofern also Begrenztes ist, verweist auf ein anderes derartiges Etwas und dieses, da es - um überhaupt erreicht worden sein zu können - selbst ein eben so (Weiter-)Verweisendes ist; diese Verweiskette ist unendlich. Nirgendwo kann sie, anders als willkürlich, abgebrochen werden, um willen des Erhalts eines nicht hintergehbaren Anfangs des Bedenkens. Woran zugleich aber nicht gezweifelt werden kann, das ist dieses um Begründung bemüht seiende Bedenken und somit das eigene Bedenkendes-Sein. Mehr als das eigene *Da-Sein* ist damit aber *noch nicht* ausgesagt, denn darüber hinaus gehende Inhaltszuweisungen können hiermit insofern nicht festgelegt sein, als das Person-Sein des Ich, wie angemerkt, auch defizitär bedacht werden kann, so daß also spezielle Inhalte zu diesem auf ihren thematisch-methodisch nicht reduziert bedachten Gehalt erst zu hinterfragen sind.

»Ich bin« erweist sich somit als der gesuchte Anfang des Bedenkens, also als jene Aussage, aus der heraus analytisch alle weiteren Aussagen abzuleiten sind; und weitere, notwendig anzunehmende Aussagen muß es geben, aufgrund der Logik von »Ich bin«. »Ich bin« ist nämlich, formal betrachtet, eine Da-Seins-Aussage, ohne ausschließlich eine solche sein zu können, denn sie bezeichnet den Anfang des Bedenkens des Ich, wie es sich auf das Sein und nicht bloß einen Aspekt von diesem bezieht. Komplementär hierzu gilt aber: Wiewohl das Bedenken des Ich auf das Sein bezogen ist, nicht also bloß einen Aspekt von diesem - das Da-Sein - aufgreift, kann das Sein nicht an sich bzw. uneingeschränkt von dem Ich bedacht werden können, denn wäre dem so, es wäre nicht einsehbar, wieso es zum Bedenken der Welt etwas bedarf, das an sich keinen Selbststand hat, nämlich besagte ins unendliche gehende Kette von Aussagen zu werdeweltlich Begrenztem. Das Ich ist also in seinem Bedenken Verzicht üben Müssendes und *zugleich* ein solches, das den Bereich der Notwendigkeit im Bedenken erreichen kann - wovon also »Ich bin« Zeugnis ablegt.

Zunächst folgt hieraus: »Ich bin« ist jener Beginn des Bedenkens, der zuallererst analytisch auf jene Aussage verweist, die jene Einschränkung entgrenzen läßt, die mit »Ich bin« in Form ihres formalen Kleides gegeben ist. Diese Entgrenzung ist also zu leisten, was unumgänglich in Zusammenhang mit besagtem differentiellen Zugang des Ich zum Bereich der Notwendigkeit stehen muß. Das ist: Es ist aufzugreifen, daß das Ich »differentiell« Verzicht üben muß, inwiefern es sich selbst nicht in faktischer Getrenntheit zu Begrenztheit verstehen kann – zunächst tritt dies in Form besagter Körperlichkeit entgegen -, wiewohl es auch nicht in eben solcher Getrenntheit zur Notwendigkeit sich bedenken kann - wovon also das Aussagen-Können von »Ich bin« Zeugnis ablegt. Wiewohl sich also das Ich als Begrenztes verstehen muß, kann es sich *nicht nur* als Begrenztes verstehen, da es ansonst in faktischer Getrenntheit zur Notwendigkeit sein würde.

Die einzige Möglichkeit, die somit zu leistende Verflechtung vernünftig bedenken zu können, die sich aus dem bisher Dargelegten ergibt - und dieser Bezugsrahmen ist nötig, im Sinne der geforderten analytischen Ableitung aus »Ich bin«! -, erwächst aus der genaueren Betrachtung von »Begrenztes verweist auf Begrenztes« im Horizont des Bedenkens des Ich. Hierbei wird evident, daß »Begrenztes verweist auf Begrenztes« zwar ad infinitum gilt, zugleich aber keine reine Chaotizität besagen kann, da eine solche jegliche Suche nach der Ermöglichung thematisch-methodisch unreduzierter Letztbegründung erübrigen würde: was uneingeschränkt chaotisch organisiert ist, läßt sich gar nicht bedenken. Hiervon kann aber bezüglich dem »Blick in die Welt« keine Rede sein, denn wenn er auch keine Letztbegründung zuläßt, so weist er doch Regelmäßigkeiten auf. Diese - und nicht irgendwelche partikulären raumzeitlichen Aktualitäten für sich - sind es ja, für die nach dem *sie* Letztbegründenden gesucht wird. Das Aussagen-Müssen solcher Regelmäßigkeiten trägt also analytisch in sich, daß es einen sie letztrechtfertigenden Bereich gibt, der aber in Differenz zu dem die Regelmäßigkeiten aufweisenden Gesamt steht. Dies ergibt sich zwingend aus der Anerkennung des ins Unendliche führenden Charakters der Verweisfunktion von Begrenztem.

Die einzige Möglichkeit, die geforderte Verflechtung unter den somit gegebenen Bedingungen zu leisten, ist in Gestalt der dialektischen Differenz gegeben, inwiefern von ihr gemäß der Feststellung zu reden ist, daß ein Eines angenommen wird, das, indem es ist, nicht nur an sich sondern zugleich in zu sich modal verschiedener Form ist, dahingehend, daß dieses Eines Selbstand - Notwendigkeit - bedeutet und dieser Selbstand zugleich in nicht an sich seiender Form auftritt; die besagten Regelmäßigkeiten bezeichnen in diesem Sinne die nicht an sich seiende Form von Selbstand und sind somit im Bedenken mit Denkinhalten verflochten, die Selbstand an sich bedeuten. Diese »an sich seiende« Form setzt sich somit aus notwendig auszusagenden Aussagen zusammen, von denen also eine mit »Ich bin« bereits identifiziert ist[4].

An dieser Feststellung fällt aber sogleich auf, daß die Zuordnung von »Selbstand an sich« an das Ich im Lichte des differentiellen Verzicht-Üben-Müssens des Ich zu verstehen ist, *woraus* sich nun konkret jene Verflechtung von Notwendigkeit und Kontingenz bezüglich dem Sein des Ich - wie oben gefordert - ergibt. Das Ich, wie es »Ich bin« bedenkt, kann schon deshalb nicht uneingeschränkt mit dem Bereich der Notwendigkeit identifiziert werden, als in diesem Falle gar nicht einsichtig sein könnte, wieso auf »Ich bin« zurückzugreifen ist und wieso mit dem Bedenken von epistemologisch Begrenztem - die begrifflichen Eines zur Werdewelt - etwas vorliegt, das uneingeschränkt nicht an sich Selbstand bedeutet. Die Frage, was es also hiermit auf sich hat, läßt sich nun mit Rückgriff auf »dialektische Differenz« erklären. Das bedeutet: Das differentielle Verzicht-Üben-Müssen des Ich ist Ausdruck seines ein ontologisch Begrenztes-Sein, und erweist es als in dialektischer Differenz zu *dem* Eines stehend, das tatsächlich an sich Selbstand bedeutet. Das Ich ist also ein ontologisch begrenztes Eines und insofern ein Eines jener Ganzheit, die mit ontologisch Begrenztes in dialektischer Differenz zu *das* Eines bezeichnet ist. Das Bedenken dieser Ganzheit gemäß epistemologisch be-

---

[4] Es braucht hier weiters nicht zu interessieren, wie beide Bereiche des Bedenkens miteinander genauerhin verflochten sind - siehe Senz W 2003: *Untersuchungen zu den theoriengeschichtlichen Wurzeln und der zentralen Aussage der noetischen Dialektik* - Frankfurt a.M.

grenzten Eines - die Werdewelt bedeutend - in dialektischer Differenz zu den notwendigen Aussagen ist somit in analytischer Entfaltung von »dialektische Differenz« im ontologischen Horizont zu verstehen.

Diese analytische Entfaltung von »dialektische Differenz« ist bezüglich dem Ich, anders als bei den anderen ontologisch begrenzten Eines wie folgt weiter zu führen: Das Bedenken des Ich ist primär introspektiv: das Ich ist »im Gespräch mit sich«, wovon ja bereits das Hinterfragen-Müssen der eigenen Handlungen - hierauf wird sogleich zurückzukommen sein – Zeugnis ablegt. Dieses introspektive »im Gespräch mit sich sein« ist das an sich Sein des Ich als Person in dialektischer Differenz zu *das* Eines, und ihm ist, inwiefern von der analytischen Entfaltung von »dialektische Differenz« zu sprechen ist, eine materiale Ebene - wie sie also »nicht an sich sein« in dialektischer Differenz bedeutet - beigegeben, also eine Ganzheitlichkeit, die keine an sich ist. Daher auch läßt sich in der werdeweltlichen Ebene - also der Ebene der epistemologisch begrenzten Eines - ein insofern ganzheitliches Ich beschreiben, das - wie angemerkt - Daten aus der Umwelt aufnimmt und verrechnet; hierin spiegelt sich also wider, daß das Ich, wie es ein ontologisch begrenztes Eines ist, *ganzheitlich* in dialektischer Differenz hierzu auf seiner materialen Ebene wiedergegeben ist.

Für den vorliegenden Aufsatz ist es nun wichtig, das Ich im Horizont der Ethik zu betrachten[5]. Inwiefern das Ich ein ontologisch begrenztes Eines in dialektischer Differenz zu *das* Eines ist, ist es ein um sich bemüht sein Müssendes, also ein handeln Müssendes, wie dies analytisch mit »Begrenztes-Sein« gegeben ist. Ausdruck hiervon auf der materialen Ebene des Ich ist dessen Bedürftigkeit, wie sie alleine im Umgang mit Gütern, wie sie in der Welt vorgefunden wird, und gemäß epistemologisch Begrenztem bedacht werden, befriedigt werden kann. Nun gilt aber, daß nirgendwo in dieser Welt an sich Selbstand besteht, womit ausgesagt ist, daß der Umgang mit Gütern nirgendwo an sich das Ziel des Um-Sich-Bemüht-Seins beinhalten kann. Konkret ist dieses Um-Sich-Bemüht-Sein auch nicht auf den Umgang mit Gütern zu projizieren, sondern für dieses muß ebenfalls ein Eines in dialektischer Differenz zu diesem festgehalten werden; es sei als »am Werke sein« - wie es sich also konkret auf den Umgang mit Gütern bezieht - bezeichnet. Dieses ist also notwendig anzunehmen, inwiefern notwendig von der dialektischen Differenz zu sprechen ist und es ist notwendig festzuhalten, daß sich das Um-Sich-Bemüht-Sein notwendig im Am-Werke-Sein manifestiert, in dem Sinne, wie sich das an sich Selbstand Bedeutende notwendig in der zu sich in dialektischer Differenz stehenden Ebene manifestiert.

Damit bleibt aber das nicht an sich Selbstand Bedeutende ein eben solches, woraus in der Ebene der Ethik folgt, daß sich im Horizont des Am-Werke-Seins etwas bewähren muß, das alleine in der Ebene des Um-Sich-Bemüht-Seins an sich verstanden werden kann. - Hervorgehoben sei: von Bewähren-Müssen ist hier unumgänglich zu sprechen, da das bedenkende Handeln in dem Sinne unter einem Begründungsanspruch steht, wie es als zu diesem befähigt darzustellen ist. - Wesentlich ist nun festzuhalten, worin jenes Ziel besteht, das gemäß Sich-Bewähren-Müssen, auszusagen ist. Sogleich gilt es die Möglichkeit auszuschließen, dieses Ziel anhand irgendwelcher Güter festlegen zu können; der Umgang mit diesen ist *zwar* unumgänglich, *aber* lediglich »Mittel zum Zweck«. Worin kann das somit Bezeichnete aber liegen? Es kann lediglich darin liegen, die Ausrichtung auf *das* Gute bzw. Eines im Um-Sich-Bemüht-Sein nicht zu verlieren. Die Möglichkeit für dieses Verlieren zeigt sich bereits daran, *das* Eines nicht notwendig thematisch-methodisch unreduziert vergegenwärtigen zu müssen. Das ist: Die Möglichkeit hierfür muß dem Ich apriorisch

---

[5] Siehe Senz W 2003: siehe Fn 2.

gegeben sein, in dem Sinne, wie es sich hierbei um nichts handeln kann, das als genesetheoretisch Entstandenes bedacht werden kann, da es als solches nicht zugleich als an sich Selbstand Bezeichnendes bedacht werden könnte. Die diskursive Vergegenwärtigung des dieserart Gegebenen ist zugleich aber *nichts*, das a priori gegeben sein muß, sondern ist also jenes, um das das Ich besorgt sein muß.

Diese Ausrichtung auf *das* Gute ist zudem im Lichte davon zu verstehen, daß das Ich sich in seiner Ausrichtung bewährt, inwiefern es hierbei also seinem Person-Sein entspricht, wozu gehört, nicht nur dem eigenen Person-Sein entsprechen zu sollen, sondern jeglichen denkbaren Personen, da diesen selbige Dignität wie dem eigenen Ich zuzusprechen ist, also selbige Teilhabe an dem Gründenden[6].

Angesichts der bisherigen Ausführungen gilt es nun folgende Überlegung anzumerken: Die Diskursivität, wie sie also für das Um-Sich-Bemüht-Sein anzunehmen ist, ist im Horizont einer dialektischen Entfaltung von »Ich bin« angetroffen worden. Damit ist sie auch im Lichte des Begrenztes-Sein des Ich gemäß dialektischer Entfaltung im Sinne von Zu-Sich-Kommen zu verstehen, wie dies auch eine materiale Repräsentation - die Ontogenese des Ich - besitzt und wozu kommt: das Ich weist eine Diskursivität auf, deren Sprachlichkeit in Verflechtung mit der Sprachlichkeit bezüglich Am-Werke-Sein stehen muß, in dem Sinne wie beide nicht in faktischer Getrenntheit zueinander stehen. Besagte Diskursivität ist daher also selbst im Horizont von analytischer Entfaltung zu sehen - und somit nicht im Horizont einer genesetheoretischen (ontogenetischen) Neubildung eines Etwas in jedem Ich! -. In diesem Sinne ist also die sprachliche Hinterfragung etwas, das dem Ich, wie es „im Gespräch mit sich Seiendes" ist, zukommt, worin es sein Um-Sich-Bemüht-Sein hinterfragen kann. Gerade hierin erfährt es, daß eben dieses diskursive Hinterfragen aus etwas erwächst, das dieses in dialektisch unentfalteter Form ist.

Die besondere Bedeutung hiervon wird sich noch erweisen; hier genügt es festzuhalten: Aus philosophischer Sicht ist der Diskursivität das Primat zuzuordnen und in seinem Sinne das Ich im Lichte der dialektischen Differenz zu analysieren, wozu auch gehört - gemäß dem dargelegten differentiellen Verzicht-Üben-Müssen -, mit der analytischen Freilegung der notwendigen Sätze, wie sie sich also aus »Ich bin« ergeben, dem Ich die ihm möglichen Orientierungshilfen für sein Um-Sich-Bemüht-Sein vergegenwärtigen zu können. Eine dieser Hilfen besteht in der Vergegenwärtigung davon, besagte Analyse zu keiner Diktatur der Vernunft führen lassen zu dürfen, in dem Sinne, wie das philosophische Denken zeigt, daß die Diskursivität das Ergebnis einer analytischen Entfaltung eines nicht an sich diskursiven Bedenkens ist. Insoweit begründet die philosophische Analyse ein Denken das sich als theologisches Denken erweisen wird, mit dem es sich in analytischer Verflechtung gemäß dem zum Person-Sein des Ich Auszusagenden versteht.

---

[6] Siehe Senz W 2003: siehe Fn 2.

III

Zum Verhältnis von katholischer Theologie und Philosophie Der Anfang der nun zu gebenden Argumentation soll mittels zwei Aussagen Jaspers'[7] gestaltet werden: „In der griechischen Philosophie erwächst der Monotheismus als Gedanke, wird aus ethischen Maßstäben gefordert, wird in der Ruhe gewiß. Er prägt nicht Menschenmassen, sondern Einzelne. ... Im Alten Testament dagegen erwächst der Monotheismus in der Leidenschaft des Kampfes um den reinen, wahren, einzigen Gott. Die Abstraktion vollzieht sich nicht durch Logik, sondern in der Betroffenheit durch Bilder und Leibhaftigkeit, welche Gott viel mehr verdecken als zeigen" (S.73f); „angesichts der Bemühungen im philosophischen Erdenken Gottes, dieses Denkens, in dem ständig mit dem nächsten Schritt wieder genommen scheint, was mit dem ersten gegeben wurde, hören wir das Wort: alles Erdenken Gottes ist vergeblich, von Gott weiß der Mensch nur und kann er nur wissen durch Offenbarung. ... Aber Offenbarung, die als solche mitgeteilt wird, muß eine Gestalt in der Welt haben. Als Ausgesagte verfällt sie der Endlichkeit, ja der Begrifflichkeit. Im Sprechen wird das in ihr Gemeinte verkehrt. Das Menschenwort ist nicht mehr Gottes Wort. Was in der Offenbarung den Menschen als Menschen angeht, das wird Gehalt der Philosophie und gilt als solcher ohne Offenbarung" (S.76f). Wie ist dies - wobei explizit auch an Jaspers' Ausführung (hier festgehalten in Abschnitt I) zu dem Unterschied bezüglich »der Eine« und »das Eine(s)« erinnert sei - angesichts des in Abschnitt II Dargelegten zu verstehen?

Die in Abschnitt II gebrachten Ausführungen bedienen sich der Logik, keiner Bilder. Entscheidend ist aber: Indem sich die Argumentation der Logik bedient, wird die Notwendigkeit der Verwendung von Bildern ausgesagt; jedoch nicht irgendwelcher, schemenhafter Abbilder, sondern »Bilder«, wie sie Ausdruck des Bedenkens des Ich in diskursiv nicht entfalteter Form sind! Logik *und* Bilder erweisen sich hierbei als analytisch ineinander verflochten - sie sind *nicht* zwei Eines in getrenntem Nebeneinander.

Die Formulierung »diskursiv nicht entfaltet« kann Anlaß für ein grobes Mißverständnis sein, das den Zugang zu dem hier Vertretenen erschwert bzw. verhindert. Es kann nämlich scheinen, als wäre die philosophische Ebene - *entfaltetes* diskursives Bedenken – als letztlich doch dem theologischen Denken überlegen verstanden. Von derartigem ist hier aber *nicht* die Rede! Zur Verdeutlichung hiervon sei folgende Aussage Jaspers' aufgegriffen uns zurückgewiesen: „Wenn aber philosophische Klarheit herrscht, dann ist die Frage, ob den Propheten ihre für uns heute noch hinreißende, unvergleichliche Glaubensgewißheit in dieser Form nur möglich war, weil sie noch philosophisch unbefangen vor allem Philosophieren gedanklich naiv lebten und daher nicht merkten, daß in dem unmittelbar von Gott für alle gesprochenen »Wort« noch ein Rest der Leibhaftigkeit der Realität - von jenem Bildnis und Gleichnis blieb, die sie doch im Grundsatz bekämpfen" (S.74f). Das »Bild« kann aber *nicht der Vorgänger* der »Logik« sein, im Sinne eines Höherentwicklung bedeutenden Prozesses; schon deshalb, da das apriorische Vermögen des Ich (als Person) bezüglich seinem Um-Sich-Bemüht-Sein in dem ihm gemäß der dialektischen Differenz zu *das* Eines / Gott geoffenbarten Wissen gegeben ist: hierbei ist es – vgl. Abschnitt II - als ein Entfaltbares gegeben, wobei primär aber das Gegeben-Sein entscheidend ist, nicht jedoch ein spezieller Entfaltungszustand erst das Gegeben-Sein tatsächlich bedeutet!

---

[7] Jaspers K 1963: siehe Fn 1.

Zur Verdeutlichung hiervon - und hierin findet die darzustellende Verschränkung von Philosophie und katholischer Theologie ihre Wurzel - sei aus Jaspers' Text beigezogen: „Jesus wird zum Christengott. Aber von vornherein steht dagegen der Satz von Jesu selbst: Was nennst du mich gut? Niemand ist gut als der eine Gott. (Mark. 10, 18). | Solche Beispiele [anscheinender Widersprüchlichkeit in der Bibel] lassen sich vermehren. Man darf die Behauptung wagen, daß in der Bibel, auf das Ganze gesehen, alles in Polarität vorkommt" (S.89); „Die Christusreligion birgt weiter die Wahrheit, den einzelnen Menschen auf sich selbst zu verweisen. Der Christusgeist ist Sache eines jeden Menschen. Er ist das Pneuma, d.h. der Geist eines Enthusiasmus im Aufschwung zum Übersinnlichen. Er ist weiter die Offenheit für das eigene Leiden als Weg zur Transzendenz; wer das Kreuz auf sich nimmt, kann die Vergewisserung des Eigentlichen im Scheitern erfahren. Der Christusgeist ist schließlich die Bindung an die von Gott geschenkte *nobilitas ingentia*, der ich folge, oder die ich verrate, die Gegenwärtigkeit des Göttlichen im Menschen. Wenn aber dann Christusreligion bedeutet: das glaubende Erfassen des rettenden Christus außer mir durch Verwirklichung des Christusgeistes in mir, so bleibt zweierlei für unser Philosophieren unumgänglich: der Christus in mir ist nicht an jenen einmaligen Jesus-Christus ausschließend gebunden und der Jesus ist als Christus, als Gottmensch ein Mythus. Die Entmythisierung darf hier nicht willkürlich halt machen. Auch der tiefsinnigste Mythus bleibt Mythus und ist ein Spiel, und er wird eine objektive Garantie nur, sei es durch eine religiöse Wahrheit (die das Philosophieren nicht zu sehen vermag), sei es durch Täuschung" (S.94f).

Jaspers thematisiert hier - und dies ließe sich auch sehr schön anhand seiner Zusammenschau von Propheten- und Gesetzesreligion zeigen - dasjenige, das als die biblische Vergegenwärtigung dessen zu verstehen ist, das in der Philosophie - vgl. Abschnitt II - als die Teilhabe des Ich am Gründenden gemäß der dialektischen Differenz zu bezeichnen ist. Inwiefern nämlich »dialektische Differenz« *als analytisch Entfaltetes* »in« dem Ich ist, ist *zugleich* von »Jesus in mir« und »historischer Jesus« zu sprechen, was genau dann diskursiv einsehbar ist, wenn hier nicht von »Mythus« gesprochen wird, nicht von dem »Bild« als »vorphilosophischer Leistung« und nicht von »geoffenbartes Wort ohne Offenbarung«.

Das ist: Der »rettende Christus außer mir«, wie er auf den »einen Gott« *verweist*, ist, um es philosophisch zu bezeichnen, jene Repräsentation von *das* Eines im nicht an sich Selbstand Bezeichnenden, von der - abseits jeglicher Mythologie! - notwendig in dem Sinne zu sprechen ist, als das bedenkende Um-Sich-Bemüht-Sein, gerade insofern es abseits von Diktatur der Vernunft zu verstehen ist, Orientierungshilfen für die Ausrichtung auf *das* Eines im Bereich des Begrenzten bedarf. Die philosophische Analyse führt hierzu also aus, daß das Sprechen von dem historischen Jesus Christus außer mir nicht bloß ein besonders gelungener pädagogischer Griff ist, sondern Bezeichnung einer ontologischen Realität, wie sich aus jenem ergibt, das zum Sein des Ich in seinem Verhältnis zu *das* Eines / Gott auszuführen ist.

Daher auch das Zusammen von Propheten- und Gesetzesreligion, von Seligpreisung und Dekalog, von usw. Diese Zusammen sind immer derart, daß Normatives (zu Begrenztem) in Verflechtung mit etwas auftritt, das dieses nicht an sich seiende Ganzheitlichkeit sein läßt, *in völliger Übereinstimmung* mit dem, was in der philosophischen Analyse - wie sie sich um die Begründungsthematik bemüht - ausgesagt wird. Die theologisch-religiöse Form des Bedenkens des hiermit Bezeichneten ist also die Thematisierung jener Orientierungshilfen für das Ich, wie sie notwendig anzunehmen sind, und wovon also ebenso die Philosophie berichtet.

Angesichts hiervon sei an Jaspers' Ausführungen zu »das geoffenbarte Wort ist Menschenwort« erinnert. Selbstverständlich ist das »geoffenbarte Wort« ein Wort, das dem Menschen verständlich sein muß - *insofern* in »menschlicher« Sprache eingekleidet ist -, aber damit ist es ein Wort gemäß der Apriorizität des Um-Sich-Bemüht-Sein des Menschen, wie es *nicht* dieser *geschaffen* hat, *sondern* wie er es gemäß seiner Teilhabe *hat*; also gemäß der ontologische-Realität-Sein von Orientierungshilfen gemäß dieser Teilhabe. Hierin liegt freilich nicht, daß das Sein von Hilfen irgendwo dem Um-Sich-Bemüht-Sein den Charakter des Sich-Bewähren-Müssens nimmt: Das »geoffenbarte Wort« ist »Wort für den Menschen«, im Sinne einer nicht hintergehbaren Orientierungshilfe, jedoch keiner, die das Sich-Bewähren-Müssen hintergeht.

Hierin liegt konkret, was Jaspers mit »Hilfe der Philosophie« ausspricht, wobei es zur Darstellung hiervon gilt, die Aussage von dem nicht-hintergehbaren Sich-Bewähren-Müssen mit jener zu kombinieren, dergemäß von einer Diktatur der Vernunft nicht zu sprechen ist. In der Verflechtung dieser Aussagen zeigt sich nämlich, daß dem Ich das Bedenken gemäß seinem Sich-Bewähren-Müssen als Zu-Entfaltendes zukommt, primär relativ zu dem geoffenbarten Wort als Orientierungshilfe. Die Entfaltung, wie sie keine genesetheoretisch zu verstehende Prozeßualität bezeichnet, ist hierbei eine Möglichkeit des Umgangs mit dem an sich Gegebenen. Insofern ist die philosophische Analyse, wie sie also das Bedenken in diskursiver Entfaltung repräsentiert, ein im Gespräch sein mit sich, das Orientierungshilfen diskursiv freilegt, wiewohl ohne hierbei das an sich gegebene »geoffenbarte Wort« zu verlassen - es findet zu nichts Anderem -, sondern es zu entfalten.

Daher auch ist in dem unentfaltet-religiös-theologischen Denken jene diskursive Bezugnahme auf das Ich angelegt - mit Jaspers formuliert: »Die Christusreligion birgt weiter die Wahrheit, den einzelnen Menschen auf sich selbst zu verweisen« -, wie sie die Philosophie bietet – vgl. Abschnitt II -; verweist also das religiös-theologische Bedenken analytisch auf das philosophische Bedenken, wie dieses mit der Aussage von dem Bedenken des geoffenbarten Wortes als einer zu Entfaltenden Tätigkeit wiederum analytisch auf das theologisch-religiöse Bedenken zurückverweist. Diese Quasizirkularität ist es, die theologisch-religiöses Bedenken gemäß der katholischen Lehre und Philosophie als eine Einheit erweist, bzw. als jene Einheit, der es zukommt, dem Ich die ihm möglichen Orientierungshilfen zu vergegenwärtigen.

Dem philosophischen Denken kommt hier ebenso die Aufgabe zu, dem Um-Sich-Bemüht-Sein im Horizont eines religiös-theologischen Bedenkens Gefahren pietistischer Abweichungen zu vergegenwärtigen zu helfen, wie auch, gerade in der gegenwärtigen Gesellschaft, jenem Denken argumentativ entgegenzutreten, das - vor allem im Lichte der Evolutionstheorie (vgl. Abschnitt I) - eine Diskreditierung des Eines aus Philosophie und theologisch-religiösem Denken bedeutet. Insbesondere da es sich bei diesem Denken um ein reduktionistisches Unterfangen im Horizont entfaltet dis-kursiver Bemühungen handelt, kommt der Philosophie - tritt sie tatsächlich in thematisch-methodisch nicht reduzierter Form auf - die Aufgabe der Dialogführung zu.

Eine kritische Würdigung von Albert Schweitzers Begriff »Leben« im Lichte der Schweitzerschen Zurückweisung des Cartesianischen »Ich bin« - Zur Bedeutung einer fundierten philosophischen Basis für die Tierethik

I

Einleitung Wie an anderem Ort[1] dargelegt, bedarf die Fundierung der Tierethik einer explizit transzendentalphilosophischen Analyse. Damit ist nicht gesagt, daß Positionen zur Tierethik, so sie einen anderen Ausgangspunkt wählen, notwendig insgesamt fehl gehen, doch tragen sie notwendig ein Begründungsdefizit in sich, wenn sie sich explizit gegen die Transzendentalphilosophie aussprechen. Dieses Defizit erschwert die Vermittelbarkeit einer tierethischen Argumentation jenen gegenüber, die sich wider das Gegeben-Sein des inhärenten moralischen Wertes nichtmenschlicher Lebewesen aussprechen.

Damit ist nicht gesagt, daß eine transzendentalphilosophische Argumentation im Diskurs jedem möglichen Gesprächspartner gegenüber notwendig die Einsicht in besagten Wert eröffnet, doch ist mit dieser Einschränkung der Umstand gemeint, daß Transzendentalphilosophie als Angebot zu verstehen ist. Im Lichte hiervon gibt es zwar keine Alternative zu einem transzendentalphilosophischen Ausgangspunkt der Argumentation, doch ist sehr genau zu beachten, daß in dem Angebot-Sein der Transzendentalphilosophie die Plastizität dieser Perspektive gemäß Zu-Entfaltendes-Sein enthalten ist. Im Diskurs mit Personen, die sich aktuell der Transzendentalphilosophie gegenüber nicht zu öffnen vermögen, kann keine Argumentation wider die Transzendentalphilosophie geführt werden, sondern eine solche gemäß besagter Plastizität.

Gemäß dieser Plastizität kommt der christlich-theologischen Argumentation eine besondere Bedeutung zu, da sie in ganz hervorragender Weise die angemerkte Plastizität transzendentalphilosophischen Denkens zum Ausdruck bringt: transzendentalphilosophisches und christlich-theologisches Denken sind, wie an anderem Ort dargelegt[2], in Einheit zu verstehen. In eben dieser Einheit kommt das Nicht-Wider-Die-Transzendentalphilosophie der christlichen Theologie zum Ausdruck; aus der transzendentalphilosophischen Perspektive muß jene der christlichen Theologie gesehen werden und umgekehrt. Demgemäß bedeutet ein entsprechendes Nicht-Sehen ein Defizit bzw. eine Erbaulichkeit: Es wird über konkrete bzw. gegenständliche Inhalte gesprochen, ohne zuvor zu dem Fundament des Bedenkens vorgedrungen zu sein; dies hat man sich gleichsam erspart.

Die folgenden Ausführungen sollen die Probleme zeigen, die aus einer derartigen Erbaulichkeit erwachsen. Konkret soll das Auszuführende anhand einer Kritik an der Position von Albert Schweitzer, wie sie eine Kritik der Position René Descartes' beinhaltet, verdeutlicht werden. Die Aussage Schweitzers, die hierbei im Zentrum des Interesses stehen wird, lautet: „Bei Descartes geht das Philosophieren von dem Satze aus: »Ich denke, also bin ich.« Mit diesem armseligen, willkürlich gewählten Anfang kommt er unrettbar in die Bahn des Abstrakten. Es findet den Zugang zur Ethik nicht und bleibt in toter Welt- und Lebensan-

---

[1] Siehe dieses Buch: *Zum inhärenten moralischen Wert nichtmenschlicher Lebewesen.*

[2] Siehe dieses Buch: siehe Fn 1 und *Zur fundamentalen Bedeutung von »Quasizirkularität des Bedenkens« aus philosophisch-theologischer Perspektive.*

schauung gefangen. Wahre Philosophie muß von der unmittelbarsten und umfassendsten Tatsache des Bewußtseins ausgehen. Diese lautet: »Ich bin Leben, das Leben will, inmitten von Leben, das Leben will«"[3]. Gemäß der genannten Zielsetzung dieses Aufsatzes wird die zu beantwortende Frage die sein, inwiefern Schweitzer das Cartesianische »Ich bin« begründet zurückweist bzw. durch eine Bezugnahme auf »Leben« substituiert, die nicht den, Descartes unterstellten, »willkürlich gewählten Anfang« bedeutet.

II

Hinführung zur speziellen Problemstellung Der von Albert Schweitzer kritisierte René Descartes steht am Anfang der neuzeitlichen Philosophie. Seine erste Regel zum Auffinden zuverlässiger Erkenntnisse lautet: „niemals irgend etwas für wahr anzunehmen, von dem ich nicht evident erkenne, daß es wahr ist" (VI, 18)[4]. Diese Regel begründet Descartes' methodischen Zweifel, wie er der Weg zur Basis sicheren Wissens sein soll. Der Bedeutung dieser Methode für Descartes' Philosophie läßt sich mit Jaspers nachspüren: „Wer von der Lektüre der Philosophen der Renaissance zu Descartes kommt, fühlt sich plötzlich wie in klarer Luft; der Gedanke ist prägnant, jeder Satz ist unverrückbar an seiner Stelle"[5].

Wohin aber führt Descartes seine erste Regel? Die Beantwortung hiervon sei mit folgendem Zitat eingeleitet: „Was ich [Descartes] bislang für das Wahrste hielt, empfing ich entweder von den Sinnen oder über die Sinne, diese aber ertappte ich manchmal, wenn sie mich täuschten; und es gehört zur Klugheit, niemals denen schlicht zu trauen, die uns getäuscht haben, und wäre es auch nur ein einziges Mal" (VII, 18).

Im Lichte hiervon entwickelt Descartes ein Szenario umfassendster Täuschungsmöglichkeit, was in *Principia philosophiae* zu der Aussage führt: „Letztlich unterstellen wir, es sei kein Gott, kein Himmel, keine Körper" (I, 5). Tatsächlich ist die Täuschungsmöglichkeit, so Descartes weiter, letztlich zwar umfassend aber doch nicht uneingeschränkt: „Möge mich auch ein höchst mächtiger und verschlagener Betrüger stets täuschen - nun, wenn er mich täuscht, ist es also unzweifelhaft, daß ich bin. Er täusche mich so viel er kann, niemals wird es doch fertigbringen, daß ich nichts bin, solange ich denke, daß ich etwas sei. Und so komme ich, nachdem ich derart alles mehr als zur Genüge hin und her erwogen habe, schließlich zu dem Beschluß, daß dieser Satz: »Ich bin, ich existiere« notwendig wahr ist. Denn die Meinung läßt sich nicht nachvollziehen, daß das, was denkt, in dem Zeitpunkt, wo es denkt, nicht existiere". Dieses »Ich bin, ich existiere« wird in den *Meditationes* wie folgt spezifiziert: „Ferner bot sich mir dar, daß ich mich ernähre, gehe, empfinde und denke, und zwar bezog ich diese Tätigkeiten auf die Seele. ... Wie verhält es sich aber mit den Eigenschaften, die ich der Seele zuschrieb, so mit dem Sich-Ernähren und Gehen? Nun da ich jetzt überhaupt keinen Körper habe, so sind auch das nichts als Erdichtungen. Und wie steht es mit dem Empfinden? Aber

---

[3] Schweitzer A 1923: *Die Entstehung der Lehre von der Ehrfurcht vor dem Leben und ihre Bedeutung für unsere Kultur* – In: *Gesammelte Werke in 5 Bänden*; Band V, Zürich 1973; S.377.

[4] So nicht anders angegeben, alle Zitate von Descartes aus der Descartes-Gesamtausgabe von Charles Adam und Paul Tannery (zitiert nach R. Specht 1966: *Descartes* – Reinbek bei Hamburg).

[5] Jaspers K 1937: *Descartes und die Philosophie* – Berlin.

auch dieses kommt ohne Körper nicht zustande, auch glaubte ich sehr vieles während des Traumes zu empfinden, von dem ich hernach bemerkte, daß ich es nicht empfunden hatte. Und das Denken? Hier finde ich nun: Das Denken ist's, es allein kann von mir nicht getrennt werden: Ich bin, ich existiere, das ist gewiß" (II, 6. u. 8.)[6].

Diese Ausführungen Descartes' sind keineswegs der archimedische Punkt der Philosophie geworden, nach dem Descartes selbst gesucht hat und also in dem Ausgeführten gefunden zu haben glaubte. So schreibt zum Beispiel Friedrich Nietzsche: „Wir Neueren sind alle Gegner des Descartes und wehren uns gegen seine dogmatische Leichtfertigkeit im Zweifel"[7]. Moritz Schlick wiederum meint: „Wir müssen die Stücke des Cartesianischen Weges benutzen, so weit sie gut und gangbar sind, dann aber uns davor hüten, uns in das cogito ergo sum und verwandte Sinnlosigkeiten zu verwirren"[8]. Carl Friedrich von Weitzsäcker bringt zum Ausdruck: „Es ist ... eine historische Tatsache, daß Descartes ein großer Mathematiker und ein hochbedeutender Naturforscher war. Ich möchte mich der These anschließen, das eigentliche Ziel seiner Philosophie sei es gewesen, ein festes Fundament für die mathematische Naturwissenschaft zu legen"[9]. An dieser Aussage Weitzsäckers ist insbesondere zu beachten, daß sie Descartes primär als Naturwissenschafter begreift, nicht aber als den Philosophen, der den archimedischen Punkt der Philosophie – des Denkens schlechthin – gefunden hat.

Dies zeigt sogleich: Schweitzers Kritik an Descartes, wie sie einleitend angeführt worden ist, ist keinesfalls als ein Einzelfall zu verstehen; sie ist eine unter vielen. Schweitzers Feststellung, wonach Descartes durch seinen Ich-Bezug zu einer toten, abstrakten Weltanschauung geführt worden ist, hat durchaus Berührungspunkte zu einer Kritik an Descartes, die bald nach dessen Tod einsetzte; mit Rainer Specht sei hierzu die Einschätzung Royer-Collards, wie sie Luis Díez del Corral, gibt betrachtet: „Condillac ist nicht der einzige Schuldige, sondern alle modernen Philosophen seit Descartes haben beim »je pense« begonnen, sich in ihr Ich verkapselt und keinen Ausweg gefunden; weil sie lediglich auf ihre Ideen und Sinneswahrnehmungen starrten, wurde die Realität der Außenwelt ihnen zweifelhaft, und die Folgen für die Moral sind beklagenswert. Die Philosophen des 18. Jahrhunderts glaubten noch an ihre Existenz und die Existenz Gottes; sie waren sogar der letzteren unendlich viel sicherer als derer der Welt und selbst ihrer eigenen; aber dadurch befand sich der Mensch in völliger Einsamkeit mit Gott und konnte zwar ein religiöses Wesen bleiben, aber nicht eigentlich ein moralisches, das heißt für Royer-Collard, ein soziales"[10].

Tatsächlich ist Kritik an Descartes' Position unumgänglich nötig, wie zu verdeutlichen sein wird. Sie wird sich aber teilweise von jener Schweitzers unterscheiden! Genauerhin ist an Schweitzers Kritik eine verblüffende Übereinstimmung Schweitzerscher Argumentation mit

---

6 Zitiert nach: Heintel E 1950: *Tierseele und Organismusproblem im Cartesianischen System* - Wiener Zeitschrift für Philosophie, Psychologie und Pädagogik, 2; S.73-120; zitiert nach: Erich Heintel: *Gesammelte Abhandlungen Band 1 Zur Fundamentalphilosophie I*; Stuttgart-Bad Canstatt; 114-159.

7 Nietzsche F 1885: *Nachlaß*; zitiert nach Specht R 1966 (siehe Fn 5).

8 Schlick M 1930/31: *Die Wende der Philosophie* – Erkenntnis I; S.49; zitiert nach Heintel E 1949: *Der „Wiener Kreis" und die Dialektik der Erfahrung* – Philosophie der Wirklichkeitsnähe; Festsschrift zum 80. Geburtstag R. Reiningers Wien, S.40-70.

9 Weitzsäcker CF v 1958: *Descartes und die neuzeitliche Naturwissenschaft* – Hamburg; zitiert nach Specht R 1966 (siehe Fn 5).

10 Diez del Corral L 1964: *Doktrinärer Liberalismus* – Neuwied; zitiert nach Specht R 1966 (siehe Fn 5): S.148f.

jenem Gehalt cartesianischen Denkens feststellbar, derart daß zu hinterfragen sein wird, ob Schweitzer überhaupt dasjenige an Descartes' Position zu überwinden versucht, das tatsächlich nicht beibehalten werden kann – der Kritik anheim zu fallen hat -, oder aber gerade dieses bloß in anderem Gewand präsentiert. Woran hiermit gedacht ist, ist Descartes' Aussage von dem „Indem ich denke, bin ich", das bei Schweitzer sein Gegenstück in „Ich bin Leben" hat, wobei also lediglich dasjenige ausgewechselt wird, das mit „Ich bin" verknüpft ist.

Es wird sogleich zu zeigen sein, daß Descartes gerade in seiner Verwendung von »Ich bin« inadäquat vorgeht, wozu gehört, daß er auf nicht rechtfertigbare Weise »Ich bin« mit Denken um willen der Formulierung des fundierenden Satzes bzw. des archimedischen Punktes der Philosophie verknüpft. Unterläuft Schweitzer also selbiger Fehler, irrtümlich meinend, daß Descartes in der Beiziehung von Denken irrte, nicht aber grundsätzlicher, nämlich im Verstehen von »Ich bin«?

III

Zur Notwendigkeit des Transzendieren-Müssens der Kontingenz Erich Heintel schreibt: „Jedes fraglose und unbezweifelbare »Innesein von Wirklichkeit«, auf das Descartes mit seinem »Ich« zielt, ist – wie es R. Reininger[11] sehr klar ausspricht - *»beziehungslose Unmittelbarkeit*: [d.h.] daß es weder durch Wahrnehmung noch durch einen Denkakt noch durch das Medium der Sprache vermittelt ist und auch nichts hinter sich hat, auf das es durch sich selbst zurückweisen würde. Ihm fehlt jede Art von Intentionalität. Es bedarf des Denkens nicht, um in seiner Wirklichkeit anerkannt zu werden, sondern ist selbst das Paradigma aller unserer Begriffe von Wirklichkeit, Sein und Existenz«"[12]. Descartes, so wird hier ausgesagt, zielt mit seiner Bezugnahme auf Ich auf jenes ab, das die Bedingung jeglichen Bedenkens ist.

In dem gegenständlichen Abschnitt soll nicht Descartes' Position zu dieser Thematik interessieren, sondern diese Thematik selbst. Speziell soll dieser Abschnitt auch dazu genutzt werden, die Ausführungen des Autors an eine etablierte Darstellungsweise anzulegen, um willen davon, das vom Autor Dargelegte transparenter sein zu lassen. Um willen der Erreichung dieses Zieles wird die folgende Argumentation an jene Heintels, wie dieser sich seinerseits mit der Position Kants auseinandersetzt, angelegt.

Im Lichte hiervon ist zunächst hervorzukehren, daß besagte »beziehungslose Unmittelbarkeit«, wie sie »Paradigma aller unserer Begriffe von Wirklichkeit, Sein und Existenz« ist, vom Autor mit der Aussage von dem Ich als einem Eines in dialektischer Differenz zu *das* Eines darzulegen versucht wird[13]. Wird mit dieser Aussage also auch der Zielsetzung von »beziehungslose Unmittelbarkeit« entsprochen – zu entsprechen versucht -, so sei sogleich darauf aufmerksam gemacht, daß das zitierte »es bedarf des Denkens nicht« in der Perspektive des Autors auf dasjenige Denken einzuschränken ist, wie es – gemäß der Darstellung im Sinne der Zweieinheitlichkeit des Ich – für das Ich, wie es nicht an sich ist, festzuhalten ist. In dieser Einschränkung kommt eine gewisse Eigenständigkeit der Argumentation des Autors zum Ausdruck, der gemäß auch »ihm fehlt jede Art von Intentionalität« einer genaueren Analyse

---

[11] Reininger R 1947: *Metaphysik der Wirklichkeit* – Wien; 2. Auflage; S.29f.

[12] Heintel E 1950 (siehe Fn 6): S.132f.

[13] Siehe zum Beispiel dieses Buch: siehe Fn 1.

unterzogen werden müßte. Es genügt hier aber festzuhalten, daß die Perspektive des Autors grundsätzlich im Konsens mit der zitierten Feststellung steht; besagte Eigenständigkeit der Argumentation des Autors wird an anderem Ort genauer dargelegt.

Dies beachtend ist nun das Augenmerk darauf zu legen, daß es der Transzendentalphilosophie um die Vergegenwärtigung davon geht, Denken und Sprache – bzw. alles Logoshafte – dahingehend nicht als einfache Einheiten begreifen zu dürfen, als sie, wie sie auf kontingent Gültiges bezug nehmen, nicht aus sich heraus fundiert sein können; es liegen *entsprechend der Zweieinheitlichkeit* des Logoshaften *keine einfachen Einheiten* vor. Die Notwendigkeit dieser Aussage ist auch vom Autor an anderem Ort[14] gezeigt worden und hat zur Unterscheidung der thematischen und der unthematischen Begriffe bzw. Sprachebene geführt; beide Ebenen, um dies zu betonen, bezeichnen somit nicht zwei Ebenen sondern eine Ebene in ihrer Zweieinheitlichkeit.

Heintel schreibt hierzu, an Kant erinnernd: „Die Kategorien bei Kant sind weder empirisch gegeben, noch sind sie in ihrer transzendentalen Funktion formale Gegebenheiten im Sinn von allgemeinen Begriffen, unter die das empirisch Gegebene subsumiert und damit Erfahrung konstituiert werden könnte. Vielmehr fundieren sie als Teilfunktionen der »ursprünglichen synthetischen Einheit der transzendentalen Apperzeption« jede empirische Synthese, also jedes Erfahrungsurteil“[15]. Wovon hier berichtet wird, das nennt der Autor die Apriorizität des Bedenkens des Ich gemäß seinem Person-Sein, der gemäß ein Ich »ursprünglich« über die unthematischen Begriffe verfügt – wiewohl nicht notwendig in diskursiv vergegenwärtigter Form -. Explizit ist hier zu beachten, daß in der Perspektive des Autors das Ich, wie es Person ist, nichts ist, das die unthematischen Begriffe hat, sondern dieses Haben das Sein des Ich bezeichnet: Das Person-Sein des Ich ist das Im-Gespräch-Sein-Mit-Sich[16]!

Kant belegt eben dies mit dem Begriff »absolute Position«: „Dagegen bin ich mir meiner selbst ... in der synthetischen ursprünglichen Einheit der Apperception bewußt, nicht wie ich mir erscheine [als empirische gegebene], noch wie ich an mir selbst bin, sondern nur daß ich bin“ (*Kr.d.r.* V. B. 157). Heintel schreibt hierzu: „Schon der vorkritische Kant erreicht im gleichen Sinne die unaussagbare und doch fundierende »absolute Position«: »Das Dasein ist die absolute Position eines Dinges und unterscheidet sich dadurch auch von jeglichem Prädikate, welches als ein solches jederzeit bloß beziehungsweise auf ein anderes Dinge gesetzt wird. Der Begriff der Position oder Setzung ist völlig einfach und mit dem vom Sein überhaupt einerlei. Nun kann etwas als bloß beziehungsweise gesetzt oder besser bloß die Beziehung (respectus logicus) von etwas als einem Merkmal zu einem Ding gedacht werden, und denn ist das Sein, das ist die Position dieser Beziehung, nichts als der Verbindungsbegriff in einem Urteile. Wird nicht bloß diese, sondern die Sache an und vor sich selbst gesetzt betrachtet, so ist dieses Sein so viel als Dasein« [*Werke* (Cassierer) II. 77/78]“[17]. Es genügt hier zu beachten, daß Kant zwischen der Nennung eines Prädikates eines Dinges und dessen

---

14 Siehe Fn 13.

15 Heintel E 1955: *Kant und die dialektische Methode* - Zeitschrift für philosophische Forschung, IX/2, Meisenheim / Glan; 1955; S.170-176; zitiert nach: Erich Heintel: *Gesammelte Abhandlungen Band 1 Zur Fundamentalphilosophie I*; Stuttgart-Bad Canstatt; 188-195; S.189.

16 Siehe dieses Buch: Siehe Fn 1 und Senz W 2004: *Die „Wiener“ evolutionäre Erkenntnistheorie von ihren Anfängen bis zur Gegenwart - Eine kritische Würdigung* – Frankfurt a.M.

17 Heintel E 1955 (siehe Fn 15): S.189f.

Da-Sein unterscheidet, worin sich also besagte Zweieinheitlichkeit des Logoshaften »Sprache« widerspiegelt, von der zuvor die Rede gewesen ist.

Heintel merkt in seinen Ausführungen zu dem zitierten Text Kants an: „Zuletzt wurzelt also jede Rede über »Gegebenes« in der selbst nicht eigentlich aussagbaren absoluten Position des »daß ich bin«. Die Vermittlung der absoluten Position auf die relative Position der prädikativen Beziehung im empirischen Urteil mit Hilfe der kategorialen Funktionen ist das Grundproblem der transzendentalen Deduktion"[18]. Wovon diese Feststellung berichtet, das ist das differentielle Verzicht-Üben-Müssen[19] im Bedenken, wie es also »nicht eigentlich aussagbar« bezeichnet, wobei das »Grundproblem der transzendentalen Deduktion« das Problem der Analyse der Zweieinheitlichkeit von unthematischer und thematischer Sprache ist.

Wiederum gilt, wie bereits bezüglich »beziehungslose Unmittelbarkeit«, daß das differentielle Verzicht-Üben-Müssen, wie es der Autor festhält, nicht uneingeschränkt deckungsgleich mit seinem Gegenstück in dem Zitat zu begreifen ist, doch sind die Unterschiede nirgendwo fundamentaler Art. Zur Verdeutlichung hiervon sei aus einem anderen Text Heintels[20] gelesen: „Tatsächlich aber läßt sich Kants tiefste Einsicht vielleicht auf die Formel bringen: *daß »Ich«* (...) *Mehr bin, als ich von mir* (gegenständlich, in explizitem Einzelwissen) *erkennen kann, und aus der Spannung dieses Mehr heraus existieren muß*". In eben diesem »Mehr« ist zuallererst – aus der Sicht des Autors – das In-Dialektischer-Differenz-Zu-*Das*-Eines-Sein des Ich zu verstehen, woraus sich entsprechende (an anderem Ort hervorzuhebende) Konsequenzen für »beziehungslose Unmittelbarkeit« und so fort ergeben.

Dies beachtend sei weiters aus der konsultierten Schrift Heintels festgehalten: „Da »Ich« mehr bin als alles, was ich in gegenständlicher Erkenntnis von mir aussagen kann, kann eben die Welt als Inbegriff alles Erscheinenden, alles gegenständlich Aussagbaren nichts Letztes sein. Dieses Wissen des (gegenständlichen) Nichtwissens wiederum erhält als »Gewissen« existentielle Bedeutung. Denn in diesem negativen Wissen des Gewissens, das daher freilich nicht selbst wiederum die positive (gegenständliche und doch überempirische) Erkenntnis einer jenseitigen Welt sein kann, sondern lediglich die zuletzt irrationale, unergründliche Tiefe unseres »Daseins in der Welt« zur »Gewißheit« bringt, werden wir von dem Druck unserer kosmischen Ohnmächtigkeit wider alle platte Augenscheinlichkeit befreit"[21]. In den Worten des Autors: Die Werdewelt-Analyse, wie sie sich auf der Sprachebene der thematischen Begriffe zuträgt, besitzt keinen Selbstand - »alles gegenständlich Aussagbaren nicht Letztes sein« -, doch erweist sich gerade im Lichte hiervon die Irrtumsanfälligkeit der Werdewelt-Analyse als Ausgangspunkt für das Vordringen zur anfänglichen Daß-Aussage bzw. dem Fundierenden - »Gewußheit / Gewissen« -, das über das Da-Sein gemäß »Ich bin« zu der Transzendentalität führt, die entsprechend der dialektischen Differenz keine »jenseitige Welt« sein kann.

Eine weitere Aussage Heintels zu Kant ist hier von Interesse: „Immer wieder weist Kant die Verstiegenheit des Verstandes als »Ungereimtheit« ab, mit immanenten Kategorien »von irgendeinem Gegenstand mehr zu erkennen ... als zur möglichen Erfahrung desselben gehört«, ebenso aber die noch »größere Ungereimtheit ... unsere Erfahrung vor die einzig mögliche Er-

---

18 Heintel E 1995 (siehe Fn 15): S.190.

19 Siehe dieses Buch: Siehe Fn 1.

20 Heintel E 1954: *Kant und die „analogia entis"* - Wissenschaft und Weltbild, VII/2, S.107-111; zitiert nach: Erich Heintel: *Gesammelte Abhandlungen Band 1 Zur Fundamentalphilosophie I*; Stuttgart-Bad Canstatt; 166-171; S.166.

21 Heintel E 1954 (siehe Fn 20): S.167.

kenntnisart der Dinge« zu erklären"[22]. Worauf hier verwiesen wird, das ist der Umstand, die Werdewelt-Analyse mit dem Instrumentarium der thematischen Begriffe gestalten zu müssen, es also hierbei gemäß der Zweieinheitlichkeit der Sprache zu belassen, ohne jeglicher Vermengung thematischer und unthematischer Begriffe; zugleich wird darauf verwiesen, sich nicht dazu verleiten lassen zu dürfen, die Ebene der thematischen Begriffe bereits für das Gesamt jedmöglicher Sprachlichkeit verstehen zu dürfen.

In seinem Aufsatz aus dem Jahre 1950 führen Heintel derartige Übrlegungen zu folgender Aussage: „Wenn »Sein« tatsächlich weder Begriff noch Merkmal ist, dann kann es als solches weder als Subjekt noch als Prädikat in das Relationsschema Satz (in die Prädikation) eingehen, d.h. aber wiederum, daß echte Existenzurteile keine eigentlichen Sätze sind, echte Sätze (Prädikationen) aber nur mittelbar (synthetisch) »Sein« selbst intendieren"[23]. Im Anschluß hieran diskutiert Heintel, ausgehend davon, daß reine Existenzurteile Tautologien oder grenzbegriffliche Pseudosätze sind, die in der Form des Relationsschemas vorrelationale Bedeutung haben, daß alle Ich-Sätze umgekehrte Existenzurteile sind: Das »Ich« bzw. »Ich bin« in Sätzen wie »Ich bin ... bewußthabend« ist nur der Platzhalter der absoluten Position: „Denn es [Ich] hat als unmittelbare Gewißheit, als aktuale Gegenwart seinerseits keine angebbare Bestimmtheit"[24]. Wird also in den Existenzaussagen (z.B. »der Tisch ist«) von der leeren Prädikatstelle auf das Subjekt zurückverwiesen, so gilt in „Ich bin ..."-Sätzen gerade das Umgekehrte: „Sie sind in dieser Weise konvertierbar, weil das »Ich bin« der Ich-Sätze und das »ist« der Existenzaussagen »meinen« dasselbe, nämlich die absolute Position"[25].

Letztlich resümiert Heintel: „Tatsächlich sage ich überall, wo ich mich nicht in Tautologien (...) bewege, das »Sein« (die absolute Position) mit aus, freilich *nicht linear als Prädikat* eines Subjektes *innerhalb des Relationsschemas, sondern indirekt als dessen die ganze Beziehung tragendes Fundament*, nämlich insofern als jede über die rein analytische Prädikation hinausgehende Urteilssynthese (jede Realaussage) zurückverweist auf oder begründet ist in der beziehungslosen Unmittelbarkeit der absoluten Position, in der Urteilssubjekt und Urteilsprädikat *nicht mittelbar (durch Inbeziehungsetzung) sondern unmittelbar, d.h. konkret »eins« sind*"[26]. Dieses Resümee ist zu übernehmen und läßt sich wie folgt in die Worte des Autors kleiden: Die Werdewelt-Analyse ist nirgendwo letztrechtfertigend, aber ebenso nirgendwo in faktischer Getrenntheit zur Betrachtung der ontologischen Ebene, auf die sie aber nicht unmittelbar sondern mittelbar gemäß Zweieinheitlichkeit von Sprache verweist, wobei besagte Unmitelbarkeit dem Bereich der unthematischen Worten, wie sie dialektisch-analytisch aùseinander zu entfalten sind – als das konkret Eine -, vorbehalten bleibt, entsprechend dem „Im-Gespräch-Sein-Mit-Sich"-Sein des Ich als Person.

IV

Grundsätzliche Kritik an Descartes Zunächst seien folgende Aussagen Descartes' zusammengestellt: „»Ich bin, ich existiere« ist gewiß. Wie lange aber? Nun, solange ich denke; was

---

[22] Heintel E 1954 (siehe Fn 20): S.168.
[23] Heintel E 1950 (siehe Fn 6): S.134.
[24] Heintel E 1950 (siehe Fn 6): S.136.
[25] Heintel E 1950 (siehe Fn 6): S.136.
[26] Heintel E 1950 (siehe Fn 6): S.137.

bin ich also? Ein denkendes Ding; was ist das? Nun, ein zweifelndes, erkennendes, bejahendes, verneinendes, wollendes, nicht wollendes, auch einbildendes und empfindendes Ding" (VII, 27f). „Wenn die Seele die verschiedenen in ihr befindlichen Ideen oder Begriffe überschaut und darunter die eines allwissenden, allmächtigen und überaus vollkommenen Wesens findet, urteilt sie wegen dessen, was sie an dieser Idee bemerkt, daß Gott als das gänzlich vollkommene Wesen ist oder existiert: obgleich sie nämlich deutliche Ideen von mehreren anderen Dingen besitzt, bemerkt sie daran nichts, was sie der Existenz ihres Objektes versichern könnte; während sie an dieser nicht allein wie bei den anderen eine mögliche Existenz, sondern allein eine absolute notwendige und ewige Existenz bemerkt. Und ebenso, wie sie deshalb, weil sie sieht, daß in ihrer Idee des Dreiecks notwendig die Gleichheit seiner drei Winkel mit zwei Rechten enthalten ist, in der absoluten Überzeugung lebt, daß das Dreieck drei Winkel gleich zwei Rechten hat; muß sie bereits daraus, daß sie die notwendige und ewige Existenz in ihrer Idee eines gänzlich vollkommenen Wesens enthalten findet, den Schluß ableiten, dass dieses gänzlich vollkommene Wesen ist oder existiert" (VIII/1, 10). „Da wir in uns die Idee eines Gottes oder eines gänzlich vollkommenen Wesens finden, vermögen wir nach der Ursache zu fragen, um deretwillen sich diese Idee in uns befindet; nachdem wir aber aufmerksam betrachtet haben, wie unendlich die von derselben uns dargestellten Vollkommenheiten sind, müssen wir einräumen, daß wir sie allein von einem sehr vollkommenen Wesen bekommen konnten, das heißt, von einem wahrhaft seienden oder existierenden Gotte – nicht allein, weil es durch das natürliche Licht manifest ist, daß das Nichts nicht der Urheber von irgend etwas und daß das Vollkommenere nicht eine Folge oder ein Ausfluß des weniger Vollkommenen sein kann, sondern auch, weil wir mittels eben dieses Lichte sehen, daß wir unmöglich die Idee oder das Bild von etwas haben können, soferne nicht in uns selber oder anderswo ein Original existiert, das alle Vollkommenheiten in der Tat enthält, die uns auf jene Weise dargestellt werden: da wir aber wissen, daß wir vielen Mängeln unterworfen sind und keineswegs diese äußersten Vollkommenheiten besitzt, deren Idee wir haben, müssen wir schließen, daß sie in einer von der unseren verschiedenen und tatsächlich überaus vollkommenen Natur existieren, das heißt, in Gott, oder daß sie zumindest einmal in diesen existiert haben müssen; und daraus, daß sie unendlich waren, folgt, daß sie daselbst noch immer sind" (VIII/1, 11f). „Muß man ... eingestehen, daß notwendig zumindest einiges noch Einfacheres und Allgemeineres für wahr erkannt werden muß, aus welchem wir mit wahren Farben alle wahren wir falschen Bilder der Dinge gebildet sind, die sich in unserem Denken befinden. Solcher Art scheinen die körperliche Natur im allgemeinen und ihre Ausdehnung zu sein; desgleichen die gestalt der ausgedehnten Dinge, desgleichen ihre Quantität oder Größe und Zahl; desgleichen der Ort, an dem sie existieren, die Zeit, die sie dauern, und dergleichen. Deswegen möchten wir daraus möglicherweise nicht übel schließen, daß Physik, Astronomie, Medizin und alle anderen Disziplinen, die von der Betrachtung zusammengesetzter Dinge abhängig sind, zwar Zweifel dulden, wogegen Arithmetik, Geometrie und die anderen dieser Art, die allein von den einfachsten und allgemeinsten Dingen handeln und wenig danach fragen, ob sie real sind oder nicht, etwas Gewisses und Unbezweifelbares enthalten: denn ob ich wach bin oder schlafe, zwei plus drei ist fünf, und ein Quadrat hat nicht mehr als vier Seiten; auch scheint es unmöglich, daß derart durchsichtige Wahrheiten unter den Verdacht der Falschheit fallen" (VII, 20).

Zu Beginn von Abschnitt III ist in den Worten Heintels von Descartes' Bemühen gesprochen worden, das Fundierende thematisieren zu können, wovon auch die nun gegebenen Zitate Descartes' berichten. Zugleich erinnern die gebrachten Feststellungen Descartes' an die in Abschnitt II angemerkte Kritik an ihm, einen Ich-Bezug zu verwenden, der den Menschen in eine Einsamkeit mit Gott bringt. Letzteres soll hier aber insofern Descartes positiv angerechnet werden, als er, weit entfernt davon, eine Einsamkeit zu provozieren, das fundierende Ich *zuallererst* in Zusammenhang mit der fundierenden Gotteserkenntnis versteht, worin sich also die Verweisfunktion von »Ich« als ein Eines auf *das* Eines bzw. Gott widerspiegelt, wovon also gemäß der Zweieinheitlichkeit notwendig zu sprechen ist.

In dem hiermit bezeichneten Sinne erfüllt sich somit besagtes Bemühen Descartes' und insofern kann Descartes *keinesfalls* kritisiert werden. Zugleich zeigt sich aber, daß Descartes' Bemühen letztlich scheitert, da es die Beziehung zwischen Gott und Mensch gerade nicht gemäß der Zweieinheitlichkeit bzw. dialektischen Differenz begreift, wie sich schon daran zeigt, daß Descartes keinesfalls eine dialektisch-analytische Entfaltung, erwachsend aus der Vergegenwärtigung besagter Beziehung – wie sie als *die* Daß-Aussage zu verstehen ist -, vorlegt, sondern die Nennung Gottes zur Letztverankerung von Aussagen zur Geometrie und so fort aufbietet. Derartige Aussagen stehen aber in gar keinem analytischen Verhältnis zu der Nennung Gottes, wie an anderem Ort gezeigt worden ist[27]. Ein derartiges Verhältnis wird aber von einer Person vor sich gerechtfertigt, wenn es nicht zu der eigentlich auszusagenden Fundierung der Philosophie vordringt, also dem gegenständlichen Bemühen gerecht wird.

Diese Argumentation sei, wiederum in Anlehnung an Erich Heintel, vertieft. Zunächst sei hierzu mit Heintel festgehalten: „..., daß Descartes seinen Zweifelsansatz viel zu wenig differenziert hat, daß er nämlich den Zweifel an dem täuschenden »Sosein« der bestimmten raum-zeitlichen Realität und die Leugnung ihres »Daßseins« überhaupt, nicht genügend scharf auseinanderhielt. ... Nur durch eine Metabasis gelangt Descartes von dem Hinweis auf die Täuschungsmöglichkeiten über bestimmte raum-zeitliche Phänomene zu der Behauptung: das Raum-Zeitliche sei überhaupt vom »Ich« abtrennbar und dieses sei in seiner Abgetrenntheit seinerseits zu bestimmen“[28]. Dies hat folgende Konsequenz, wie Heintel sogleich anfügt: „Damit führt der Vorrang der Urständlichkeit des »Ich bin« im Sinne der zentralen Fundierungsproblematik unmerklich auf eine periphere »anthropologische« Frage, wie nämlich diese Urständlichkeit selber wieder als bestimmte Gegenständlichkeit (als Ich »abgetrennt« vom Körper) inhaltlich zu fassen sei: die stets »mitausgesagte«, nicht aber als bestimmter Begriff oder bestimmtes Merkmal fixierte absolute Position wird Gegenstand einer prädikatlichen Wendung, d.h. logisches Subjekt. Damit aber verliert die absolute Position ihre »Absolutheit« (...) und wird entweder zu einem bloß negativ bestimmten, leeren Abstraktum »außerhalb« aller Realität (...) - oder sie wird doch in positiver Relation bestimmt, dann wird sie zu einer »empirischen Behauptung« wie jede andere auch und unterliegt sofort auch dem de omnibus dubitandum. Bei dem historischen Descartes mußte dieser zweite Fall eintreten, sobald er den umgekehrten Existenzsatz, den Ichsatz: »sum cogitans« im Sinne der urständlichen beziehungslosen Unmittelbarkeit als echten Satz, ... (ich bin durch »Denken« bestimmtes Etwas, eine »res cogitans«) interpretierte“.

Heintel macht hiermit auf den Umstand aufmerksam, daß Descartes auf abstraktivem Wege zu »sum cogitans« findet, derart daß er das Ich, wie es Gegenstand prädikatlicher Wendungen ist nicht in seiner Ganzheitlichkeit versteht, so daß er in dem Schritt, der anscheinend Notwendiges im Sinne von nicht Bezweifelbares aussagt, nicht zur absoluten Position gelangt, dieses Ich also nicht transzendiert, sondern immer noch dieses Ich vor Augen hat, wiewohl letztlich wider seine Absicht: „Descartes zieht sich in der Diskussion selbst immer wieder auf

---

27 Senz W 2003: *Platons Dialektik im Lichte der „Nicht-Metaphysikalisierbarkeit“ der Mathematik* - In: *Die Grundlage jeglichen Bedenkens im Lichte der noetischen Dialektik*; Frankfurt a.M.

28 Heintel E 1950 (siehe Fn 6): S.139.

das »Vorreflexive« (nicht prädikatlich Bestimmte) zurück, *ohne doch jemals zu einem klaren Bewußtsein der Grundäquivokation (Unmittelbare Gewißheit: Denken als bestimmter psychologischer Gegenstand) zu gelangen*“[29]. Descartes gelangt also nicht dazu – um es in anderen Worten zu formulieren -, seinen methodischen Zweifel soweit zu durchdenken, daß ihm der fehlende Selbstand des nicht an sich Notwendigkeit Bedeutenden ausreichend bewußt wird: Er transzendiert dieses daher nicht und gelangt dementsprechend zu keiner Einsicht in die Zweieinheitlichkeit, sondern beläßt es bei einer Nennung von Gott, die eben das hiermit Bezeichnete aussagen soll, ohne daß es hierzu eignet; es bringt lediglich die entsprechende Intention zum Ausdruck. Descartes' Vermengung von Denken im ur- und gegenständlichen Sinne ist somit ebenso zurückzuweisen, wie sie zugleich als – wiewohl fehl gehender – Versuch gemäß der Vergegenwärtigung der Zweieinheitlichkeit des Logoshaften zu begreifen ist: Descartes begreift den Gehalt von »Ich bin« letztlich nicht hinreichend.

Heintel verdeutlicht das hier Ausgesagte einmal mit Schelling, sodann mit Kant. Mit Schelling hält Heintel fest: „[Denn dann] hat das in dem cogito eingeschlossene sum nicht die Bedeutung eines unbedingten Ich bin, sondern nur die Bedeutung eines »Ich bin *auf gewisse Weise*«, nämlich eben als denkend, in dieser Art zu seyn, welche man denken nennt. Daher kann auch in dem Ergo sum nicht enthalten seyn: Ich bin unbedingter Weise, sondern nur: Ich bin auf gewisse Weise“[30]. Mit Kant hält Heintel fest: „[Im] Ich denke [ist das] Dasein (daß ich bin) schon gegeben, aber die Art, wie ich es [soseiend] bestimmen ... soll, ist dadurch noch nicht gegeben. ... Das Bewußtsein seiner selbst [als unmittelbare Daseinsgewißheit] ist also noch lange nicht eine Erkenntnis seiner selbst [in Sätzen die wahr oder falsch sein können]“[31].

V

Descartes' »totes« Maschinendenken In diesem Abschnitt soll zunächst beleuchtet werden, welche Aussagen Descartes' Albert Schweitzers Meinung von der »toten« Philosophie Descartes' begründen mögen, woran eine Relativierung der zunächst zu bringenden Kritik anzuschließen sein wird. Den Beginn dieses Abschnittes sollen zwei Ausführungen Heintels bilden: „Einerseits also läßt ihn [Descartes] das ... in peripherem Sinn bestimmte urständliche »Ich bin« nicht sauber Fundamentalproblematik des Erkennens und anthropologische Problematik (Wesen des Menschen, insbesondere im Unterschied zum Tier) auseinanderhalten: das »Tier« - freilich auch das »Du« und mein eigener Körper - wird dadurch zur bloßen res extensa ohne jede »Innerlichkeit«. Außerdem aber wird Descartes dadurch, daß er in dem »clare et distincte«, das für ihn allein Erkenntnis garantiert, die urständliche Gewißheit des »Ich bin« und die formale Einsichtigkeit mathematischer (analytischer) Sätze nicht auseinanderhält, scheinbar von der prima philosophia wie von der Physik her in der gleichen Weise in seiner »Automatentheorie« der Organismen bestärkt. Dadurch wiederum sieht er sich nicht veranlaßt, die ontologischen Gesichtspunkte der Fundamentproblematik und die methodischen des »omnia in natura mechanice« eindeutig auseinander zu halten“[32]. „... von dem fundamentalontologischen Substanzdualismus und seiner Vermengung mit dem methodischen

29 Heintel E 1950 (siehe Fn 6): S.141.
30 Zitiert nach Heintel E 1950 (siehe Fn 6): S.139f.
31 Zitiert nach Heintel E 1950 (siehe Fn 6): S.145f.
32 Heintel E 1950 (siehe Fn 6): S.148f.

Gedanken des »Mechanismus« her, vermag Descartes das Problem des Organismus im Grunde überhaupt nicht zu stellen. Vielleicht hätte ihn diese Art Wirklichkeit, diese »Achillesferse« seines Systems, zu einer Revision seiner Grundlagen und damit zum Durchschauen der verhängnisvollen Äquivokation von sum cogitans und res cogitans geführt, wenn er länger gelebt hätte. Jedenfalls will er von diesen Grundlagen her den Unterschied von »Automatismus« im Organischen und artefaktischen »Mechanismus« nicht sehen, es kommt zu dem bekannten »Uhrengleichnis«, demzufolge die Bewegung der Organismen (auch des menschlichen Körpers) »ebenso notwendig aus der bloßen Anordnung der Organe folgt, ..., wie die Bewegung einer Uhr aus der Kraft, der Lage und der Gestalt ihrer Gewichte und Räder folgt« [*Disc.* V.9]. »Es ist daher der aus diesen und jenen Rädern zusammengesetzten Uhr ebenso natürlich, die Stunden anzuzeigen, als es dem aus diesem oder jenem Samen aufgewachsenen Baum natürlich ist, diese Früchte zu tragen« [*Princ.* IV. 203]".

Diese Zitate verdeutlichen, worin Schweitzers Urteil von der »toten« Philosophie Descartes' seine Wurzeln haben kann. Eine solche Interpretation bedarf aber sogleich der Relativierung, wie sich schon daraus ergibt, daß Descartes, wie angemerkt, um Vergegenwärtigung des notwendig Auszusagenden - also des Fundierenden allen Denkens - bemüht ist. Es gibt aber noch einen zweiten Grund für diese Relativierung: Im Lichte der einleitend zu V gebrachten Ausführungen muß Descartes als Philosoph erscheinen, der letztlich die Betrachtung von Leben mit jener von Mechanik durcheinander bringt. In den Worten Heintels ist hierzu festzuhalten: „[Descartes drängt] nicht nur seine verfehlte Grundlagenproblematik zu einer rein physikalistischen Interpretation alles Körperlichen (auch des Organischen) ..., sondern auch sein methodischer Mathematizismus, der wirklich klare und deutliche Erkenntnis des Körpers nur *more geometrico* für möglich hält. und bei der geringsten Abweichung von dieser Einstellung für eine Rückkehr der *qualitates occultae* befürchtet. ... Dadurch wiederum sieht er sich nicht veranlaßt, die ontologischen Gesichtspunkte der Fundamentalproblematik und die methodischen des *omnia in natura mechanice* eindeutig auseinander zu halten"[33]. Im Sinne hiervon ist es daher zu verstehen, was Descartes über die Seele der Tiere im *Discours de la méthode* schreibt: „Übrigens habe ich mich hier ein wenig über den Gegenstand der Seele verbreitet, weil er zu den wichtigsten gehört; denn abgesehen von dem Irrtum derer, die Gott leugnen, gibt es keinen, der die schwachen Geister eher vom rechten Wege der Tugend ablenkt, als sich einzubilden, die Seele der Tiere sei von derselben Natur wie die unsrige und wir hätten demnach, ebensowenig wie die Fliegen und die Ameisen, nach diesem Leben etwas zu fürchten oder zu hoffen" (V, 22). Nimmt man nun noch hinzu, daß Descartes die Bedeutung seiner Philosophie nicht zuletzt darin sieht, die Menschen zu »maîtres & possesseurs« der Natur bzw. Welt werden zu lassen, so scheint man tatsächlich alle Inkredienzien zusammen zu haben, um in Descartes einen Philosophen sehen zu können, der die Maschine »Tier« alleine unter dem Aspekt ihrer Nutzbarkeit für den Menschen begreift. Damit würde man Descartes aber nicht gerecht.

Rainer Specht[34] verweist darauf, daß Descartes' Philosophie als Versuch der Überwindung der scholastischen Philosophie zu begreifen ist, in der Descartes ebenso eine wesentliche Wurzel für die herrschenden Kriegswirrnisse (Dreißigjähriger Krieg!) sieht, wie ein Hemmnis für die Ausbildung jenes technischen Fortschrittes, der die Menschen von ihrer schweren körperlichen Arbeit und den daraus resultierenden negativen Folgen für ihre Gesundheit befreit. Rainer Specht verwendet in diesem Zusammenhang das Wort, von der »Liebe«

---

33 Heintel E 1950 (siehe Fn 6): S.148f.

34 Specht R 1966 (siehe Fn 5).

Descartes' den Menschen gegenüber, die ihn die Scholastik bekämpfen und seine mechanistische Philosophie entwickeln läßt.

Aus tierethischer Sicht ist hieran sogleich anzuknüpfen, daß, wäre es um Descartes' »Liebe« zu den Menschen unproblematisch bestellt, da sie - wie sie ins Gewand der Philosophie gekleidet ist - tatsächlich auf das Person-Sein der Mitmenschen abzielt, nicht also bloß die Intention hierzu besagt und an dieser scheitert, daß also Descartes' »Liebe« in diesem Falle in eben der Weise auf die nicht-menschlichen Lebewesen erweitert werden könnte, wie dies Albert Schweitzer (aber nicht nur dieser[35]) aussagt, wenn er festhält: „Einst galt es als Torheit, anzunehmen, daß die farbigen Menschen wahrhaft Menschen seien und menschlich behandelt werden müßten. Die Torheit ist zur Wahrheit geworden. Heute gilt es als übertrieben, die stete Rücksichtnahme auf alles Lebendige bis zu seinen niedersten Erscheinungen herab als Forderung einer vernunftgemäßen Ethik anzugeben. Es kommt aber die Zeit, wo man staunen wird, daß die Menschheit so lange brauchte, um gedankenlose Schädigung von Lebewesen als mit der Ethik unvereinbar anzusehen“[36].

Tatsächlich ist es aber mit Descartes' »Liebe« nicht unproblematisch bestellt. Die Verdeutlichung hiervon sei mit der Redewendung eingeleitet, daß »man aus Liebe alles falsch machen kann«. Dies scheint Descartes auch tatsächlich unterlaufen zu sein, ohne deshalb daran zweifeln zu müssen, daß sein Anliegen von Specht richtig erkannt worden ist. Es ist bereits die Aussage Jaspers' zitiert worden, wonach sich Descartes' Philosophie aufgrund ihrer Klarheit in der Argumentation von der Philosophie der Renaissance (und jener der Scholastik) wohltuend unterscheide. Dies scheint Descartes selbst ebenso verstanden zu haben: „Die Wahrheiten, die meine Prinzipien enthalten, sind sehr klar und sehr gewiß und werden deshalb jeden Anlaß zu Disputen beheben und die Geister zu Freundlichkeit und Eintracht stimmen: ganz im Gegensatz zu den Kontroversen der Scholastik, die diejenigen, die sie lernen, unmerklich immer pedantischer und rechthaberischer machen und vielleicht die erste Ursache der Häresien und Auseinandersetzungen sind, die gegenwärtig die Welt verheeren“ (IX, 18). Von einer derartigen Klarheit des Gedankenganges kann aber gar nicht die Rede sein, da festzustellen ist, daß an den Angelpunkten des Gedankenganges von Descartes geradezu auf das Denken *verzichtet* wird. Das vielleicht entscheidendste und augenfälligste Beispiel hierfür tritt auf, wo Descartes in die Situation gerät, die Verflechtung von Seele und Körper thematisieren zu müssen. Zunächst sei hierzu aus den *Meditationes* gelesen: „Nun, erstens bemerke ich hier, daß zwischen Geist und Körper insofern ein großer Unterschied besteht, als der Körper seiner Natur nach stets teilbar, der Geist hingegen durchaus unteilbar ist“ (VI, 19). Worauf Descartes hiermit abzielt, im Sinne der bei ihm auftretenden Intention, das Fundament des Philosophierens zu erreichen, das ist die Zweieinheitlichkeit von Ich als einem Eines bzw. von *das* Eines. Wie bereits dargestellt, gelangt Descartes über eine entsprechende Intention nicht hinaus, bzw. gelingt es ihm nicht, das Durchaus-Unteilbar gemäß der absoluten Position zu bedenken. Eben deshalb ist von Descartes - in seinem Brief an die Prinzessin Elisabeth von der Pfalz - zu vernehmen: „Die Dinge, die zur Vereinigung der Seele und des Körpers gehören, erkennt man durch den bloßen Verstand allein nur dunkel ...; aber man erkennt sie sehr klar durch die Sinne. Daher kommt es, daß Leute, die niemals philosophieren und sich lediglich ihrer Sinne bedienen, gar nicht daran zweifeln, daß die Seele den Körper bewegt und daß der Körper auf die Seele einwirkt“. Selbstverständlich bedarf es nicht erst der Philosophie, um das bedenken zu können, das philosophisch als die Zweieinheitlichkeit des Ich zu bezeichnen ist, doch gilt dies gemäß »Transzendentalphilosophie als Angebot«, und nicht

---

[35] Siehe dieses Buch: Siehe Fn 1.

[36] Schweitzer A 1990: *Kultur und Ethik* - München.

in dem Sinne - wie Descartes unterstellt -, daß diese Einsicht gleichsam von der Philosophie nicht erreicht werden kann. Er traut hier der Philosophie etwas nicht zu, das diese ganz wesentlich zu leisten im Stande ist, jedoch von *seiner* Philosophie nicht erreicht wird, aufgrund der skizzierten Defizite in der Vergegenwärtigung des Fundierenden der Philosophie. Eben deshalb muß sich Descartes in seiner Aussage auf die Leistung der Sinne berufen und auf völlig inadäquate Weise das Motiv des Verzicht-Üben-Müssens bemühen.

Descartes argumentiert somit nicht, wo er ganz wesentlich argumentieren müßte, ohne daß ihm sein Defizit bewußt würde, was aus der ihm unterlaufenden Verflechtung von clare et distincte bezüglich des philosophischen Fundamentproblems und der Mathematik sowie Mechanik resultiert, die besagtes Defizit maskiert. Es läßt sich auch feststellen, daß Descartes hier aufgrund eines bestimmten Zieles vor Augen unkritisch vorgeht, nämlich besagter Verbesserung der Lebenssituation der Menschen, wie er sie gerade durch eine Philosophie - die scholastische Philosophie - gefährdet sieht, die sich weniger als seine Philosophie auf die Sinne, Geometrie, Mechanik und so weiter verläßt. So sehr man der Descartesschen Zielsetzung an sich Sympathie entgegenbringen wird, es bleibt, daß ihr auf nicht akzeptierbare Weise nachzugehen versucht wird.

Descartes ist es also um eine medizinisch und technisch beherrschbare Natur gegangen und um willen hiervon schreibt er der Geometrie, Mathematik und so weiter in einer Weise Bedeutung zu, die ihn das Bedenken der absoluten Position völlig defizitär gestalten läßt, da er in Ansehung der Scholastik zu der Ansicht gerät, jegliche philosophische Beurteilung dessen, das also zwischenzeitlich mit Kant als absolute Position bezeichnet werden kann, bedeutet eine Geringschätzung der Beachtung der materialen Welt bzw. Werdewelt. Nun braucht gar nicht bestritten zu werden, daß im Namen der Scholastik Positionen vertreten worden sind, die eine defizitäre Beachtung der Werdewelt bedeuten, wobei »defizitär« im Lichte der differentiellen Eigenständigkeit der Werdewelt und ihrer Analyse zu verstehen ist! Das ist: an anderem Ort[37] hat der Autor zu zeigen versucht, daß die Philosophia perennis, wo sie nicht uneingeschränkt zur Vergegenwärtigung des Fundierenden der Philosophie vordringt, von einer Pendelbewegung im Argumentieren beherrscht wird, als Folge davon, daß konstitutiv für die Zweieinheitlichkeit des Ich eine differentielle Autonomie des Ichs ist; das Ich ist nicht autonom, insofern es nicht anderes als *das* Eines ist, ist zugleich aber (differentiell) autonom, insofern es dieses Nichts-Anderes-Sein im Sinne davon ist, daß es in dialektischer Differenz zu *das* Eines dieses ist. Wird dieser Umstand nicht hinreichend bedacht, so treten Kompensationsversuche auf, die entweder die Autonomie des Ich betonen, oder aber die Nicht-Autonomie, wobei in beiden Fällen der differentielle Charakter der Autonomie auf fehl gehende Weise Vergegenwärtigung findet. Beide Alternativen können im Sinne einer »Liebe« zu den Menschen konzipiert sein. Im Falle der Philosophie Descartes' erwächst dies somit daraus, daß die Autonomie des Menschen betont wird. Tatsächlich ist diese Betonung somit aber als ein Pendelausschlag besagter Pendelbewegung innerhalb der Philosophia perennis zu verstehen, und sie kann somit als Reaktion auf einen umgekehrten Pendelausschlag in der Scholastik verstanden werden, bzw. als Reaktion auf einen vermeintlichen derartigen Pendelausschlag.

Im Sinne hiervon ist es also zu verstehen, daß Descartes sich den Unterschied zwischen organischem Automatismus und artifiziellem Mechanismus nicht vergegenwärtigen kann bzw. zu einem Verständnis von Seele gelangt, das es ihm nicht ermöglicht den Begriff der Seele auch in Zusammenhang mit den Tieren zu denken, da er Seele in einer Art mit Denken ver-

---

[37] Senz W 2000: *Zur Theoriendynamik innerhalb der Philosophia perennis* - Frankfurt a.M.

flicht, die alleine auf das menschliche Denken zugeschnitten ist, als Ergebnis eines defizitär konzipierten methodischen Zweifels, der zur Basis für eine defizitäre Beachtung der absoluten Position bzw. von »Ich bin« wird.

Der Angelpunkt aller Probleme in der Position Descartes' muß daher in dem Umstand gesucht werden, daß sie einen Pendelausschlag der allgemeinen Pendelbewegung innerhalb der Philosophia perennis darstellt: Descartes begnügt sich mit einem Verständnis von »Ich bin«, das den Ansprüchen der Philosophie nicht gerecht wird; ihm ist das »Ich bin« nicht die Bedingung der Ermöglichung der Vergegenwärtigung der Zweieinheitlichkeit von Ich als Person, sondern er begreift es innerhalb der Philosophia perennis nur relational zu der in dieser herrschenden Pendelbewegung.

Damit ist zugleich gesagt, daß das Cartesianische »Ich bin« in dem Sinne genauer durchdacht werden muß, über Descartes' Einsicht hinaus, um es nicht, im Sinne eines vorzeitigen Abbruchs der Vergegenwärtigung, nur eingeschränkt im Sinne der Philosophia perennis verwenden zu können, es innerhalb dieser also bloß im Horizont der in ihr gegebenen Pendelbewegung einsetzen zu können, gemäß der zwar die Intention vorherrscht, zu dem Fundierenden der Philosophie vorzudringen, was aber teilweise mißlingt, woraus die Pendelbewegung als Verformung der vorwärts dringenden Bewegung hin zum Fundierenden der Philosophie resultiert.

VI

Albert Schweitzers Position im Lichte der gebrachten Darstellung zu Descartes Zunächst mag es scheinen, als wäre der Betrachtung der Position von Albert Schweitzer ein allzu langer Abschnitt der Betrachtung der Position Descartes' vorausgegangen. Dies trifft aber nicht zu; der Grund hierfür ist, wie sich sogleich zeigen wird, daß Schweitzers Position insofern zu kritisieren ist, als sie in ihrer eigenen Kritik an Descartes gerade in dem Punkt mit dieser Position übereinstimmt, der zu allererst an Descartes' Position zurückzuweisen ist. Es mußte daher genauer auf Descartes' Position geblickt werden, um diesem Umstand nun Rechnung tragen zu können.

Es ist bereits angedeutet worden, daß besagtes Spezifikum in der Schweitzerschen Aussage »Ich bin Leben« – wie sie von Schweitzer in fundamentaler Verwendung gebracht wird – gegeben ist, bzw. Schweitzer »Ich bin« mit »Leben« verflicht, womit der Unterschied zu Descartes' Position in der Substitution von »Denken« – bei Descartes – durch »Leben« – bei Schweitzer – gegeben ist. Sogleich sei hervorgehoben, daß dieser Unterschied auf einer Übereinstimmung aufbaut, die auch zu einer gleichartigen Verwendung von Wille führt. Gemäß Schweitzer wirkt in einer jeden Pflanze und einem jeden Tier als unbewußte Kraft der Wille zum Leben; bei Descartes ist zu lesen: „Was bin ich also? Ein denkendes Ding; was ist das? Nun, ein zweifelndes, erkennendes, bejahendes, verneinendes, wollendes, nicht wollendes, auch einbildendes und empfindendes Ding“ (VII, 28).

Bevor dies nun genauer analysiert werden soll, sei vorausgeschickt: Aus tierethischer Perspektive, wie sie vom Autor vertreten wird, besitzt Schweitzers Position insofern größeren Charme, als die in ihr enthaltene Aussage von der »unbewußten Kraft« im Lichte der Konstruktion vom »unentfaltet Person-Sein der nicht-menschlichen Lebewesen« begriffen werden kann, wie sie in der Position Descartes' kein Gegenstück findet. Schweitzers Feststellungen

„Ethik ist ins Grenzenlose erweiterte Verantwortung gegen alles was lebt"[38] und „Alle [Lebewesen] müssen in dem Dunkel leben, nur einer darf hinauf, das Licht schauen: Das höchste, der Mensch. Er darf zur Erkenntnis des Miterlebens und Mitleidens gelangen, aus der Unwissenheit heraustreten, in der die übrige Kreatur schmachtet"[39] können also im Lichte von Universalität des Person-Seins begriffen werden, wie sie dem Menschen – als entfaltet Person Seiendem - in diskursiver Hinsicht eine Sonderstellung einräumt.

Ist somit auch in Bezug auf die Schweitzersche Position zunächst von einem größeren Charme zu sprechen, der von ihr ausgeht, so erübrigt dies noch keinesfalls eine Analyse, wie sie gerade im Lichte der Übereinstimmung zwischen der Schweitzerschen Position und jener Descartes' angeraten erscheint. Diese Analyse sei zunächst im Sinne der Transzendentalphilosophie vorgenommen bzw. die Schweitzersche Aussage »Ich bin Leben« als mögliche philosophische Aussage betrachtet.

Hierzu sei zunächst nochmals an die Verwendung von ur- und gegenständlich erinnert, wie sie zuvor mit Heintel aufgeboten worden ist: „Gegenständliche Wirklichkeit: Ich nenne im Anschluß an Schelling die gesamte prädikatliche (...) Wirklichkeit, in diese alles wahrnehmungs-, vorstellungsmäßig und begrifflich Vermittelte beinhaltet, gegenständliche Wirklichkeit; urständliche Wirklichkeit: das Ich bin, die nur indirekt mitausgesagte, aber fundierende beziehungslose Unmittelbarkeit der absoluten Position nenne ich urständliche Wirklichkeit"[40]. Liegt hierin, daß »Leben«, wie es Schweitzer in der Argumentation aufwendet, gegenständlich zu verstehen ist, so daß in der Verknüpfung mit »Ich bin« die Probleme einer fehl gehenden Äquivokation, wie im Falle des Descartesschen »Denken«; auftreten, bezeichnet also auch Schweitzer nur ein »Ich bin *in gewisser Weise*«, wie dies bei Descartes der Fall ist und eben deshalb zur Kritik an seiner Position Anlaß gibt?

Um dies genauer durchdenken zu können, sei an folgende Stellungnahme Heintels erinnert: „Die absolute Position steckt eben im »Ich«, was immer ich auch in empirischer Bestimmtheit tue: ... Das »Ich bin« folgt daher tatsächlich in gleicher Weise aus dem ausgesprochenen »ich gehe« wie auch dem »ich denke«. ... Es ergibt sich, daß die Sätze jenes jubelnden Ausrufes Descartes': »Das Denken ist's, es allein kann von mir nicht abgetrennt werden: Ich bin, ich existiere, das ist gewiß« gar keinen Ableitungszusammenhang darstellen. Nur durch die Äquivokation von Denken urständlich und Denken gegenständlich erhält der Doppeltpunkt seine Funktion im Beweisgang"[41]. Dies gilt, so wie es Heintel für »gehen« und »denken« darstellt, aber für »leben«. Diese Annahme sei wie folgt erhärtet: Kant schreibt: „[Im] Ich denke [ist das] Dasein (daß ich bin) schon gegeben, aber die Art, wie ich es [soseiend] bestimmen ... soll, ist dadurch noch nicht gegeben. ... Das Bewußtsein seiner selbst [als unmittelbare Daseinsgewißheit] ist also noch lange nicht eine Erkenntnis seiner selbst"[42]; bei Heintel ist zu lesen: „ich weiß aber nur denkend überhaupt etwas von jenem »Ich bin«, da auch die inhaltlich leer bleibende, durch kein gegenständliches Prädikat bestimmbare Wirklichkeitsgewißheit nur in einer Denkintention, freilich von besonderer Art, zum Bewußtsein kommt. Sie besteht nämlich darin, daß ich mir in ihrem Vollzug zugleich ihrer Unerfahrbkeit bewußt werde und damit in einer Denkintention die Grenze alles bestimmenden (gegenständlichen) Denkens (der intentio recta) »erfahre«. Nur weil ich absolute Position bin und damit jenseits dieser grenze,

---

[38] Schweitzer A 1990 (siehe Fn. 36): S.332.
[39] Schweitzer A 1974: *Was sollen wir tun* – Heidelberg.
[40] Heintel E 1950 (siehe Fn 6).
[41] Heintel E 1950 (siehe Fn 6): S.141.
[42] Heintel E 1950 (siehe Fn 6): S.146.

weiß ich überhaupt diese Grenze und erkenne, daß das est im Sinne der unaussagbaren und doch paradigmatischen Existenz und das erst als Kopula im prädikatlichen Satz wohl auseinander zuhalten sind und doch auch nicht in der Weise, wie es in der prädikatilichen Ebene geschieht zu trennen sind. Damit erhält man sofort die Descartessche Abtrennung des Ich vom Körper“[43]. Woran diese Zitate erinnern ist, daß das Problem mit der Vergegenwärtigung des Fundierenden der Philosophie darin besteht, die Zweieinheitlichkeit des Logoshaften adäquat zu vergegenwärtigen, nicht aber darin, sich von der Lösung dieser Aufgabe zu dispensieren, zum Beispiel unter dem Eindruck, die Bezugnahme auf das Logoshafte nur gemäß einem Anthropozentrismus gestalten zu können; nicht zuletzt aus tierethischer Perspektive wäre derartiges zurückzuweisen, dann nämlich, wenn Argumente – zum Beispiel – zum Sprache-Haben des Menschen nicht gemäß dem Entfaltetes-Person-Sein des Menschen bedacht würden, sondern herangezogen werden, um die Grenze zwischen Mensch und nicht-menschliches Lebewesen im Sinne eines beseelt-unbeseelt zu begreifen[44].

Somit ist an den gebrachten Zitaten vor allem das Heintelsche »weiß ich überhaupt die Grenze« zu beachten. Dies gilt, insofern hierin zum Ausdruck kommt, das Fundierende *nur* im Logoshaften - »weiß ich« - erreichen zu können, wiewohl gerade nicht auf die Cartesianische Weise. Zugleich muß das hiermit festgelegte Ziel aber auch dann verfehlt werden, wenn die Bezugnahme auf das Logoshafte aufgegeben wird, wofür – philosophisch betrachtet! – der Zugang Schweitzers steht. Schweitzers Bezugnahme auf »Leben« kann keine Lösung des Problems bedeuten, da sie die Beachtung des Logoshaften ausblendet.

In anderen Worten: Schweitzers »Ich bin Leben« umgeht zwar die Verflechtung von »Ich bin« mit einer *bestimmten* gegenständlich gedachten Weise des Daseins – »Denken« -, mißachtet aber, daß anstelle welcher derartigen gegenständlichen Prädikation auch immer nicht ein allgemeines Gegenständliches angeführt werden darf - »Leben« -, da das eigentliche Problem ja nicht im Allgemeinheitsgrad liegt, sondern in der Beachtung der Zweieinheitlichkeit des Ich-Seins und somit der Unterscheidung von gegenständlich und urständlich. Daher auch gilt, daß der Verweis Descartes' auf Denken konkret darin fehl geht, daß er das Logoshafte nicht gemäß der Zweieinheitlichkeit des Ich-Seins beachtet – zumindest nicht hinreichend adäquat -, nicht aber deshalb, da die Beachtung des Logoshaften notwendig die zuvor angemerkte zurückzuweisende Anthropozentrik in sich trägt; diese stellt sich nur ein, wenn das Logoshafte inadäquat bedacht wird.

Zu diesem Ergebnis bezüglich der Position Schweitzers gelangt man also aus transzendentalphilosophischer Perspektive. Diese Perspektive impliziert aber, auch die theologische Perspektive beachten zu müssen. Gerade im Falle der Position von Albert Schweitzer erweist sich dies als notwendig, da dieser Autor ganz wesentlich theologisch argumentiert; das Doppelgebot der Liebe [»Er (Jesus) aber sprach zu ihm: Du sollst den Herren, deinen Gott, lieben mit deinem ganzen Herzen und mit deiner ganzen Seele und mit deinem ganzen Verstand. Dieses ist das große und erste Gebot. Das zweite aber, ihm gleich ist: Du sollst deinen Nächsten lieben wie dich selbst« *Mtt.* 22,37 ff] und die sogenannte goldene Regel [»Alles nun, wie viel ihr wollt, daß euch die Menschen tun sollen, tut auch ihr ihnen« *Mtt.* 7,12] sind Grundpfeiler der Schweitzerschen Position. Gernhardt & Fleck[45] halten bezüglich Schweitzers Position fest: „Der Theologe, Philosoph ... Albert Schweitzer gelangt zu ... der Auffassung, die von der fun-

43 Heintel E 1950 (siehe Fn 6): S.146.

44 Siehe dieses Buch: Siehe Fn 1 und Senz W 2004 (siehe Fn 16).

45 Gernhardt MM & Fleck C 2000: *Der Tierversuch: seine ethischer Abwägung aus theologischer, philosophisch-historischer und medizinischer Sicht* – Franfurt a.M.: S.46.

damentalen Erfahrung getragen ist, daß der eigene Lebenswille »im Zusammenhang des Lebenswillens jedes Lebewesens und in Anerkennung des Respektanspruches gegenüber jeder Lebensform zu betrachten« ist. ... Nach Schweitzer gewinnt der Mensch jedoch nur dann ein »inneres Verhältnis zum Schöpfungswillen im Tier (...), wenn er genau wie bei der Pflanze sich dem Leben des Tieres gegenüber in der Ehrfurcht verhält, ihm Leid und Schmerz fern hält (denn es fühlt wie du den Schmerz) und seinem Trieb zur Lust Raum gibt«.

Beachtet man im Lichte hiervon erneut den Satz »Ich bin Leben, das Leben will«, so erweist er sich insoweit als unproblematisch, als er die Beachtung der Zweieinheitlichkeit in sich trägt, bereits aufgrund des Rekurses auf die christlich-theologische Perspektive; in diesem Sinne wendet sich der gegenständliche Satz auch nicht vom Logoshaften ab, sondern nennt es in dem Sinne bloß nicht explizit, wie dies in der unentfaltet-unthematischen Sprache der Theologie[46] möglich ist.

Sehr genau ist hieran aber zu beachten, daß »unentfaltet-unthematisch« kein »weniger leistungsfähig als die entfaltet-unthematische (also die philosophische) Sprache« bedeutet. Die theologische Sprache fundiert in diesem Sinne ebenso wie die philosophische Sprache auf der Zweieinheitlichkeit des Logoshaften und kann daher nicht in Distanz hierzu verstanden werden. Schweitzers Kritik an Descartes verbleibt daher solange im Bereich der Zweideutigkeit, solange sie nicht explizit gemäß dem hier Dargelegten begriffen wird, also das »Ich bin« Descartes' nicht insofern zurückweist, als es die hiermit ausgesagte absolute Position nicht ihr gemäß bedenken läßt. Würde nämlich die Kritik an Descartes nicht dieserart ausfallen und deshalb statt auf »Denken« auf »Leben« reflektiert werden, wäre hiermit ein Naturalismus ausgesagt, der sich *weder* philosophisch *noch* theologisch rechtfertigen ließe.

Somit bleibt, daß besagte explizite Stellungnahme zwar nicht davon enthebt, Transzendentalphilosophie und Theologie als Angebot begreifen zu müssen, doch läßt sich im Rahmen dieser Stellungnahme unter Maßgabe von Angebot-Sein größt mögliche Eindeutigkeit und Transparenz in der Argumentation erzielen und *dementsprechend* Vorbehalten gegen die Schweitzersche Position entgegentreten. Ein derartiger Vorbehalt lautet: „Der doch recht eindeutige Unterschied zwischen Pflanzen und Tieren ist nach heutiger naturwissenschaftlicher Erkenntnis, v.a. vom physiologischen und neurophysiologisch-anatomischen her, darin zu sehen, daß das Tier (je nach Entwicklungsstufe der Evolution) Schmerz und Leid sowie Freude empfinden kann, die Pflanze wohl aber nicht" (Gernhardt & Fleck[47]). Dieses Argument, wie es sich gegen die Schweitzersche Feststellung von dem inhärenten moralischen Wert *aller* Lebewesen wendet, läßt sich sehr leicht entkräften, wenn explizit transzendentalphilosophisch-theologisch argumentiert wird: nun läßt sich nämlich darauf hinweisen, daß fachwissenschaftliche Aussagen, also Aussagen wie sie sich gegenständlich auf die Werdewelt beziehen, nicht mit philosophisch-theologischen Aussagen vermengt werden dürfen, und zwar in dem Sinne, wie gegen- und urständliche Aussagen nicht in linearer Beziehung zueinander stehen.

Angesichts hiervon sei von Albert Schweitzer gelesen: „Die Ethik aus Ehrfurcht vor dem Leben erkennt keine relative Ethik an. (...) Alles Vernichten und Schädigen von Leben, unter welchen Umständen es auch erfolgen mag, bezeichnet sie als böse. Gebrauchsfertig zu beziehende Ausgleiche von Ethik und Notwendigkeit hält sie nicht auf Lager. Immer von neuem

---

46 Siehe dieses Buch: *Zum inhärenten moralischen Wert der nichtmenschlichen Lebewesen* und Senz W 2003: *Die Grundlage jeglichen Bedenkens m Lichte der noetischen Dialektik* – Frankfurt a.M.

47 Gernhardt MM & Fleck C 2000 (siehe Fn 45): S.47.

und in immer originaler Weise setzt die absolute Ethik der Ehrfurcht vor dem Leben im Menschen mit der Wirklichkeit auseinander"[48]. Schweitzer spricht sich hier zunächst für die Uniformität von Person-Sein aller Lebewesen aus, worin ihm also zu folgen ist, wie auch seiner zweiten Aussage Rechnung zu tragen ist, daß die urständliche Argumentation nicht davon enthebt in immer »originaler Weise« den Problemen auf materialer Ebene begegnen zu müssen. Entsprechend einer konsequent philosophisch-theologischen Argumentation spricht Schweitzer hiermit das Problem an, daß die materiale Ebene an sich des Selbstandes entbehrt, also auch in Bezug auf die Letztbegründbarkeit in moralischer Hinsicht; das Sich-Bewähren-Müssen des Ich findet auf materialer Ebene keine Imperative vor! Alleine bei konsequenter philosophisch-theologischer Argumentation läßt sich dies aber begründen, bzw. zeigen, daß hiermit kein Defizit in normativer Hinsicht ausgesagt ist.

Hiermit soll hinlänglich die Bedeutung einer konsequenten Beachtung der transzendental-philosophisch-theologischen Argumentation und ihrer Bezugnahme auf »Ich bin« dargestellt sein.

---

[48] Schweitzer A 1990 (siehe Fn 36): S.339.

Zur fundamentalen Bedeutung von »Quasizirkularität des Bedenkens« aus philosophisch-theologischer Perspektive

I

Einleitung und Problemstellung In der Mitte der zweiten Hälfte des 19. Jahrhunderts hat in der Wissenschaft eine Entwicklung Platz zu greifen begonnen, die letztlich zu einem als »zweite naturwissenschaftliche Revolution« genannten Phänomen geführt hat, und das zu Beginn des 20. Jahrhunderts zu voller Ausbildung gelangt ist. Diese »Revolution« wird von Arbeiten von Mach, Bohr, Planck, Einstein und Curie ebenso getragen, wie von der Psychoanalyse Freuds und der Evolutionstheorie Darwins und bringt eine Depersonalisierung des Ichs mit sich; es wird als weder physisch noch psychisch im Mittelpunkt des Weltgeschehens stehend begriffen. Der Einsicht der diese Revolution tragenden Personen nach ist die Depersonalisierung gegenüber einer philosophisch-theologischen Denkweise nötig, die narzißtisch das Ich in besagten Mittelpunkt stellt.

In dem vorliegenden Aufsatz soll gezeigt werden, daß im Rahmen des mit der zweiten naturwissenschaftlichen Revolution Initiierten eine Denkfigur Bedeutung erlangt hat – jene der Quasizirkularität -, der, wiewohl unter geänderten Vorzeichen der Betrachtung, auch aus philosophisch-theologischer Perspektive Bedeutung zuzuweisen ist. Genauerhin soll gezeigt werden, daß besagte Quasizirkularität alleine in dem philosophisch-theologischen Denken begründet - also abseits von Herbeiargumentation - begriffen werden kann. Im Lichte hiervon wird der vorliegende Aufsatz von der Bezogenheit von (Transzendental-)Philosophie und (christlicher) Theologie aufeinander berichten. Der Grund dafür, den entsprechenden Ausführungen umfangreich Ausführungen zu Positionen abseits von (Transzendental-)Philosophie und (christlicher) Theologie voranzustellen liegt darin, das positiv Auszusagende auch im Lichte einer Kritik an mit besagten Positionen konkurrenzierenden Perspektiven darstellen zu müssen. Dies gilt gerade angesichts der großen Akzeptanz dieser Positionen, nicht zuletzt insofern sie als besagte Konkurrenten erlebt werden.

II

Zur Bedeutung der Quasizirkularität-Konstruktion abseits der Transzendentalphilosophie und Theologie Die in *Einleitung und Problemstellung* thematisierte »zweite naturwissenschaftliche Revolution« bedeutet ein Unternehmen, das die empirische Ebene dahingehend als allein maßgebend zu verstehen versucht, als die synthetischen Aussagen – wie sie ausschließlich der Rechtfertigung bedürfen – aus der Erfahrung a posteriori erzielbar sein sollen, insofern sie als an eine analytische, apriorische Logik anlegbar begriffen werden, ohne daß hierbei das Sinn-Mehr, das somit gegenüber dem aposteriorisch Festgehaltenen gegeben ist, etwas bedeuten soll, das ontologisch auf etwas verweist, das nicht aus der empirischen Ebene ableitbar wäre.

An anderem Ort ist der Nachweis der Hoffnungslosigkeit eines solchen Unternehmens gezeigt worden[1]. Nicht dieser Nachweis soll daher hier eigens geführt werden, sondern eine Darstellung dessen, das im Rahmen besagten Unternehmens zu einer Thematisierung von Quasizirkularität führt. Hierzu wird zunächst einiges zur Position Carnaps dargelegt werden, wie sie im Vorfeld jener Thematisierung von Quasizirkularität steht, die (zum Beispiel) in der evolutionären Erkenntnistheorie (= EE) von zentraler Bedeutung ist. Die Betrachtung der Position Carnaps soll hierbei nicht bloß einleitend kurz gestreift werden, sondern durchaus genauer beleuchtet werden, um willen der Darstellung der Verkehrtheit der Ausgangsbasis für die Vergegenwärtigung des Quasizirkularität-Arguments in der EE, als einem Teil der empiristisch-naturwissenschaftlichen Tradition.

Von Seiten des Empirismus, des (Neo-)Positivismus, Szientismus und so weiter wird vielfach davon gesprochen, daß Metaphysik und Transzendentalphilosophie lediglich wohl formuliert über Nichts sprechen[2]. Es wird sich zeigen, daß es gerade jene sind, die zu diesem Urteil kommen, die ihrerseits von nichts sprechen, bzw. sich in eine Scheinwelt flüchten und hierüber übersehen, letztlich das eigentliche Problem völlig aus den Augen verloren zu haben. Auch Carnaps Position ist letztlich nicht mehr als eine solche Zuflucht - genauerhin in die Logik. Es wird interessant sein zu beobachten, daß innerhalb der naturwissenschaftlich-anti-metaphysischen Tradition zwar ebenfalls zu einem negativen Urteil bezüglich Carnaps Position gelangt wird, wiewohl abseits der Vergegenwärtigung dessen, das tatsächlich Carnap hat scheitern lassen.

Zur Verdeutlichung hiervon sei zunächst die Verflechtung betont, die in Carnaps Bedenken der Induktion und der Deduktion besteht; in gewissem Sinne konstruiert Carnap die induktive Logik aus der deduktiven Logik. Hierbei wird der entscheidende Begriff der deduktiven Logik, jener der L-Implikation, durch jenen der Wahrscheinlichkeit substituiert. Das ist: In der induktiven Logik wird von einer Maßfunktion für den partiellen Einschluß von L-Spielräumen gesprochen, wo in der deduktiven Logik die klassifikatorische Kennzeichnung des Einschlusses von L-Spielräumen (so der Fall) ausgesagt wird. Es wird also eine Relation ausgesagt, im Sinne des Bestätigungsgrades eines Satzes – der Hypothese *h* – durch einen anderen Satz – Erfahrungssatz *e* –; besagte Maßfunktion gibt die Wahrscheinlichkeit an, daß *h* aufgrund von *e* zutrifft. Hieran ist zu beachten, daß *h* nicht im Rahmen eines induktiven Schlusses aus *e* gewonnen wird, was die Annahme apriorisch synthetischer Prinzipien erübrigen lassen soll, im Sinne der Akzeptanz des Empirismus.

---

[1] Siehe zum Beispiel Senz W 1997: *Privatheit des Ich* – Frankfurt a.M. und Senz W & Senz B (im Druck): *Zur Problematik philosophisch sein sollender Begründungsversuche in der Taxonomie und Systematik* – Wiener Philosophisches Jahrbuch.

[2] Ein Beispiel hierfür: „Allerdings scheinen sich Teile der Philosophie im Laufe ihrer jahrhundertealten Geschichte in einer Art von traditionszirkulärer Sackgasse festgefahren zu haben, insofern als die Erörterung der Erörterung der Erörterung ... (irgendeiner) Epistel (...) immer mehr ins zunehmend schwindelerregende Zentrum ihrer Beschäftigung gerückt ist (...).Es ist wohl kein Zufall, daß sich eine der zentralen, wenn nicht vielleicht die elementarste philosophische Disziplin Epistemologie nennt. Debatten, wo letztlich niemand mehr weiß, worüber eigentlich mit geschliffener Rhetorik gesprochen wird, würden in dieser Hinsicht den wohl unübertroffenen Höhepunkt einer solchen Entwicklung verkörpern“ Heschl A 1992: *Das Erwachen des Bewußtseins beim Kinde* – In: Guttmann G & Langer G (Hrsg.): *Das Bewußtsein – Multidimensionale Entwürfe* - Wien & New York; S.353-374: S.354.

Der zentrale Begriff der logischen Wahrscheinlichkeit ist hierbei jener der Bestätigung (*confirmation*) (Bestätigungsgrad *c*); *c* von *h* auf Grund von *e* beträgt *r*, das zwischen »Widerspruch« und »L-Implikation« (diese selbst sind ausgeschlossene Grenzwerte) liegt. *c* ist hierbei immer relativ zu einem semantischen System gültig, insofern also relativ. Im Rahmen der Überlegungen hierzu gelangt Carnap zu seiner regulären Bestätigungsfunktion *c*, die das Verhältnis der Maßfunktion von *e.h* zur Maßfunktion von *e* angibt. Hiermit meint Carnap[3], ein System der induktiven Logik aufbauen zu können, mit dem Begriff »partielle Implikation von Sätzen« als Basis einer Theorie des quantitativen Bestätigungsgrades.

An diesen *c*-Funktionen ist sogleich zu beachten, daß sie nicht alleine im theoretischen Raum zu verstehen sind, sondern von Carnap in Verflechtung mit Beobachtungen verstanden werden. Daher auch sind nicht alle möglichen *c*-Funktionen einem vernünftigen induktiven Vorgehen »adäquat«[4]. Im Sinne hiervon ist Carnap um die Gewinnung »adäquater« *c*-Funktionen bemüht, wozu er jedes mögliche induktive System durch den Parameter λ charakterisiert: $\lambda = 0$ (nur die Empirie ist entscheidend), $\lambda = \infty$ (nur die logische Überlegung ist entscheidend); zwischen 0 und ∞ ist ein unendliches Kontinuum. Zu Carnaps Aussage bezüglich der Notwendigkeit, jeweils einen λ-Wert wählen zu müssen, ist festzuhalten, daß eine induktive Theorie, wie sie mit unvollständigen Erfahrungsdaten verfährt, nicht zugleich auch sich selbst als vernünftig erweisen kann. Carnap sieht dies, und versucht dieser Konsequenz durch die Anführung einer rationalen Entscheidungstheorie (*rational decision theory*) zu entgehen[5], die a priori aufgestellt wird; dieserart soll also Zirkularität in der Begründung vermieden werden.

Den Ausgangspunkt seiner Überlegungen zu dieser a priori gültig sein sollenden Theorie wählt Carnap in der Erfahrungswissenschaft Psychologie bzw. in der empirischen Entscheidungstheorie, der gemäß der persönliche Glaube einer Person an das Eintreten eines Ereignisses *x* festgestellt wird. Speziell wird die Glaubensfunktion (*credence function*) festgelegt, die deskriptiven Charakter hat: sie ergibt sich aus dem empirisch feststellbaren Verhalten einer Person. Die rationale Entscheidungstheorie untersucht demgemäß, wann die Glaubensfunktion – gemäß den vorangegangenen Erfahrungen einer Person – rational bzw. vernünftig zu nennen ist. Die Rationalitätsbedingungen (*requirements of rationality*) gewinnt Carnap nun dadurch, daß er eine ideale Glaubensfunktion in Verflechtung mit der Betrachtung einer *idealen Person* in die Überlegungen einbringt.

Durch diesen Schritt gelangt Carnap zu einer rationalen Ausgangsglaubensfunktion, wie sie die erfahrungsbedingt-kontingent gegebene Situation einer Person übersteigen läßt; es soll dieserart also etwas erdacht sein, das die Situation *vor* jeder gemachten Erfahrung bezeichnen soll, begründungstheoretisches Fundament für jede Erfahrung seiend: die rationale Ausgangsglaubensfunktion soll zusammenhängen mit der rationalen Glaubhaftigkeitsfunktion (*credibility function*), wie sie sich, wiederum für besagte ideale Person, auf gemachte Erfahrungen bezieht. Dieserart sollen sich also die Probleme bezüglich der Wahl von λ beherrschen lassen, eine Rechtfertigung der induktiven Methode erzielend.

Carnaps Bezugnahme auf eine empirische Wissenschaft um willen der Festlegung von a priori gültigen Aussagen sowie seine Konstruktion einer idealen Person muten sogleich (zumindest) eigentümlich an. Zur genaueren Darlegung dieser Feststellung sei zunächst dargelegt: Carnap

---

[3] Siehe Carnap R 1950/1951: *Logical Foundations of Probability* – Chicago & London; Carnap R 1959: *Induktive Logik und Wahrscheinlichkeit* – Wien (übers. und bearb. von Wolfgang Stegmüller).

[4] Siehe Carnap R 1950/1951 & 1959 (siehe Fn 3).

[5] Siehe Carnap R 1962: *The Aim of Inductive Logic* – Stanford.

hat erkannt[6], daß eine – empiristisch motivierte – ausschließlich definitorische Rückführung wissenschaftlicher Begriffe auf Grundbegriffe nicht möglich ist; um besagte Rückführung zu retten, läßt er daher auch Reduktionssätze zu. Hierdurch wird (u.a.) zu erreichen versucht, im Hinblick auf die Verwendung von Dispositionsbegriffen Sätze formulieren zu können, die auch bei verneintem ersten Glied einer logischen Implikation gültig sein können. Es sollen also Sätze formuliert werden können, die sich nicht alleine auf durchgeführte Versuche beziehen. Zum Beispiel: Versteht man »*x* ist löslich in Wasser« als zutreffend bei »löst sich in Wasser auf«, so erweist sich ein Stück Holz als »nicht löslich«, wenn dies im Versuch eruiert werden kann; ein Stück Holz aber, das hierauf nicht untersucht werden kann, zum Beispiel da es vor dem Experiment verloren gegangen ist, ist »im Wasser löslich«, da bei logischer Implikation (im Lichte extensionaler Auffassung), der Satz nur falsch ist, wenn – bei wahrem erstem Glied - die Folge falsch ist; »in Wasser löslich« bezieht sich also *nur* auf geprüfte *x*. Indem diese Einschränkung durch die Einführung von Reduktionssätzen überkommen werden soll – und formal gelingt dies -, tritt aber das Problem auf, jenes Mehr, wie es durch die Erweiterung des Geltungsbereiches gegeben ist, und also nicht empirisch festgelegt ist, begründet abgrenzen zu können. Zur Beherrschung der Unvollständigkeit der Begriffbestimmung durch Reduktionssätze – wie sie also anders als bei Definitionen auftritt – schlägt Carnap vor, gemachte experimentelle Ergebnisse auf all jene *x* anzuwenden, von denen eine gleiche »Substanz« ausgesagt werden können soll[7].

Tatsächlich blendet Carnap die Frage, was mit »Substanz« – »Wesen« – gemeint sein soll, aber aus! Diese Ausblendung tritt somit an einer Stelle Carnapschen Denkens auf, an der ganz fundamental der fehlende Selbstand der empirischen Ebene thematisiert wird. Damit bleibt das eigentliche fundamentale Problem von Carnap ungelöst, denn es steckt nun ja in der Darstellung der Berechtigtheit einer Zuordnung von *x* zu einer bestimmten »Substanz«. Dies wird von Carnap aber nicht als diskursiv auflösbares Problem begriffen, offenbar unter dem Eindruck seiner hinreichende Erklärung sein sollenden logischen Überlegungen, wie sie also umfangreich von allem berichten, nur nicht dem eigentlichen Problem.

Die hiermit bezeichnete Eigentümlichkeit in der Argumentation tritt bei Carnap mehrfach auf. Seine anfängliche Bevorzugung von Protokollsätzen, wie sie direkt in der Erfahrung begründet sein sollen, besagtes »Bedeutungs-Mehr« abseits jeglicher Metaphysik verstehen lassen sollend, führt zu dem Problem, daß bereits einfachste Sätze nicht handhabbar sind; zum Beispiel: »ich sitze auf einem Sessel«. »Sessel« ist gemäß Protokollsätzen nicht festlegbar, da sich aus dem Satz »x ist ein Sessel« eine unendliche Anzahl von Protokollsätzen ableiten ließe; sämtliche empirischen Qualitäten von »Sessel« zusammengenommen ergeben eben nicht »*x* ist ein Sessel«. Hier läßt sich also das Verifikationsprinzip – aufbauend auf Protokollsätzen – nicht vernünftig – also abseits von herbeiargumentierter Konvention – anwenden. Zudem trägt seine Anwendung die Konsequenz in sich, unbeschränkte Allsätze – also Aussagen in Form von Naturgesetzlichkeit – nicht als vernünftige Aussagen verstehen zu können. Nicht zuletzt um dieses Problem lösen zu können, verweist Carnap auf »Bestätigung«, wie sie den fundamentalen Unterscheid zwischen All-Satz und Einzelaussage überkommen lassen soll. In diesem Sinne spricht Carnap also von der Bestätigungsfähigkeit wissenschaftlicher Sätze durch die Rückführbarkeit auf Kontrollsätze. Letztlich gelangt Carnap dieserart – also durch die Forderung der Bestätigungsfähigkeit - zu einer Neuformulierung des empiristischen Prinzips, das wesentlich liberaler als das ursprüngliche Verifikations-Prinzip ist; die Carnap-

[6] Siehe Carnap R 1936/1937: *Testability and Meaning* – Philosophy of Science III: 419-471 & IV: 1-40.

[7] Siehe Carnap R 1936/1937 (siehe Fn 6).

sche Neufassung ist aber in dem Sinne liberaler, als sie den Ansprüchen einer begründungstheoretisch defizitären empiristischen Wissenschaft zu entsprechen versucht!

Angesichts hiervon sei nun auf Carnaps Überlegungen zu den externen Fragen geblickt. »Real« im wissenschaftlichen Sinne, so Carnap, bedeutet, daß die hiermit bezeichnete Entität, Element eines Systems S ist[8]. Damit bezieht sich »real« immer auf »interne« Fragen, insofern immer der Horizont *innerhalb* von S relevant ist. Fragen, die das System als solches betreffen, also »externe« Fragen, können somit, so Carnap weiter, nicht mit dem gleichen Begriff »real« bezeichnet werden; Realität ist letztlich im Horizont von externen Fragen gar kein Thema; entsprechende Fragen sind ausnahmslos Schreinfragen bzw. sind sie ohne *cognitive content*. Damit weist Carnap die externen Fragen aber nicht vollständig zurück, sondern rekuriert auf sie, insofern sie Fragen nach der Zulässigkeit des *linguistic framework* für besagte Entitäten sind; die externen Fragen betreffen also die Wahl der jeweiligen Sprachform bzw. die Wahl des Werkzeuges zur Problemlösung.

Hieran ist zu beachten, daß die somit vorzunehmende Wahl nicht alleine pragmatisch zu verstehen sein soll, sondern einen theoretischen Gehalt zugewiesen bekommt; diesen kann man aber *nicht wieder* »Werkzeug-theoretisch« begreifen. Carnap sieht dies grundsätzlich, greift diese Thematik weiter aber *nicht* auf. Aus Carnaps Perspektive stellt dies– erneut! – kein Problem dar, wohl in dem Sinne, wie er den Empirismus von vornherein als grundsätzlich für begründet erachtet und alleine um dessen konkrete Ausformulierung bemüht ist[9].

Hierher gehört auch, daß Carnap bereits 1928 in *Der logische Aufbau der Welt* das Problem so festlegt, daß – wie die Gestaltpsychologie zeigen soll – der Erlebnisstrom einer Person aus Wahrnehmungen, Wünschen und so weiter, aus Elementarerlebnissen aufgebaut ist, die aber nicht für sich festlegbar sind, sondern immer nur als jeweilige Dieses eines primär seienden Ganzen, das einem Fluß gleicht, der zunächst gemäß einem »alles fließt« partizipiert wird, womit das Problem darin liegt, in diesem Fluß Orientierungspunkte festlegen zu können, abseits davon, diese wollensentscheidlich – um willen der Mitteilbarkeit, Bedenkbarkeit etc. – herbeizuargumentieren.

Um dieses »alles fließt« also nicht im Sinne von Unanalysierbarkeit verstehen zu müssen, verweist Carnap darauf, daß dieser Strom, wie er zunächst als Subjektives entgegentritt – und insofern als nicht mitteilbar ist –, auch Strukturinformationen enthält, die – da nicht-subjektiv – sehr wohl mitteilbar sind. Die hierin liegende Ausrichtung auf Mitteilbarkeit durch Konzentration auf Formales um willen eines Empirismus kommt auch zum Ausdruck in Carnaps Bezugnahme auf Semantik – wie sie so wichtig für seine Überlegungen zur Induktion ist -: Semantik verbleibt bei Carnap im rein formal-logischen Bereich, unter jeglicher Mißachtung der Thematik, wie es sein kann, daß ein Zeichen für etwas der ontologischen Ebene steht; derartige erkenntnistheoretische Fragen werden ausgeblendet, den Eindruck erweckend, als ließe sich irgendetwas Grundsätzliches zu dem Problem sagen, wenn es rein formal-logisch behandelt wird.

Überblickt man die Ausführungen zu Carnaps Position, so scheint es gerechtfertigt, sie sogleich beiseite zu legen: wesentlichen Problemen stellt sie sich nicht, sie verweist auf Begriffe (»Substanz«), die sich ohne Kunstgriff gar nicht mit der Position vereinbaren lassen, an entscheidender Stelle greift sie auf eine Fiktion (»ideale Person«) zurück, die mit der Realität

---

[8] Siehe Carnap R 1947: *Meaning and Necessity: A Study in Semantics and Modal Logic* – Chicago.

[9] Siehe Carnap R 1947 (siehe Fn 8).

»Mensch« (als Person) nicht hinreichend verknüpfbar ist und so fort und all dies um einen Empirismus zu vertreten, der nirgendwo begründet wird. Tatsächlich wird in dem vorliegenden Aufsatz letztlich zu keinem positiveren Urteil bezüglich der Position Carnaps gefunden werden können, doch ist zugleich explizit anzumerken, daß sich die Person *Rudolf Carnap* mit einer eben solchen Position arrangieren kann, diese also *für ihn* ein akzeptables Aussagensystem darstellt.

Um dies begreifen zu können, ist zunächst an »Universalität von Person-Sein« zu erinnern, wie es auch in diesem Buch schon dargelegt worden ist[10]. Im Lichte hiervon ist primär nicht zu fragen, worin Carnap irrt, sondern worin seine Verzerrungen desjenigen bestehen, das an sich notwendig von einer Person bedacht wird, wiewohl nicht notwendig auf adäquate Weise. Im Zentrum steht gerade die Vergegenwärtigung der Zweieinheitlichkeit von Person-Sein, wofür also die Bedingung der Möglichkeit in einer Person – insofern sie eine solche ist – a priori angelegt ist, jedoch nicht notwendig realisiert wird.

Insofern fällt zunächst auf, daß Carnap dem Erlebnisstrom einen strukturellen Gehalt zuweist, der mitteilbar sein soll, insbesondere durch die Beiziehung formaler Sätze. Diese Bezugnahme auf formale Sätze stellt gleichsam ein Leitmotiv in Carnaps Denken dar, z.B. in seinem Umgang mit Semantik - diese verbleibt im Bereich des formal Logischen -, aber auch bezüglich dem Verständnis von Person-sein – Verweis auf »ideale (roboterhafte) Person« -. Zugleich tritt im Rahmen *hiervon* ein „Bedeutungs-Mehr"-Verständnis auf, dem gemäß Carnap von Substanz spricht, wie auch eine Beziehbarkeit seiner »idealen Person« auf reale Personen aussagen läßt. Was ist hiermit gemäß Universalität von Person-Sein genauerhin gegeben? Zweifellos greift Carnap hiermit auf, in der Werdewelt-Analyse – also der Analyse im Bereich des gegenständlichen Denkens[11] - mit einer Ganzheitlichkeit konfrontiert zu sein, die es nicht erlaubt, lediglich mit den gegenständlichen Inhalten operieren zu können; die Werdewelt-Analyse verfügt zwar über Anfang, damit aber nicht über Selbstand an sich[12]. In anderen Worten: Die Werdewelt-Analyse ist als Ganzheitliches zu verstehen, ist also als etwas zu verstehen, das an sich abseits jeglicher metaphysischer Einflechtung metaphysischer bzw. urständlicher Begriffe zu verstehen ist, ohne deshalb aus sich heraus alle nötigen Begriffe ergeben zu können. Insofern ist es nur recht, wenn sich Carnap auf ein formales System bezieht, das das Anfang-Haben der Werdewelt-Analyse aufgreift und zugleich Begriffe einfordert – zum Beispiel »Substanz« -, die sich nicht analytisch hieraus ergeben.

Insofern besteht also kein Problem mit Carnaps „Substanz"-Vorstellung! Tatsächlich erwächst Carnap hierbei ein Problem daraus, daß er dasjenige, das er also notwendig thematisiert, nicht in adäquater Weise bedenkt: Er erkennt nicht, das Bedeutungs-Mehr gegenüber den empirischen Basis-Sätzen nicht aus einer Bezugnahme auf Formales – Logik – heraus ableiten zu dürfen, das gleichsam nur durch eine Setzung der Vernunft mit der ontologischen Ebene verknüpft wird, sondern von Aussagen zur ontologischen Ebene bezüglich dem Ich ausgehen zu müssen[13]. Alleine dieserart zeigt sich dem Bedenken tatsächlich das Person-Sein

---

[10] Siehe zu diesem Begriff insbesondere Senz W 2003: *Die Grundlage jeglichen Bedenkens im Lichte der noetischen Dialektik* – Frankfurt a.M.

[11] Für »gegenständlich« siehe dieses Buch *Eine kritische Würdigung von Albert Schweitzers Begriff »Leben« im Lichte der Schweitzerschen Zurückweisung des Cartesianischen »Ich bin« - Zur Bedeutung einer fundierten philosophischen Basis für die Tierethik.*

[12] Siehe hierzu auch dieses Buch: *Zum inhärenten moralischen Wert nichtmenschlicher Lebewesen.*

[13] Siehe dieses Buch: siehe Fn 11.

- »reale Person« -, unter anderem das Bedenken von Werdewelt und Logik verstehen lassend. Carnap kehrt diesen Weg gleichsam um.

Daher auch gerät Carnap in die mißliche Lage, alleine fachwissenschaftliches Denken und formale Sätze zu besitzen, so daß er zwar zu Aussagen gelangt, die formal kontingent gültige Aussagen rechtfertigen lassen, doch handelt es sich bei diesen Aussagen und ihrer Rechtfertigung nicht schon um jenes, das das Bedenken des Ich ausmacht. Das Ich bedenkt nicht irgendwelche kontingent gültige, irgendwie rechtfertigbaren Aussagen, sondern kontingent gültige Aussagen im Sinne von Aussagen die über Anfang verfügen und *hiermit* in dialektischer Differenz gemäß Zweieinheitlichkeit zu Selbstand bedeutenden Aussagen stehen. Dies erkennt Carnap nicht, entsprechend dem empiristischen Gerede von »Depersonalisierung des Ich«, wie es »Ich« primär nur als Bedürfniswesen begreifen läßt; wäre das Ich tatsächlich dieserart zu verstehen, Carnaps Position wäre ein wertvoller Beitrag auf dem Wege zum Verstehen von »Ich«. Damit – um dies auch zu betonen – ist nicht festgestellt, daß die Vertreter eines wie hier skizzierten Denkens notwendig besagten defizitären Zugang zum Ich als Person auch explizit vor Augen haben. An anderem Ort[14] ist für die Position Descartes' festgehalten worden, daß sie gerade aus einer »Liebe« zu den Menschen heraus zu dem in ihr enthaltenen antischolastischen, mechanizistischen (!) defizitären Verständnis von Ich bzw. Mensch gerät; auch für das geistige Umfeld des Wiener Kreises ist soziales Engagement ein Schlüsselbegriff[15].

Indem Carnap also jegliche Vergegenwärtigung des fehlenden Selbstandes der Werdewelt und ihrer Analyse mittels einer induktiven Logik zu begegnen versucht, die zu einer völligen Fehlinterpretation des Leistungsvermögens von Fachwissenschaft führt sowie zur Annahme einer Fiktion, indem dies also vorliegt, diskreditiert Carnap potentiell den gesamten Empirismus, auch insofern er antimetaphysisches Programm ist. Zugleich bietet Carnap dieserart eine Lösung an, in der sich ein Ich, auch wenn es an sich um den Empirismus bemüht ist, nicht wiedererkennen muß und daher nach Alternativen im Horizont antimetaphysisch, empiristischer Bemühungen sucht. Eine solche Alternative ist in Form der EE gegeben, wobei insbesondere interessant sein wird zu sehen, woran diese Position meint, gar keine Kritik am integralen Empirismus üben zu brauchen und im Lichte hiervon das „Quasizirkularität“-Argument einbringen zu können.

Die Evolutionstheorie war von Anbeginn an von großer Bedeutung für die Etablierung der Konstruktion »Depersonalisierung des Ich«, wie sie im Rahmen der naturwissenschaftlichen Revolution zu Beginn des 20. Jahrhunderts aufgetreten ist. Im Vergleich mit der Position Carnaps bietet sie dem antimetaphysischen Denken insbesondere zwei Vorteile: einerseits erlaubt sie den Verzicht auf die Fiktion »ideale Person« und andererseits eröffnet sie – so scheint es – die Möglichkeit, das »alles fließt«, wie es bezüglich dem Fehlen von Selbstand an sich im Horizont der Werdewelt auszusagen ist, alleine durch einen Bezug auf eine Logik zu überkommen, die ihrerseits nichts mit der ontologischen Ebene zu schaffen hat.

Konrad Lorenz, einer der Urheber der EE, führt aus[16], daß alles Bedenken des Menschen gemäß Arbeitshypothesen vonstatten geht, wiewohl es Aussagen mit größerer und solche mit

---

[14] Siehe dieses Buch: siehe Fn 11.

[15] Siehe hierzu zum Beispiel Stadler F 1997: *Studien zum Wiener Kreis* – Frankfurt a.M.

[16] Die nachfolgenden Ausführungen zu Konrad Lorenz und Rupert Riedl sind genauer dargelegt (und quellenmäßig erfaßt) in Senz W 2004: *Die Wiener evolutionäre Erkenntnistheorie von ihren Anfängen bis zur Gegenwart* – Frankfurt a.M. und Senz W (im Druck): *Die Posi-*

geringerer Bedeutung und Verläßlichkeit gibt, worin liegt, daß erstere Aussagen von größerem richtunggebendem Potential für künftige Überlegungen sein werden als letztere; die hiermit gegebene Quasidetermination im Bedenken bedeute aber keine Bebürdung die erlauben würde, jegliche kritische Einstellung gegenüber besagten Aussagen aufgeben zu können. Entsprechendes sieht Lorenz in der Evolution der Lebewesen allgemein gegeben, also auch abseits des Bedenkens des Menschen. Genauerhin ist es die Feststellung dieser Quasidetermination innerhalb von »alles fließt« im Bereich der allgemeinen biologischen Evolution, die mit zur Rechtfertigung von der Aussage »alles ist Arbeitshypothese« im Horizont des Bedenkens der Menschen wird. Die Aussage zur allgemeinen Evolution wird hierbei als eine Aussage verstanden, an der nicht gezweifelt werden kann, die also irgendwie aus dem Bereich der nicht-letztrechtfertigbaren Arbeitshypothesen herausfällt. Es sind insbesondere die empirischen Ergebnisse, die derart eindeutig sein sollen, daß nicht mehr vernünftig bloß von der Annahme der Evolution zu sprechen ist, sondern die Evolution als Fakt anzunehmen ist, was also wiederum als Basis dafür genommen wird, sämtliche anderen Aussagen als Arbeitshypothesen – also als Momentaufnahmen im evolutiven Fluß – gelten lassen zu können.

Rupert Riedl, ein weiterer prominenter Vertreter der EE, schreibt in seinem Buch *Biologie der Erkenntnis*[17], daß die Vernunft nicht aus dem »Inneren« der Vernunft erklärt werden kann, wobei die Lösung des damit gegebenen Problems insofern aus der Biologie erwächst, als diese gemäß ihrem evolutionären Fundament gleichsam einen Zugang zur Vernunft von »außen« bietet. Diese Perspektive »von außen« ist natürlich primär empirisch fundiert, in dem Sinne wie die Evolutionstheorie primär empirisch fundiert ist[18]. Gemäß dieser empirischen Ausrichtung tritt ein Denken gemäß der bereits angemerkten Depersonalisierung des Ich auf, was sich auch darin äußert, daß zur Beantwortung der Frage, was das Vernünftige an der Vernunft sei, der Erfolg bei der Lösung von Aufgaben angemerkt wird: es geht im Leben, so merkt Riedl sinngemäß mit Bezugnahme auf den ganzen Lebensprozeß – wovon also das menschliche Denken ein Ausschnitt ist – als Erkenntnisprozeß an, nicht um Wahrheit, sondern »ebenso trivial wie pragmatisch« um den »unmittelbaren Lebenserfolg«. An anderem Ort[19] hat der Autor dieses Denken genauerhin insofern als trickreich analysiert, als es *sein* Unvermögen, sich die Begründungsproblematik im Bereich des Denkens des Ich hinreichend vergegenwärtigen zu können, insofern ausblendet, als das Ich auf naturalistischem Wege alleine im Horizont von »evolutiv entstanden« betrachtet wird, wodurch zunächst – evolutionstheoretisch gesehen – auf einen Bereich – das tierische (und pflanzliche) Leben - geblickt wird, in dem eine Erkenntnistheorie, wie sie mit Wahrheitsfunktionen umgeht, tatsächlich nicht am Platze ist. *Alleine aufgrund dieses Tricks* erscheint besagtes »ebenso trivial wie pragmatisch« nicht reduktionistisch verzerrend, schon deshalb, da die vorliegende pragmatische Konstruktion »Depersonalisierung des Ich« nicht als pragmatisch konzipiert erscheint.

---

tionen von Konrad Lorenz und Johann G. Fichte: Ein Vergleich im Lichte des Entwicklungsgedankens – Frankfurt a.M.

[17] Riedl R 1981: *Biologie der Erkenntnis – Die stammesgeschichtlichen Grundlagen der Vernunft* – Berlin & Hamburg; 3. Auflage.

[18] Damit ist nicht gesagt, daß die Evolutionstheorie von vornherein naiv-empiristisch konzipiert ist; insbesondere Charles Darwins Evolutionsverständnis enthält zumindest den vehementen Versuch, nicht in die naiv-empiristische Falle zu geraten; siehe Senz W 2004: *Zur Bedeutung der Evolutionstheorie für das Verständnis vom Menschen* - Frankfurt a.M.

[19] Senz W 2004 (siehe Fn 16).

An dieser Stelle sei wieder der einmal bereits aufgegriffene Vergleich mit der Position Descartes' aufgenommen[20]. Ganz genauso wie Descartes, unterstellt also auch Riedl, die Philosophie wäre nicht in der Lage diskursiv zu demjenigen vorzudringen, das gemäß der Lehre von der Zweieinheitlichkeit den archimedischen Punkt des Bedenkens ausmacht. Verweist Descartes hierbei, um die dieserart in seiner Position auftretende Lücke zu füllen, auf eine Alltagsempirie, so argumentiert Riedl im Rahmen der EE raffinierter: Er verweist in dem gegenständlichen Zusammenhang auf die scheinbar fachwissenschaftlich fundierte »Außenposition« Evolutionstheorie. »Scheinbar fachwissenschaftlich« ist in diesem Zusammenhang auszusagen, insofern die Evolutionstheorie, wie sie in der Biologie vertreten wird, letztlich in dem Sinne keine fachwissenschaftliche Theorie ist, als sie eine Mißachtung der Verschiedenheit ur- und gegenständlicher Betrachtung bedeutet bzw. die Kompetenz der Fachwissenschaftlichkeit auf die Betrachtung der urständlichen Betrachtungsebene zu erweitern versucht, was ein Überschreiten der Kompetenz bedeutet, der entsprechend eine Verzerrung von Fachwissenschaftlichkeit auftritt, die letztlich aus den Augen verlieren läßt, was mit dieser tatsächlich gemeint ist.

Im Sinne hiervon ist es zu verstehen, wenn Riedl zu einer Theorie der Notwendigkeit des Urteils im Voraus gelangt bzw. Leben dieserart als hypothetischen Realisten versteht. Das ist: Riedl meint, daß alle Organismen endogen immer zu Wahrscheinlichkeitshypothesen über das Unbekannte getrieben werden, womit das Vorliegen einer Heuristik ausgesagt ist, als dem Prinzip der schöpferischen Evolution. Am Beginn eines evolutiv von statten gehenden Lösungsversuches steht eine subjektive (unvernünftige) Wahrscheinlichkeitshypothese, also eine Erwartung, ohne nennenswerter Erfahrungsbasis: derartiges steht also am „Antritt jedes Weges zur Weisheit“[21]. Aus der Gegenverrechnung von Erwartung und Erfahrung führt die schöpferische Evolution aus dem subjektiven in den objektiven Bereich der Wahrscheinlichkeit, ohne daß der hiermit bezeichnete Weg jemals zu Ende gegangen werden könnte bzw. Sicherheit schlechthin erzielt werden könnte – alles ist Arbeitshypothese!

Besagte Gegenverrechnung ist ein quasizirkuläres Vorgehen, das, insofern es schöpferisch ist, Erfahrung und Erwartung nicht jeweils in einer einzigen Ebene zusammenführt, sondern gleich einer Spirale immer höhere Ebenen der Gewißheit erreichen läßt; freilich nie derart, daß Sicherheit schlechthin erreicht wird: Im Gegenteil, letztlich kann der ganze Weg, der beschritten worden ist, nicht zur »Weisheit«, sondern in die Katastrophe führen. Dieser quasizirkuläre Vorgang führt zu Verfestigungen bestimmter Lerninhalte (gleichgültig ob auf struktureller, instinktiver, assoziativer und so weiter – bis hin zur kulturellen – Ebene), die aktuell nicht zur Disposition stehen, was einerseits ein gewisses Risiko bedeutet, andererseits aber aus ökonomischen Gründen geradezu überlebenswichtig ist für das potentiell zielführende Evoluieren der Organismen(-Gruppen).

Angesichts derartiger Überlegungen betont Riedl die Bedeutung des ratiomorphen Apparates, demgegenüber das rationale Denken des Ich, bei allen partiellen Vorteilen, die es gegenüber dem ratiomorphen Denken hat, ganz wesentlich den Nachteil hat, evolutiv noch wenig erprobt und entwickelt zu sein, ganz einfach entsprechend seinem geringen phylogenetischen Alter.

Dieserart meint Riedl die Induktionsproblematik prinzipiell gelöst zu haben, indem er sie im Sinne einer schöpferisch verstandenen Evolutionstheorie interpretiert. Die traditionelle Philosophie würde dies übersehen haben, und daher zu einem Standpunkt außerhalb der Natur

[20] Die entsprechenden Ausführungen zu Descartes sind wiederum dem angemerkten Aufsatz in diesem Buch (siehe Fn 11) zu entnehmen.

[21] Riedl R 1981 (siehe Fn 17): S.74.

dieser Welt gekommen sein, demgemäß sie nicht mehr über das »richtige Denken«, sondern das richtige Deduzieren nachdenkt, sich alleine deduktiven, mathematischen und logistischen Formulierungen zuwendend. Dies solle auch für Carnaps Position und deren Aussage von dem Kontinuum »induktiver« Methoden gelten, die letztlich gar nicht induktiv sondern deduktiv sind.

Riedl löst hiermit den Carnapschen Roboter evolutiv auf. An sich ist diese Auflösung zu begrüßen, doch darf hierüber nicht übersehen werden, daß sie auf eine nicht zielführende Weise unternommen wird. Lediglich die Intention Riedls ist akzeptierbar: Riedl will die Carnapsche Uneinsichtigkeit in das Unvermögen der eigenen empiristischen Position, zu lösende Probleme als Probleme zu begreifen – ein Umstand, der auch für Descartes' Position Gültigkeit besitzt![22] -, aufheben. Genauerhin gilt: Bei Descartes vermengt sich besagtes Unvermögen mit der philosophischen Intention, im Bedenken die vorprädikatliche Ebene urständlichen Denkens zu erreichen; bei Carnap erstickt diese Intention in seiner Bezugnahme auf Logik. Insofern Descartes und Carnap also ihrer Intention nicht gerecht werden, müssen sie gleichsam über Fehler in ihren Positionen hinwegsehen. Im Unterschied hierzu bieten die genannten Vertreter der EE eine Lösung für die Vermeidung besagter Fehler an, die also darin besteht, den Problembereich – also eigentlich das zu lösende Problem – von vornherein auszublenden: die Evolutionstheorie wird erst gar nicht als etwas zu begreifen versucht, das im Lichte urständlichen Denkens zu begründen ist – was möglich ist![23] -, sondern als etwas vorgestellt, das gerade diese Bezugnahme auf urständliches Denken erübrigt, indem das gegenständliche Denken des Menschen auf etwas rückgeführt wird, das im genesetheoretischen Sinn nicht-entwickeltes gegenständliches Denken ist. Damit aber hat man sich der Lösung des Problems grundsätzlich verweigert: Anstatt, wie notwendig, das gegenständliche Denken auf urständliches Denken zurückzuführen, wird es auf nicht-entwickeltes gegenständliches Denken bezogen!

Angesichts hiervon seien nun Texte von Günther Wagner – einem weiteren Vertreter der EE - gelesen. Sogleich sei folgende Aussage Wagners zu Carnap festgehalten: „Eines der letzten großangelegten Projekte dieser Art der theoretischen Begründung einer Erkenntnistheorie war der Versuch, eine induktive Logik auf der Wahrscheinlichkeitstheorie aufzubauen,. Das Verdienst, nahezu alle denkbaren Mittel in dieser Richtung ausgeschöpft zu haben, kommt dabei Carnap zu. Es ist nicht ganz zutreffend zu sagen, das Unternehmen sei gescheitert. Trotzdem hat der beschrittene Weg nicht zum Ziel geführt, ... Das hat vor allem zwei Gründe. Erstens hat es sich erwiesen, daß der Wahrscheinlichkeitsbegriff nicht auf Naturgesetze anwendbar [ist], ... Zweitens kann jedes deduktive System nur Regeln zum sinnvollen Gebrauch von vorher definierten Begriffen bieten, kann aber nie eine ausgezeichnete Wahrscheinlichkeitsbewertung aus sich selbst heraus gebären. Beide Einsichten sind historisch nur auf der Grundlage einer sehr eingehenden Beschäftigung mit Wahrscheinlichkeitslogik möglich. Insofern ist das Werk Carnaps von bleibender Bedeutung"[24]. Damit sagt Wagner aber keineswegs aus, in der Evolutionstheorie auf die Wahrscheinlichkeitstheorie verzichten zu können: „Es ist also möglich, ein wahrscheinlichkeitstheoretisch begründetes Modell anzugeben, das als rational rekonstruierbare Basis für das intuitive erkennen von Regelmäßigkeiten dienen kann. Dieses Modell steht nicht im Widerspruch zu den Ergebnissen der klassischen Induktionstheorie, da

---

[22] Siehe dieses Buch: siehe Fn 11.

[23] Siehe Senz W 1999: *Zur Begründung der Evolutionstheorie durch Platon* – Frankfurt a.M.

[24] Wagner GP 1983: *Über die logischen Grundlagen der evolutionären Erkenntnistheorie* – In: Lorenz K & Wuketits FM (Hrsg.): *Die Evolution des Denkens*; München & Zürich; 199-214: S.201f.

es auf anderen Annahmen beruht als z.B. die Theorie der logischen Wahrscheinlichkeit von Carnap"[25].

Worin liegt aber, so ist angesichts dieser Zitate zu fragen, der Unterschied zwischen der Carnapschen Bezugnahme auf Wahrscheinlichkeitstheorie sowie induktive Logik und jener Wagners im Sinne der EE? Zur Beantwortung dieser Frage sei aus dem Aufsatz Wagners aus dem Jahre 1983 gelesen: „Prinzipiell gleiche Argumente wie gegen die induktive Logik lassen sich praktisch gegen alle versuche geltend machen, die die Erkenntnistheorie aus einer rein formalen Theorie heraus entwickeln wollen. Auch wenn man nicht endgültig beweisen kann, daß dieser Weg zur Lösung des Problems nicht gangbar ist, so spricht zumindest die historische Erfahrung gegen eine solche Möglichkeit. ... Wenn also theoretische Begründungsverfahren scheitern, so bleibt nur noch die Möglichkeit, eine empirische Basis zu suchen. Genau das gibt die EE vor zu tun; denn sie bezieht sich auf empirisches Wissen, die Evolutionsbiologie, die Verhaltensforschung und die Neurophysiologie, um Aussagen über erkenntnistheoretische Probleme zu stützen"[26]. Im Lichte hiervon ist auch Wagners Aussage zu begreifen, daß keine Erkenntnistheorie die Wissenschaft zu begründen braucht: „Sie ist ein historisches Faktum"[27]. Zweifellos ist sie dies, doch bedeutet dies noch nicht, daß es sich um ein als solches rechtfertigbares Faktum handelt, eine Thematik, über die nachzudenken angesichts der zuvor zitierten Feststellung zur Bezugnahme auf die empirische Ebene lohnt.

Zur Verdeutlichung des hiermit Ausgesagten sei zunächst Wagners Ausführung zu den theoretischen Begriffe herausgegriffen: Naturwissenschaftliche Theorien, so Wagner, enthalten einheitlich theoretische Begriffe, „die nicht ohne Bezug auf die Theorie interpretierbar sind"[28]. Zumeist würden die theoretischen Begriffe in Begriffspaaren in eine Theorie eingeführt und über eine formale Struktur mit Beobachtungsbegriffen verbunden. Als Beispiele führt Wagner aus der Physik das zweite Axiom der Mechanik an und aus der Psychologie eine Theorie zur Häufigkeit der Lösung von Testfragen eines bestimmten Schwierigkeitsgrades. „Wesentlich ist, daß die theoretischen Begriffe, jeder für sich, nicht sinnvoll interpretiert werden können, sondern nur im Rahmen einer Theorie und in bezug auf eine Theorie sinnvoll sind"[29].

Demgemäß kann die logische Struktur theoretischer Begriffe, wie sie also jeweils für sich nicht sinnvoll interpretierbar sind, von der mathematischen Modelltheorie nicht dargestellt werden: „Es können in der Modelltheorie die Interpretationen zweier Prädikate nicht wechselseitig voneinander abhängig sein"[30]. Um also die theoretischen Begriffe in ihrer wechselseitigen Abhängigkeit begreifen zu können, ist zu beachten: „Die logische Struktur von Aussagen, die theoretische Begriffe enthalten, kann nur dann rekonstruiert werden, wenn in der Modelltheorie auch Systeme von gekoppelten nichtlinearen Gleichungen als Interpretationsfunktionen zugelassen werden"[31]. Mit dieser Forderung wird aber, so Wagner, das Leistungsprofil der herkömmlichen Logik insofern überstiegen, als in dieser „keine Rückwirkung des

---

[25] Wagner GP & Ackermann G 1987: *Der Beitrag der Wahrscheinlichkeitstheorie zur Begründung der Evolutionären Erkenntnistheorie* – In: Riedl R & Bonet EM (Hrsg.): *Die Entwicklung der Evolutionären Erkenntnistheorie*; S.113-124; S.123f.

[26] Wagner GP 1983 (siehe Fn 24): S.202f.

[27] Wagner GP 1983 (siehe Fn 24): S.206.

[28] Wagner GP 1983 (siehe Fn 24): S.208.

[29] Wagner GP 1983 (siehe Fn 24): S.209.

[30] Wagner GP 1983 (siehe Fn 24): S.210.

[31] Wagner GP 1983 (siehe Fn 24): S.211.

Ergebnisses einer Interpretationsstufe auf eine andere in einem Formelsystem“[32] vorliegt: „Genau das aber kann ein gekoppeltes nichtlineares Gleichungssystem bewirken“. Die auf diesen aufbauende neue Logik ist nicht mehr nur konservativ, sondern produktiv: „sie erzeugen Eigenschaften vermittels der Interaktion der Elemente, die den Elementen als solche nicht zugesprochen werden können“. Sogleich verweist Wagner darauf, daß aus eben diesem Grunde auch die Theorie der Selbstorganisationsprozesse auf der Theorie der nichtlinearen Gleichungssysteme aufzubauen ist. Dies meint eine strukturelle Ähnlichkeit zwischen einer nichtlinearen Logik und ontologischen Gegebenheiten in Zusammenhang mit evolutiven Vorgängen. Sogleich warnt Wagner in diesem Zusammenhang vor einem trivialen Verständnis dieser Ähnlichkeit: „Sicher ist es nicht klug, einfach die Gleichungen der Hyperzyklustheorie zu übernehmen und in einer bloßen Metapher von der »Evolution der Begriffe« zu sprechen“[33].

Bezüglich der theoretischen Begriffe folgert aus all dem: „Wenn also die Wahrheitsfunktionen theoretischer Begriffe oder Prädikate sich in ihren Funktionswerten gegenseitig beeinflussen, so ist das Resultat wesentlich von der Interaktionsstruktur der Wahrheitswerte der theoretischen Begriffe bestimmt. ... Da diese Interaktionen nichtlinear sind, ist das Resultat zwar von den Fakten bestimmt, aber trotzdem nicht ein simples Abbild der Fakten infolge der Eigendynamik nichtlinearer Systeme“[34]. Hieran sei aus dem Schlußabsatz von Wagners Aufsatz angefügt: „Damit ist es aber mit solchen Funktionen möglich, das merkwürdige Zwitterdasein all unserer Begriffe etwas besser zu verstehen. Unsere Begriffe helfen uns, uns in der Realität zurechtzufinden, besitzen also Abbildcharakter für die Realität. Gleichzeitig setzen sie immer auch einen theoretischen Hintergrund voraus, auf dem allein sie verständlich sind. Also sind sie auch theoretisch, sie sind auch Erfindungen des Geistes und nicht echtes Bild“[35].

Wagner bevorzugt also einen Empirismus, der ohne Carnapscher Roboter auskommt, wobei die Beachtung des schöpferischen Aktes immer noch gemäß der Riedlschen evolutionistischen Bezugnahme auf die Werdewelt erfolgt, die aber fortgesetzt nicht adäquat als solche verstanden wird; immer noch wird der fehlende Selbstand in der Werdewelt-Analyse – also der Analyse gegenständlicher Daten – durch einen Verweis auf Logik zu komplettieren versucht, der die Selbstand-Thematik nicht adäquat aufgreift.

Das ist: Das »Zwitterdasein« der Begriffe wird nicht explizit gemäß der Unterscheidung von ur- und gegenständlichem Denken begriffen und daher auf Konstruktionen wie den Hyperzyklus rekuriert, wo die Kantischen Kategorien ins Blickfeld der Analyse geraten sollten, als Ermöglichung der Vergegenwärtigung der absoluten Position, als alleiniger Basis dafür, dem fehlenden Selbstand des gegenständlichen Bedenkens geltungstheoretisch fundiert begegnen zu können. Es gilt hier klar zu erkennen, daß das fundierende urständliche Denken keine theoretischen Begriffe im Sinne der EE beinhaltet, sondern jene vorprädikatlich zu begreifenden Inhalte, die jegliches Bedenken auf prädikatlicher Ebene – wie es als evoluierend verstanden werden kann – fundiert, insofern es in dialektischer Differenz gemäß Zweieinheitlichkeit zu diesem steht. In anderen Worten: jegliches Unterfangen, gleichgültig ob es nun das Cartesianische mathematisierende clare et distincte, Carnaps Logik oder Wagners nichtlineare Logik ist, das das Fundierende des gegenständlichen Denkens nicht in der absoluten Position

[32] Wagner GP 1983 (siehe Fn 24): S.211.
[33] Wagner GP 1983 (siehe Fn 24): S.213.
[34] Wagner GP 1983 (siehe Fn 24): S.213.
[35] Wagner GP 1983 (siehe Fn 24): S.214.

von »Ich bin« zu begreifen unternimmt, bedeutet notwendig ein defizitäres Bedenken, argumentiert also bloß etwas herbei, das Fundierendes sein soll.

Zur Verdeutlichung hiervon sei auf einen Aufsatz von Wagner & Ackermann geblickt[36]. In ihrem Text sind Wagner und Ackermann um eine rationale Erklärung der Riedlschen „Hypothese des anscheinend Wahren" bemüht, bzw.: „Nur jene Verhaltensdispositionen oder –programme, deren Sinn rational rekonstruiert werden kann, sind ratiomorph, d.h. können als Anpassungen gedeutet werden"[37]. Um also einen Zirkel zu vermeiden und alles, insofern es ist, als angepaßt verstehen zu müssen, also allem, insofern es ist, Passungscharakter zuschreiben zu müssen, suchen Wagner und Ackermann nach einer rationalen Rekonstruktion ratiomorpher Anpassungen; genauerhin suchen sie nach einer Theorie, die die EE ergänzen soll, so wie zum Beispiel die Hydrodynamik die biologische Evolutionstheorie ergänzt, wenn es gilt, den Passungscharakter der Stromlinienform (unter anderem) schnell schwimmender Fische zu erklären: „Ein Lösungsvorschlag [für besagte Ergänzung der EE] beruht auf der Einbeziehung der Wahrscheinlichkeitstheorie, gewisser Teile der analytischen Wissenschaftstheorie und der klassischen Erkenntnistheorie"[38]. Im Lichte hiervon wenden sich Wagner und Ackermann der Wahrnehmung von Regelmäßigkeiten in eine Ereignisfolge zu, sowie der daran gekoppelten Erwartungshaltung, inwieweit diese Regelmäßigkeiten auch bei noch nicht gemachten Erfahrungen Gültigkeit besitzen. Das hiermit bezeichnete Problem wird als psychologisches Induktionsproblem verstanden und im Sinne einer Extrapolationsleistung behandelt, wovon auch schon Riedl gesprochen hat.

Sogleich wird darauf verwiesen, daß sich die »traditionelle Erkenntnistheorie« – also die Erkenntnistheorie außer den empirischen und naturalisierten Erkenntnistheorien – mit dieser induktiven Leistung nichts anzufangen weiß - „kann sich unsere wissenschaftliche und philosophische Tradition damit nichts anfangen" -, wiewohl diese Leistung von zentraler Bedeutung ist; hierauf hat ebenfalls bereits Riedl verwiesen. Wagner und Ackermann versuchen das somit gegebene Dilemma mittels der Verwendung eines wahrscheinlichkeitstheoretischen Modells zu lösen, wobei die Wahrscheinlichkeitstheorie als Instanz unabhängig von der EE verstanden wird. Im Rahmen hiervon kommen die Autoren zu dem Ergebnis, daß ein voraussetzungsloses Modell der Induktion auch nicht aus der mathematischen Wahrscheinlichkeitstheorie abgeleitet werden kann, doch läßt sich, so argumentieren sie weiter, ein Modell im Sinne einer rationalen Rekonstruktion der ratiomorphen psychologischen Induktionsleistung unter folgenden beiden Voraussetzungen geben: „1. Man muß von vornherein einfachere Regelmäßigkeiten für wahrscheinlicher halten als komplizierte, und 2. man darf nur den empirischen Gehalt einer Gesetzesaussage, nicht aber das Gesetz selbst, induktiv stützen wollen"[39]. Zu der ersten Voraussetzung erfährt man: „Diese Annahme macht keine Aussagen über die Struktur der Welt, d.h. sie ist keine Hypothese über die tatsächliche Häufigkeit von Perioden gewisser Länge. Die Rechtfertigung dieser Annahme resultiert alleine aus den Bedingungen der Funktionsfähigkeit kognitiver Systeme: Nur unter dieser Annahme funktioniert

---

[36] Wagner GP & Ackermann G 1987 (siehe Fn 25); siehe zudem: Wagner GP & Kratky KW 1992: *A probabalistic model for the discrimination between periodic and non-periodic series of events and its relevance for the problem of inductive support* – Evolution and Cognition 2: 1-21.

[37] Wagner GP & Ackermann G 1987 (siehe Fn 25): S.114.

[38] Wagner GP & Ackermann G 1987 (siehe Fn 25): S.114.

[39] Wagner GP & Ackermann G 1987 (siehe Fn 25): S.122.

ein kognitives System, das darauf angewiesen ist, Regelmäßigkeiten in seiner Umwelt wahrzunehmen"[40].

Damit zeigt sich sogleich das ganze Dilemma derartiger Studien: Zweifellos ist ein Ich in seinem Bedenken auf Leistungen wie die angemerkte angewiesen. Wenn aber in Studien wie der hier Betrachteten behauptet wird, somit umfassend im Sinne von fundierend von den kognitiven Leistungen des Ichs zu sprechen, so irren diese Studien insofern, als fortgesetzt das aufgewendete »endogen« falsch bedacht wird: Es wird nicht erkannt, daß zwei Betrachtungsebenen miteinander verflochten werden, jene des ur- und des gegenständlichen Denkens. Dies tritt auf, da »endogen« nicht hinreichend gemäß der „absoluten Position"-Thematik durchdacht wird: »nichtlinear«, »evolutiv« und so weiter werden zum herbeiargumentierten Vehikel für die Ausblendung der Beschäftigung mit dieser Thematik. Anstatt zunächst das »Ich bin« in absoluter Position freizulegen, als Ermöglichung des Verstehens von Person-Sein und damit *in Folge* von »endogen«, wird eine unkritische Beachtung der Veränderlichkeit auf der materialen Ebene von Ich zum Ausgangspunkt der Überlegungen genommen, die vorgefundene „endogen"-Konstruktion ergebend, deren begründungstheoretisches Credo zwar das Lorenzsche »alles ist Arbeitshypothese« modifiziert, ohne es – wie nötig wäre - grundsätzlich zu kritisieren.

Den gegenständlichen Abschnitt resümierend, läßt sich feststellen: Gegenüber der Position Carnaps bedeutet jene der EE den Versuch des Überkommens Carnapscher Defizite in der Ausleuchtung des eigentlichen Problems, basierend auf der Einbringung von Quasizirkularität aussagender Konstruktionen. Bei Riedl tritt dies gemäß der von ihm ausgesagten Gegenverrechnung von Erfahrung und Erwartung auf, bei Wagner in Form der von ihm ausgesagten gekoppelten nichtlinearen Gleichungssysteme, denen gemäß eine Rückwirkung des Ergebnisses einer Interpretationsstufe auf andere bzw. folgende Stufen möglich ist. Hierdurch wird – so die Intention - ein produktiv-evolvierendes Geschehen bezeichnet, das in der Lage ist, Lösungen für Probleme zu finden, ohne daß ein Apriori-Wissen gemäß einem naiven Realismus oder der Transzendentalphilosophie angenommen werden müßte; es genügt festzuhalten, daß Lebewesen gleichsam endogen nach Lösungen Suchende sind. Das Anfang-Problem, also das Problem der Apriorizität, braucht also nicht mehr gemäß der Transzendentalphilosophie gestellt zu werden: deren »Urständlichkeit des Bedenkens« wird als Worthülse zurückgewiesen und durch das scheinbar wissenschaftlich fundierte »evolutiv« substituiert.

Es sollte gezeigt worden sein, daß die hiermit bezeichnete Annahme nicht aus dem bei Carnap – und davor bei Descartes – gegebenen Dilemma herausfinden läßt: Das gegenständliche Denken wird nicht ihm gemäß verstanden und das Motiv der Quasizirkularität hierbei dazu aufgewendet, gemäß den fehl gehenden Vorstellungen zum fehlenden Selbstand des gegenständlichen Denkens, etwas zu dessen Komplettierung aufzubieten, das abseits der unerkannt bleibenden absoluten Position bleibt.

Carnaps »Roboter« aufzulösen, da sie - wie sie Fiktion sind – in faktischer Getrenntheit zu dem Ich, wie es Person ist, stehen, ist zweifellos eine unabwendbare Aufgabe, doch wird sie erst vollständig erbracht, wenn die Wurzel des Problems als in einem Empirismus liegend begriffen wird, wie er sich gegen die Transzendentalphilosophie wendet. Die Lösung des Problems liegt daher in der Emanzipation von diesem Empirismus; erst dies erlaubt Einsicht in den Umstand, wovon gemäß dem Verzicht-Üben-Müssen nicht gesprochen werden kann, so daß dieses Motiv nicht aufgewendet wird, um das Bedenken des urständlichen Denkens mit dem Mantel der Nicht-Aussagbarkeit zu umhüllen.

---

[40] Wagner GP & Ackermann G 1987 (siehe Fn 25): S.122.

Das Quasizirkularität-Motiv füllt somit aus, die Defizite im – zum Beispiel – Carnapschen empiristischen Umgang mit dem gegenständlichen Denken beheben zu können, ohne daß dies zu einem adäquaten Begreifen des gegenständlichen Denkens in Hinsicht auf die Selbstand-Thematik führt. Denkt man nun die skizzierte Entwicklung von Carnap bis Wagner linear weiter – wobei „linear" hier bedeuten soll: keine Öffnung gegenüber der „absolute Position"-Thematik -, so kann zu keinem Ergebnis gelangt werden, das das gesteckte Ziel erreichen läßt, also zu einem adäquaten Bedenken des Fundierenden des Bedenkens vordringen läßt. Dies bedeutet aber nicht, daß notwendig an dem Quasizirkularität-Motiv Kritik zu üben ist. Gerade dieses wird sich, so soll der folgende Abschnitt zeigen, als gehaltvoll erweisen, jedoch unter der Voraussetzung, eine transzendentalphilosophisch-theologische Perspektive gewählt zu haben.

III

Quasizirkularität im Horizont von Theologie und Transzendentalphilosophie Das Ich ist in seinem Bedenken Probleme-Lösendes und hierbei Irren-Könnendes, noch grundsätzlicher aber: es ist ein solches, das für sein Bedenken kontingent gültiger Inhalte bedarf, die alleine indem sie auf etwas bezogen werden, das nicht wieder derartiges ist, sondern in transzendentaler Differenz gemäß Zweieinheitlichkeit hierzu ist, rechtfertigbar sind. Hiermit ist der fehlende Selbstand kontingent gültiger Inhalte angemerkt, wie er also auszusagen ist, wiewohl mit »fehlender Selbstand« kein »in Getrenntheit zu Selbstand« ausgesagt sein kann, da besagtes Bedenken in diesem Falle hinfällig wäre, wovon nicht ausgegangen werden kann. Stattdessen ist festzuhalten: Das Bedenken kontingenter Inhalte, also das gegenständliche Bedenken, bzw. - in der Terminologie des Autors - das Bedenken thematischer Inhalte, weist nirgendwo, also in keinem seiner Aspekte, wie er durch Nachdenken und empirisches Arbeiten erreicht werden kann, an sich Selbstand auf, begründungstheoretisch des weiteren Hinterfragens enthebend, doch gilt dies insofern, als dieses Bedenken, wie es in Differenz zu einem an sich Selbstand bedeutenden Bedenken – das urständliche Bedenken (die unthematische Sprachebene im Sinne der Terminologie des Autors[41]) steht, auf Letztrechtfertigbares bezogen werden kann. Ur- und gegenständliches Bedenken ist dieserart in Zweieinheitlichkeit zu begreifen: Daß das gegenständliche Bedenken nirgendwo in seinem Bereich Letztrechtfertigung erlaubt, ohne deshalb in Getrenntheit hierzu zu sein, erklärt sich dadurch, daß das ur- und das gegenständliche Bedenken *ein* Bedenken bezeichnen, das in zwei Weisen gegeben ist - das gegenständliche Bedenken bedeutet das urständliche Bedenken in nicht an sich seiender Weise: eine Ebene des Bedenkens tritt in zweieinheitlicher Weise auf[42].

An dieser Aussage ist hervorzuheben, daß sie nicht einfach als epistemologische Aussage verstanden werden kann, sondern fundierend die ontologische Ebene erhellt. Der Inhalt des vorigen Absatzes bedeutet ja zugleich eine Aussage über das bedenkende Ich, wie es nicht in der Freiheit steht, sich für oder wider die skizzierte Art des Bedenkens zu entscheiden, womit es - um dies zu betonen - ein solches ist, für das es konstitutiv ist, besagte Art des Bedenkens zu haben. Was aber ist damit tatsächlich ausgesagt, denn wiewohl der vorangegangene Absatz

---

[41] Siehe z.B. Senz W 2003 (siehe Fn 10).

[42] Für eine genauere Darlegung hiervon siehe zum Beispiel dieses Buch (siehe Fn 12) und Senz W 2003 (siehe Fn 10).

somit von dem Ich spricht, geschieht dies keinesfalls auf propositionale Weise. Um eine solche Darstellungsweise bemüht, gilt es zunächst zu fragen: Was bedeutet im Hinblick auf das Ich Zweieinheitlichkeit?

Die Beantwortung dieser Frage sei mit der Feststellung begonnen, daß das Ich grundsätzlich als ein Eines in transzendentaler Differenz gemäß Zweieinheitlichkeit zu *das* Eines (philosophisch gesprochen) bzw. der Eine (theologisch gesprochen) zu begreifen ist. Das ist: Das in ontologischer Hinsicht an sich Selbstand Bedeutende – *das* Eines, der Eine – ist dahingehend zu begreifen, daß es, indem es ist, nicht nur an sich ist, sondern in transzendentaler Differenz zu sich, was Letzteres jene Ebene bezeichnet, von der das - all dies bedenkende - Ich also ein Eines ist; in der Philosophie bringt dies insbesondere die Dialektik Platons zum Ausdruck, in der Theologie die christliche Trinitätslehre.

Für die hier zu leistende Ableitung ist aber primär nicht das Verhältnis des Ich zu *das* Eines bzw. der Eine von Interesse, sondern wie es um die Zweieinheitlichkeit bezüglich dem Ich selbst bestellt ist; ein Aspekt hiervon, nämlich jener auf epistemologischer Ebene, ist bereits genannt worden. Es wird aber, darüber hinaus, nun darzustellen sein, daß die Zweieinheitlichkeit von grundsätzlicher Bedeutung für das Ich-Sein ist. Was ist hiermit ausgesagt? Zur Beantwortung dieser Frage ist zunächst explizit zu beachten, daß das Ich, wie es also in Differenz gemäß Zweieinheitlichkeit zu *das* Eines – um zunächst nur die philosophische Sprache aufzugreifen - ist, nicht als ein Anderes als *das* Eines begriffen werden kann, womit es Teil hat an dem in Getrenntheit sein zu jeglicher Form von Begrenzung, wie dies für *das* Eines an sich gilt. Zugleich ist das Ich aber nicht *das* Eines an sich, und insofern kann es nicht in Getrenntheit zu Begrenzung sein, da lediglich das *Das*-Eines-Sein an sich eben diese Getrenntheit ist. Sogleich ist evident, daß Begrenzung, wie sie hier genannt ist, nicht die gegenständlich bedachte Begrenztheit sein kann, da diese von dem Ich gedacht wird, insofern es, als nicht *das* Eines seiend, im Bedenken Verzicht üben muß, wiewohl diferentiell[43].

Damit ist aber erst gesagt, was besagte Begrenztheit des Ich nicht ist. Um positiv thematisieren zu können was gemeint ist, sei zunächst ein vom Autor an anderem Ort[44] eingeführter Begriff aufgegriffen, jener der (dialektischen) Entfaltung. Mit dieser terminologischen Festlegung soll primär eine Verwechslung vermieden werden bzw. erreicht werden, »Begrenzung« auf die gegenständliche Sprachebene beschränken zu können; »Entfaltung« meint somit im urständlichen Sinne jenes, wovon Begrenztheit das im Sinne von Zweieinheitlichkeit Gegenstück auf der nicht an sich Selbstand bedeutenden Ebene ist. Damit aber ist »Entfaltung«, insbesondere wie es auch ich anzuwenden ist, immer noch nicht propositional dargelegt.

Um auf diesem Wege weiter voranschreiten zu können, sei in Erinnerung gerufen, daß sich ein Ich notwendig als in Raum und Zeit begrenzt versteht, was mit den Begriffen Zeugung und Tod belegt wird. Was mit diesen Begriffen, insofern sie gegenständlich-thematische Begriffe sind, spezifisch gemeint wird, ist hier nicht von Interesse; es interessiert hier alleine der Umstand, daß diese Begriffe etwas bezeichnen das, wie es auch immer gegenständlich konkret mit Inhalt belegt sein mag, notwendig anzunehmen ist: Diese Begriffe thematisieren eine gegenständlich bezeichenbare Begrenztheit, die, auch wenn sie für sich nicht letztrechtfertigbar mit Inhalten belegt werden kann, auf der Ebene des urständlichen Denkens repräsentiert sein muß, gemäß ausgesagter Notwendigkeit. *Eben dies* soll mit der Analyse von Ich als Sich-Entfaltendes geschehen – *eben dies* muß entsprechend der zuvor angemerkten Aussage be-

---

43 Siehe dieses Buch (siehe Fn 11) und Senz W 2003 (siehe Fn 10).

44 Siehe Senz W 2003 (siehe Fn 10); siehe zudem dieses Buch Fn 12.

züglich dem Ich geschehen, wie es nicht Anderes als *das* Eines ist, ohne dieses an sich zu sein. Im Blick hierauf wird sich sogleich zeigen, daß die somit aufgetretene Aufgabe nur zu lösen ist, wenn das Ich selbst als zweieinheitlich begriffen wird.

Alleine mittels Zweieinheitlichkeit lassen sich beide miteinander zu vereinigenden Aspekte des Ich in seinem Verhältnis zu *das* Eines tatsächlich verknüpfen; es ergibt sich nämlich: das Ich kann seinem An-Sich-Sein nach begriffen werden als Nicht-Anderes-Sein als *das* Eines, doch ist dies entsprechend Nicht-*Das*-Eines-An-Sich-Sein ein nicht in Differenz zu Grenzenlos-Sein; insofern das Ich nicht Anderes als *das* Eines ist, ist es an sich, ist es Person, doch ist es dieses, wie es nicht wieder *das* Eines ist, in einer zweieinheitlichen Weise, der entsprechend Person-Sein ist, insofern es mit einer nicht an sich das Ich seienden Weise ist – materiale Ebene des Ich -. Das Ich hat also Teilhabe an der Grenzenlosigkeit, ist insofern Person, ist Grenzenlosigkeit aber nicht an sich, da es nicht wieder *das* Eines ist, wovon also Ausdruck ist, daß das Ich - anders als *das* Eines – nicht in Differenz zu sich Nicht-Grenzenloses ist, sondern es trägt dies *in sich*; das kann aber nur bedeuten: gemäß Zweieinheitlichkeit. Das hiermit ausgesagte Nicht-Grenzenlos sei also mit Entfaltung gemeint: Es manifestiert sich in der Zweieinheitlichkeit des Ich gemäß Person-Sein und materiale Basis des Ich. Zu diesem Ergebnis ist notwendig vorzudringen und es erweist sich in Übereinstimmung mit der Heintelschen Kritik[45] – aufbauend auf jener Kants (und anderer) – an dem Cartesianischen »Ich bin«, das lediglich ein »Ich bin in gewisser Weise« ist, ur- und gegenständliches Denken miteinander vermengend: Auch die hier geführte Argumentation fundiert in »Ich bin«, nimmt den Anlauf zu einer propositionalen Darstellung des Ich nicht mit der Beiziehung eines gegenständlichen Begriffes »Denken« - wie dies Descartes unterläuft -, sondern durch den Bezug von Ich auf *das* Eines bzw. der Eines – was wohl Descartes' *Intention* war. Zugleich ermöglicht das hier vorgetragene Ergebnis eine Verknüpfung ur- und gegenständlich zu bezeichnender Aspekte des Ich, ohne beide Bereiche miteinander zu vermengen oder aber die Ableitung herbeiargumentiert vorzeitig zu beenden, wie beides für Descartes (aber nicht nur diesen, siehe II) zutrifft.

Das vorgetragene Ergebnis beinhaltet auch nicht, daß das Ich Person ist, die gleichsam zeitweilig in eine materiale Ebene schlüpft – Zeugung – und eine gewisse Zeit später wieder verläßt - Tod -. Zeugung und Tod berichten von einer Genese – Ontogenese -, wie sie im Sinne von gegenständlicher Begrenztheit Anfang und Ende nimmt. Damit ist aber lediglich die materiale Repräsentation (gemäß Zweieinheitlichkeit) dessen thematisiert, das gemäß Entfaltung für das Ich an sich, also als Person, auszusagen ist. Das Ich als Person, um dies zu betonen, nimmt keinen Anfang und hat kein Ende, da dies mit seinem Nicht-Anderes-Sein als *das* Eines nicht vereinbar wäre. Trotzdem gilt: Begründet kann sich das Ich nur in Verflechtung mit seiner materialen Ebene begreifen, so daß scheinbar gilt, daß die Begrenztheit dieser Ebene auch für das Person-Sein gelten muß, bzw. das ein Eines-Sein des Ich mit dem Tod disaggregiert, in dem Sinne wie der Leichnam eines Menschen zerfällt und zu Teilen der übrigen Welt wird.

Bedeutet dies nicht zwingend, daß, soll das Ich als Person irgend etwas sein, das nicht in besagtem Prozeß mit disaggregiert, vor dem Prozeß des körperlichen Zerfalls diesen verlassen haben sollte? Eben hiervon kann aber nicht die Rede sein, bzw. ist hiervon in einer schlechten Metaphysik, einer schlechten Transzendentalphilosophie und einer schlechten Theologie die Rede bzw. in einer schlechten Kritik an einer das Problem beherrschenden Metaphysik, Transzendentalphilosophie und Theologie. Es gilt hier klar zu beachten: Dasjenige, das als

[45] Siehe hierzu dieses Buch: siehe Fn 12.

materiale Ebene des Ich zu verstehen ist, wird von dem Ich als Begrenztes mittels gegenständlicher Begriffe bedacht, wie sie nicht das So-Sein des Bezeichneten aussagen, sondern im Bedenken des Ich gegeben sind, gemäß dem Verzicht-Üben-Müssen des Ich in seinem Bedenken. Wovon also die gegenständliche Begrenztheit berichtet, das ist *das* Eines, wie es nicht an sich ist, auch nicht in Form von Ich als Person, sondern dessen materiale Ebene. Hieran ist entscheidend: Dem gegenständlichen Denken kommt es gar nicht zu festzustellen, an welchem Teil des von ihm Betrachteten gleichsam die Seele – das Person-Sein – hinzukommen können sollte. Selbstverständlich kann das gegenständliche Denken solche Verknüpfungsstellen von Person-Sein und materialer Ebene des Ich nicht ausmachen, jedoch nicht, da das Person-Sein – Seele und so weiter – nicht auszusagen wäre, eine fiktive Zusatzannahme wäre, zu der man sich in Philosophie und Theologie versteigt, da man die materiale Ebene nicht in ihrer Potenz zu sehen vermag, Denken, Sprache und so weiter auszubilden, nicht deshalb also, sondern da die Annahme einer solchen Verknüpfung wider die notwendige Annahme der Zweieinheitlichkeit wäre und somit in einer das Problem beherrschenden Metaphysik, Transzendentalphilosophie und Theologie gar nicht vorkommt!

Es gilt also zu erkennen: Im Bereich des gegenständlichen Denkens nach den Orten besagter Verknüpfungsmöglichkeit zu suchen unterstellt, daß das gegenständliche Denken eine Ganzheitlichkeit in dem Sinne besitzt, daß ihr Letztrechtfertigbarkeit zukommt, ungeachtet urständlichen Denkens. Damit wird das Problem genau verkehrt herum zu lösen versucht. Nicht ist im gegenständlichen Denken nach den Möglichkeiten eines urständlichen Denkens zu suchen, sondern aus der Einsicht in die Notwendigkeit des urständlichen Denkens die Maßgabe für die Kompetenz des gegenständlichen Denkens festzulegen. Insbesondere folgt hieraus, daß das gegenständliche Denken das von ihm Betrachtete als etwas verstehen muß, das, bezogen auf die Zweieinheitlichkeit im Ich, in Einklang mit der Aussage von der Verknüpfung von Person-Sein und materialer Basis des Ich steht.

Dies zu mißachten bzw. das Problem verkehrt herum zu lösen zu versuchen, unterläuft den in Abschnitt II skizzierten Positionen, die ebenfalls skizzierten Fehler ergebend.

Trotz dieser Fehler in besagten Positionen lohnt es, diese auf Elemente hin zu untersuchen, die als verzerrte Nennungen dessen angeführt werden können, das bei einer thematisch-methodisch adäquaten Analyse notwendig anzuführen ist. Sogleich ist in diesem Zusammenhang an das in der EE verwendete »endogen« bezüglich den Lebewesen und der Aussage »alles ist Arbeitshypothese« zu erinnern. Beide Aussagen können als Versuch der Thematisierung von Um-Sich-Bemüht-Sein-Müssen, wie es für Ich als Person bzw. jede Person festzuhalten ist, verstanden werden. Insofern das Ich nicht wieder *das* Eines ist, ist es gleichsam nicht in sich ruhend, sondern in Differenz hierzu Probleme-Lösendes, also um sich bemüht Seiendes; dies ist also konstitutiv für das Ich-Sein, ist also nicht durch etwas außerhalb des Ich ausgelöst und *insofern* ist von »endogen« zu sprechen. Zugleich gilt: Das Um-Sich-Bemüht-Sein-Müssen ist also konstitutiv für das Ich-Sein, dergestalt daß es durch nichts, das es in seinem um sich bemüht Sein herbeiführt, sein Um-Sich-Bemüht-Sein gleichsam hinter sich lassen kann – es kann nicht *das* Eines bzw. der Eine werden. *Insofern* ist es ein »alles ist Arbeitshypothese« angemessen, als damit ausgesagt ist, daß das Ziel des Um-Sich-Bemüht-Seins für das Ich immer als Ziel zu verstehen ist – auch wenn sich das Ich aktuell gleichsam ohnedies im Ziel befindet.

Das Ziel des Um-Sich-Bemüht-Seins, um dies zu kurz anzumerken, ist die Ausrichtung auf *das* Eines bzw. den Eines, was alleine ermöglicht, sich als Person zu entsprechen und andere

Personen als eben solche zu beachten und behandeln[46]. Die Bedingung der Möglichkeit hierfür ist konstitutiv für das Ich-Sein, aufgrund des Vorliegens entsprechender Aprioris für das Um-Sich-Bemüht-Sein. Die Aufgabe des Ich besteht also darin, diese Aprioris diskursiv zu vergegenwärtigen und zu den Maximen für seine Handlungen sein zu lassen. Mißlingt dies, wird also das Ich-Sein defizitär bedacht, so deshalb, da die eigene Person bzw. Person-Sein allgemein nicht in der Ausrichtung auf *das* Eines bzw. der Eine gesehen wird: Es werden Inhalte der materialen Ebene – also Güter – herangezogen, um das eigene Person-Sein mit Inhalt ausfüllen zu können. Tatsächlich ist das hiermit Angesprochene von dem Ich aber auf der Ebene des Am-Werke-Seins zu bedenken, als Ausdruck der Zweieinheitlichkeit von Um-Sich-Bemüht-Sein; Um-Sich-Bemüht-Sein und Am-Werke-Sein ist also im Sinne der Zweieinheitlichkeit von Ich als Person auszusagen und dementsprechend nicht miteinander zu vermischen.

Das Verhältnis von Um-Sich-Bemüht-Sein und Am-Werke-Sein soll sogleich nochmals interessieren, nun in Zusammenhang mit der Aussage von der (erhellenden) »Rückwirkung«, wie sie in der EE auftritt - mit der Betrachtung hiervon gerät die Ableitung in III bereits in die unmittelbare Nähe der Beachtung von Quasizirkularität! Das „Rückwirkung"-Motiv in der EE wird aufgewendet, um die empirische Ebene und das sie Ergänzende zu verflechten, um willen der Vermeidung eines naiven Realismus bzw. um willen davon, von der empirischen Ebene aussagen zu müssen, daß sie Informationen beinhaltet die der weiteren Hinterfragung entheben; diese Naivität wollte bereits Carnap vermeiden. Hier macht sich gleichsam wieder das »alles ist Arbeitshypothese« bemerkbar, das nun durch die Annahme von »Rückwirkung« gleichsam eine Erklärung finden soll. Explizit ist hieran zu beachten, daß »Rückwirkung« somit eine Verflechtung der gegenständlichen (empirischen) und urständlichen (empirische Ebene ergänzende) Ebene bedeutet – somit letztlich des Um-Sich-Bemüht-Seins und Am-Werke-Seins -, die also in einer Beziehung gegenseitiger Erhellung gedacht werden.

Diese Annahme wird sich aber sogleich als Verzerrung eines Verhältnisses beider Ebenen entpuppen, das lediglich mittels der Aussage von der Zweieinheitlichkeit adäquat begriffen werden kann. Zur Verdeutlichung hiervon sei mit der Beachtung davon begonnen, daß also das Ich in seinem Um-Sich-Bemüht-Sein zur Aufgabe hat, sich sein apriorisches Rüstzeug für sein Tun zu vergegenwärtigen; freilich bedarf es für dieses „Vergegenwärtigen" *nicht wieder* ein apriorisches Rüstzeug, in dem Sinne, wie es konstitutiv für das Ich ist, um sich Bemühtes zu sein, was bedeutet, daß es immer bereits in einer Verhältnishaftigkeit zu dem Erreichen besagten Zieles ist, womit sich die Bedeutung „weiterer Apiroris" ebenso erübrigt, wie die Frage nach dem Anfang des Erreichen des Zieles; das Ich, wie es Entfaltetes ist, ist also niemals Anderes als Vergegenwärtigendes.

Bedarf also das Um-Sich-Bemüht-Sein auch keiner „weiteren Aprioris", so bedarf es Orientierungshilfen. Diese kann es aber nur in sich finden, und zwar nicht, insofern das Ich als Monade verstanden wird, sondern in seiner Zweieinheitlichkeit mit *das* Eines bzw. der Eine. Das ist: Die Apriorizität des Um-Sich-Bemüht-Seins ist aufgrund besagter notwendig gegebener Verhältnishaftigkeit derart, daß sie in dem aktuellen Um-Sich-Bemüht-Sein bereits integriert ist, nicht also erst als Anderes aufgefunden werden müßte. Hier gilt es aufzugreifen, daß das Ich, wie es Person ist, Im-Gespräch-Mit-Sich-Sein[47] bedeutet, womit gilt: In seinem

---

[46] Siehe dieses Buch: siehe Fn 12 und *Zur Verflechtung von Wirtschaft und Ethik abseits von philosophischem Integralismus und Selbstorganisationstheorie-Laissez-faire – Eine Rationalisierung des Problems im Lichte von »Soziale Verantwortung gegenüber Anderen«.*

[47] Siehe dieses Buch: siehe Fn 12.

im Gespräch mit sich sein – womit nicht die Sprachlichkeit (als spezielle Kommunikationsform) des Ichs auf materialer Ebene gemeint ist! – ist das Ich notwendig im Vorgang des seinem Bewährungsanspruch zu genügen versuchen – also in besagter Verhältnishaftigkeit – und schafft sich hierbei – philosophisch gesprochen – im Rahmen dieser Verhältnishaftigkeit jene Orientierungshilfen, insofern als gilt: in seinem Im-Gespräch-Mit-Sich-sein ist dem Ich die Möglichkeit des Sich-Hinterfragens gegeben. Dies muß aber, da hier die urständliche Ebene des Bedenkens betrachtet wird, das Vorliegen der entsprechenden Aussagen zu dem Ich als Person in dieser Projektionsebene des Hinterfragens bedeuten, in dem Sinne, wie gilt: Diese Projektionsebene ist Teil des Ich-Seins und insofern fortgesetzt etwas, das jegliche Aussage zum eigenen Um-Sich-Bemüht-Sein in ihrem Verhältnis zu dem Ziel beurteilen läßt. Insofern hat also das Ich hier formal seine Orientierungshilfen für die Vergegenwärtigung jener Aprioris des Bedenkens, über die es notwendig als Ich verfügt, wiewohl entweder adäquat oder nicht-adäquat vergegenwärtigt. Inwieweit es diese Orientierungshilfen nutzt bzw. nicht nutzt, ist keine Frage der Apriorizität mehr – diese gleichsam ins Unendliche verlängernd (nun nach Aprioris hierfür fragend) -, denn inwiefern dieses formal notwendig gegebene Angebot genutzt wird steht im Zusammenhang mit der Verhältnishaftigkeit des Bewährens des Ichs.

Was kann es angesichts hiervon mit der »Rückwirkung« auf sich haben, von der in der EE gesprochen wird? Die Möglichkeit, diese Frage überhaupt vernünftig zur Diskussion stellen zu können, erwächst daraus, daß das Handeln des Ich auf der Ebene des Am-Werke-Seins nicht bagatellisiert werden darf: Ihm kommt keine Beliebigkeit zu! Hinzu kommt, daß das Handeln des Ich ganz eindeutig Konsequenzen auf materialer Ebene zeitigt, wie sie auch für andere Personen von Bedeutung – auch für deren Sich-Entsprechen-Können – sein können. Liegt hierin nicht, daß das Ich die Konsequenzen seines Handelns zumindest auch im Horizont des Am-Werke-Seins, als weitere Orientierungshilfe für sein Um-Sich-Bemüht-Sein einsehen können müßte und ist dies dann nicht als Basis für die Einbringung des „Rückwirkung"-Motivs zu verstehen? Hiervon kann aber nicht die Rede sein, wie sich bereits daraus ergibt, daß sich Um-Sich-Bemüht-Sein und Am-Werke-Sein in Zweieinheitlichkeit bzw. transzendentaler Differenz zueinander verhalten und somit also nichts sind, was gegeneinander gestellt werden kann, was aber das »Rückwirkung«-Motiv zur Voraussetzung hat. Im Sinne hiervon gilt: Eine Handlung eines Ich, wie sie gemäß der aktuellen Verhältnishaftigkeit im Horizont von Um-Sich-Bemüht-Sein vonstatten geht, bedeutet eine Äußerung auf der Ebene des Am-Werke-Seins, deren Konsequenzen vielleicht das Ich tatsächlich nicht vorhersehen konnte – insofern „lernt" das ich gleichsam etwas im Vollzug -, wobei aber diese Konsequenzen nichts bedeuten können, das gleichsam eine Etappe auf einem schrittweise voranschreitenden Prozeß hin zum Ziel des Um-Sich-Bemüht-Seins sein kann, da diese Konsequenzen, insofern sie auf der gegenständlichen Ebene des Bedenkens verarbeitet werden, in Differenz zu dem urständlichen Denken bleiben.

Das urständliche Denken – also das Bedenken im Horizont von Um-Sich-Bemüht-Sein – erhält dieserart zwar Daten für sein eigenes Abwägen von Fragen bezüglich Sich-Bewähren-Müssen, doch wie es diese interpretiert, dies geschieht alleine gemäß den Vorgängen auf der Ebene urständlichen Bedenkens des Ich wie es Person ist. Das Ich erhält also durch das gegenständliche Bedenken keine eigentliche Orientierungshilfe für das Vordringen zu einer diskursiven Vergegenwärtigung der Apriorizität des Um-Sich-Bemüht-Seins, sondern Daten, im Lichte derer es die Konsequenzen seines Tuns interpretieren muß: Diese Interpretation wird geführt von der aktuellen Verhältnishaftigkeit des Um-Sich-Bemüht-Seins, gemäß der registrierte Konsequenzen aus dem Am-Werke-Sein also ausgewertet werden; in welche Richtung sich das Um-Sich-Bemüht-Sein in Folge hiervon ausbildet, kann hierbei also nicht von den gegenständlich bedachten Daten kanalisiert sein, da diesen insgesamt kein letztrechtfertigendes Potential zukommt. Nicht also kommt es zu einer Rückwirkung, sondern dazu, daß sich das Um-Sich-Bemüht-Sein anhand des Registrierten bestätigt oder nicht bestätigt sehen kann, wobei eine fehlende Bestätigung zu einem „Überdenken", jedoch geleitet durch das Um-Sich-Bemüht-Sein, führen wird, da die schwächere Ebene – also die Ebene des Am-Werke-Seins, als eine eben solche, keine Informationen über dasjenige enthalten kann, zu dem sie in Differenz steht, also dem Um-Sich-Bemüht-Sein. Es gilt hier klar zu erkennen, daß das Um-Sich-Bemüht-Sein und das Am-Werke-Sein nicht gegeneinander gestellt werden können, sondern gemäß jener Zweieinheitlichkeit betrachtet werden müssen, die es zugleich erzwingt, jegliche Nivellierung zwischen beiden Bereichen, zum Beispiel im Sinne des „Rückwirkung"-Motives, hintan zu halten.

In Zusammenhang mit »Rückwirkung« ist bezüglich dem Im-Gespräch-Sein-Mit-Sich darauf aufmerksam gemacht worden, zwischen ur- und gegenständlicher Sprachebene differenzieren zu müssen. Damit ist die Komplexität dieses Begriffes aber noch nicht vollständig dargestellt. Es wird sogleich zu zeigen sein, daß dieser Begriff auch im Horizont von Entfaltung zu beachten ist und dementsprechend eine thematische und eine unthematische Diskursivität im Horizont von urständlichem Denken bzw. ein entsprechendes Im-Gespräch-Sein-Mit-Sich auseinander zu halten ist. Mit der Beachtung hiervon gelangt die Ableitung endgültig zur Beachtung der Quasizirkularität, wie sie also auch in der EE gefordert wird. Die Art und Weise, wie dies in der EE geschieht, kann sogleich ausgeschlossen werden, denn für sie gilt, was soeben für Rückwirkung dargelegt worden ist: Sie stellt den Versuch einer inadäquaten Verflechtung der ur- und gegenständlichen Ebene dar. Dies beruht aber auch darauf, daß in der EE der Umstand nicht gesehen wird, daß Diskursivität als Entfaltendes zu begreifen ist, so daß dasjenige, worauf Quasizirkularität zu beziehen ist, gar nicht ins Blickfeld der Betrachtungen gerät. Dementsprechend inadäquat wird von Quasizirkularität gesprochen.

Zur Verdeutlichung hiervon sei zunächst angemerkt: Ein Ich kann in seinem Um-Sich-Bemüht-Sein bzw. dem Aufgreifen der formal immer gegebenen Orientierungshilfen im Dialog unterstützt werden. Diese Unterstützung ergibt sich aus der mit Im-Gespräch-Sein-Mit-Sich thematisierten Sprachlichkeit, die also das „die Lösung nur in sich finden können" auch in einem interpersonal-kommunikativen Kontext zeigt. Um zu verstehen, was hiermit thematisiert ist, gilt es vorweg Diskursivität, wie sie also dem Vergegenwärtigen der Apriorizität von Um-Sich-Bemüht-Sein dient, genauer zu betrachten. Wie angemerkt ist das Ich im Horizont von Entfaltung zu begreifen, was aber nicht nur für Ich gilt, sondern für jegliches Eines jener Ebene die *das* Eines ist, insofern es nicht nur an sich ist. Entfaltung muß somit aber auch für Diskursivität, wie sie hier begriffen wird, gelten, da sie konstitutiv für das Ich-Sein ist, also das Ich-Sein wie es Person ist. Was hiermit bezüglich Entfaltung ausgesagt ist, das ist der Umstand, daß *das* Eines, wie es nicht an sich ist, nicht gegeneinander abgegrenzte Viele ist: Auch jene Ebene von *das* Eines, die nicht dieses an sich ist, ist in Getrenntheit zu Vieles, wie es gegenständlich festgelegt werden kann. Das ist: Die Ebene von *das* Eines, wie sie nicht dieses an sich ist, bezeichnet ein Mehrere, die besagtes Eines in analytischer Entfaltung sind; dieserart also nicht gegenständlich Viele sondern Eines als Mehreres. Diese analytische Verflochtenheit der Mehreres hat aber zur Voraussetzung, daß ein jeweiliges Eines dieser Mehreren nicht gleich einer Monade bzw. ausschließlich in Relation zu *das* Eines verstanden werden kann, sondern das Nicht-In-Getrenntheit-Zu-Begrenzung-Sein, wie es nur für *das* Eines an sich gilt, auch in sich trägt; dies gilt, wovon schon die Rede war, für das Ich selbst und gilt in dem hiermit bezeichneten Sinn somit auch für Diskursivität.

Für das Ich bedeutet dies, daß es in entfalteter und in unentfalteter Form zu begreifen ist, wovon die Repräsentation auf materialer Ebene die Ontogenese ist. Damit ist freilich nicht festgehalten, daß das Ich in unentfalteter Form weniger Person ist, als in entfalteter Form: Das Person-Sein an sich und seine Dignität ist unabhängig von entfaltet oder unentfaltet gleichermaßen gegeben. Auch verweist »unentfaltet« nicht auf ein „vor der Ontogenese", sondern daß das Ich, *wie es zweieinheitlich Person ist,* in keinem seiner Aspekte gleich *das* Eines in Differenz zu Begrenzung steht. Gerade dies gilt es nun auch für Diskursivität zu beachten und in diesem Sinne eine unentfaltete und eine entfaltete Diskursivität auseinander zu halten.

Die entfaltete Diskursivität bezeichnet das Wort, wie es gemäß Im-Gespräch-Sein-Mit-Sich auszusagen ist und auch im dialogischen Verkehr mit anderen Personen vernommen werden kann. Dieses Wort kann, unabhängig welcher der beiden genannten Quellen es entstammt[48], dem es vernehmenden Ich Orientierungshilfe für sein diskursives Vordringen sein, so wie dies zuvor bereits angemerkt worden ist. Insofern aber dieses Wort als an sich diskursives Bedenken auszusagen ist, ist sogleich ein entsprechendes nicht an sich diskursives Bedenken bzw. unentfaltetes Wort auszusagen, also etwas, das nicht in Verschiedenheit zu Wort bzw. Diskursivität ist, dieses bzw. diese nicht an sich ist: Die entsprechende Orientierungshilfe ist dieses Wort, indem es den transportierten Inhalt in sich trägt, ohne ihn uneingeschränkt propositional zu nennen, sondern die Nennung, soweit sie erfolgt, an etwas knüpft, das eine nichtpropositionale Bezeichnung der Apriorizität ist. Dieses »Nichtpropositional« ist somit kein Ausdruck von geringerer Entwicklung der Diskursivität und schon gar nicht von „unbekannt angenommen" bzw. „herbeiargumentiert", sondern eben im Sinne der Entfaltung von Diskursivität als notwendig gegeben sein Müssendes auszusagen.

Benennt man nun den Bereich der entfalteten Diskursivität und der unentfalteten Diskursivität, so ist jener als philosophische Diskursivität und dieser als theologische Diskursivität zu begreifen. In welchem Verhältnis stehen somit aber beide Bereiche – wie sie also Orientierungshilfen für das Ich in seinem Um-Sich-Bemüht-Sein bzw. Sich-Bewähren-Müssen zueinander sind – zueinander? Offensichtlicher Weise stehen sie in einem analytischen Verhältnis zueinander, so wie dies allgemein in Zusammenhang mit Entfaltung ausgesagt worden ist. Gemäß diesem Verhältnis verweisen sie also aufeinander, ohne daß hiermit gleichsam etwas Defizitäres an jedem der beiden Bereiche gemeint sein kann. Zudem gilt, daß keiner der beiden Bereiche als bedeutender als der jeweils andere eingestuft werden kann. Weiters gilt, daß beide Bereiche, hat man sich ihnen gegenüber erst einmal grundsätzlich geöffnet, nicht mit sich bringen, nicht mehr Sich-Bewähren-Müssender zu sein; beide Bereiche immunisieren also auch nicht gegen Fehlentwicklungen.

Was hiermit aber freigelegt und letztlich zusammengetragen worden ist, das läßt sich nun tatsächlich mit dem Begriff der Quasizirkularität in Verbindung setzen, aufbauend auf der soeben angemerkten analytischen Verweisfunktion der Philosophie auf die Theologie und umgekehrt. Hierzu gilt es zu beachten, daß das Primat auf der Diskursivität liegt, nicht darauf, ob sie entfaltet oder unentfaltet ist und insofern gilt es zunächst die Diskursivität in ihrem ganzen Umfang zu beachten. Dies aber bedeutet eine umfassende Beachtung von theologischem und philosophischem Bemühen, wie sie also jeweils in ihrer analytischen Bezogenheit aufeinander auseinander zu halten sind. Die Bemühungen in einem der beiden Bereiche sollten daher immer auch im Lichte der Bezogenheit auf den jeweils anderen Bereich geleistet werden, womit gewissermaßen von einer Quasizirkularität im Sich-Bewähren die Rede sein kann.

---

[48] Vgl. zu dieser Thematik Senz W 2004: *Zur Bedeutung der Evolutionstheorie für das Verständnis vom Menschen* - Frankfurt a.M.

Dies kann freilich nicht die naive Maxime bedeuten, strikt zwischen theologischem und philosophischem Denken hin und her pendeln zu müssen, sondern soll nahe legen, die eigene Leistung bezüglich Sich-Bewähren gleichsam von beiden somit angebbaren Perspektiven zu betrachten, beide Optionen aufzugreifen, um so das Angebot an Orientierungshilfen größt möglich nutzen zu können. Dies impliziert keinesfalls, beide Perspektiven zu einer vermengen zu dürfen bzw. in seinen Ausführungen nicht genau angeben zu brauchen, welche Perspektive man (gerade) gewählt hat[49]. Das Dargelegte impliziert auch nicht die Notwendigkeit, tatsächlich beide Perspektiven aufzugreifen, vorausgesetzt, daß jene Perspektive, für die man sich mehr oder weniger exklusiv entscheidet, trotz dieser Entscheidung in ihrem analytischen Verhältnis zu der jeweils anderen Perspektive begriffen wird.

In dem hiermit bezeichneten Sinne ist also gehaltvoll von Quasizirkularität zu sprechen. Daher auch braucht die Verwendung dieses Motivs in Positionen abseits der Theologie und Transzendentalphilosophie nicht als Zuflucht zu einer Fiktion verstanden zu werden, sondern als inadäquate Verwendung eines an sich begründet verwendbaren Motivs in Zusammenhang mit der Orientierungsleistung des Ich als Sich-bewähren-Müssendes.

---

[49] In Zusammenhang hiermit auftreten könnende Probleme sind in diesem Buch – vgl. Fn 11 – in Zusammenhang mit der Position von Albert Schweitzer thematisiert.

Zur Verflechtung von Wirtschaft und Ethik abseits von philosophischem Integralismus und Selbstorganisationstheorie-Laissez-faire – Eine Rationalisierung des Problems im Lichte von »Soziale Verantwortung gegenüber Anderen«

0

Vorbemerkung Es kommt einer Trivialität gleich festzuhalten, daß sich eine Person nicht notwendig „sozial" verhalten muß. Was ist damit aber konkret gemeint? Es wird hier die Meinung vertreten werden, daß Defizite im sozialen Umgang mit Mitmenschen die Folge davon sind, die Dignität der Mitmenschen nicht hinreichend begreifen – sich vergegenwärtigen - zu können: Die Mitmenschen werden um willen der Verwirklichung eigener Zielsetzungen instrumentalisiert. Hierin ist enthalten, daß jemand, der dieserart vorgeht, schon *von dem eigenen Person-Sein* und der damit zu verbindenden Dignität defizitäre Vorstellungen haben muß, da das Verfolgen von Zielen, die andere Menschen wie erwähnt betrachten läßt, keinesfalls etwas sein kann, das dem eigenen Person-Sein gerecht werden läßt. In anderen Worten: Sein eigenes Handeln derart auszurichten, daß es zu einer Instrumentalisierung anderer Menschen führt, bedeutet zuallererst, keine tatsächlich rechtfertigbaren Vorstellungen von dem eigene Person-Sein und dessen Dignität zu besitzen, da man ansonst von einer Ausrichtung des eigenen Lebens auf derartige Ziele absehen würde. Dies bedeutet freilich nicht, daß sich eine Person ihrer eigenen Defizite bewußt sein muß, wie es auch nicht bedeutet, daß eine solche Person notwendig sämtliche Mitmenschen alleine im Lichte der möglichen Instrumentalisierbarkeit betrachten muß; im Rahmen ihrer Möglichkeiten kann eine solche Person zum Beispiel darum bemüht sein, im familiären Bereich um die Vergegenwärtigung der Dignität des Person-Seins Sorge zu tragen. Auf jeden Fall wird im Falle einer solchen Person aber ein klares Defizit dahingehend vorliegen, Person-Sein an sich vergegenwärtigen zu können und insgesamt Instrumentalisierung von jeder Person fern zu halten.

Wie zu zeigen sein wird, ist besagte Instrumentalisierung anderer Personen bzw. besagte defizitäre Vergegenwärtigung von Person-Sein eingebettet in ein Denken, das im Umgang mit materialen Gütern dasjenige sieht, in dem gleichsam das »Ziel des Lebens« zu finden sein muß. Jegliches Argumentieren, das auf »höhere Werte« und eine dementsprechend andere Ausrichtung des Lebens abzielt, wird als weltfremd, illusorisch oder auch ideologiebehaftet zurückgewiesen. Dieserart wird die eigene Instrumentalisierung anderer Menschen gleichsam immunisiert bzw. als das dargestellt, das tatsächlich sozial sein läßt, auch wenn es – wie zugestanden wird – punktuell soziale Härten impliziert. Derartige Härten treten auch notwendig auf, aufgrund der verzerrten Betrachtungsweise und es ist daher nur zu verständlich, wenn eine derart argumentierende Person darum bemüht ist, bei den Mitmenschen darum zu werben, die eigenen unsozialen Vorgehensweisen als sozial zu verstehen. Dieserart wird der Versuch unternommen, das eigene sozial defizitäre Denken in einer Gemeinschaft eingliedern zu können, die insgesamt die Dignität von Person-Sein so wenig hinterfrägt, daß die gebotene Instrumentalisierung der Anderen nicht transparent wird.

Der Wirtschaft kommt im Rahmen der Ausbildung besagter Gemeinschaft große Bedeutung zu. Trifft es nämlich zu, daß in einer Gesellschaft ein wie dargelegt sozial defizitäres Denken von Bedeutung ist, so wird sich dieses gerade auf der Ebene der Wirtschaft zeigen, insofern sie es ist, die den Umgang mit materialen Gütern regelt. Hierbei wird der wirtschaftlichen Ebene eine Bedeutung im Verstehen von Person-Sein zugewiesen, die ihr niemals zukommen kann bzw. nur zukommt, insofern das Person-Sein defizitär mit Blickrichtung auf den Umgang mit materialen Gütern gesehen wird. Dies ist letztlich weder der Gesellschaft noch dem Funktionieren von Wirtschaft zuträglich.

In *Zum inhärenten moralischen Wert der nichtmenschlichen Lebewesen* ist festgehalten worden, daß ein biologistisch verzerrtes Verstehen von Person-Sein Defizite im Verstehen von Menschen und nicht-menschlichen Lebewesen mit sich bringt. Eben dies gilt es auch hier zu beachten und demgemäß das Augenmerk darauf zu richten, daß eine wie besagt defizitäre Gesellschaft in ihrer Instrumentalisierung der Mitmenschen einen Irrtum im Begreifen von Person-Sein begeht, der auch Konsequenzen für das Begreifen des inhärenten moralischen Wertes der nicht-menschlichen Lebewesen haben muß. Unter diesem Aspekt sind die folgenden Ausführungen zu lesen.

I

Einleitung Zu den Fragen der Verflechtung von Wirtschaft und Ethik existieren unterschiedlichste Ansichten. Im Zentrum der Problematik steht: Läßt sich Marktwirtschaft mit einer Ethik kombinieren, der gemäß Kosten-Nutzen-Kalkulierung nicht schon alles ist, oder ist eine solche Ethik notwendig illusionär und Moral nur im Horizont besagter Kalkulationen einforderbar.

Es soll dargelegt werden, daß die Rationalität besagter Kalkulationen notwendig auszusagen ist, es aber gerade dieser Akt ist, der ein Übersteigen-Müssen des mit diesen Kalkulationen ausgesagten Horizonts einfordert: Die Rationalität der Kosten-Nutzen-Kalkulationen verliert sich im Irrationalen, wenn der mit dieser bezeichnete Horizont zugleich die Letztrechtfertigung des in ihm Geleisteten erbringen soll. Der Nobelpreisträger Milton Friedman hat den Satz geprägt »the business of business is business«. Die in diesem Satz zum Ausdruck kommende Autonomie der Marktwirtschaft wird es sein, die es anzuerkennen - und zu ergründen - gilt, jedoch insofern »Autonomie der Marktwirtschaft« auf einem »höheren« Horizont aufzuheben ist.

Damit scheint zunächst ein Paradoxon ausgesagt zu sein, doch wird die eigentliche Kunst darin bestehen, das gleich einem Paradoxon Dargelegte gerade nicht als ein solches begreifen zu brauchen. Die zu behandelnde These lautet daher: Die Wirtschaft hat gelernt, sich ihrer Autonomie bewußt zu sein (Emanzipation von der scholastischen Ökonomie; hierauf wird zurückzukommen sein), läuft dabei aber Gefahr, den Menschen reduktionistisch als reines Bedürfniswesen mißzuverstehen; diese Möglichkeit gilt es gerade unter Anerkennung der Vernünftigkeit der Einsicht in die Autonomie der Ökonomie abzuwehren. Dies soll unter Aufbietung eines entsprechenden philosophisch-ethischen Fundaments geschehen.

Das innovative Potential der vorliegenden Arbeit ergibt sich aus dem zugrunde gelegten – vom Autor in Anlehnung an Platons Philosophie entwickelten - Modell der »Zweieeinheitlichkeit des Person-Seins«[1]. Es ist daher angemessen, zunächst dieses Modell zu porträtieren

[1] Siehe dieses Buch: *Zum inhärenten moralischen Wert nichtmenschlicher Lebewesen.*

(II); sodann wird auf die Verflechtung von Ethik und Wirtschaft geblickt (III); abschließend wird ein Fazit zu den Überlegungen geboten (IV).

II

Philosophische Vorbemerkung Am Beginn der Verdeutlichung des einleitend Angesprochenen sei mit Spieker festgehalten: „Ohne Kenntnis dessen, was der Mensch ist, macht die Frage nach dem, was er tun soll, keinen Sinn“[2].

Im Lichte hiervon sei sogleich das zentrale Problem in den Vordergrund gestellt: Der unmittelbare bedenkende Zugang des Ich zu der Welt zeigt diese als eine Ganzheit aus raum-zeitlich Begrenztem und insofern aus Veränderlichem und Zusammengesetztem. Das bedeutet: Man »erkennt« eine Welt, die aus Bergen, Flüssen, Häusern, Gassen, Möbeln und so fort besteht und zwischen all diesem »erkennt« man sich und die anderen Menschen. Ebenso wie die Berge etc. erlebt man sich hierbei als veränderlich, als aus Teilen bestehend. Genauerhin gilt: Besagte Veränderlichkeit und »aus Teilen bestehend« ist offensichtlich nicht rein chaotisch gestaltet, sondern basiert auf Regelhaftigkeiten. Diese sind es auch, die erkannt werden können, denn keinesfalls ist man im Bedenken sogleich (a priori) mit allen Regelhaftigkeiten vertraut, wobei bei der »Erforschung« der Regelhaftigkeiten auch geirrt werden kann. Zudem gilt: Dieses »Erforschen« ist nicht – zumindest nicht notwendig – Ausdruck von Beschaulichkeit, denn zu dem eigenen Veränderliches- und Zusammengesetztes-Sein gehört, daß man Bedürfnisse und Wünsche hat, die es zu befriedigen / erfüllen gilt.

Gerade hiermit beginnt die Problematik: Besagtes Irren-Können wird sich unvermeidlich einstellen, wenn man in seinen »Forschungen« – und damit sind zugleich Überlegungen zur Bewältigung alltäglicher Probleme gemeint – zwar darauf abzielt, die herrschen müssenden Regelhaftigkeiten anhand empirisch unterstützter Überlegungen freilegen zu wollen, die dieserart verrichtete Arbeit *letztlich* aber auf Ansichten bezieht, die man nicht zu begründen versucht, sondern wollensentscheidlich herbeiargumentiert.

Das Problem hieran liegt darin, daß die Welt, wie sie soeben skizziert worden ist – sie sei als »Werdewelt« bezeichnet –, keine Möglichkeit bietet, Aussagen zu tätigen, die als Fundament bzw. Ausgang für spezielle Überlegungen – zu einem bestimmten Etwas der Werdewelt – dienen. Der Grund hierfür ist: Inwiefern die Werdewelt aus Begrenztem besteht, besteht sie *ganzheitlich* aus etwas, das jeweils *gegenüber anderem* Begrenzten begrenzt ist. In anderen Worten: Ein im Hier und Jetzt in der Werdewelt Gegebenes – zum Beispiel »dieser« Baum oder »dieses« Fahrrad – ist raum-zeitlich gegenüber anderem raum-zeitlich Gegebenem abgegrenzt. Versucht man nun ein solches Gegebenes auf seine Regelhaftigkeiten hin zu analysieren – »erforschen« – so wird man, so wie es sich in der Werdewelt präsentiert, immer auf anderes Gegebenes treffen, das selbst – inwiefern es Begrenztes ist – auf weitere Gegebenes *weiter*verweist und dies ad infinitum.

Man wird also im Bedenken immer auf etwas treffen, das man in seiner Aktualität erkennt und das es daher erst auf seine Regelhaftigkeit zu überprüfen gilt: das selbst nicht schon der Anfang dieser Überprüfung sein kann! In diesem Sinne also bietet – wie erwähnt – die Re-

[2] Spieker M 1993: *Das Menschenbild der katholischen Soziallehre* – In EH Prat (Hrsg.): *Ökonomie, Ethik und Menschenbild*, S.52-74; Wien; S.53.

gelhaftigkeit der Werdewelt nicht auch schon das Fundament ihrer Erforschung. Dies gilt es ganz ernst zu nehmen: es darf nicht dazu kommen, über dem Erfahren der werdelichten Regelhaftigkeit zu übersehen, daß mit der Betrachtung hiervon nicht auch schon das Fundament – so sei es zunächst genannt – vergegenwärtigt ist.

Folgendes gilt es also ganz ernst nehmen zu können: Die Analyse der Werdewelt fordert ein empirisches Verfahren ein, doch gerade im Horizont der Letztbegründung erweist sich dieses als nicht zielführend. Hier also muß von jenem abgelassen werden, das zuvor noch unverzichtbar war. Dies zu akzeptieren bereitet zunächst Schwierigkeiten, auch inwiefern in dem Verlassen der Empirie nicht notwendig auf begründungstheoretisch Vernünftiges getroffen werden muß, sondern das Denken sich in bloßer Spekulation verlaufen kann.

Die zu lösende Paradoxie grundsätzlich betrachtet ist somit: Die Werdewelt weist Regelhaftigkeiten auf – sie wäre anders gar nicht zu bedenken -, zugleich aber nichts, das den Anfang dieses Bedenkens darstellt; die Analyse der Werdewelt geht insofern ins Unendliche, ohne daß dies tatsächlich an sich gegeben sein kann, da in diesem Falle die Analyse der Regelhaftigkeit in der Werdewelt nicht vernünftig durchführbar wäre.

Diese scheinbare Paradoxie gilt es also aufzulösen, wozu sogleich – *besagtes Abgleiten in unfruchtbare Spekulation vermeidend* - beachtet sei: Das Ich ist *nicht nur* in der Lage die Werdewelt zu bedenken, also an sich nicht letztrechtfertigbare Aussagen, sondern ist *auch* in der Lage, Aussagen zu bedenken, die sehr wohl letztrechtfertigbar sind, da sie, indem sie ausgesprochen sind, einer weiteren Hinterfragung entbinden. Der zentrale Satz dieses Typs ist »Ich bin«, insofern dieser Satz die Bedingung des Bedenkens der Letztrechtfertigungsproblematik bezeichnet.

Somit aber kann das »Ich« in »Ich bin« nicht jenes Ich bezeichnen, das im Bedenken als Veränderliches, Zusammengesetztes etc. entgegentritt, wie es also in Häusern lebt, über Straßen geht, seinen Bedürfnissen und Wünschen nachkommt. Zugleich kann es aber *auch nicht* ohne Bezug zu diesem »Ich« sein, denn es – also das »Ich« gemäß »Ich bin« – ist ja aufgefunden worden im Rahmen der Suche nach jenem, das das Bedenken des werdeweltlichen Ich (die mit diesem zu verflechtenden Regelhaftigkeiten) letztrechtfertigen läßt; dies wäre niemals möglich, würde gar keine Beziehung zwischen beiden »Ich«-Formen bestehen. Wie aber sieht diese Beziehung aus?

Die Antwort auf diese Frage kann nur unter der Anerkennung der ausgesagten Unendlichkeit der Werdewelt gefunden werden, wie sie also bei gleichzeitigem Sein von Regelhaftigkeiten in der Werdewelt anzuerkennen ist. Hierin liegt, daß die Frage nur wie folgt beantwortet werden kann: Indem das Ich Aussagen zur Werdewelt bildet, bedenkt es eine Ganzheitlichkeit, die *nirgendwo in sich* die Möglichkeit zur Letztrechtfertigung bietet – dies ergibt sich also aus der Unendlichkeit des Betrachteten! -, sondern inwiefern diese Ganzheitlichkeit auf etwas projiziert wird, das an sich Rechtfertigbarkeit repräsentiert. Dieses etwas ist also das Gesamt jener Sätze, die aus der analytischen Entfaltung des Satzes »Ich bin« hervorgehen, und die insgesamt jene Einsichten ergeben, die einen angemessenen – nicht herbeiargumentierten – Anfang für die Analyse der Werdewelt bedeuten.

Es liegt also vor, daß die Analyse von »Ich bin« zu Aussagen führen muß, die das Ich intuitiv einsehen lassen, wie mit den Ergebnissen der Werdewelt-Analyse abseits von Herbeiargumentation umzugehen ist. Dies kann aber nur vorliegen, wenn jene Analyse von »Ich bin« eben *jene* Ganzheitlichkeit bedenken läßt, die *auch* mit der Werdewelt-Analyse bezeichnet ist. Hieraus folgt: Das Ich bedenkt *eine* Ganzheit – nämlich das Sein – in *zwei verschiedenen* Weisen, einmal in einer Weise, die an sich Selbstand bedeutet, inwiefern das Ich in diesem

Bereich letztrechtfertigbare Aussagen tätigt, und sodann in einer Weise, die wiederum eben dies bezeichnet, jedoch in nicht an sich seiender Weise, weshalb in diesem Bereich Aussagen getätigt werden, die zwar rechtfertigbar sind, jedoch nicht an sich letztrechtfertigbar. Dies ist also notwendig auszusagen, aufgrund dessen, das zum Bedenken des Ich festzuhalten ist.

Bei genauerer Betrachtung zeigt sich, daß das Ich somit in seinem Bedenken Verzicht üben muß: es kann das So-Sein des Seins nirgendwo an sich vergegenwärtigen; ansonst dürfte es nicht auf letztrechtfertigbare Sätze angewiesen sein, die ihrerseits auf Sätze angewiesen sind, die an sich nicht letztrechtfertigbar sind!

Für das hier Vorzutragende ist daher entscheidend: Das Ich muß sich auch selbst in den genannten beiden Modalitäten bedenken; als »Ich« gemäß »Ich bin«, wie es also in Differenz zu raum-zeitlicher Begrenztheit steht, und zugleich als eben dieses raum-zeitlich begrenzte – also werdeweltliche – Ich. Damit sind nicht zwei Ichs ausgesagt, sondern das eine, dies alles bedenkende Ich, in zwei Modalitäten; die eine Modalität repräsentiert »an sich Sein«, die andere Modalität ein Abbild dieses An-Sich-Seins; der Grund für das Auftreten des Bedenkens gemäß zwei Modalitäten muß mit dem Verzicht-Üben-Müssen des Ich in seinem Bedenken zusammenhängen.

Aus der Perspektive der Ethik ist hieran primär wichtig: Das Handeln des werdeweltlichen Ich bzw. das Handeln des Ich, wie es sich ihm gemäß »Handeln des Werdewelt-Ich« zeigt, wie es also mit Gütern um willen seiner Befriedigung umgeht, ist ebenso notwendig auszusagen, wie das Bedenken werdeweltlicher Inhalte; ebenso muß gelten: in diesem Bereich (wie er Abbild ist!) kann nicht die Letztrechtfertigung dessen liegen, das im Rahmen des Bemühens um Befriedigung getan wird. Zugleich gilt aber: Dasjenige, das in diesem Bereich getan wird, kann auch nicht in Getrenntheit zu dem stehen, das das Handeln *letzt*rechtfertigt (wiederum, da es sich hierbei um ein Abbild handelt!), genauso wie das werdeweltliche Ich nicht in Getrenntheit zu »Ich bin« steht. Insofern sei zunächst terminologisch fixiert: Das Handeln im Horizont des Werdewelt-Ich sei als »am Werke sein« bezeichnet, dasjenige im Horizont von »Ich bin« als »um sich bemüht sein«.

Zu verstehen, daß sich das Um-Sich-Bemüht-Sein im Horizont vom Am-Werke-Sein manifestiert, bedeutet die Abwehr eines Integralismus und eines Selbstorganisationstheorie-Laissez-faire. Ersterer mißachtet die Eigenständigkeit des Am-Werke-Seins, wie sie also auszusagen ist, wiewohl sie nicht an sich gegeben ist. Letzterer mißachtet, daß der fehlende Selbstand des Am-Werke-Seins bedingt, dasjenige thematisieren zu müssen, das Selbstand an sich bedeutet; es genügt nicht, das Fehlen von Selbstand zu simulieren, wie es in der Selbstorganisationstheorie geschieht. Das ist: Selbstorganisationstheorien (aber auch Spieltheorie etc.) beachten, daß es in der Werdewelt keinen Selbstand an sich gibt, bieten aber weiters lediglich ein Modell für Vorgänge innerhalb der Werdewelt, ohne zugleich auch ein Verständnis von demjenigen zu ermöglichen, das nicht an sich Selbstand Bedeutendes sein läßt. Die Ermöglichung hiervon bietet alleine die transzendentalphilosophische Betrachtung.

Zudem ist hervorzukehren: Für das werdeweltliche Ich, also für das Ich, inwiefern es am Werke ist, ist festzuhalten, daß es irren kann und um Vermeidung von Irrtümern besorgt sein wird bzw. sein sollte. Zugleich ist festgehalten worden, daß das Am-Werke-Sein ein Abbild des Um-Sich-Bemüht-Sein ist, so daß auf jeden Fall gelten muß: das Sich-Besorgen um die Vermeidung von Irrtümern muß Abbild von etwas auf der Ebene von Um-Sich-Bemüht-Sein darstellen. Somit gilt aber auch: Das Sich-Irren auf dem Niveau des Am-Werke-Sein ist mit Konsequenzen für das Ich verflochten, und so muß *auch dies* als Abbild von etwas verstanden werden: Das Sich-Irren auf dem Niveau des Um-Sich-Bemüht-Sein ist notwendig als mit

Konsequenzen für das Ich - wie es Person ist - verflochten zu begreifen; wie auch immer diese Konsequenzen konkret aussehen – dies kann hier nicht weiter dargelegt werden -, ist das Ich als Person notwendig als unter einem Bewährungsanspruch stehend zu begreifen.

III

Wirtschaft und Ethik Damit kann unmittelbar die Verflechtung von Wirtschaft und Ethik betrachtet werden. Für das Handeln des Ich sind, wie ausgeführt, zwei Ebenen auszusagen (»um sich bemüht sein« & »am Werke sein«), wie sie eingangs auch bezüglich der Autonomie der Wirtschaft in den Raum gestellt worden sind: »Autonomie der Wirtschaft« ist anzuerkennen (erste Ebene[3]) und zugleich auf höherer Ebene aufzulösen (zweite Ebene); hiermit ist ausgesagt, daß Wirtschaft mit Blick auf das Ich als Bedürfniswesen zu verstehen ist, wie es also »am Werke ist« (erste Ebene), wiewohl zugleich gilt: das Ich ist nicht bloß Bedürfniswesen, sondern auch Person gemäß »Ich bin« (zweite Ebene).

Grundsätzlich ist damit festgehalten: Wirtschaft – wie sie mit werdeweltlichen Gütern umgeht - ist auf das Am-Werke-Sein des Ich zu beziehen und daher autonom, insofern die hiermit bezeichnete Ebene Unendlichkeit bezeichnet; zugleich ist Wirtschaft aber nicht schlechthin autonom, insofern das Am-Werke-Sein nicht letztrechtfertigend ist, sondern im Verhältnis zu »um sich bemüht sein« zu verstehen ist, *dessen* Zielsetzungen in Differenz – wiewohl nicht Getrenntheit – zu der Güterkalkulation zu verstehen ist, wie sie die Wirtschaft bestimmt.

Wie aber ist dies konkret zu verstehen bzw. abzuwenden, daß die Analyse von »um sich bemüht sein« zu etwas mißrät, das zu einer Beeinträchtigung von »Autonomie der Wirtschaft« wird, aus einem falsch verstandenen Bemühen heraus, dem Vorgehen im Horizont von Wirtschaft normative Orientierungsgrundlagen bieten zu können. Komplementär hierzu ist zugleich zu beachten, es bei der Darstellung von Um-Sich-Bemüht-Sein nicht bei der Anführung von Belanglosigkeiten belassen zu dürfen, da diese niemals Orientierungshilfen sein können.

Grundsätzlich ist zu dem somit gegebenen Spannungsfeld festzuhalten, daß moderne Aussagen zur Autonomie der Wirtschaft – die zitierte Feststellung Friedmans (»the business of business is business«) ist ein Beispiel hierfür – gerade aus der Emanzipation von einer philosophisch orientierten Denkweise entstanden sind (vor allem der scholastischen Ökonomie), die ein wie angeführt falsch verstandenes Bemühen bedeuten. Zur Verdeutlichung hiervon sei folgende Aussage des Volkswirtschaftlers und Nationalökonomen Hans Ch. Binswanger zitiert: „Die Nationalökonomie [von Adam Smith], ..., hat daher einen eindeutig normativen Charakter, nicht weniger als die scholastische Ökonomie, von der sie abweicht. Der Unterschied ist nur: Die neuere Nationalökonomie stellt nicht einzelne Postulate auf, also bestimmte Regeln für das Verhalten des einzelnen Menschen, mit denen er auf die rechte Bahn gebracht werden soll, sie ist vielmehr in toto, als ganzes, ein Postulat, nämlich das Postulat, alle diese Regeln aufzugeben, um dem Tüchtigen freie Bahn zu schaffen. Dies gilt dann im ganzen als die rechte Bahn“[4].

---

[3] »Erste« und »zweite« sind gemäß Zweieinheitlichkeit zu verstehen!

[4] Binswanger HC 1993: *Das Menschenbild der herkömmlichen Nationalökonomie* – In: EH Prat (Hrsg.): *Ökonomie, Ethik und Menschenbild*, S.11-29; Wien; S.14-15.

Das hier ausgesagte »als ganzes, ein Postulat« entspricht dem in den vorangegangenen Seiten festgehaltenen »Ganzheitlichkeit des Am-Werke-Seins«, ist insofern also notwendig zu übernehmen; es entspricht insoweit der hier vorgetragenen „Zwei Ebenen"-Konstruktion. Sofort stellt sich aber die Frage, ob »als ganzes, ein Postulat« auch insoweit besagter Konstruktion entspricht, als diese von »Autonomie«, nicht aber von »Autonomie an sich« der Wirtschaft spricht. Inwiefern, um es in anderen Worten zu formulieren, ist »als ganzes, ein Postulat« im Lichte des Satzes konzipiert: Die Werdewelt besitzt erkenn- und analysierbare Regelhaftigkeiten, doch bedarf diese Analyse eines Anfangs, der nicht ebenfalls aus dieser Analyse erwächst?

Die Nationalökonomie bietet wie folgt Anknüpfungspunkte an diese Thematik. Mit Hrubi sei zunächst festgehalten: „Aber man hat einen neuen Weg gefunden: ein anderer Affekt, nämlich das Interesse am Gelderwerb, sollte die irrationalen Leidenschaften im Zaum halten. Damit übernahm in diesem Bereich zunehmend die Wirtschaft einen Part der Rolle der Kirche, welche bisher für die Eindämmung der Leidenschaften zuständige war. Fortan wird Ethik zu einer Art Luxus"[5]. Hierher können zudem folgende Aussagen des Wirtschafts- und Sozialgeschichtlers Herbert Matis[6] gestellt werden: „Wiewohl Adam Smith von Interesse anstatt von Leidenschaften spricht, so ist seine Vorstellung der Gesellschaft noch ganz von Personalbeziehungen bestimmt (...), und nicht durch Geldbeziehungen wie im kapitalistischen System"; „Wir haben gesehen, wie Adam Smith ein durchgängiges Prinzip gesellschaftlicher Kommunikation entwickelte, das sowohl die Fähigkeit zur Sympathie, als auch die zur Sprache und zum Tausch/Handel umfaßt. Wichtig ist es, festzuhalten, daß erst die Arbeit/Produktion - ... - die Objekte hervorbringt, die dann getauscht werden können. Die sog. »reine« Ökonomie, wie sie im Anschluß an die neoklassische Revolution (Walras, Jevons, Menger) sich etablierte, reduzierte hingegen ihre Betrachtungsweise ausschließlich auf das Phänomen des Marktes und - wie Vilfredo Pareto ... programmatisch festhält - diese Theorie klammert Arbeit/Produktion vollkommen aus ihren Betrachtungen aus. Die Neoklassik klammert die Warenproduktion aus, die Vorstellung der Arbeit und damit auch die Theorie vom Wert der Arbeit (einschließlich des Surplus), wie diese in der ökonomischen »Klassik« von Smith, Ricardo usw. bis hin zu Marx entwickelt wurden, ist abhanden gekommen".

In Zusammenhang mit diesen Aussagen ist die Frage zu stellen, inwieweit sie eine Rationalisierung bedeuten, die die Ganzheitlichkeit von Am-Werke-Sein bzw. »Wirtschaft, die als Ganzes ein Postulat ist« im Sinne von Autonomie der Wirtschaft bei gleichzeitiger Anerkennung der Abhängigkeit dieser Autonomie von dem Um-Sich-Bemüht-Sein versteht.

Der Philosoph und Volkswirt Peter Koslowski[7] führt zunächst aus, daß das Grundprinzip der Marktwirtschaft die Vertragsfreiheit ist bzw. der Vertrag das Grundprinzip des Wirtschaftssystems. Alle Verträge beinhalten aber, so Koslowski weiter, ein „Moment der Unsicherheit", so daß schon in einer positiven Wirtschaftslehre die Bedeutung der Ethik einsichtig ist: „es gibt so ein klares volkswirtschaftliches Argument für das Vorherrschen von Ethik, für die allgemeine Befolgung ethischer Normen, die Einhaltung von Pflichten". Hierauf aufbauend verweist Koslowski darauf, daß die Unsicherheit in Zusammenhang mit Verträgen von einer

---

[5] Hrubi FR 1993: *Vernunft, Ethik und Rationalität* – In: EH Prat (Hrsg.): *Ökonomie, Ethik und Menschenbild*, S.125-139; S.136.

[6] Matis H 1993: *Die soziale Dimension des Menschen und die moderne Nationalökonomie* – In: EH Prat (Hrsg.): *Ökonomie, Ethik und Menschenbild*, S.30-51; Wien; S.139.

[7] Koslowsky P 1993: *Ethik und Religion als Korrektiv der Wirtschaft* – In: EH Prat (Hrsg.): *Ökonomie, Ethik und Menschenbild*, S.107-124; Wien; S.116.

Person weder einen „ethischen Heroismus" abverlangen darf - man befolgt ethische Normen, ganz gleich wie sich andere (die Vertragspartner) verhalten -, noch zu einem „vernünfteln" über das mögliche Verhalten anderer Personen (den Vertragspartnern) und deren moralischen Vorstellungen führen darf. So wie der „ethische Heroismus" ein Ethik-Versagen provozieren kann - Sittlichkeit und Glückseligkeit passen nicht zusammen -, führt besagtes „vernünfteln" zu einem Versagen gemäß einem defizitären Verständnis von Ethik: eine reine Nutzenabwägung wird als Beachtung von ethischen Inhalten mißverstanden.

Weiters sei hierzu folgende Ausführung des Volkswirtschaftlers Ferdinand Stocker[8] angemerkt: „Denn eigennütziges Verhalten der Wirtschaftssubjekte führt in einer Wettbewerbswirtschaft nur dann zu einer allgemeinen Wohlstandssteigerung bzw. -maximierung, wenn *alle* mit eine Aktivität zusammenhängenden Kosten von den Verursachern selbst getragen werden ... Dieses Marktgleichgewicht ist nun, vorausgesetzt es gibt keine externen Effekte und ausreichend viele Marktteilnehmer, auch ein Wohlfahrtsoptimum, ein Zustand, der sich nicht weiter verbessern läßt. Die Marktkräfte erzielen hier also - ... – von selbst ein Maximum an gesellschaftlicher Wohlfahrt". Hieran ist zu beachten, daß gesellschaftliche Wohlfahrt, wie sie durch den Markt erzielt werden kann, natürlich als das Ergebnis eines Prozesses zu verstehen ist. Eigentlich interessant ist hieran aber nicht, wie oder daß besagtes Maximum erreicht wird, sondern was sich während des Prozesses zuträgt? Auch *während* des Prozesses sind ja Personen – mit all ihrer Dignität – von den Marktgegebenheiten betroffen und für einzelne Personen mag das Maximum *zu spät* erreicht werden. Mehr noch: Ein Marktgleichgewicht wird aufgrund der sich fortgesetzt wandelnden Rahmenbedingungen immer neu zu erreichen sein, der Prozeß also *niemals* abgeschlossen sein.

Im Lichte hiervon ist bezüglich »Wohlfahrt« und »Markt« zu beachten: Der Prozeß »Markt« ist ein unendlicher Prozeß; er bezieht sich ja auf Güter, deren (angestrebt) vernünftige, angemessene – kurz »wirtschaftliche« – Handhabung in ihm geregelt wird, jedoch in Bezug auf das werdeweltliche Ich, wie es den Menschen als Bedürfniswesen ausweist. *Dieser Ebene von Ich gegenüber ist also »Markt« in Zusammenhang mit »Wohlfahrt« zu verstehen.* Damit aber ist zugleich in den Raum gestellt, »Wohlfahrt« als Abbild – gemäß Zweieinheitlichkeit! – dessen verstehen zu müssen, das das Ziel des Um-Sich-Bemüht-Seins des Ich ist, also des Ich wie es Person ist (»Ich« gemäß »Ich bin«).

Explizit ist somit hervorzuheben: »Markt«, »Konkurrenz« etc. sind aus philosophischer Sicht notwendig zu thematisieren, insofern mit diesen Begriffen jene Prozessualität ausgesagt wird, die anzunehmen ist, da im Horizont der Werdewelt kein Selbstand gegeben ist; also alles von kontingenter Gültigkeit ist: nichts ist an sich notwendig, sondern alles jeweils nur relational zu einer Aktualität, wie sie besagte Prozessualität zutage bringt. Es obliegt somit der Ethik, »Wohlfahrt« als notwendige marktwirtschaftliche Zielvorgabe begreifen zu lassen, wiewohl im Sinne davon, daß sie derartiges nicht um ihrer selbst willen ist. Die Ethik muß dementsprechend für die Wirtschaft Treibenden Orientierungshilfen entwickeln.

Damit wird die Ethik keinesfalls zu einer Meta-Ökonomie, da sich derartiges nicht mit der hier vorgelegten „Zwei Ebenen"-Konstruktion verknüpfen ließe. Die Bedeutung der Ethik – als einer philosophischen Disziplin – liegt darin, im Rahmen der Analyse des Person-Seins jenes begreifen zu lernen, aus dem heraus auf thematisch-methodisch unreduzierte Weise ersichtlich wird, was es bedeutet, Wirtschaft als einen konstitutiven Teil gesellschaftlicher Realität verstehen zu müssen. In anderen Worten: Die Analyse von Um-Sich-Bemüht-Sein (des

---

[8] Stocker F 1994: *Wirtschaft und Umwelt: der neoklassische Ansatz der Umweltökonomik* – In EH Prat (Hrsg.): *Kurswechsel oder Untergang*, S.179-205; Wien; S.185.

»Ich« gemäß »Ich bin«) muß jenes einsehen lassen, das auf der Ebene von Am-Werke-Sein im Sinne von »Wohlfahrt« zu bedenken ist, als Basis normativer Festlegungen für den Umgang von Individuen miteinander. Indem sich diese Vorgehensweise strikt an dem Person-Sein orientiert, mutet sie keinem Individuum einen ethischen Heroismus zu – vermeidet also eine illusionäre Perspektive -, wie sie, komplementär hierzu, auch keine Laissez-faire-Argumentation zulässt, die zwar von Wohlfahrt berichtet, tatsächlich aber die Maskierung der Benachteiligung von Personen um willen eines Egoismus bedeutet.

IV

Fazit Die Ausführungen sollten gezeigt haben, daß jegliches Verständnis von der Marktwirtschaft als einem Konstrukt das »in toto frei« ist – gemäß »freie Marktwirtschaft« -, den Vorgaben gegenüber, die sich aus einem Bedenken des Person-Seins der Menschen ergeben, ein defizitäres Verständnis bedeutet; es nimmt gegenüber dem Beachten von Person-Sein einen Laissez-faire-Standpunkt ein, der nicht rechtfertigbar ist. »Sozial« kann ein solches Verständnis nicht sein, da es den Anderen nicht gemäß dessen Person-Sein sehen läßt, »sozial« aber immer die Beachtung hiervon in sich trägt.

Zugleich muß eine Laissez-faire-Betrachtung von »freie« Marktwirtschaft – wie sie also »frei« abseits von Zweieinheitlichkeit versteht – *insofern* um die Anderen bemüht sein, als es diese von der scheinbaren Sinnhaftigkeit der eigenen Denkweise überzeugen muß. Der Trick, der hierbei aufgewendet wird, ist der, daß die eigene defizitäre Denkweise als die einzig vernünftige gepriesen wird und die anderen Positionen, wie sie (in welcher Form auch immer) auf Zweieinheitlichkeit abzielen, als ideologisch überlastet und verzerrt diskreditiert werden. Es wird also die eigene ideologiebelastete Position - »ideologiebelastet« hier im Sinne von »defizitär« verstanden – als notwendig anzunehmend ausgewiesen und jene Positionen die, wie sie auf Zweieinheitlichkeit reflektieren, also tatsächlich Notwendiges einbringen, als insofern ideologiebelastet zurückgewiesen.

Wie aber ist einem solchen Denken, als Teil einer gesellschaftlichen Realität, zu begegnen? Zweifellos kommt hier der transzendentalphilosophischen und christlich-theologischen Aufklärung eine zentrale Bedeutung zu[9]. Jedoch ist zu beachten[10], daß der Kommunizierbarkeit von Transzendentalphilosophie und Theologie im gesellschaftlichen Dialog Schranken gesetzt sind, insofern sie im Dialog als Angebot zu begreifen sind. Es bedarf daher gleichsam der Mediation, um in diesem Zusammenhang der Transzendentalphilosophie und christlicher Theologie Gehör verschaffen zu können.

Träger dieser Mediation muß eine gesellschaftliche Communio sein, die ebenso in der Lage ist, Zweieinheitlichkeit – auch und insbesondere im Horizont von Wirtschaft – zu sehen, wie

---

[9] Explizit sei hier darauf hingewiesen, daß beide Bereiche in Einheit zu verstehen sind; siehe dieses Buch: *Zur fundamentalen Bedeutung von „Quasizirkularität des Bedenkens" aus philosophisch-theologischer Perspektive & Eine kritische Würdigung von Albert Schweitzers Begriff »Leben« im Lichte der Schweitzerschen Zurückweisung des Cartesianischen »Ich bin« - Zur Bedeutung einer fundierten philosophischen Basis für die Tierethik.*

[10] Siehe dieses Buch: *Zum inhärenten moralischen Wert nichtmenschlicher Lebewesen.*

sie zugleich in staatstragender Hinsicht legitimiert sein muß. Es ergibt sich von selbst, den somit adäquaten Mediator der Transzendentalphilosophie im Bereich der politischen Kräfte zu suchen. Es muß also nach jener politischen Kraft – Communio – gesucht werden, die nicht bloß – besagtem Laissez-faire-Denken gemäß – Marktwirtschaft dem Schein nach mit dem Etikett »sozial« verflicht. In anderen Worten: Es muß jene Communio gefunden werden, die es schafft, den Anderen seinem Person-Sein nach zu begreifen.

Dies ist nicht zuletzt aus tierethischer Sicht von zentraler Bedeutung. Dies gilt, da das Fundament tierethischer Intentionen in einer Anerkennung des inhärenten moralischen Wertes der nicht-menschlichen Lebewesen liegt, wie er sich aus dem Begreifen des Person-Seins dieser Lebewesen ergibt. Es ist also wieder das Anerkennen des Person-Seins im Raum gesellschaftlicher Realitäten, das im Zentrum steht. Erst aufbauend hierauf, kann man sich speziellen Thematiken zuwenden.

FSC
www.fsc.org
MIX
Papier | Fördert gute Waldnutzung
FSC® C083411

Kolibri 360 GmbH
Ferdinand-Jühlke-Straße 7
99095 Erfurt, Deutschland
produktsicherheit@kolibri360.de

Druck:
CPI Druckdienstleistungen GmbH
im Auftrag der
Kolibri 360 GmbH
Ferdinand-Jühlke-Str. 7
99095 Erfurt